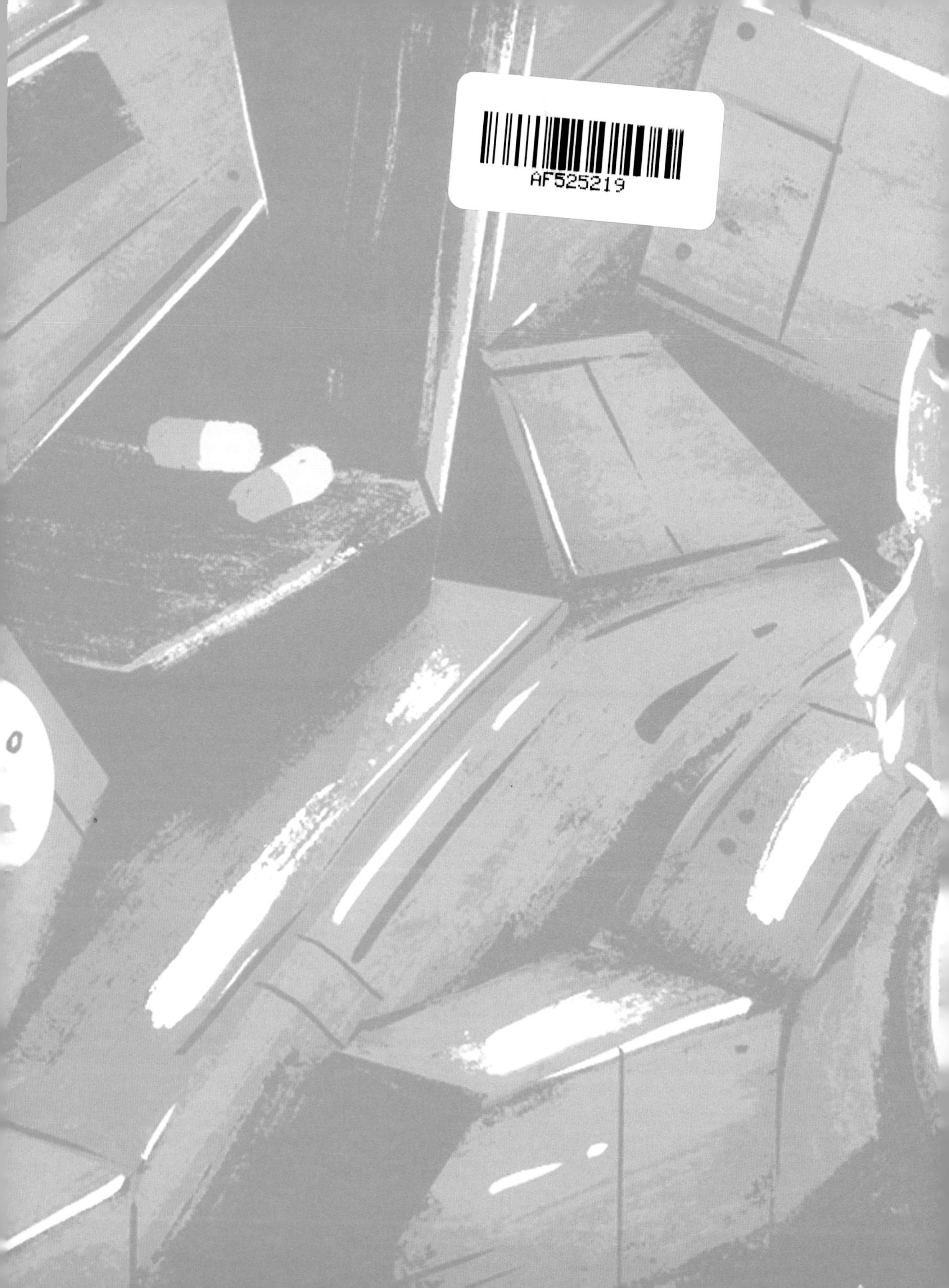

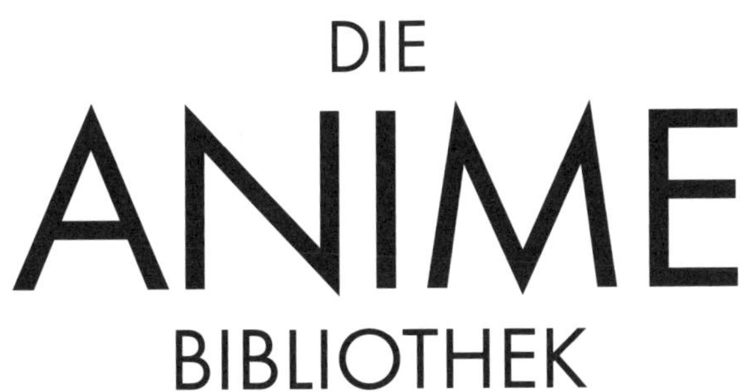

DER ULTIMATIVE GUIDE ZUM
JAPANISCHEN ANIMATIONSFILM

DISCLAIMER

All trademarks, illustrations, quotations, company names, registered names, products, characters, logos used or cited in this book are the property of their respective owners and are used in this book for identification purposes only. This book is a publication of Welbeck Non-Fiction Limited and has not been licensed, approved, sponsored, or endorsed by any person or entity and has no connection to Studio Ghibli.

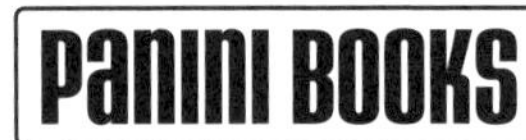

www.paninishop.de

DIE ANIME-BIBLIOTHEK

Deutsche Ausgabe erschienen bei Panini Verlags GmbH, Schlossstr. 76, 70176 Stuttgart, alle Rechte vorbehalten.

Geschäftsführer: Hermann Paul, Head of Editorial: Jo Löffler, Head of Marketing: Holger Wiest, Übersetzung: Ruben Grest, Nico Aiko Linnemann, Lektorat: Lena Asleh, Dinah Göbel, Gunther Nickel, Bea Tavares, Mathias Ulinski, Satz und Layout: Michael Beck, LetterFactory, Presse und PR: Steffen Volkmer, Hergestellt in Spanien von Gráficas Estella

YDGHIB002
ISBN 978-3-8332-4263-2
1. Auflage, Oktober 2022

Englische Originalausgabe erschienen 2022 bei Welbeck, an Imprint of Welbeck Non-Fiction Limited, part of Welbeck Publishing Group, 20 Mortimer Street London W1T 3JW

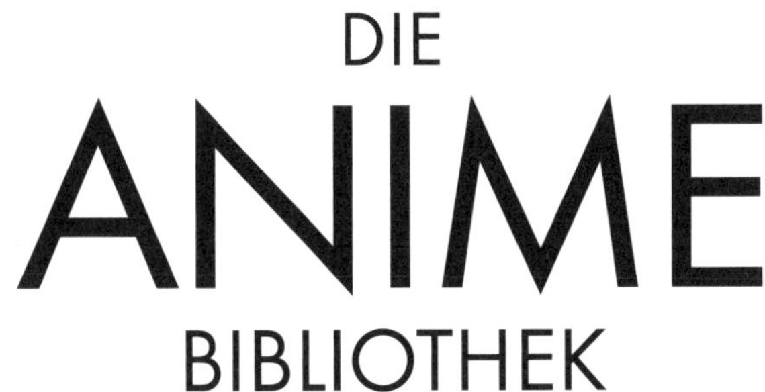

DER ULTIMATIVE GUIDE ZUM
JAPANISCHEN ANIMATIONSFILM

MICHAEL LEADER & JAKE CUNNINGHAM
THE LITTLE DOT STUDIOS PODCAST

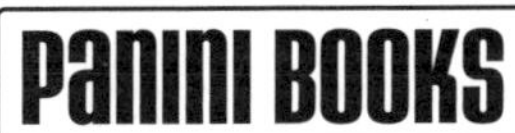

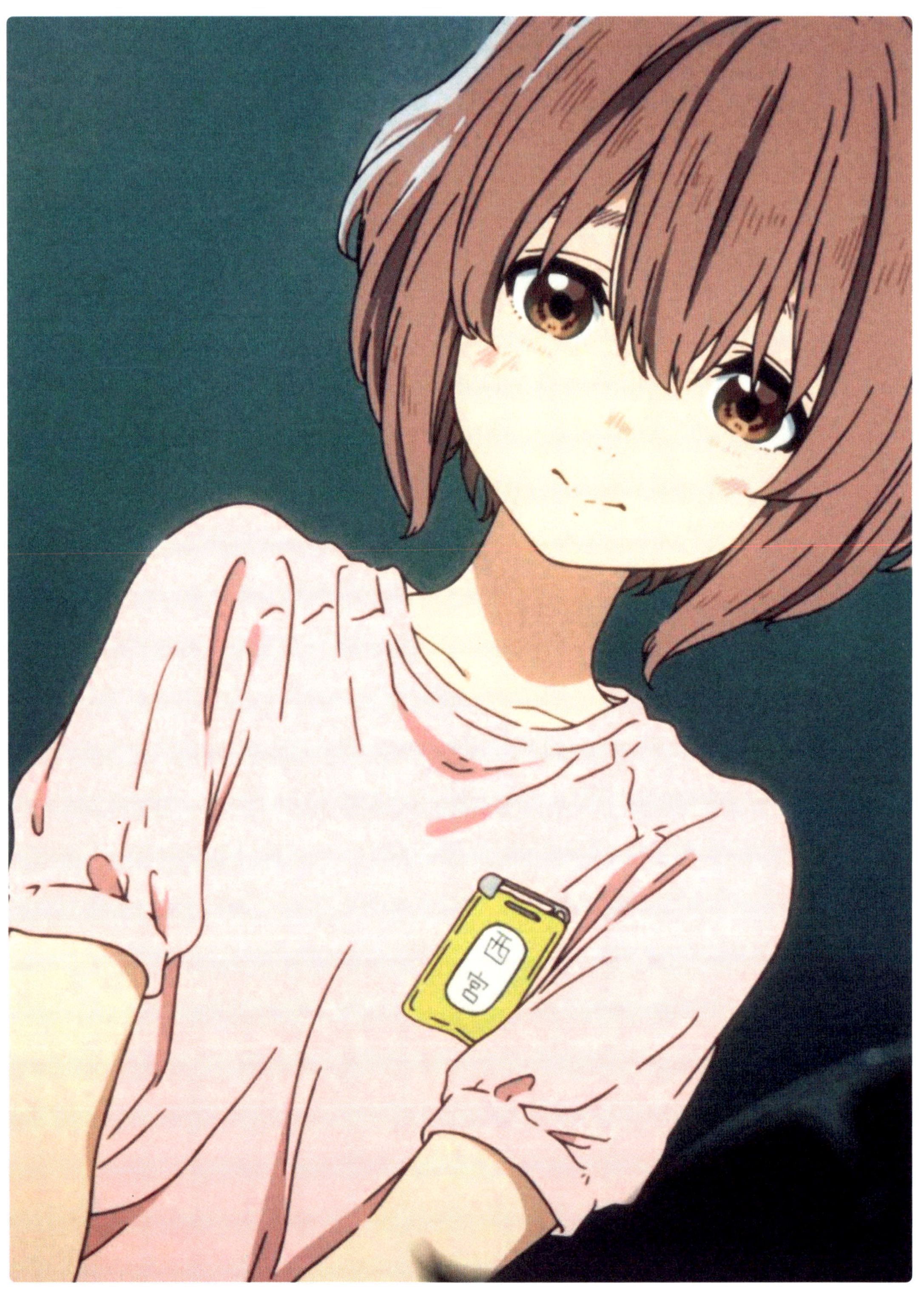

INHALTSVERZEICHNIS

Bild auf der gegenüberliegenden Seite: Neue Stimmen. Naoko Yamadas *A Silent Voice* weist den Weg in eine vielversprechende Zukunft für die japanische Animationskunst.

EINLEITUNG

Willkommen zurück zur Ghibliothek, meine lieben Freunde, dem gemütlichen Teil, in dem wir über die wohl weltweit besten Anime-Filme, Serien und Animationskünstler reden. Als wir 2018 als Podcast gestartet sind, haben wir uns ein einfaches Ziel gesetzt: Michael wollte aus Jake einen Studio Ghibli-Superfan machen, Schritt für Schritt – ein Film nach dem anderen. Nur als kleiner Spoiler am Rande: Das hat geklappt und als Beweis dafür gibt es einen Haufen Podcast-Folgen und ein ganzes Buch. Doch wie geht es jetzt weiter?

Für viele Film-Fans weltweit ist Studio Ghibli der erste Kontakt mit den Wundern japanischer Animation. Vielleicht geht es dir wie Chihiro aus *Chihiros Reise ins Zauberland:* Man geht einen langen dunklen Tunnel entlang und verirrt sich in einer mysteriösen Welt voller Götter und seltsamer Wesen. Wir alle haben unseren Weg hineingefunden, und Ghibli bietet etwas für jedes Alter. Nun, da wir die Studio Ghibli-Filme von A bis Z durchgenommen haben (ach ja, haben wir eigentlich schon erwähnt, dass wir darüber ein Buch geschrieben haben?), steigen wir für unseren zweiten Ausflug noch tiefer hinab in den wundervollen Kaninchenbau.

Es gibt immer noch so viel zu entdecken. Deshalb präsentieren wir hiermit unseren Anime-Film-Guide mit 30 großartigen Werken der letzten 60 Jahre japanischer Animation. Jedes Kapitel enthält umfangreiches Hintergrundwissen von Michael sowie filmkritische Kommentare von Jake. Weitere Empfehlungen geben dann die letzte Würze, sofern dir die Filme dann Appetit gemacht haben.

Diese 30 Filme auszuwählen, war sehr schwer. Wir würden es niemals wagen, zu behaupten, dass dies eine allumfassende Liste aller Anime-Filme ist, die man gesehen haben sollte. Was wir hier zusammengestellt haben, ist eine Vielzahl von Werken, die viele aufregende Genres, Filmemacher, Trends und Themen zum Eintauchen in diese wundervolle Welt der japanischen Animation bereithalten.

Als Ganzes gesehen erzählen diese Werke eine eigene Geschichte. Die Geschichte der Anime-Branche, mit Figuren, die gelegentlich in den verschiedenen Kapiteln aufeinandertreffen. Es ist eine Geschichte ambitionierter Menschen, die mit kleinen und strikten Budgets Wundervolles erschaffen; (hauptsächlich männlicher) Träumender mit Visionen von Luftschlössern, die sich letztendlich für eine schlecht bezahlte Karriere entschieden haben; von Konflikten zwischen Realismus und Expressionismus, der sich visuell abhebt. Und letztendlich ist es auch eine Geschichte vom Konflikt zwischen digitaler Animation und traditionell handgezeichneter Kunst. Davon abgesehen sollte man nicht vergessen zu erwähnen, dass wir zwei britische Jungs sind, die sich auf einen von Japans größten kulturellen Exporten stürzen. Dies ist daher eine Geschichte des Anime und seiner globalen Zuschauerschaft mit dem Fokus auf englischsprachige Länder.

Bild auf der gegenüberliegenden Seite: Wenn du die Filme von Studio Ghibli liebst, solltest du dir Studio Ponocs Hayao Miyazaki-Hommage *Mary und die Blume der Hexen* ansehen.

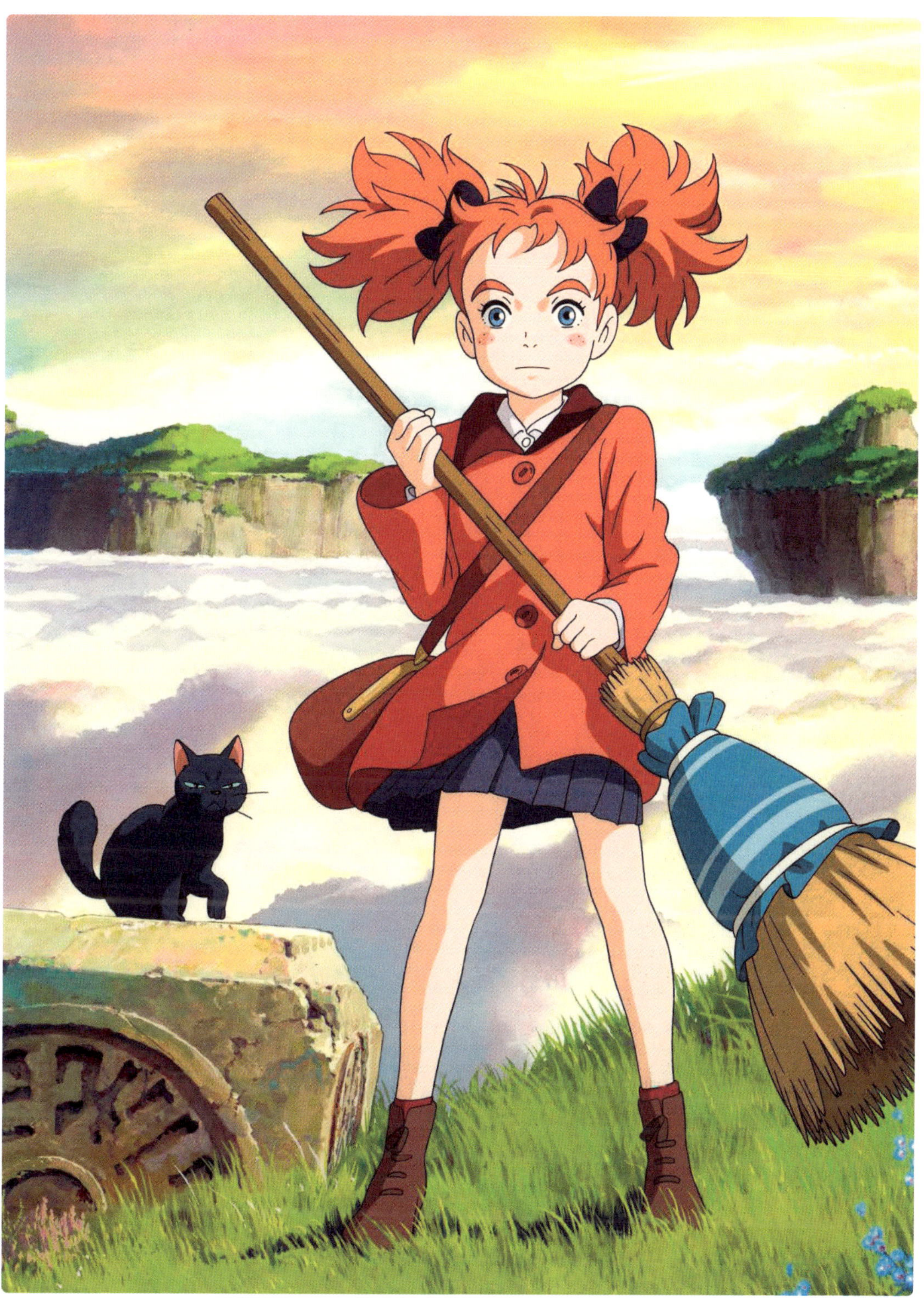

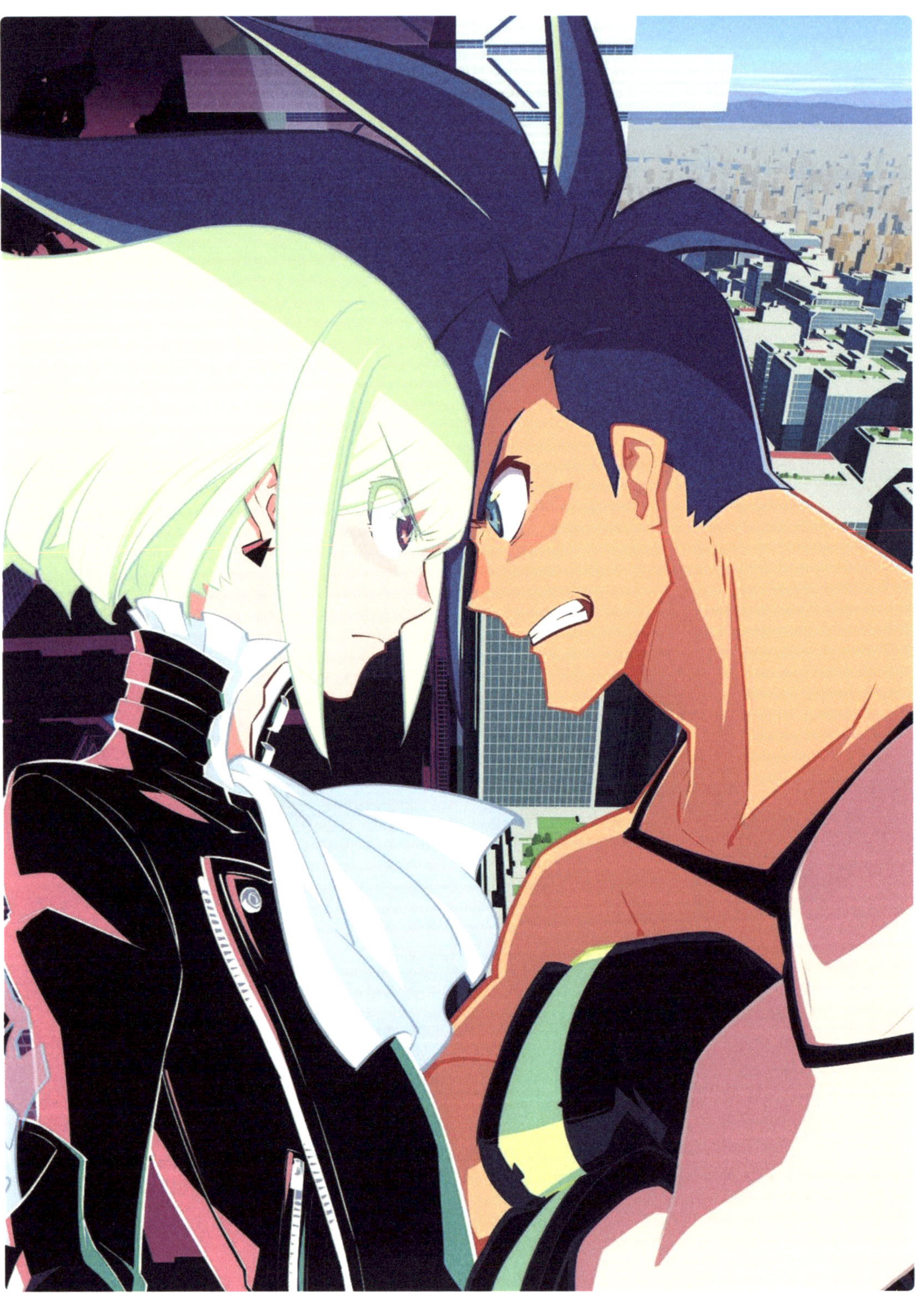

Bild auf der gegenüberliegenden Seite: Kopf an Kopf. Die Welt der Anime-Branche ist eine Welt voller Kontraste und Konflikte, wie bei den kämpfenden Helden in *Promare*.

Im Vereinigten Königreich und den USA wurde der Blick auf Anime größtenteils durch deren Verfügbarkeit bzw. den Veröffentlichungszeitpunkt bestimmt. Wie zum Beispiel die Welle von gewaltgeprägten Filmen, die aufgrund des Erfolgs von *Akira* veröffentlicht wurden. Darüber hinaus gibt es das weitverbreitete Vorurteil, dass alles, was Japan so rauskloppt, hyperaktiver und inhaltsloser Kinderkram sei. Als Kunstform und Medium kann Animation genau wie Realverfilmungen ein diverses Raster von Geschichten, Stilen, Stimmungen und Genres abbilden. Und Anime ist wohl die Branche, die dies am ehesten wahrmacht. Jedoch ist für uns nur ein Bruchteil des gesamten Potenzials sichtbar, denn viele der großartigen Werke und Meilensteine sind noch immer nicht für die englischsprachige Zuschauerschaft zugänglich. Man muss jedoch anmerken, dass es langsam besser zu werden scheint, weshalb wir Publishern wie Anime Limited, GKids oder Discotek danken möchten, dass sie großartige Anime, sowohl die älteren als auch die aktuellen, auf unsere Bildschirme bringen, wie es zuvor Firmen wie *Manga Entertainment* und StudioCanal getan und Fans auf ihre Reise gebracht haben.

Wir sind beide der Ansicht, dass das Anfertigen einer Favoritenliste in erster Linie Spaß und Freude machen soll. Das ist der Grund, warum es auch ein paar eigentümliche oder recht spezielle Filme in unsere Auswahl geschafft haben. Außerdem haben wir uns dazu entschieden, dass wir pro Filmemacher jeweils nur einen Film in die Liste aufnehmen, was uns natürlich besondere Kopfschmerzen bei Filmemachern wie Satoshi Kon bereitet hat, der eigentlich nur absolute Meisterwerke erschaffen hat. Und da wir ja schon ein ganzes Buch über die Studio Ghibli-Filme gemacht haben, haben wir sie hier nicht berücksichtigt. (Keine Sorge, wir haben trotzdem einen Weg gefunden, Hayao Miyazaki und Isao Takahata einzuschleusen).

Wir wollten außerdem einen Fokus auf eine ganz bestimmte Sparte der Anime legen: Spielfilme ohne Vorlage, die für die große Leinwand geschaffen wurden. Zugegebenermaßen ist dies hinsichtlich der Anzahl und dem finanziellen Erfolg nicht der größte Teil der Branche – das wäre wohl der TV-Bereich mit den Riesen-Franchises wie *Naruto, One Piece* und *Dragonball,* aber um unseren Ursprung als Film-Fans zu ehren, haben wir uns auf Spielfilme konzentriert. Und es sind alles Empfehlungen, die man ohne Vorkenntnisse genießen kann. Das bedeutet also auch, dass höchst populäre Filme wie der Spielfilm zur absoluten Langzeit-Hit-Serie *Demon Slayer, Demon Slayer: Kimetsu no Yaiba – Mugen Train,* der zum Zeitpunkt der Veröffentlichung dieses Buches erfolgreichste japanische Film aller Zeiten, außenvorgelassen werden mussten. Aber um ehrlich zu sein, machen Listen doch erst dann so richtig Spaß, wenn sie eigentlich klare Favoriten links liegen lassen und man als Leser oder Leserin das Buch am liebsten an die Wand pfeffern will.

Egal ob du beim Studium unserer Liste Neugier oder Groll empfindest ... Wir hoffen, dass du in diesem Buch etwas entdeckst, das dir gefällt. Von *Akira* bis *Your Name,* der Horizont japanischer Animation ist so groß und weit, wie es die Vorstellungskraft zulässt – und wartet nur darauf, von dir erforscht zu werden. Willkommen in der Welt der Anime!

ERZÄHLUNG EINER WEISSEN SCHLANGE

ODER THE WHITE SNAKE ENCHANTRESS

白蛇伝

DAS DISNEY DES OSTENS

Inspiriert von einem chinesischen Märchen behandelt *Erzählung einer weißen Schlange* (im Englischen als *Panda and the Magic Serpent* oder *The White Snake Enchantress* bekannt) die Geschichte eines jungen Mannes namens Xu Xian, der sich in Bai Niang verliebt, eine weiße Schlange, die sich auf magische Weise in ein menschliches Mädchen verwandelt hat.

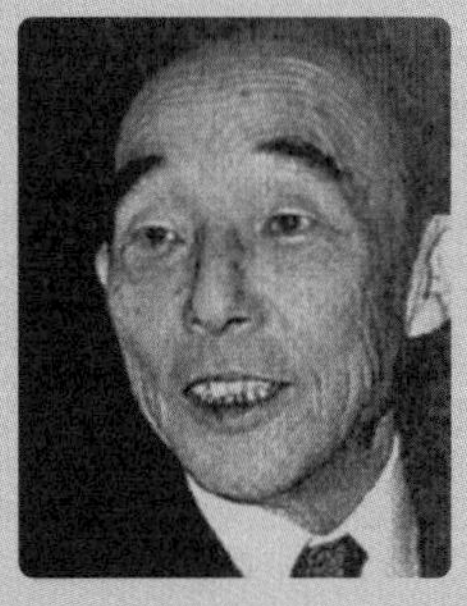

1958

REGIE: TAIJI YABUSHITA

78 MIN.

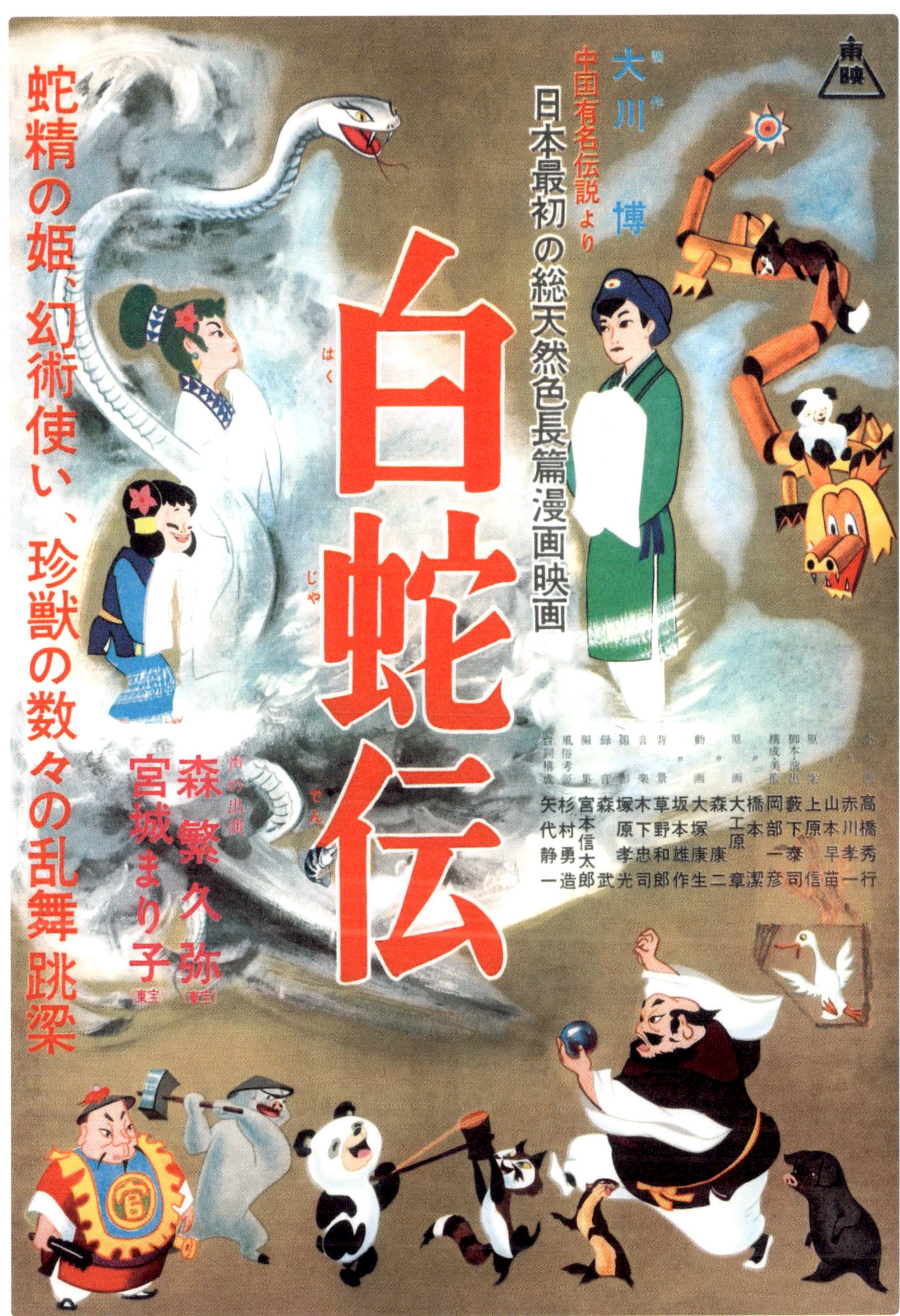
東映
製作 大川博
中国有名伝説より
日本最初の総天然色長篇漫画映画
白蛇伝
はくじゃでん
蛇精の姫、幻術使い、珍獣の数々の乱舞跳梁
声の出演
森繁久弥（東宝）
宮城まり子（東宝）
高橋秀行
赤川孝一
山本早苗
上原信
藪下泰司
岡部一彦
橋本潔
大工原章
森康二
大塚康生
坂本雄作
草野和郎
木下忠司
塚原孝光
森武
宮本信太郎
杉村勇造
矢代静一

Zwar war der Film nicht der erste japanische Animationsfilm in Spielfilmlänge – die Ehre gebührt dann wohl dem Kriegspropagandafilm *Momotaro: Umi no Shinpei* aus dem Jahr 1945. Aber *Erzählung einer weißen Schlange* war zumindest Japans erster Farbanimationsfilm in Kinolänge und der erste, der es mit den extrem beliebten Werken von Disney aufnehmen wollte.

Der Film war ein Traumprojekt von Hiroshi Okawa, einem findigen Unternehmer, der zuvor verschiedene wichtige Posten bei der Tokyu Corporation innehatte. Dort arbeitete er an Tokyus Produktportfolio, aber auch als Manager einer Baseballmannschaft. Später wurde er zum Vorsitzenden von Toei, dem Filmstudio und der Kinokette der Firma, und fasste Familien als Zielgruppe ins Auge, die bereits von Disney bedient wurde. Der erste Kinofilm des Studios war eine asiatische Version des typischen Märchenformats, mit dem Disney seit *Schneewittchen und die sieben Zwerge* großen Erfolg hatte: eine Umsetzung des chinesischen Märchens *Die Legende der weißen Schlange*.

Zur Umsetzung dieses ambitionierten Projektes kaufte Toei das Animationsstudio Nichido und benannte es in Toei Doga um. Ferner warb Toei eine neue Generation junger Animatoren an, von denen viele den japanischen Animationsfilm in den folgenden Jahrzehnten massiv prägen sollten. Darunter befanden sich Yasuo Otsuka (*Taiyo no Oji: Horus no Daiboken*, *Lupin III: Das Schloss des Cagliostro*), Gisaburo Sugii (*Night on the Galactic Railroad*) und einigen Quellen zufolge auch Rintaro (*Galaxy Express 999*, *Robotic Angel*), der seine Karriere mit nur 17 Jahren mit dem Zeichnen der Zwischenbilder begann.

Im Animationsteam von *Erzählung einer weißen Schlange* befanden sich auch einige Frauen, die in diesem von Männern dominierten Feld eine Pionierinnenrolle einnahmen, darunter Reiko Okuyama, Kazuko Nakamura und Akemi Ota. Ota arbeitete von *Taiyo no Oji: Horus no Daiboken* bis *Der gestiefelte Kater* an zahlreichen Toei-Werken mit, bis sie schließlich einen ihrer Kollegen heiratete – einen gewissen Hayao Miyazaki – und die Branche verließ, um sich ihrer Familie zu widmen.

Als *Erzählung einer weißen Schlange* 1958 veröffentlicht wurde, war Hayao Miyazaki noch in der Oberstufe und lernte für die Aufnahmeprüfung an der Universität. Miyazaki träumte davon, ein Mangaka der Gekiga-Schule zu werden – eine Stilrichtung, die sich an Erwachsene richtete und von einer desillusionierten Weltanschauung geprägt ist. Doch *Erzählung einer weißen Schlange*, den er sich in einem „drittklassigen Kino in einer heruntergekommenen Ecke der Stadt" ansah, hinterließ einen gewaltigen Eindruck bei dem jungen Mann:

„Ich hatte mich in die Heldin dieses Animationsfilms verliebt. Zutiefst gerührt taumelte ich nach Hause, während es zu schneien begann. Den ganzen Abend saß ich weinend am Kotatsu-Heiztisch."

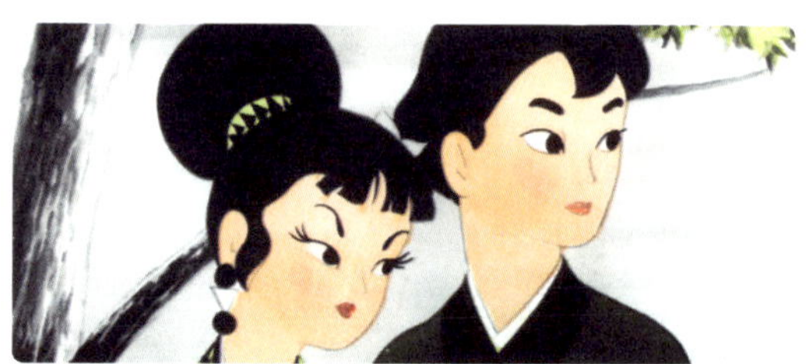

EBENFALLS EINEN BLICK WERT — 

Seit *Erzählung einer weißen Schlange* ist Toei Doga (später Toei Animation) eines der führenden Animationsstudios im Land, das für beliebte Titel wie *Mazinger Z*, *Galaxy Express 999*, *Dragon Ball*, *Sailor Moon* und *One Piece* verantwortlich zeichnet. Viele ihrer Titel haben das Bild des Animes weltweit stark geprägt, was einen Blick auf ihre Anfangszeit umso spannender macht. Damals eiferte Toei mit magischen Familienabenteuern wie *Der Zauberer und die Banditen* (1959) und *Alakazam – König der Tiere* (1960) Disney nach. Diese Filme ähneln *Erzählung einer weißen Schlange* nicht nur stilistisch; es waren auch viele derselben Mitarbeiter beteiligt. Alle drei wurden 1961 in englischer Vertonung in Nordamerika veröffentlicht. Damit waren sie die ersten Animationsfilme in Kinolänge, die es über den Pazifik schafften – eine Reise, die seitdem zahllose weitere Filme antraten.

Später spielte Miyazaki seine Reaktion als naiv herunter und äußerte sich über Jahre hinweg eher kritisch über den Film, während er seine eigenen kreativen Vorstellungen entwickelte. Doch eines konnte er nicht abstreiten: „Mir wurde klar, dass ich […] die reine, aufrichtige Welt des Films aus tiefstem Herzen liebte."

Erzählung einer weißen Schlange hatte nicht nur auf Miyazaki großen Einfluss, sondern kann in vielerlei Hinsicht als Startschuss für die japanische Animationsbranche betrachtet werden: Von der Vision, Farbfilme in Spielfilmlänge zu produzieren, über die Ausbildung heimischer Talente bis hin zu den schweren Arbeitsbedingungen und der schlechten Bezahlung. Letztere führten dazu, dass die Toei-Animatoren später eine Gewerkschaft gründeten, um bessere Konditionen zu verhandeln – ein Konflikt, der bis heute anhält.

ERZÄHLUNG EINER WEISSEN SCHLANGE – REZENSION

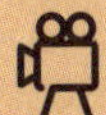

Mit *Erzählung einer weißen Schlange* wollte Toei Doga eine eigene Version der Disney-Filme produzieren, doch dieses Vorhaben misslang. Zwar kommen durchaus Tiere mit musikalischer Neigung vor, doch unterm Strich ist dieses einzigartige Werk kaum mit denen Walt Disneys zu vergleichen. Die Schwellenräume, die mythische Atmosphäre und die Optik gehen einen ganz eigenen Weg. Der Film ist die Umsetzung einer Jahrhunderte alten Geschichte eines Jungen, der sich in eine magische Prinzessin verliebt, die einst eine Schlange war. Minimalistische Landschaften bestehen aus einfachen Formen in sonst leeren Bildern, grauweiße Wolken vermischen sich mit dem Hintergrund und überschatten die Gebäude wie die Seiten und Details eines uralten, über die Jahre verblichenen Bilderbuchs. Doch auf dieser altertümlichen Leinwand strahlen die Farben wie frisch poliert und der leuchtend blaue Augapfel wirkt wie ein Edelstein.

Die unbezwingbare Liebe, die alten Schätze, die Gefangenschaft und die Verbannung aus der Heimat erinnern an die Handlung vieler anderer Märchen. In einigen Szenen und Charakteren erkennt man den Einfluss von *Mickys Clubhaus*. Die Tiere tanzen über die Leinwand, frei zu ihrem eigenen, natürlichen Rhythmus, und während einige mit der Welt harmonieren wie in *Schneewittchen*, gibt es auch solche, die eher an die rüpelhaften Streuner in *Susi und Strolch* erinnern. Eine humorvoll überzeichnete Kampfszene lässt einen gar an ein anderes Meisterwerk der Tieranimation denken: an *Looney Tunes*.

Es sind jedoch die kleinen Momente der Geschichte, die den Film besonders machen: Feuerwerksvorführungen, Schleifentänze und Flutwellen kommen so schnell wie sie gehen und entführen die Zuschauer in unheimliche Traumgefilde – eine Ode an das Leben und die Kunst der Animation. Auch eine kleine Szene mit einer Gruppe von Straßenkünstlern, die jeweils ganz eigene lebhafte Kunststücke vorführen, weiß zu begeistern, denn sie repräsentiert den Film in all seiner Schönheit: als Einlage von episodenhaftem, künstlerisch findigem Talent.

Wer genau hinsieht, erkennt später Spuren der Philosphie und des Stils des Films in Hayao Miyazakis Werken. Die „reinen, aufrichtigen", unkomplizierten und leidenschaftlichen Gefühle finden sich in *Mein Nachbar Totoro* und *Ponyo* wieder. Ein weißer Drache, der sich hypnotisch durch die Lüfte schlängelt, findet sich auch im Oscar-prämierten *Chihiros Reise ins Zauberland* wieder. Selbst der Antagonist dieser Geschichte erinnert an die zwiespältigen Bösewichte Miyazakis. Der Mönch Fahai reißt die jungen Geliebten zunächst auseinander, doch spielt er später eine Schlüsselrolle bei deren Wiedervereinigung. Zwar ist er nicht ganz so moralisch ambivalent wie Lady Eboshi aus *Prinzessin Mononoke* oder die Hexe aus dem Niemandsland aus *Das wandelnde Schloss*, doch womöglich war er der Ausgangspunkt für diese Figuren.

Erzählung einer weißen Schlange ist von seinen Inspirationen bis hin zu seinem Einfluss auf andere Filme überaus faszinierend und stellt einen wunderschönen Schlüssel zu einem großen Teil der Geschichte des Anime dar. Der Film mag etwas handzahm sein, doch seinen künstlerischen Reizen kann man sich nur schwerlich entziehen.

Gegenüber: Liebe, Abenteuer und sprechende Fabelwesen: *Erzählung einer weißen Schlange* wollte Disneys erfolgreichen Animationsfilmen nacheifern.

Unten: *Erzählung einer weißen Schlange* wurde im englischsprachigen Raum unter den Titeln *Panda and the Magic Serpent*, *The Great White Snake* und *The White Snake Enchantress* veröffentlicht.

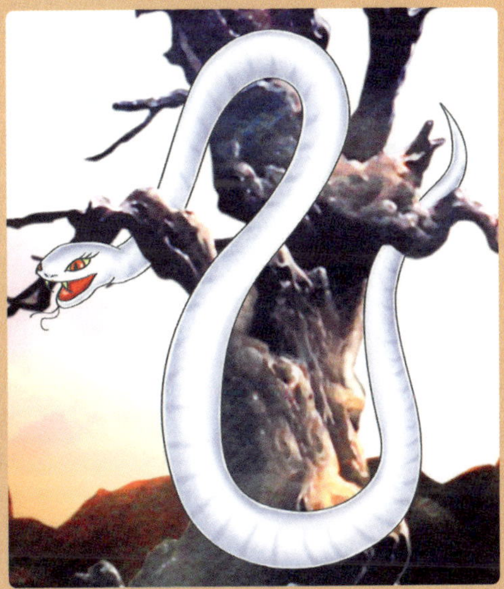

TAIYO NO OJI: HORUS NO DAIBOKEN

太陽の王子 ホルスの大冒険

DER ANFANG EINES GROSSEN ABENTEUERS

Ein Junge namens Horus begibt sich auf eine Reise, um das Sonnenschwert neu zu schmieden und der Sonnenprinz zu werden. Auf dem Weg besucht er das Dorf seiner Ahnen, stellt sich dem Eiskönig Grunwald und freundet sich mit der geheimnisvollen Hilda an.

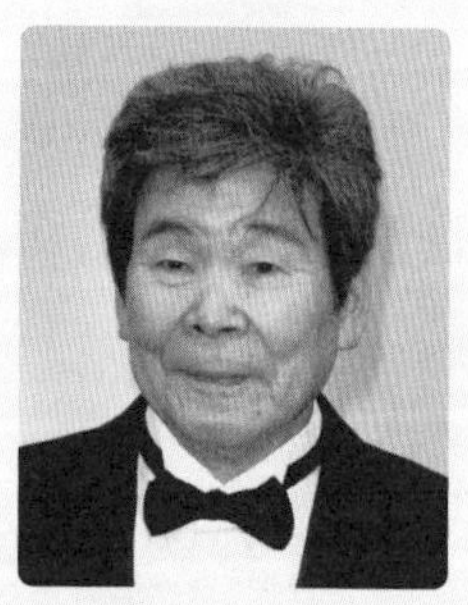

1968

REGIE: ISAO TAKAHATA

82 MIN.

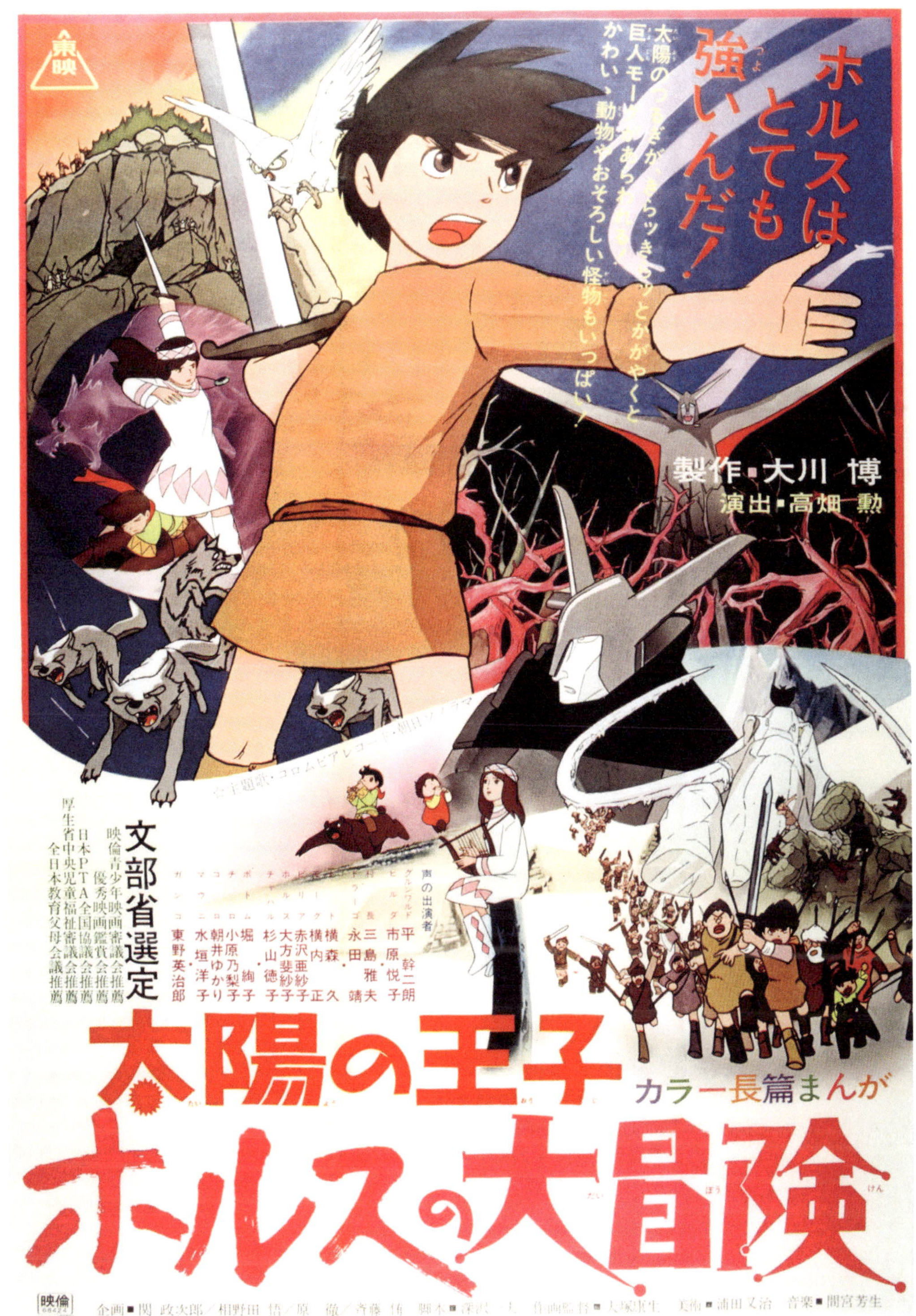
東映
ホルスはとても強いんだ！
かわいい動物やおそろしい怪物もいっぱい！
製作■大川 博
演出■高畑 勲
主題歌・コロムビアレコード・朝日ソノラマ
声の出演者
平 幹二朗
市原悦子
三島雅夫
永田 靖
横森 久
横内 正
赤沢亜紗子
大方斐紗子
杉山徳子
堀 絢子
小原乃梨子
朝井ゆかり
水垣洋子
東野英治郎
文部省選定
映倫青少年映画審議会推薦
優秀映画鑑賞会推薦
日本PTA全国協議会推薦
厚生省中央児童福祉審議会推薦
全日本教育父母会議推薦
太陽の王子
カラー長篇まんが
ホルスの大冒険
映倫
音楽■間宮芳生

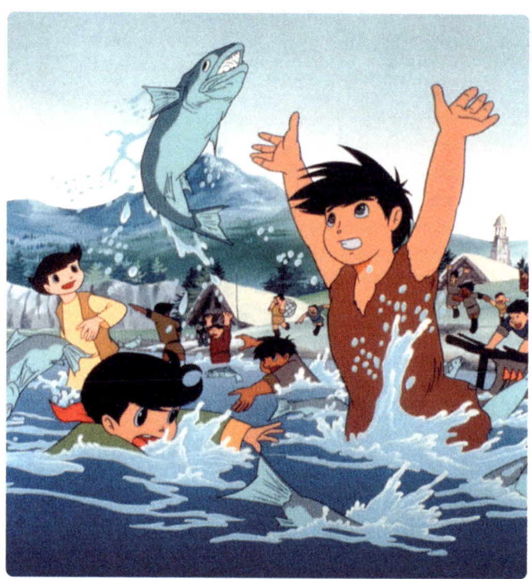

Oben: Der Fang des Tages. Bereits in ihrem ersten gemeinsamen Film behandeln Isao Takahata und Hayao Miyazaki das Zusammenspiel zwischen Mensch und Natur.

Gegenüber: Leierspielerin Hilda ist die erste von vielen vielschichtigen und faszinierenden weiblichen Figuren in den Filmen von Miyazaki und Takahata.

Kein Anime-Leitfaden kommt an den Filmen von Studio Ghibli vorbei – oder dem Leben und Werk der beiden Hauptregisseure, Hayao Miyazaki und Isao Takahata. Doch ihre Zeit bei Studio Ghibli ist nur ein Teil der ganzen Geschichte. Auch vor der Gründung des Studios im Jahr 1985 und dem Durchbruch mit *Nausicaä aus dem Tal der Winde* im Jahr zuvor waren Miyazaki und Takahata schon große Namen in der Anime-Branche und hatten bereits viele einflussreiche Serien und Filme geschaffen. Ihre erste Zusammenarbeit fand knapp zwei Jahrzehnte zuvor statt, und zwar bei Takahatas Regie-Debüt, dem Film *Taiyo no Oji: Horus no Daiboken* aus dem Jahr 1968.

Takahata wurde 1935 geboren und verließ die Universität Tokio 1959 mit einem Abschluss in französischer Literatur. Zwar war er selbst kein begnadeter Künstler, doch faszinierte ihn Paul Grimaults *Die Hirtin und der Schornsteinfeger* (später als *Der König und der Vogel* neu veröffentlicht) so sehr, dass er sich für eine Karriere in der Animationsbranche entschied. Er fand schließlich bei Toei ein Zuhause, das wegbereitende japanische Animationsstudio, das kurz zuvor mit *Erzählung einer weißen Schlange* Japans ersten Animationsfilm in Kinolänge veröffentlicht hatte und als „Disney des Ostens" galt.

Takahata begann seine Karriere als Regieassistent und arbeitete sich zum Serienregisseur von *Okami Shonen Ken* hoch. Dabei lernte er Yasuo Otsuka kennen, einen von Toeis aufstrebenden Animatoren. Diese Beziehung dauerte viele Jahre an. Mitte der 1960er leitete Otsuka ein neues Kinofilmprojekt für Toei und holte Takahata als Regisseur ins Boot. Miyazaki, seit einem Gewerkschaftstreffen ein Freund Takahatas, bot sich als Keyframe-Animator an. Die Produktion des Films kam ohne strikte Hierarchien aus. Animatoren und andere Künstler konnten bei den Besprechungen eigene Ideen für die Charakterdesigns und die Handlung beisteuern. Dies war für einen ambitionierten jungen Künstler wie Miyazaki die perfekte Gelegenheit, sich zu beweisen. Er schmuggelte zunächst Skizzen und Zeichnungen in die Büros von Takahata und Otsuka – und ehe er sich's versah, gestaltete er ganze Szenen. In einem Interview bezeichnete Miyazaki diese Phase später als Crashkurs in der Produktion von Animationsfilmen:

„Ich habe diese Schritte erst während der Produktion des Films gelernt [...] Ich setzte nicht bloß um, was ich schon wusste, sondern tastete mich bei der Arbeit voran. Entsprechend konnte ich nach *Horus* alle möglichen Arbeitsschritte problemlos ausführen."

Der Film basiert auf einem Puppenspiel namens *Die Sonne über Chikisani*, das wiederum einer mündlich überlieferten Ainu-Erzählung nachempfunden ist. Die Ainu sind Ureinwohner der Insel Hokkaido. Auf Wunsch der Toei-Chefetage wurde die Handlung jedoch ins mittelalterliche Skandinavien umgesiedelt. Takahata, Otsuka, Miyazaki und weitere Mitarbeiter (darunter Michiyo Yasuda, später bei Ghibli für die Farbgestaltung zuständig) hatten große Ambitionen. Sie wollten neue Wege in der künstlerischen Gestaltung und Animation gehen, die Emotionen in nie dagewesener Tiefe darstellen und zugleich Ereignisse in der echten Welt kritisch kommentieren, darunter den damals tobenden Vietnamkrieg.

Die Produktion hatte jedoch mit zahlreichen Problemen zu kämpfen, die steigende Kosten und verpasste Deadlines zur Folge hatten. Letztlich lag Takahata so weit hinter dem Zeitplan, dass er Berichten zufolge eine halbe Stunde des geplanten Inhalts kürzen musste. Aus zeitlichen Gründen waren einige Szenen im Endprodukt unfertig. Als der Film 1968 in eine überschaubare Anzahl von Kinos kam, hatte er eine fast dreijährige Produktion hinter sich. In der Zeit hatte Miyazaki seine Kollegin Akemi Ota geheiratet und ihr erstes Kind, Goro, war zur Welt gekommen. Takahata hingegen war 32 und hatte seinen ersten Flop produziert.

Trotzdem gilt *Horus* als Wendepunkt in der Geschichte des japanischen Animationsfilms und der Einfluss der Mitwirkenden auf die gesamte Branche war gewaltig. Der Film hinterließ ein so großes Echo, dass er in den späten 1970ern als erster Film für eine Kolumne über Anime-Filmklassiker im damals noch jungen *Animage*-Magazin ausgewählt wurde. Toshio Suzuki, damals ein junger Redakteur, soll Takahata um ein Interview gebeten haben, der sich dem jedoch verweigerte und amüsanterweise vorschlug: „Aber Hayao Miyazaki wäre verfügbar ... Er sitzt gerade neben mir. Wenn Sie wollen, können Sie mit ihm sprechen."

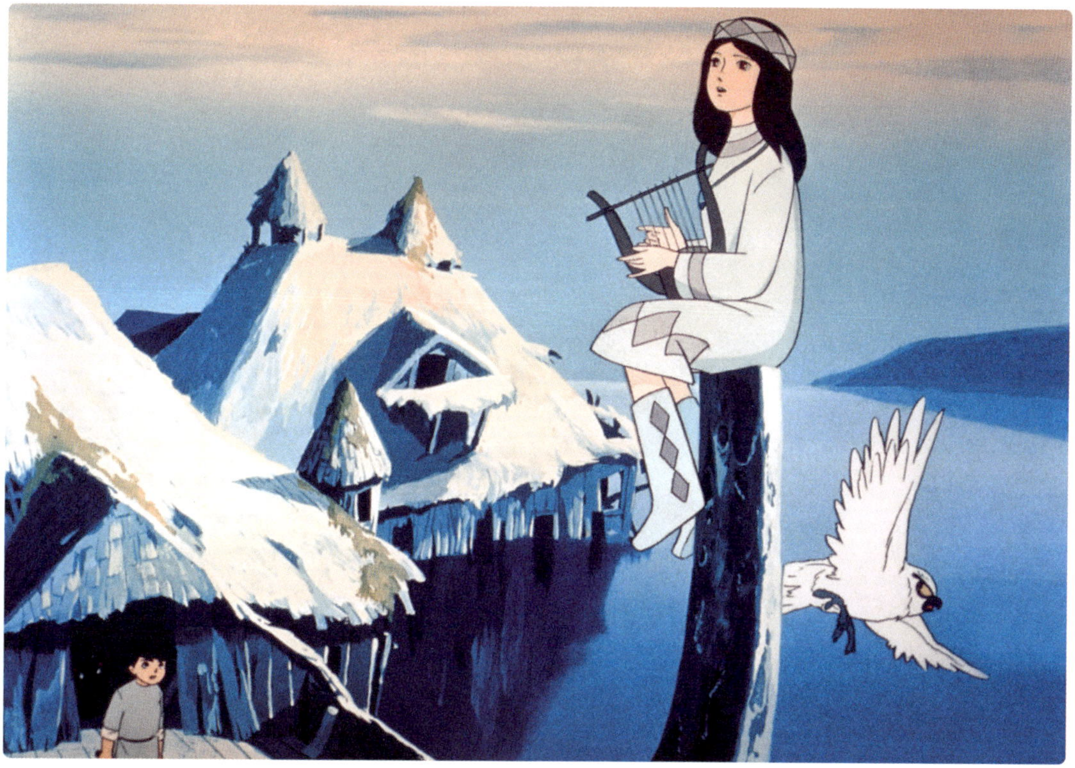

Suzuki zufolge hatte sich Takahata eine Stunde lang geweigert, mit ihm zu sprechen, wohingegen Miyazaki eine halbe Stunde auf mehr Seiten im Magazin bestanden hatte. Letztlich wurde der Artikel nie veröffentlicht, doch das Gespräch war dennoch ein Wendepunkt: Im Studio Ghibli produzierten Takahata, Miyazaki und Suzuki in späteren Jahren zusammen einen historischen Erfolg nach dem anderen.

EBENFALLS EINEN BLICK WERT

Als erste Zusammenarbeit zwischen Takahata und Miyazaki wurde *Horus* zum Startpunkt ihrer verwobenen Karrieren, der 1985 schließlich zur Gründung des Studio Ghibli führte. Doch dazwischen liegt mehr als ein Jahrzehnt voller interessanter Takahata-Werke, vom familienfreundlichen *Die Abenteuer des kleinen Panda* über die Kinofilme *Jarinko Chie* und *Goshu, der Cellist – Tiere sind seine Lehrmeister* bis hin zu seinen beliebten Serienumsetzungen europäischer Literaturklassiker als Teil des „World Masterpiece Theatre", namentlich *Heidi*, *Anne mit den roten Haaren* und *Marco*.

TAIYO NO OJI: HORUS NO DAIBOKEN – REZENSION

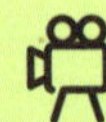

Als *Mein Nachbar Totoro* und *Die letzten Glühwürmchen* im Jahr 1988 als Doppelvorstellung in die japanischen Kinos kamen, konnte man die Werke von zwei Titanen des Anime – mittlerweile im legendären Studio Ghibli tätig – zusammen sehen. Die fantastische, magische, abenteuerliche Natur Hayao Miyazakis und die expressionistische, anthropologische Sichtweise Isao Takahatas bildeten rückblickend ein zweifelsohne seltsames Kontrastprogramm. Doch schaut man 20 Jahre in die Vergangenheit – ins Jahr 1968 –, findet man ein Werk vor, das uns einen Blick in die Seelen beider Regisseure gewährt.

Takahatas Filmdebüt beginnt mit einem eindrucksvollen und brutalen Kampf zwischen dem Jungen Horus und einem Wolfsrudel. Dieser Anfang erinnert an Miyazakis *Prinzessin Mononoke*, wo der junge Krieger Ashitaka einen wilden Kampf gegen einen wütenden Wildschweingott austrägt. Das verwundert nicht, denn Miyazaki gehört zu den treibenden Kräften hinter *Horus*. Diese und weitere ansprechend inszenierte Actionszenen waren der Anfang einer aufregenden und ergiebigen Zusammenarbeit.

In einer besonders eindrucksvollen Szene kämpft Horus, unser nordischer Prinz, in einem nassen Duell gegen einen Riesenhecht, der die Dorfbewohner terrorisiert. Eine klare Bildsprache, ein Gefühl von Gefahr und erschreckende Gewalt lassen die Szene so elegant und kunstfertig wirken, dass der Rest des Films kaum mithalten kann. Wie bei vielen von Takahatas Filmprojekten ging auch hier im Laufe der Produktion das Geld aus und spätere Actionszenen, darunter ein Wolfsangriff und eine Ratteninvasion auf Horus' Dorf, werden frustrierenderweise in kostengünstigen Standbildern dargestellt. Von den flüssigen Bewegungsabläufen früherer Szenen ist nichts mehr zu sehen. Zwar heben sich diese Szenen unangenehm von den vorherigen Kämpfen ab. Aber es ist interessant, dass man bereits hier den wiederkehrenden Ghibli-Zwiespalt zwischen Bewunderung für Kriegstreiber und die strikte Ablehnung solcher Konflikte erkennt.

Doch nicht nur die Actionszenen lassen den Studio Ghibli-Geist erkennen. Die magischen Momente der Harmonie zwischen Natur, dem Fantastischen und dem Menschlichen sind allgegenwärtig (und von zentraler Bedeutung für *Mononoke*, *Chihiro*, *Stimme des Herzens – Whisper of the Heart* und viele weitere Ghibli-Filme). Eine Szene zeigt auf einfache und einfühlsame Weise, wie ein Splitter aus einer Felskreatur entfernt wird – und wirkt gerade deshalb so lebensnah.

Ebenfalls auffällig ist die Bewunderung, die der Natur und Landwirtschaft zuteilwird – später besonders in *Tränen der Erinnerung – Only Yesterday* und *Die Legende der Prinzessin Kaguya* zu erkennen. Eine von mehreren erstaunlich bewegenden Musical-Szenen zeigt einen Strom

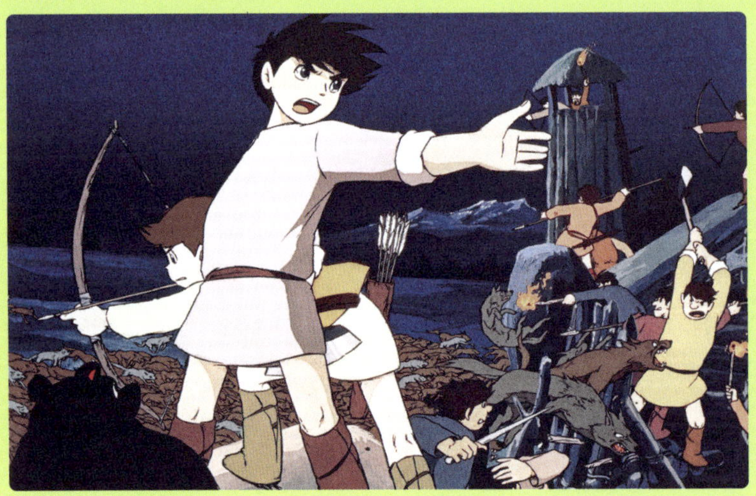

Links: Aus Zeit- und Budgetgründen werden Actionszenen als Abfolge von Einzelbildern statt flüssig animiert dargestellt.

Gegenüber: Der König der Fischer. Für diese aufregenden Actionszenen hat Studio Ghibli-Mitbegründer Hayao Miyazaki keine Mühen gescheut.

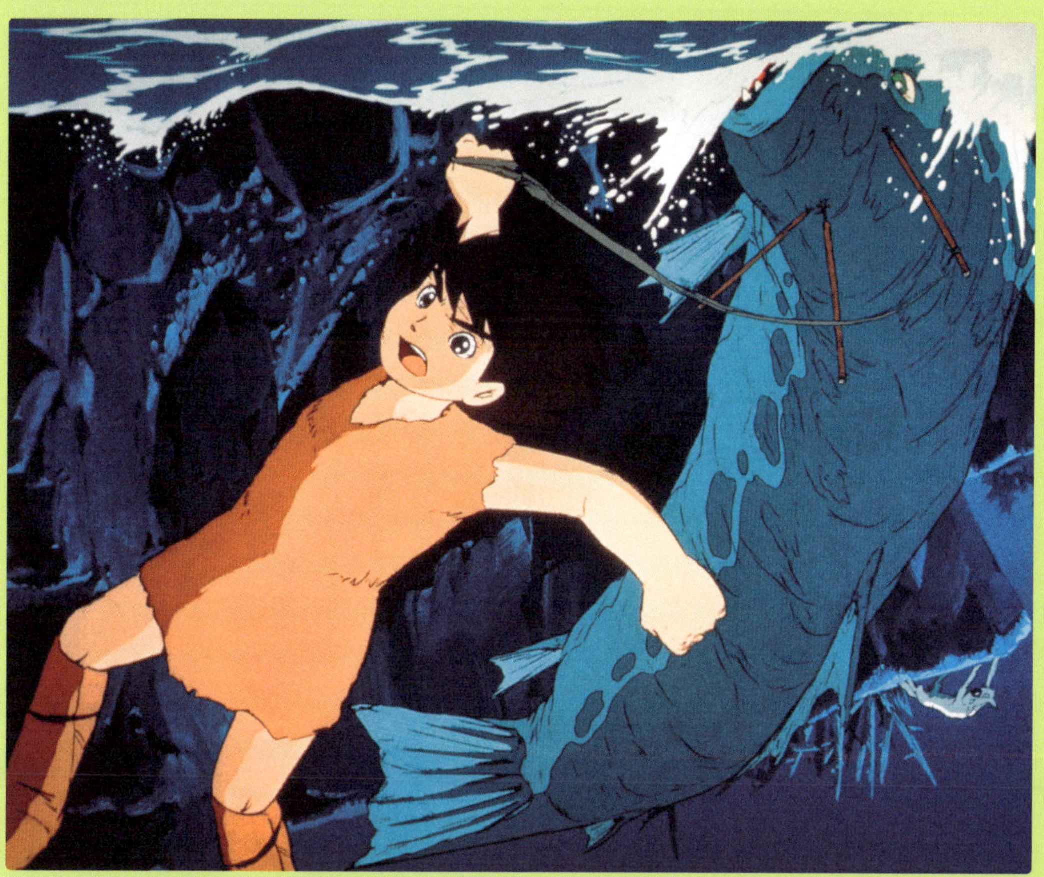

frischer Fische, der ins Dorf schwimmt. Das Stück selbst hat kaum Wiedererkennungswert, aber die utopische Ernte ist eindrucksvoll choreografiert. In seinen späteren Werken (darunter eine Realfilm-Dokumentation über ein Kanalsystem) demonstriert Takahata seine Faszination und seinen Respekt für die genaue Funktionsweise wichtiger sozialer Infrastruktur.

Dies ist auch hier erkennbar: Das Sammeln von Nahrungsmitteln wird nicht als Prozess dargestellt, sondern als Tanz. Hinter den Kulissen ist Takahatas *Horus* eine ungewöhnlich kollaborative Produktion (Takahata und Miyazaki gehörten zudem derselben Gewerkschaft an). Zugleich stellt dieser wunderschöne Moment der Zusammenarbeit auch seine sozialistischen und professionellen Überzeugungen zur Schau. Weit weniger subtil ist eine spätere Szene, die die Sowjetromantik von geballten Muskeln und Hämmern vor einem strahlenden Himmel zeigt.

Neben leuchtenden Feldern, glitzernden Bächen und den runden Gesichtern der Dorfbewohner gibt es unter den Charakteren auch einen schaurigen Gesellen, den verabscheuungswürdigen Bösewicht Grunwald. Ein imposantes, kantiges, disneyhaftes Design wie dieses findet sich in Takahatas impressionistischeren Ghibli-Werken nicht mehr wieder. Stattdessen verschwinden offensichtliche Antagonisten und eine Gut-Böse-Dualität bei ihm ganz, während die beinahe schon dokumentarische Betrachtung arbeitender Menschen und ihrer Werkzeuge und Arbeitsabläufe weiter in den Vordergrund rückt.

Erzählerisch ist *Horus* nicht allzu befriedigend. Horus' Abenteuer fühlen sich recht episodisch an und der zweite Akt, der sich auf andere Charaktere konzentriert, ist etwas unfokussiert. Doch die Wärme in seinen Momenten der Zusammengehörigkeit ist unbestreitbar – ob nun zwischen Menschen oder mit der Natur und den magischen Wesen. *Horus* mag der Feinschliff fehlen, doch der Film strahlt ohne Zweifel viel Freude aus und ist ein faszinierendes und wegweisendes Werk eines der größten Regisseure des Animationsfilms.

BELLADONNA

哀しみのベラドンナ

ANIME GOES ARTHOUSE

Belladonna of Sadness basiert auf Jules Michelets Buch *La Sorcière* aus dem Jahr 1862. Der Film erzählt die Geschichte einer jungen Frau, die im ländlichen Frankreich des Mittelalters lebt und an ihrem Hochzeitstag von einem Adligen vergewaltigt wird. Auf der Suche nach Rache und der Kraft, ihrem Schicksal zu trotzen, gibt sie sich der Hexerei hin und schließt einen Pakt mit dem Teufel höchstselbst.

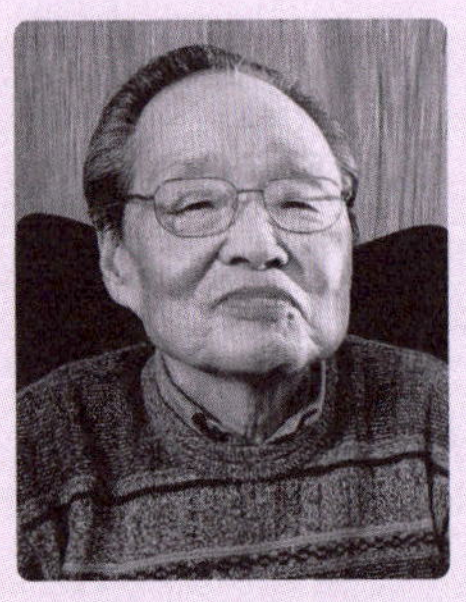

1973

REGIE: EIICHI YAMAMOTO

87 MIN.

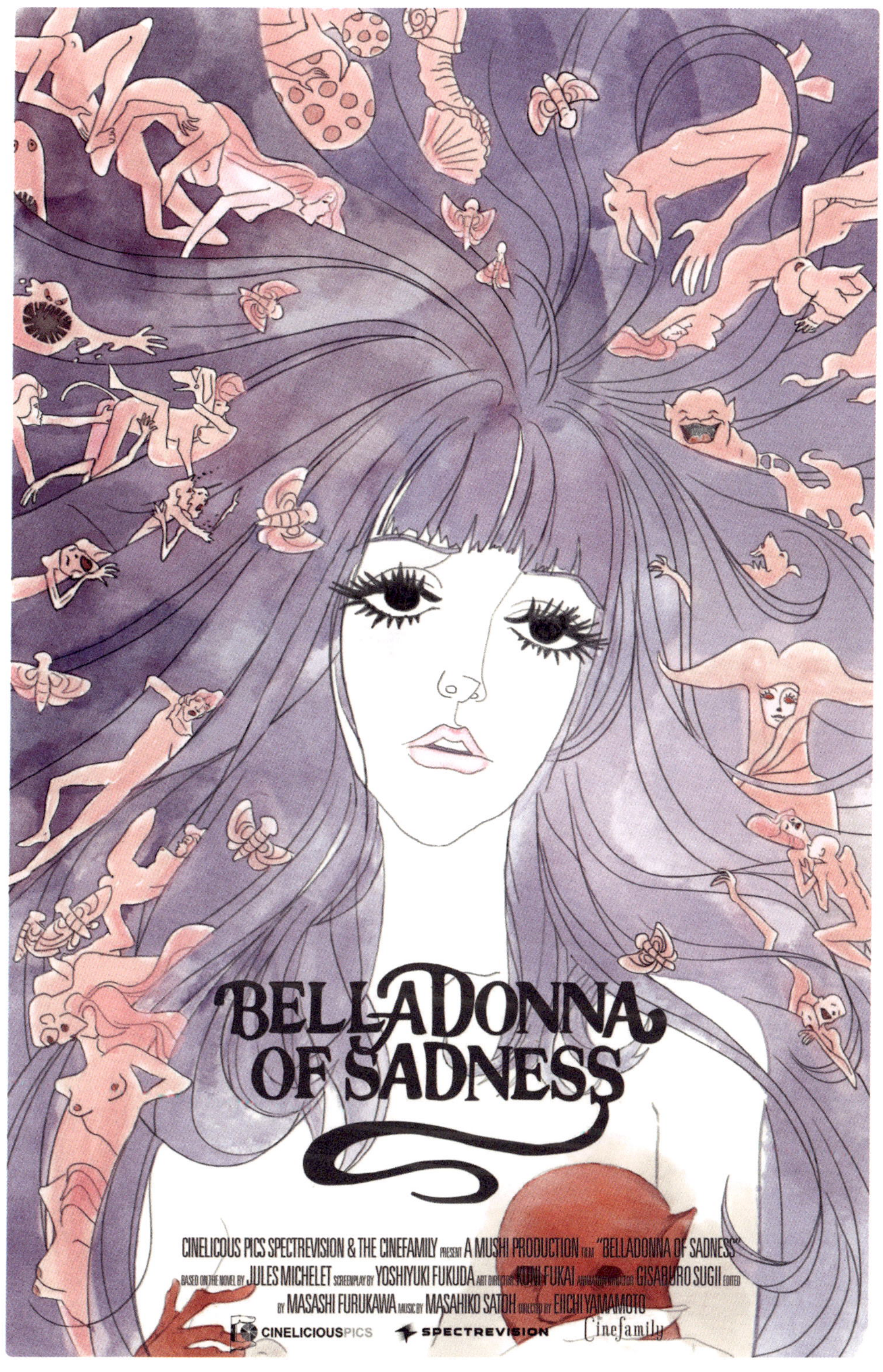

BELLADONNA OF SADNESS
CINELICOUS PICS SPECTREVISION & THE CINEFAMILY PRESENT A MUSHI PRODUCTION FILM "BELLADONNA OF SADNESS"
BASED ON THE NOVEL BY JULES MICHELET SCREENPLAY BY YOSHIYUKI FUKUDA ART DIRECTOR KUNI FUKAI GISABURO SUGII EDITED
BY MASASHI FURUKAWA MUSIC BY MASAHIKO SATOH DIRECTED BY EIICHI YAMAMOTO
CINELICIOUSPICS
SPECTREVISION
Cinefamily

Osamu Tezuka, oft „Gott des Manga" genannt, spielte auch bei der Popularisierung des japanischen Animationsfilms eine tragende Rolle. 1961 gründete er Mushi Production und produzierte mehrere bahnbrechende Animeserien für das Fernsehen, darunter 1963 *Astro Boy*. Während diese Serien eine junge Zielgruppe für sich gewannen, experimentierte das Studio Ende der 1960er Jahre unter dem Namen „Animerama" mit einer Reihe von innovativen, erotischen Filmen voller offenkundig erwachsener Themen. Dafür arbeitete Tezuka mit Eiichi Yamamoto zusammen.

Beim dritten dieser Filme, *Belladonna*, führte Yamamoto allein Regie. Tezuka trat zurück, als Mushi Production auf die Insolvenz zusteuerte. Deshalb ist der Film in einem düstereren Arthouse-Stil gehalten. Yamamoto wurde 1940 geboren und erlernte die Grundlagen der Animation, indem er Disney-Filme Einzelbild für Einzelbild gründlich studierte. *Belladonna* jedoch stellt unsere Definition von Animation in Frage. Statt der billig zu produzierenden „begrenzten Animation", die in Anime zu dieser Zeit verbreitet war, setzt *Belladonna* auf wunderschön gemalte Standbilder, über die die Kamera schwenkt. Bewegungen und Handlungen werden manchmal nur angedeutet.

Die „bewegunslose" Animation des Films hielt die Kosten niedrig. Ein kleines Team unter Yamamoto konnte somit gemächlicher vorgehen, darunter Drehbuchautor Yoshiyuki Fukuda (der die Anweisung erhielt: „Das ist ein Porno, aber mach eine reine Romanze draus."), Art-Director Kuni Fukai und Komponist Masahiko Sato. Der legendäre Schauspieler Tatsuya Nakadai, bekannt aus Filmen von *Harakiri* über *Kwaidan* und *Yojimbo, der Leibwächter* bis hin zu *The Sword of Doom* spricht den lüsternen, gelegentlich wortwörtlich phallischen Teufel und soll zu Yamamoto gesagt haben: „Ich bin schon lange Schauspieler, aber ich hätte nie gedacht, mal einen Penis zu spielen!"

Auf diese Weise sollte der Film ähnliche Wege beschreiten wie George Dunnings psychedelischer Beatles-Animationsfilm *Yellow Submarine*, der zum Kulthit wurde. Allerdings floppte *Belladonna* an den japanischen Kinokassen und blieb eine umstrittene Avantgarde-Kuriosität. 1973 wurde er bei der Berlinale neben Filmen von Koryphäen wie Stig Björkman, Claude Chabrol und Satyajit Ray gezeigt – auch Steven Spielbergs *Duell* wurde dort vorgeführt.

Interessanterweise beweist der Jazz-Rock-Soundtrack dieselbe Langlebigkeit wie der Film mit einer Veröffentlichung in Italien neben ähnlich verrückten Soundtracks für europäische Thriller aus den 1970ern von Ennio Morricone und Claudio Simonettis *Goblin* und später mit einer Neuveröffentlichung durch Nischenverleger Finders Keepers.

Obwohl *Belladonna* nie wirklich „verschollen" war, bewirkte eine aufwendige Restauration durch Cinelicious 2015 eine globale Neuveröffentlichung. In einem Interview, das mit der Blu-ray veröffentlicht wurde, blickt Yamamoto auch heute noch mit Stolz auf den Film zurück und zitierte eine Maxime, die Tezuka mit den jungen Mitarbeitern bei Mushi Production geteilt hatte: „Ein Künstler sollte experimentieren [...] und hin und wieder kommerzielle Werke hervorbringen, um für ein Gleichgewicht zu sorgen. Wer nur kommerzielle Werke produziert, ist kein Künstler."

Unten: Ein Ort zum Nachdenken. Die gewaltigen Panoramen in *Belladonna* sind genauso ausdrucksstark wie seine Portraits.

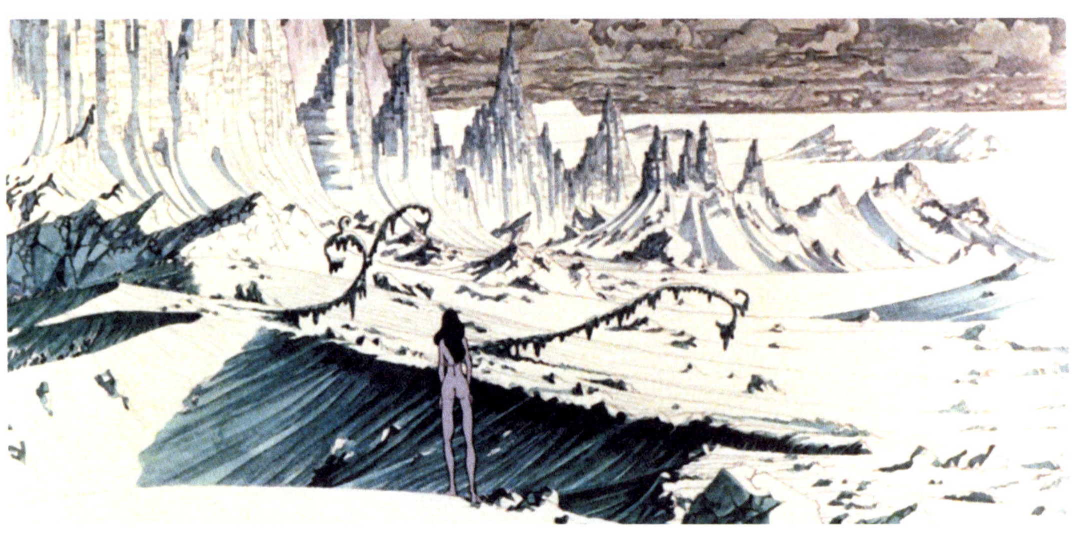

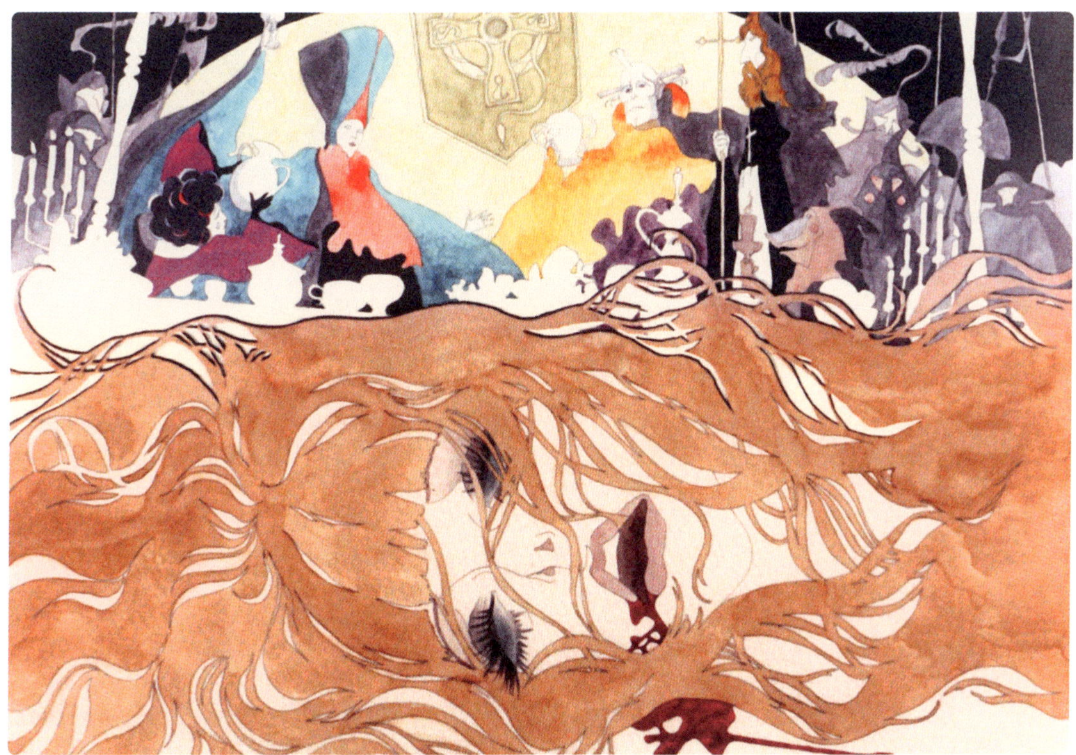

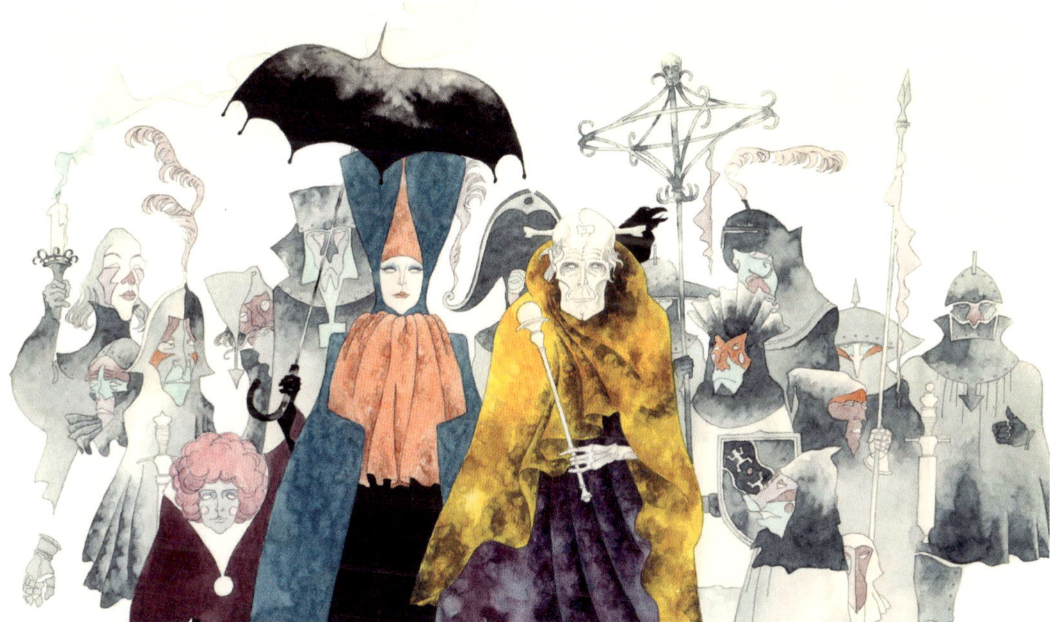

Oben: Durch seine grafischen und erotischen Darstellungen beweist *Belladonna*, dass Animationsfilme nicht immer etwas für Kinder sind.

Darüber: *Belladonna* ist eine Parade der Kreativität und Innovation und sieht wie kein anderer Anime aus.

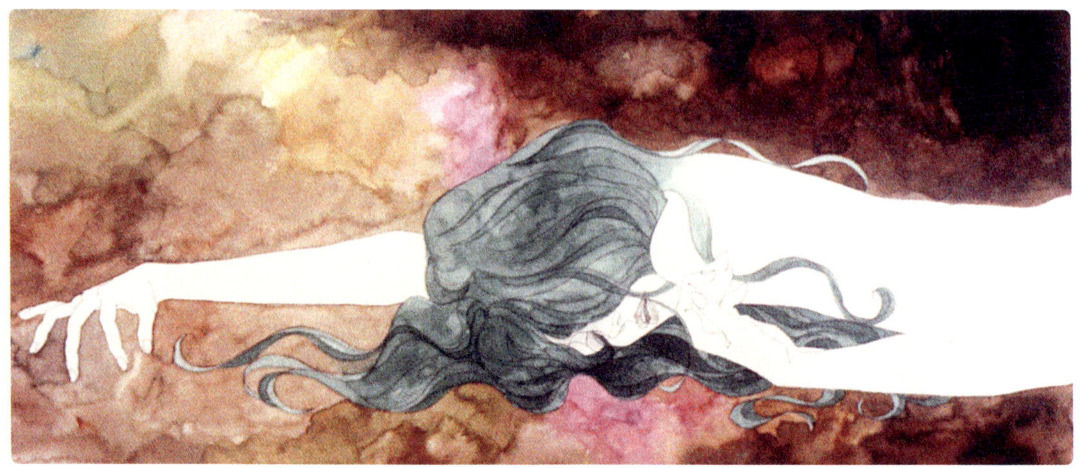

EBENFALLS EINEN BLICK WERT

Bei einem Kleinod wie *Belladonna* ist es schwierig, ähnliche Filme im Anime-Kanon zu finden. Die beiden vorangegangenen Beiträge zur Animerama-Reihe von Mushi Productions *A Thousand and One Nights* und *Cleopatra* mögen dem Vergleich allerdings standhalten. *Belladonnas* Art-House-Stil bringt ihn aber näher an seine europäischen Zeitgenossen heran, sowohl im Animations- als auch im Realfilmbereich. Zusammen mit Filmen wie *Yellow Submarine* oder René Laloux' visionärem Sci-Fi *Fantastic Voyage* eignet sich *Belladona* hervorragend für einen psychedelischen Mitternachtsfilmmarathon.

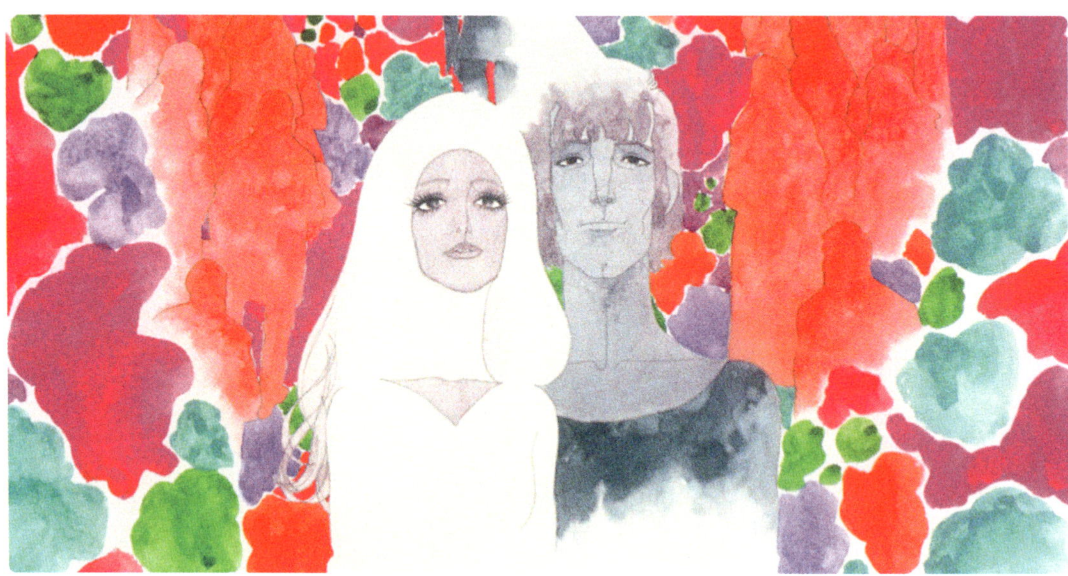

Oben: In milchigen Aquarellzeichnungen gehalten sind selbst die Hintergründe in *Belladonna* ein Spektakel.

BELLADONNA – REZENSION

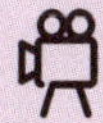

Fast 50 Jahre nach der Veröffentlichung hat *Belladonna* einen kontroversen Ruf als psychedelisches Feuerwerk und als erotische Fantasie, doch davon merkt man anfangs gar nichts. Alles beginnt mit einer Linie. Eine dünne Linie auf einem leeren, weißen Bild. Durch bloßes Schwenken der Kamera wird diese Linie dann animiert – während sich dahinter eine paradiesische Naturlandschaft in weichen Aquarellfarben entfaltet. In dessen Zentrum befindet sich die Protagonistin Jeanne mit ihren großen Augen und ihrem Pastellhaar. Was mit warmen Farbtönen und einer üppigen Begleitung durch Blechblasinstrumente eingeleitet wird, entwickelt sich zu einer aufregenden Odyssee über Sex, Tod, Magie und die französische Revolution.

Jeanne beginnt den Film glücklich mit ihrem unscheinbaren Partner Jean, doch ihre Heirat findet ein gewaltsames Ende, als der ansässige Baron und seine Meute Jeanne in einer schockierenden Szene vergewaltigen. Im Anschluss versucht Jean nicht, sie zu trösten, sondern reagiert ebenfalls gewalttätig. Die trauernde Jeanne wird dann von einem schmächtigen, teufelsähnlichen Geist eines Phallus aufgesucht, der ihr Macht anbietet.

Mit ihren neuen Kräften lässt sie ihre Position in der Gesellschaft hinter sich und erlangt Wohlstand. Sie findet ein Heilmittel für die Pest, hält üppige Orgien im Freien ab und wird schließlich für ihr Handeln auf dem Scheiterhaufen verbrannt. Bei einer solch wendungsreichen Handlung mag man ähnliche wilde Animation erwarten, doch *Belladonna* ist trotz allem in seiner Darstellung erstaunlich feinfühlig. Die großzügig eingesetzten Kameraschwenks entführen uns in kaleidoskopische Märchenlandschaften und regen dazu an, die detaillierten Gemälde in aller Ruhe zu betrachten und darüber zu sinnieren. In Kombination mit der hypnotischen Stimmbegleitung entfalten diese Kunstwerke eine starke Sogwirkung.

Diese Panoramen werden jedoch an einer Stelle von einer Szene voller flüssiger Animation und Fotomontagen unterbrochen, die eine Reihe von Stilen bedienen und deren schlüpfriger Inhalt von einer ebenso gewagten Darstellung begleitet wird. Jeannes penisförmiger Begleiter wechselt fröhlich zwischen Aggregatzuständen und Farben hin und her – bildschirmfüllenden Gestaltwandlerwolken der Lust in all ihren Formen.

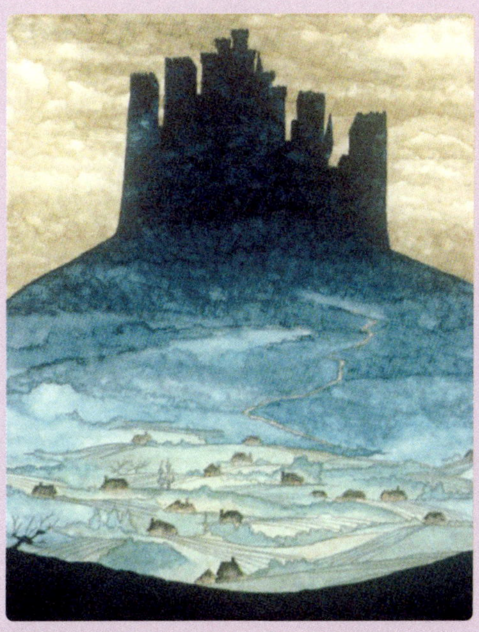

Oben: Böse Liebe. Obwohl alles mit einer Heirat beginnt, findet *Belladonna* große Kraft darin, sich den Erwartungen der Gesellschaft zu widersetzen.

Im Angesicht des brutalen, kantigen Barons und seiner Leute vereinigen sich Jeannes langes, fließendes Haar und ihr Körper ständig mit Vulva- und Phallussymbolen der Natur. Ihr neues sexuelles Selbstvertrauen und ihre Freizügigkeit lassen Jeanne mit ihrer Umgebung harmonieren, sehr zum Verdruss ihrer dolchförmigen Skeptiker.

Bedauerlicherweise findet Jeannes Geschichte ein feuriges Ende – nicht ohne eine „Ich bin Spartacus"-Szene mit den Dorfbewohnern. Vielleicht soll dies ausdrücken, dass etwas Böses Besitz von der Menge ergreift, doch vermutlich sind es eher die metaphorischen Auswirkungen ihrer Selbstbefreiung. Ein Abschluss, der Jeannes Handlungen in Beziehung zur französischen Revolution setzt, wirkt weit hergeholt – und bricht die Hypnose der eigentlichen Geschichte. Doch dies führt uns erneut vor Augen, wie ambitioniert der Film ist. Obwohl die Geschichte tragisch ausgeht, wirken Jeanne und *Belladonna* wie ein Wunder.

LUPIN III. – DAS SCHLOSS DES CAGLIOSTRO

ルパン三世 カリオストロの城

MIYAZAKI DER ERSTE

Nach einem kühnen Überfall bemerkt der begnadete Gentleman-Dieb Lupin III., dass es sich bei seinem Diebesgut um Falschgeld handelt. Auf der Suche nach der Quelle des Geldes reist er in das Land Cagliostro, stellt sich dem heimtückischen gleichnamigen Grafen und rettet die entführte Prinzessin Clarisse.

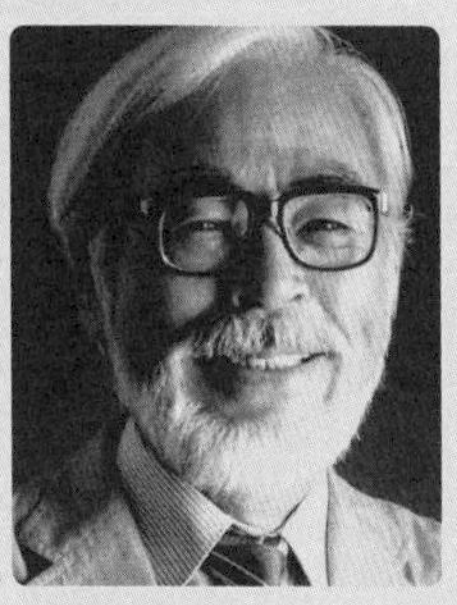

1979

REGIE: HAYAO MIYAZAKI

100 MIN.

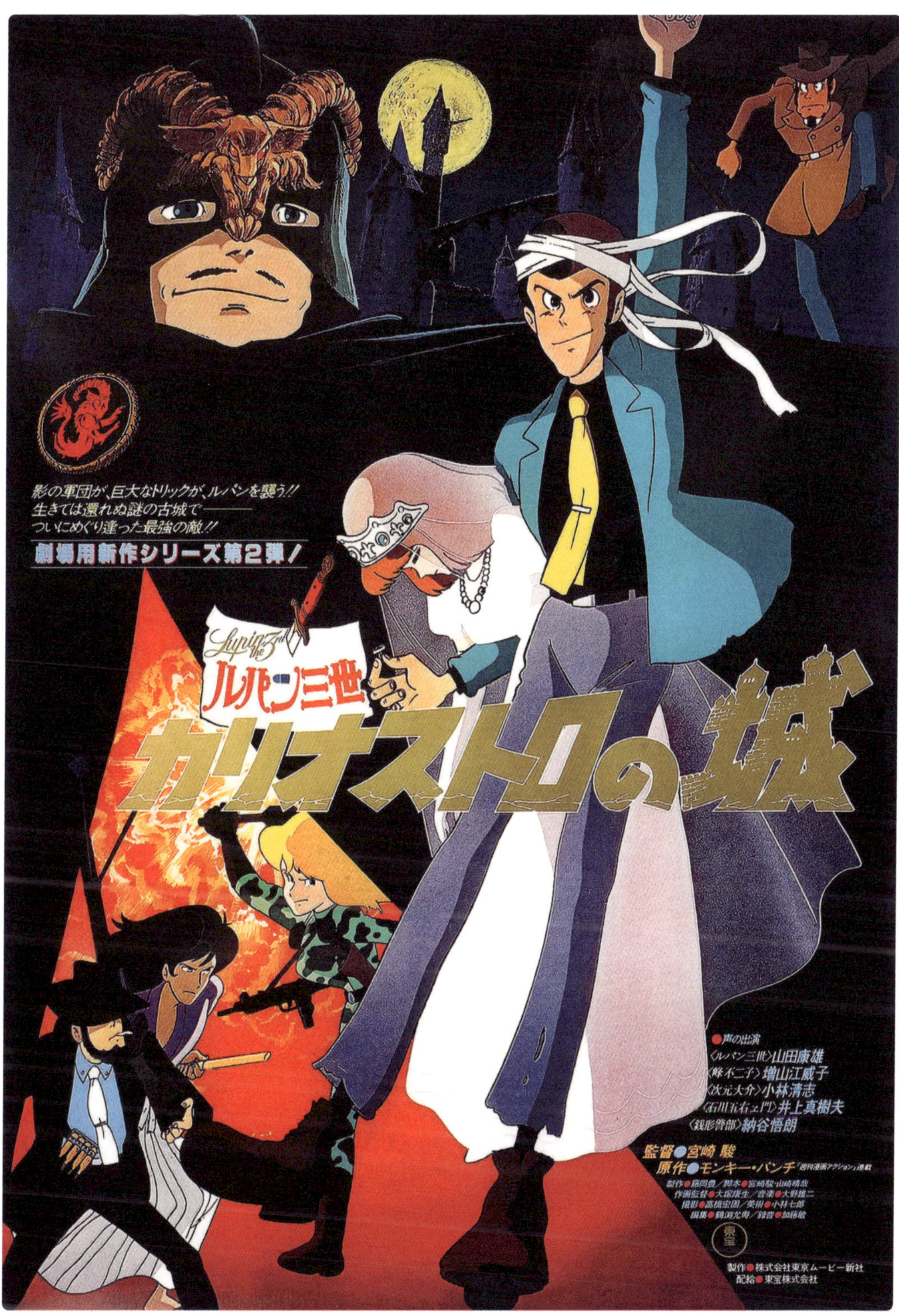

影の軍団が、巨大なトリックが、ルパンを襲う!!
生きては還れぬ謎の古城で――
ついにめぐり逢った最強の敵!!
劇場用新作シリーズ第2弾!
ルパン三世
カリオストロの城
●声の出演
〈ルパン三世〉山田康雄
〈峰不二子〉増山江威子
〈次元大介〉小林清志
〈石川五右ェ門〉井上真樹夫
〈銭形警部〉納谷悟朗
監督●宮崎 駿
原作●モンキー・パンチ
製作●株式会社東京ムービー新社
配給●東宝株式会社

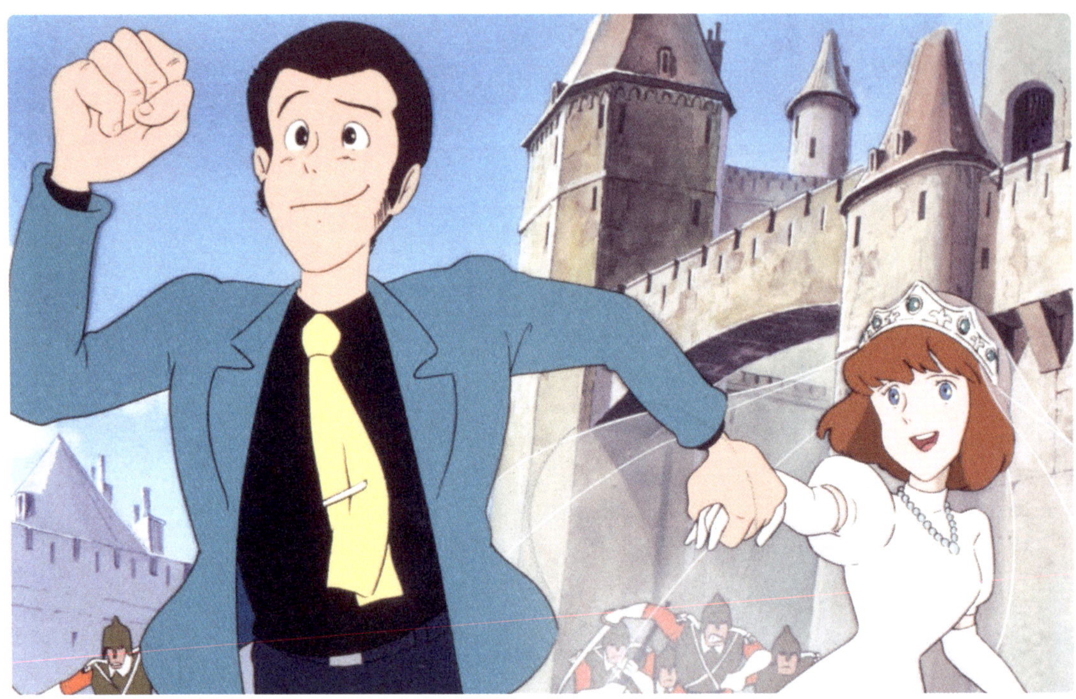

Lange vor *Chihiros Reise ins Zauberland*, *Prinzessin Mononoke* und *Mein Nachbar Totoro* – und lange vor den allgegenwärtigen Fanartikeln, rekordverdächtigen Einspielergebnissen und der internationalen Anerkennung Studio Ghiblis – war Hayao Miyazaki ein Jugendlicher, den ein Film zu Tränen gerührt hatte.

Japans erster Farb-Animationsfilm in Kinolänge, *Erzählung einer weißen Schlange*, veränderte das Leben des jungen Miyazaki, der zuvor Mangaka hatte werden wollen. Damals besuchte Miyazaki das erste Jahr der Oberstufe und wandte sich fortan der Welt des Animationsfilms zu. Er begann bei Toei und arbeitete sich schnell hoch: vom Zeichner der Zwischenbilder in *Okami Shonen Ken* und *Gulliver no Uchu Ryoko* bis hin zum Keyframe-Animator und Storyboard-Zeichner in *Der gestiefelte Kater* und *MuMin*. Bei *Taiyo no Oji: Horus no Daiboken* arbeitete er dann in verschiedensten Positionen (vgl. Kapitel 2) mit seinem langjährigen Arbeitspartner Isao Takahata.

Miyazaki und Takahata arbeiteten in den 1970er Jahren viel zusammen. Takahata führte dabei oft Regie und Miyazaki übernahm die zeichnerische Leitung, Storyboards und andere gestalterische Arbeiten bei Projekten von *Die Abenteuer des kleinen Panda* bis *Heidi*. Doch bei einem Werk führten beide Regie, ohne namentlich erwähnt zu werden: der Animeumsetzung des beliebten Manga *Lupin III.* von Monkey Punch, einer Produktion voller Rückschläge aus dem Jahr 1971.

Lupin III. ist ein japanisches Kultsymbol, das auf Papier, im Fernsehen und auf der großen Leinwand erfolgreich ist. Doch dieser Versuch, die Geschichten ins Fernsehen zu bringen, ging nicht gerade glatt über die Bühne. Der ursprüngliche Regisseur, Masaaki Osumi, wurde entlassen, als er sich weigerte, den Ton der Serie auf ein breiteres Publikum anzupassen. Miyazaki und Takahata sprangen ein und verliehen der Hauptfigur und der gesamten Serie ein fröhlicheres Image. Die so entstandenen Folgen konnten zwar keine riesigen Erfolge verbuchen, doch die Mühe zahlte sich einige Jahre später aus, als sich ein neuer *Lupin*-Film in Produktion befand. Bei dem Projekt führte Yasuo Otsuka Animationsregie, den Miyazaki und Takahata von der Zeit bei Toei Doga kannten. Er hatte auch bei *Horus* Animationsregie geführt und nahm auch im Team von *Lupin III.* eine zentrale Rolle ein. Für den Film schlug er Miyazaki als Regisseur vor.

Miyazaki, der nach Beenden der TV-Serie *Mirai Shonen Conan* gerade einen Lauf hatte, soll sich Berichten nach ohne Umschweife in die Arbeit gestürzt haben. Er kümmerte sich um große Teile des Skripts, des Storyboards, der Charakterdesigns und fungierte als Keyframe-Animator. Im Gegensatz zu Takahatas erstem Film ging die Arbeit an *Lupin III. – Das Schloss des Cagliostro* ohne Probleme über die Bühne. Die gesamte Produktion nahm nur siebeneinhalb Monate in Anspruch, davon vier oder fünf Monate für die aktive Animation und Produktion.

Als der Film im Dezember 1979 in die Kinos kam, war Miyazaki 38 Jahre alt – 6 Jahre älter als Takahata zum

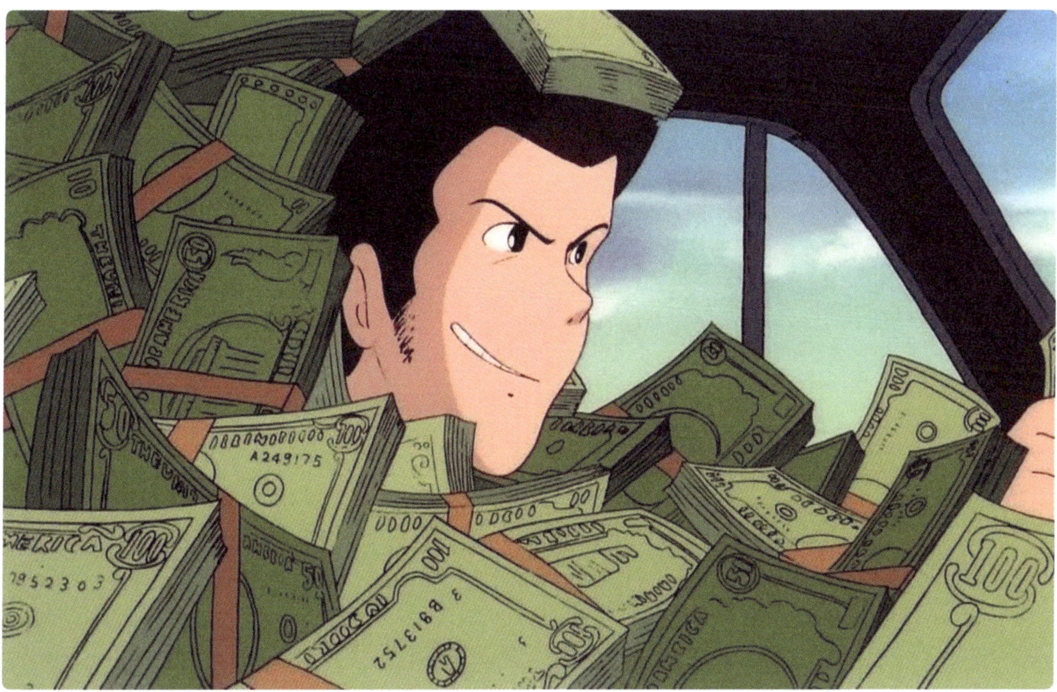

DER SPIELBERG-MYTHOS

Um *Das Schloss des Cagliostro* rankt sich eines der langlebigsten und ungewöhnlichsten Gerüchte der Anime-Community: Vielerorts – im Internet, in Magazinen und sogar auf dem Cover der offiziellen Heimvideoveröffentlichung – wird angemerkt, dass der Film zu den Lieblingen von Hollywood-Legende Steven Spielberg gehöre. Gelegentlich wird sogar ein angebliches Spielberg-Zitat aufgegriffen, nach dem der Film „einer der besten Abenteuerfilme aller Zeiten" sei.

Es folgten Mutmaßungen, dass Spielberg bei seinen Filmen *Jäger des verlorenen Schatzes* und *Die Abenteuer von Tim und Struppi* von *Lupin* inspiriert worden sei. Diese Theorien hüllen sich hartnäckig, obwohl es keine glaubwürdigen Quellen gibt, die derlei Gerüchte bestätigen würden. Eine unbestreitbare Verbindung ist jedoch in dem von Spielberg produzierten Kinderabenteuer *Die Goonies* zu erkennen, wo ein Spielautomat vorkommt, auf dem *Cliff Hanger* gespielt wird. Dieses Spiel mit Verbindung zu *Lupin III.* beinhaltet Animationen aus *Das Schloss des Cagliostro*.

Gegenüber: Im Vergleich zum Manga stellt Hayao Miyazaki die Figuren in *Lupin III.* charmanter und unbekümmerter dar.

Oben: Ob als Manga, im Fernsehen oder im Kino: *Lupin III.* spült seit Jahrzehnten viel Geld in die Kassen.

Unten: Der Meisterdieb Lupin III. betrachtet von einem Dach aus die Umgebung und plant seinen nächsten Zug.

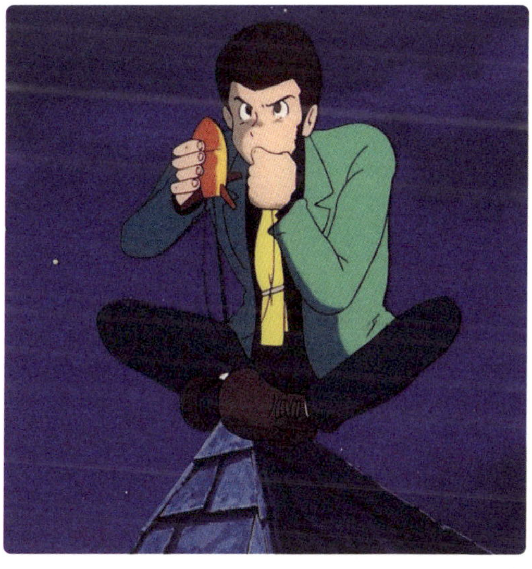

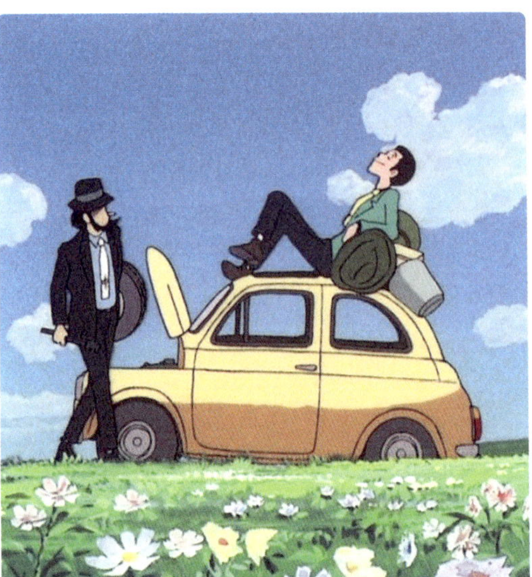

Oben: Nach einer der größten Autojagdszenen in der Geschichte des Kinos. Das Auto ist dem Fiat 500 des Animators Yasuo Otsuka nachempfunden.

Unten: Pixars neues Juwel *Luca* wurde von den frühen Werken Hayao Miyazakis inspiriert, darunter auch *Das Schloss des Cagliostro.*

Zeitpunkt von *Horus'* Misserfolg. Auch *Cagliostro* wurde anfänglich als Reinfall deklariert, zumindest in Bezug auf die Einspielergebnisse. Doch bei den *Mainichi Eiga Concours* wurde ihm der Noboru-Ofuji-Preis für seine technische Innovation verliehen. Später wurde der Film regelmäßig in den Listen der besten Anime aller Zeiten aufgeführt. Der Ruf des Films schlug noch größere Wellen, als Fans im Ausland ihn entdeckten – auf der Kinoleinwand, durch seine regelmäßige Ausstrahlung im japanischen Fernsehen oder durch Fan-Communitys, Conventions oder den Tausch von Videokassetten.

Rückblickend sieht Miyazaki *Das Schloss des Cagliostro* als Ende eines Teils seiner Karriere und drückte dies folgendermaßen aus: „[Es war] wie ein Ausverkauf von all meiner Arbeit an *Lupin* und zu meiner Toei-Zeit. Ich glaube nicht, dass ich etwas Neues beigetragen habe. [...] Mir wurde klar, dass ich so etwas nie wieder tun sollte. Und das wollte ich auch nicht."

Miyazaki nannte das Jahr 1980 nach der Veröffentlichung des Films sein „Jahr des Trübsals", doch im nächsten Jahrzehnt folgte ein Wunder dem nächsten: *Nausicaä aus dem Tal der Winde, Das Schloss im Himmel, Mein Nachbar Totoro, Kikis kleiner Lieferservice* und natürlich das Wichtigste: die Gründung des Studio Ghibli.

EBENFALLS EINEN BLICK WERT —

Der Einfluss von *Das Schloss des Cagliostro* auf Animationsfilme in Japan und im Ausland ist gewaltig. Auf viele Filmemacher machte er seiner Zeit einen nachhaltigen Eindruck. Ohne ihn gäbe es die Werke von Mamoru Hosoda und Masaaki Yuasa vermutlich nicht, um nur zwei zu nennen. Ein Besuch eines Teils des Teams der Produktionsfirma TMS, darunter auch Miyazaki, bei Disney in den frühen 1980ern soll die jungen Mitarbeiter dort sehr beeinflusst haben. Diese Mitarbeiter, darunter Pixars John Lasseter, definierten den westlichen Animationsfilm später neu. Wer genau hinsieht, erkennt mögliche Anlehnungen und Hommagen an *Cagliostro* in John Muskers und Ron Clements' *Basil, der große Mäusedetektiv, Die Simpsons – Der Film* und der Folge *Der Uhrenkönig* der Zeichentrickserie von *Batman.*

In jüngerer Zeit benannte der Regisseur Enrico Casarosa einen direkten Zusammenhang zwischen den Charakterdesigns und der Animation seines Pixar-Films *Luca* und frühen Miyazaki-Projekten wie *Das Schloss des Cagliostro* und der postapokalyptischen Abenteuerserie *Mirai Shonen Conan.* Diese beiden Werke haben etwas, das Miyazakis späteren Filmen fehlt. Wie Casarosa uns verriet: „Wenn man sieht, wie [die Figuren] in *Das Schloss des Cagliostro* über die Dächer rennen, erkennt man eine Freude und Verspieltheit in der Animation, die ich in seinen späteren Werken etwas vermisse."

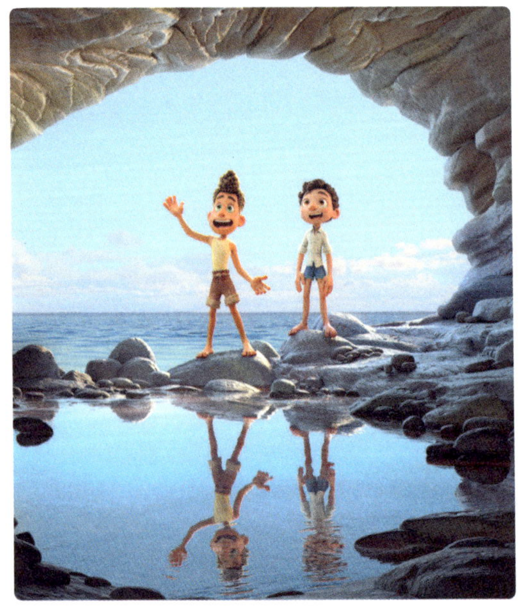

LUPIN III. – DAS SCHLOSS DES CAGLIOSTRO – REZENSION

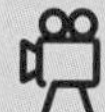

Der Film beginnt mit einer wilden Autojagd, aber als Lupins Fahrzeug (und das seines Komplizen Jigen) den Geist aufgibt, geht es erst richtig los. Dann weiß man, dass man einen Hayao-Miyazaki-Film schaut. Haufenweise Geldscheine, die durch das Dachfenster fliegen, sorgen für einen imposanten Auftakt. Doch Miyazaki findet in all seinen Filmen stets ein Gleichgewicht zwischen den spannungsgeladenen Abenteuerszenen und den friedlichen Wundern dazwischen. Als Lupin sich auf dem Dach seines kaputten Autos ausruht, atmet er tief durch (dieses Bedürfnis könnten die Zuschauer nach der Eröffnung gewiss nachempfinden) und nimmt die Natur in all ihren Details auf: vom Vogel, der über ihm fliegt, bis hin zum Schatten einer Wolke, der über eine Wiese gleitet. Die Blautöne des Himmels und Grüntöne der Wiese sind typisch für Miyazaki und laden dazu ein, darunter zu verweilen bzw. darauf herumzutollen.

Es ist eine Wiese wie die, auf der Kiki in *Kikis kleiner Lieferservice* liegt, auf der Naoko in *Wie der Wind sich hebt* ihre Bilder malt und über die Sophie und Hauro in *Das wandelnde Schloss* spazieren. *Lupin III.* kam lange vor Miyazakis Ghibli-Klassikern, doch deren Wurzeln sind klar erkennbar.

Als Lupin und Jigen den Wagen wieder zum Laufen bringen, beginnt direkt eine neue Jagdszene, in der sie zuerst gegen steile Klippen, dann gegen die Schwerkraft selbst ankämpfen. Die quietschenden Bremsen und messerscharfen Wendungen sind das Hauptaugenmerk, doch all die Action vor dem Panorama einer urtypisch europäischen Landschaft mit unseren charmanten Halunken am Steuer könnte glatt die Vorlage für einen Stunt von Indiana Jones gewesen sein. Gerüchten zufolge stimmt das sogar. Wie man bereits seit *Horus* weiß, an dem Miyazaki mit Ghibli-Mitgründer Isao Takahata zusammenarbeitete, hat Miyazaki großes Talent für klare, spannungsvolle, exzellent inszenierte Actionszenen.

Zwar erreicht der Film niemals die philosophische Tiefe von Miyazakis späteren Werken, doch dafür rast er durch eine Vielzahl von Schauplätzen. Die Jagdszene an der Klippe ist nur ein spannungsgeladener Moment von vielen. Lupin, der den Charme von Danny Ocean mit der Technikspielerei von Ethan Hunt in *Mission Impossible* verbindet, ist überzeichneter als Miyazakis bodenständigere spätere Figuren; sein Körper biegt und renkt sich durchgehend, um maximale Unterhaltung zu bieten.

In einer Szene wird der Gentleman-Dieb zu Gummi, als er in einem Wasserrad feststeckt. In einem Rennen über die Dächer entfesselt er seine flinke, leichtfüßige, katzenartige Seite, die später die blitzschnellen Bewegungen der Figuren in Pixars *Luca* inspirierten.

Ein Duell in einem Glockenturm bietet hervorragendes Material für ein Finale: Die Zahnräder der riesigen Maschine drehen sich in alle Richtungen und füllen den Bildschirm aus wie ein Gemälde von Escher. Trotzdem verliert man Lupin und seinen Rivalen, den verabscheuungswürdigen Fälscher Graf Cagliostro, nie aus den Augen. Die schwindelerregende Umgebung lässt die Spannung weiter steigen, doch ihr Kampf bleibt fesselnd und klar.

Die Geschichte scheut sich nicht, die Grenzen der Glaubwürdigkeit zu sprengen, um einem so elastischen Charakter wie Lupin die nötige Bühne zu liefern: Eine Hochzeit, Interpol, zwei uralte Ringe, ein versteckter Schatz – hier wurde auf Vielfalt statt Tiefe gesetzt. Zudem sind die Seiten hier klar definiert, was ungewöhnlich für Miyazaki ist, der so viele Charaktere erdacht hat, die sich nicht in Gut und Böse einteilen lassen (Die Hexe aus dem Niemandsland in *Das wandelnde Schloss*, Yubaba in *Chihiros Reise ins Zauberland* und alle Figuren in *Prinzessin Mononoke*). Der liebenswerte Lupin und seine Mitschurken, darunter der relativ nebensächliche Samurai Goemon und seine frühere Flamme Fujiko, sind simple Helden und der Graf ein hassenswerter Bösewicht.

Das alles macht den Film hochgradig unterhaltsam, aber nicht so tiefgründig wie die späteren Werke des Meisterregisseurs. Da die Geschichte selbst kaum Originelles bietet, könnte man meinen, Miyazaki wollte auf anderer Ebene experimentieren. Die wilde, flüssige Kraft der Animation, die die Zuschauer durch die Handlung jagt, steht im Vordergrund – unterbrochen von gelegentlichen Päuschen, um die Freude über heiße Fertignudeln an einem kalten Abend zu zelebrieren, bevor es weiter zum nächsten abenteuerlichen Schauplatz geht. In seinem Debütfilm wusste Miyazaki die ihm zur Verfügung stehenden Werkzeuge mit viel Geschick und Selbstvertrauen zu bedienen und legte so den Grundstein für ein Studio, das die Herzen von Millionen von Zuschauern stehlen würde.

NIGHT ON THE GALACTIC RAILROAD

銀河鉄道の夜

STARLIGHT EXPRESS

Night on the Galactic Railroad basiert auf einer gleichnamigen Novelle von Kenji Miyazawa und erzählt die Geschichte zweier Katzenjungen, die den Kummer des Alltags zurücklassen und eine magische, metaphysische Reise durch den Kosmos antreten.

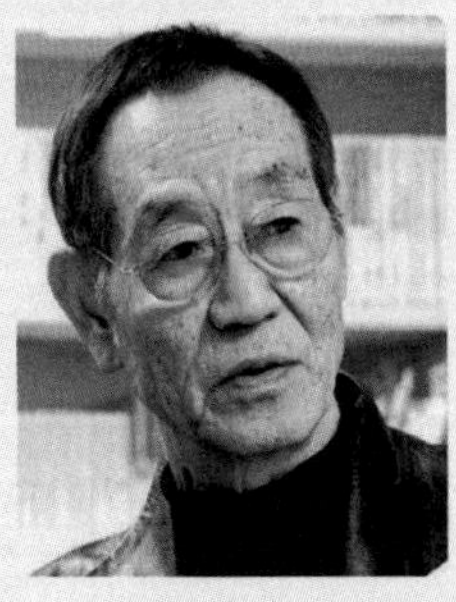

1985

REGIE: GISABURŌ SUGII

113 MIN.

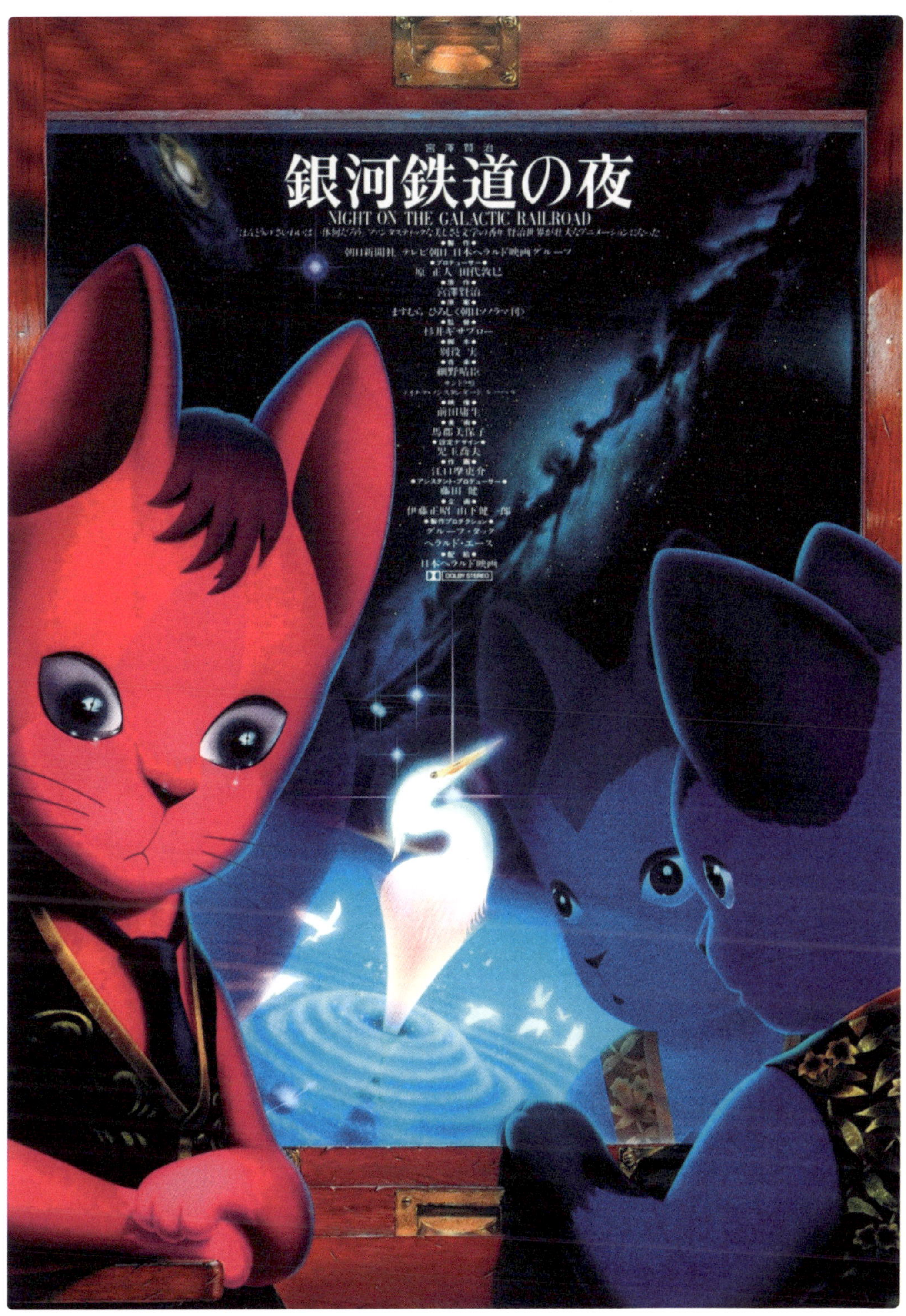
宮沢賢治
銀河鉄道の夜
NIGHT ON THE GALACTIC RAILROAD
●製作●
朝日新聞社 テレビ朝日 日本ヘラルド映画グループ
●プロデューサー●
原 正人 田代敦巳
●原作●
宮澤賢治
●原案●
ますむら ひろし〈朝日ソノラマ刊〉
●監督●
杉井ギサブロー
●脚本●
別役 実
●音楽●
細野晴臣
前田庸生
●美術●
馬郡美保子
●設定デザイン●
児玉喬夫
●作画●
江口摩吏介
●アシスタント・プロデューサー●
藤田 健
●企画●
伊藤正昭 山下健一郎
●製作プロダクション●
グループ・タック
ヘラルド・エース
●配給●
日本ヘラルド映画
DOLBY STEREO

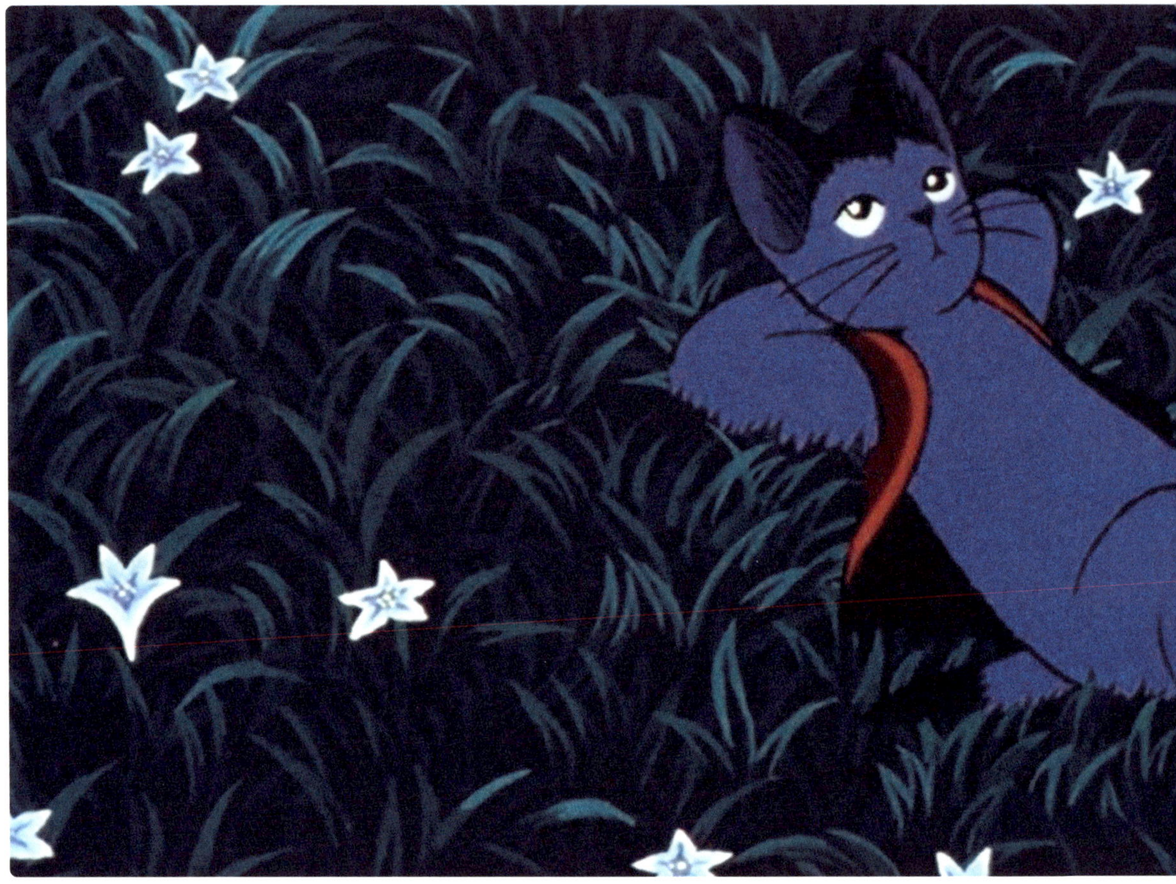

Gisaburo Sugii wurde 1940 geboren und seine Karriere verläuft parallel zur Entwicklung der japanischen Animation als Massenindustrie. Als Kind haben ihn Filme von Max Fleischer und Disney-Filme wie *Bambi* inspiriert. Anfangs dachte Sugii, er müsse in die Vereinigten Staaten auswandern, um an Animationsfilmen zu arbeiten. Doch kurz nach seinem Schulabschluss entdeckte er eine Zeitungsannonce, in der ein Studio um junge Künstler warb: Toei Animation (damals Toei Doga), die japanische Antwort auf Disney.

In einem Interview mit *Animerica* erinnert sich Sugii, dass die Chance, die Aufnahmeprüfung zu bestehen, nur 1:30 gewesen sein sollte. Doch Sugii hatte Erfolg und begann an *Erzählung einer weißen Schlange* zu arbeiten, Toeis erstem großen Kinofilm. Er war ebenfalls an den folgenden Produktionen beteiligt, darunter auch denen, die in den Vereinigten Staaten veröffentlicht wurden, *Der Zauberer und die Banditen* und *Alakazam – König der Tiere*. Später führte er bei einigen Folgen der wegbereitenden TV-Umsetzung von Osamu Tezukas *Astro Boy* Regie und folgte Tezuka anschließend in künstlerischere, an Erwachsene gerichtete Gefilde – mit *A Thousand & One Nights*, *Cleopatra* und *Belladonna*.

Sein Film *Night on the Galactic Railroad* von 1985 vermischt Elemente seiner früheren Projekte und geht zugleich neue Wege. Wie in Disney- und frühen Toei-Filmen sind die Figuren in Sugiis Film vermenschlichte Tiere. Doch der ungewöhnliche Stil und das gemächliche Tempo erinnern an die künstlerischen, literarischen Ambitionen von Filmen wie *Belladonna*. Die Umsetzung von Kenji Miyazawas geheimnisvoller und philosophischer Vorlage hebt sich selbst drei Jahrzehnte später noch von der Masse ab.

Im krassen Gegensatz zu Sugii, der für seine Karriere zur rechten Zeit am rechten Ort war, erhielt Miyazawa zu Lebzeiten nicht viel Anerkennung. Sein Ruf in den Annalen der japanischen Literatur entwickelte sich erst nach seinem Tod 1933 im Alter von 37 und *Night on the Galactic*

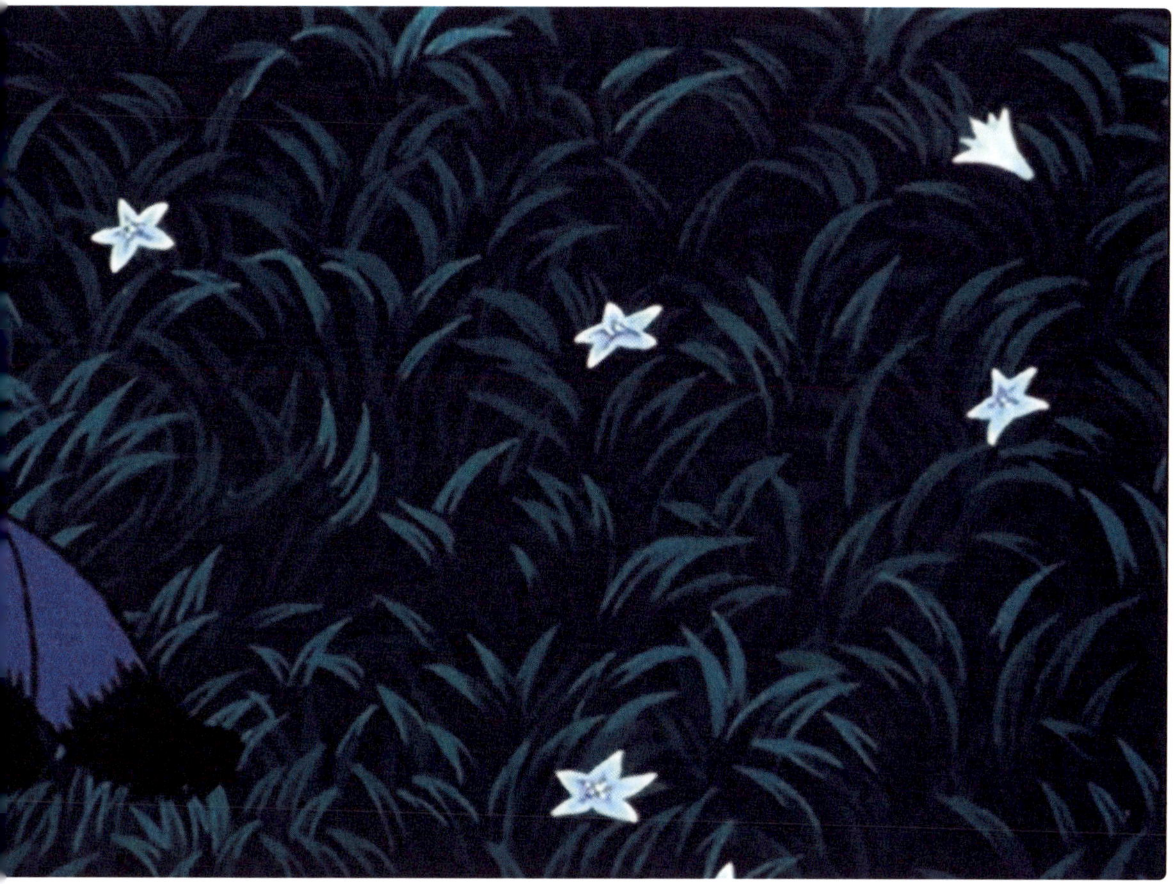

Oben: Das entspannte und bedächtige Tempo von *Night on the Galactic Railroad* hebt den Film von populären Anime ab.

Railroad wurde zu einem der absoluten Klassiker unter den Kinderbüchern. Um dieses Werk auf die Leinwand zu bringen, trommelte Sugii ein Team zusammen, zum Teil auch außerhalb der Branche: Der Bühnenautor Minoru Betsuyaku schrieb das Drehbuch und die japanische Popmusik-Legende Haruomi Hosono, Mitgründer des Yellow Magic Orchestra, komponierte die Musik.

Der Film kam im Sommer 1985 in die Kinos und wurde bei den Mainichi Eiga Concours mit dem Noburo Ofuji-Preis ausgezeichnet. Jahre später erinnert sich Sugii mit Wohlwollen an die Produktion, bei der einfach alles zusammengepasst hat: „Bei diesem Werk waren durch mehrere Glücksfälle alle auf einer Wellenlänge – vom Komponisten über den Drehbuchautor bis hin zu den Animatoren. Dies ist das einzige meiner Werke, bei dem es eine solche Einigkeit unter den Mitarbeitern gab."

EBENFALLS EINEN BLICK WERT —

Der Einfluss von *Night on the Galactic Railroad* ist in der gesamten Animationsbranche spürbar, ganz besonders in Mizuho Nishikubos hommagereichem Film *Giovannis Insel*. Es gibt zudem viele weitere Umsetzungen von Miyazawas Werken, darunter Isao Takahatas *Goshu, der Cellist – Tiere sind seine Lehrmeister* und Studio Ghiblis Kuriosität *Taneyamagahara no Yoru*, das einzige Werk, bei dem der legendäre Hintergrundzeichner Kazuo Oga selbst Regie führte. Gisaburo Sugii selbst führte die künstlerische Linie von *Night on the Galactic Railroad* 1987 mit *Genji Monogatari – Die Geschichte von Prinz Genji* fort, bevor er in den 1990ern wider allen Erwartungen seinen größten Erfolg produzierte: den Prügelfilm *Street Fighter II Movie*.

NIGHT ON THE GALACTIC RAILROAD – REZENSION

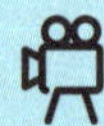

Im Anime sind Züge weit mehr als Orte, um auf dem Arbeitsweg Podcasts zu hören. In Hayao Miyazakis Oscar-Sieger *Chihiros Reise ins Zauberland* (2001) bietet eine Bahnstrecke auf einem türkisblauen Meer Ruhe und neue Vorsätze. In *Mirai – Das Mädchen aus der Zukunft* (2018) von Mamoru Hosoda verbindet ein Zug einen kleinen Jungen mit dem riesigen Netzwerk seines Stammbaums. Und für Hideaki Anno dient ein Zugabteil in *Neon Genesis Evangelion* (1995) dazu, über das Alleinsein und die Angst vor der Öffentlichkeit nachzudenken. In Gisaburo Sugiis *Night on the Galactic Railroad* ist der Zug mehr als eine flüchtige Begegnung – er ist die ganze Reise.

Sugiis Film ist eine metaphysische Reise in die Gefilde von Tod, Freundschaft und Opferbereitschaft an der Seite herzlicher, liebenswürdiger Figuren, was das Erlebnis zugleich bedrückend und meditativ gestaltet. Die Handlung folgt dem jungen Giovanni – in der Schule ein Außenseiter –, der im Film als Katze dargestellt wird. Giovanni kümmert sich um seine kranke Mutter, während sein Vater abwesend ist. Eines nachts bricht er zu einer verträumten Reise mit der Milchstraßenbahn auf, auf der ihn sein Freund Campanella begleitet. Auf dem Weg steigen weitere Reisende hinzu, während der Zug durchs Weltall gleitet. Dabei treffen sie auf Ausgrabungen von Fossilen, einen mysteriösen Vogelfänger und Opfer eines Unfalls im Stil von *Titanic*, die alle in Richtung ihres letzten Ziels unterwegs sind.

Obwohl die Geschichte so geschäftig klingt, ist der Film in seiner Darstellung zurückhaltend und konzentriert sich auf die Gefühle der Figuren, ohne diese unnötig auszuschmücken. Giovannis Einsamkeit unterscheidet sich vom urbanen, klaustrophobischen Gefühl des Gefangenseins in Anime wie *Ghost in the Shell* oder *A Silent Voice*: Sie wird als ungewöhnlich warme Leere dargestellt, die zugleich verlockend und beängstigend ist. Die weichen Farben, die flachen, weiten Texturen und die auffälligen Kontraste der Felder, Dächer und Straßenlampen erinnern an Landschaften von Giorgio de Chirico, der einen großen Einfluss auf Surrealisten hatte und bei dem einfache, helle und offene Räume gleichsam anziehend wie unheimlich wirken. Der Film vermittelt ein einzigartiges Gefühl von Räumlichkeit, die über das Bildliche hinausgeht und das Tempo und die Tonkulisse mit einbezieht. In diesen bewussten Pausen können Giovanni – und durch ihn die Zuschauer – über die Geschehnisse sinnieren.

Eine besonders markante Szene zeigt Giovannis Arbeit als Schriftsetzer, wobei die präzise und genau bemessene Natur seiner Aufgabe geduldig und voller Faszination durch die Animation begleitet wird. Die Szene hat einen friedlichen Rhythmus. Die langsamen Schnitte vermitteln den Sinn und die Ordnung, die diese Arbeit mit sich bringt. Auch im weiteren Verlauf spielt der Film häufig mit bewusster Entschleunigung. *Night on the Galactic Railroad* wird in kurzen Kapiteln erzählt, deren Übergänge ebenfalls Zeit zum Grübeln geben. Der Film fühlt sich wie eine schläfrige, bruchstückhafte Zugfahrt an, voller Zwischenstopps und schaulustiger Blicke aus dem Fenster.

Haruomi Hosonos Soundtrack schlägt ähnliche Bahnen ein. Die schillernden Synthesizer verleihen der Handlung ein minimalistisches, geisterhaftes Echo. Doch gelegentlich wird das Imposante und Bedrohliche umso stärker betont. Eine seltsam fröhliche Szene, in der ein Mann mit der Hand Vögel fängt und sie in einen Sack stopft, wird von einer triumphierenden, romantischen Sinfonie begleitet, die durch die Musik (wie viele andere Szenen) rückblickend deutlich unheimlicher ist, als es zunächst den Anschein erweckt.

Giovanni selbst ist der emotionsloseste Teil des Films. Er ist in der Handlung nur ein Mitfahrer und zeigt selten Gefühle – am ehesten dann, wenn sich sein Mund leicht öffnet, ob nun vor Schreck oder verwunderter Überraschung. Das macht das Charakterdesign so brillant. *Night on the Galactic Railroad* ist ein schwer greifbarer Film voller Poesie, der die Interpretation der Ereignisse den Zuschauern überlasst, was sich im passiven, geheimnisvollen Gesicht des Protagonisten widerspiegelt. Der Film bietet die Möglichkeit, ein Spektrum unverhüllter Emotionen aufzunehmen oder auch in ihn hineinzuprojizieren, alles vor der Kulisse einer einladenden und doch verstörenden Landschaft. Wem nach einer Selbstfindungsreise dieser Art ist, findet hier seinen Fahrschein.

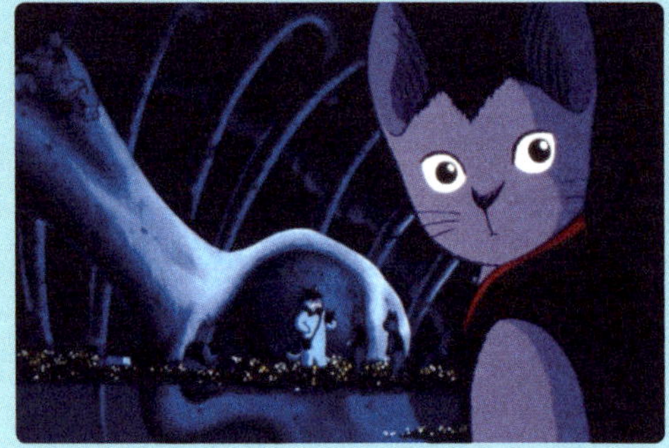

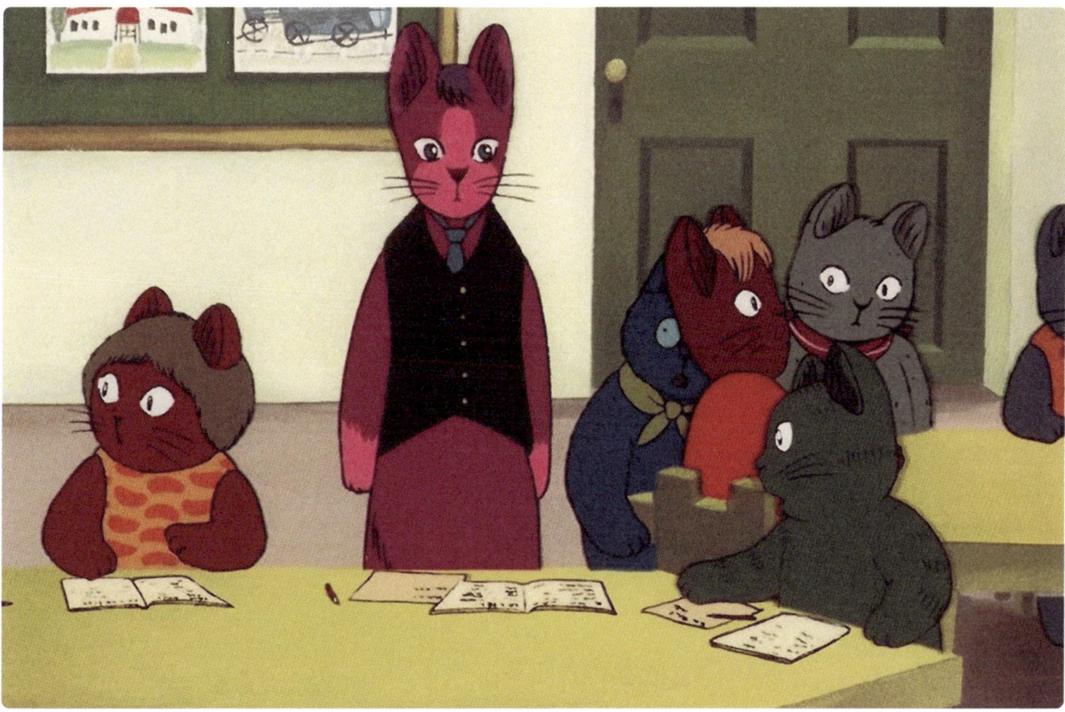

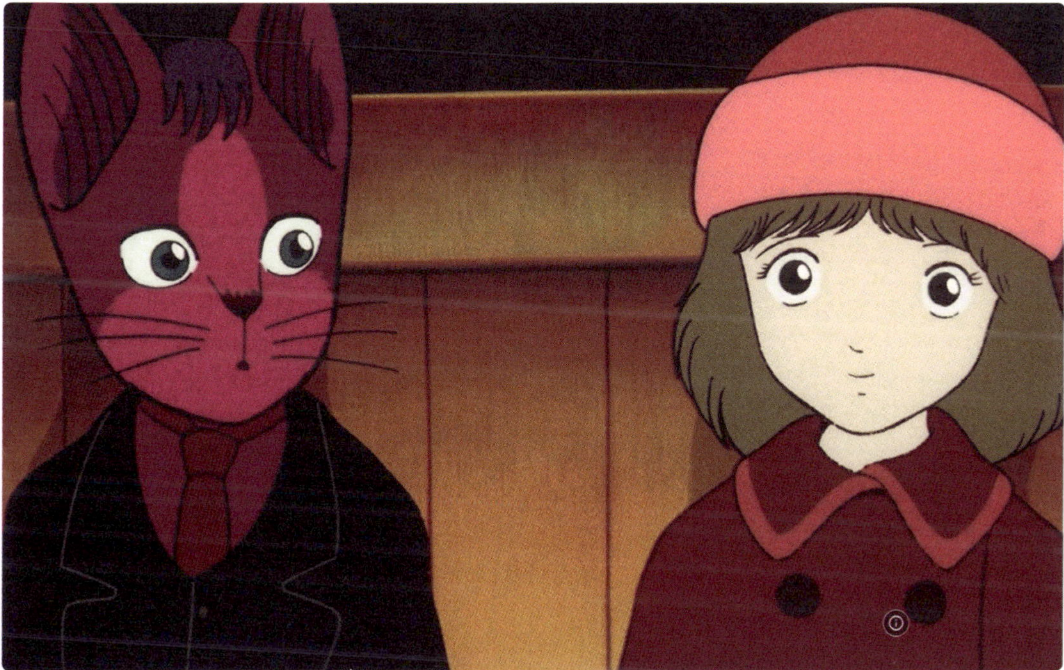

Gegenüber: Giovanni macht auf seinem Abenteuer viele seltsame Begegnungen, darunter der Besuch eines Riesenfossils.

Oben: Gisaburo Sugiis schwerwiegendste Änderung bei der Umsetzung von *Night on the Galactic Railroad* war es, die Protagonisten als Katzen darzustellen.

ROYAL SPACE FORCE: THE WINGS OF HONNÊAMISE

王立宇宙軍~オネアミスの翼

DER GRIFF ZU DEN STERNEN

In einem retrofuturistischen alternativen Universum, in der die Welt zwischen dem Königreich von Honnêamise und der Republik aufgeilt ist, tritt ein junger Mann der Royal Space Force bei, einem kleinen Team mit dem hehren Ziel, den ersten Menschen in den Weltraum zu schicken.

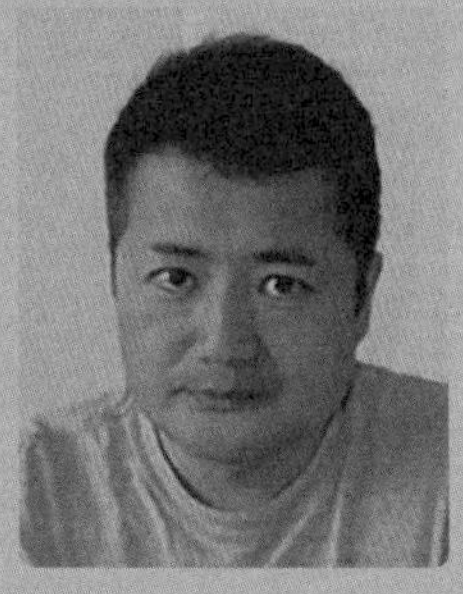

1987

REGIE: HIROYUKI YAMAGA

119 MIN.

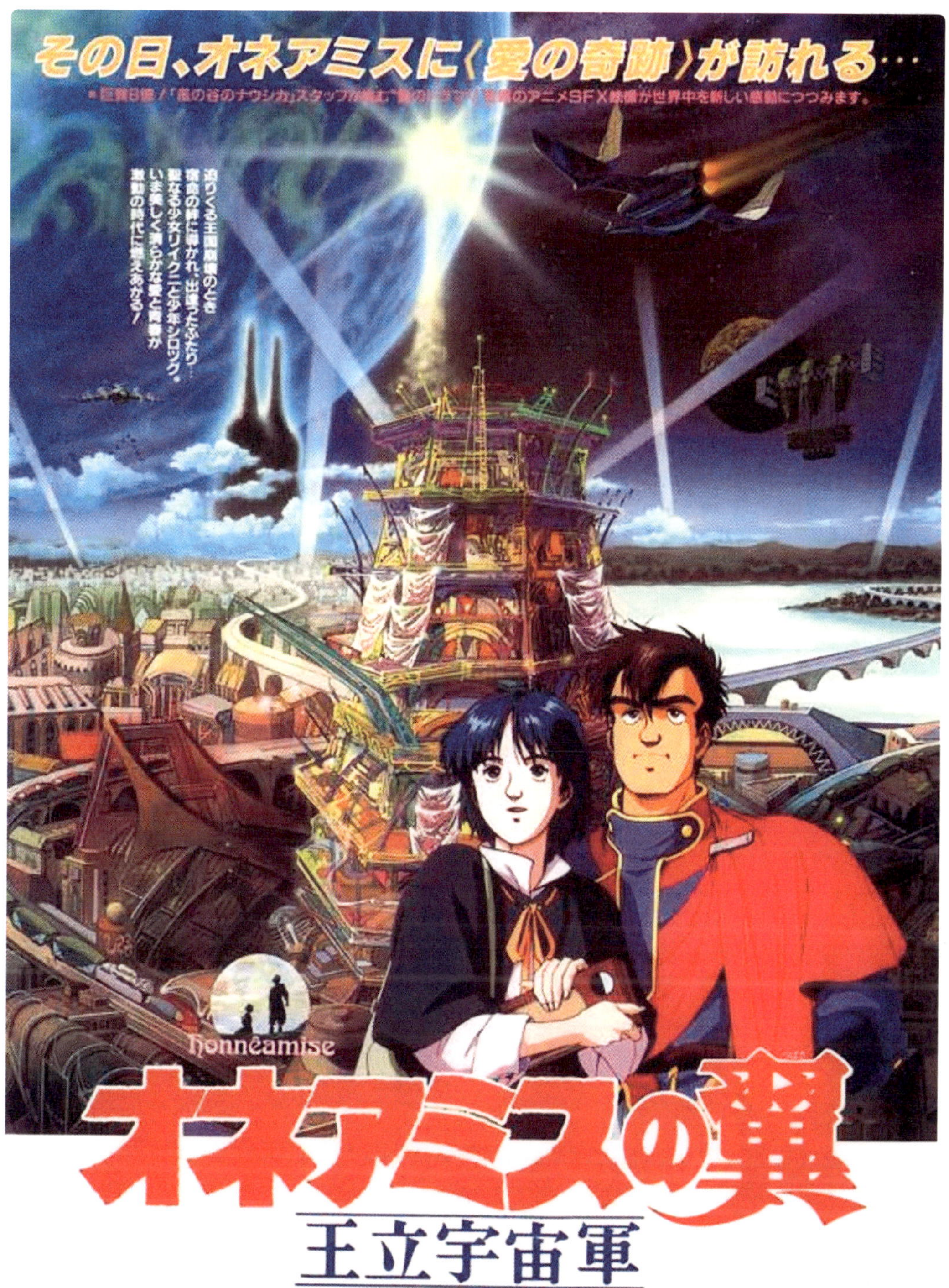
その日、オネアミスに〈愛の奇跡〉が訪れる…
迫りくる王国崩壊のとき
宿命の絆に導かれ、出逢ったふたり…
聖なる少女リイクニと少年シロツグ。
いま美しく清らかな愛と青春が
激動の時代に燃えあがる!
honneamise
オネアミスの翼
王立宇宙軍
BANDAI presents
原案・脚本・監督 山賀博之 キャラクターデザイン・作画監督 貞本義行
作画監督 庵野秀明 美術監督 小倉宏昌 音楽 坂本龍一

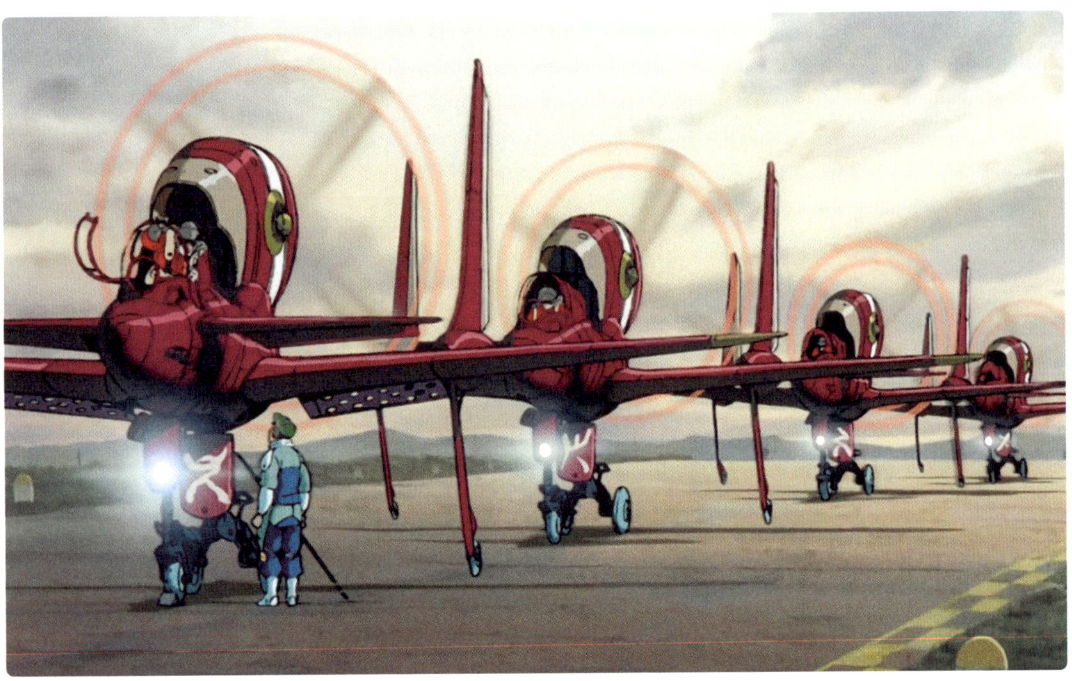

Von allen Wunderkindern, die in diesem Buch Erwähnung finden, bekleidet das Team dieses Films von 1987 die Spitzenposition. Regisseur Hiroyuki Yamaga war erst Mitte 20, als der damalige Spielzeughersteller Bandai ihm das Projekt anvertraute – und ein so hohes Budget, dass der Film unmöglich schwarze Zahlen schreiben konnte. Doch Yamaga und seine Kameraden im Studio Gainax, darunter Animationsregisseur Hideaki Anno, Charakterdesigner Yoshiyuki Sadamoto und Produzent Toshio Okada, waren nicht auf Geld aus, denn sie waren wahre Animefans.

Die Anfänge von *Royal Space Force* gehen auf zwei Kurzfilme zurück, die für die SciFi-Messe *Nihon SF Taikai* (auch *DAICON* genannt) produziert wurden. Dafür verantwortlich war eine Gruppe von Fan-Animatoren, die sich bei ihrem Studium an der Osaka University of Arts gefunden hatten. Diese Kurzfilme, die man heutzutage als *DAICON III* und *DAICON IV Opening Animation* kennt, waren ein Liebesbrief an die Nerdkultur und voller Referenzen zu Filmen und Marken von *Star Wars* über *Star Blazers* und *Godzilla* bis hin zu *Star Trek*. Sowohl bei Fans als auch innerhalb der Branche kamen die Kurzfilme so gut an, dass Yamaga und Okada dem Spielzeughersteller Bandai ein Projekt vorschlagen durften. Bandai suchte damals nach Wegen, sich selbst stärker in Animeproduktionen einzubringen.

Ihr Vorschlag, dem später ein Pilotfilm folgte, sollte den Anime als Kunstform weiterentwickeln und eine neue Generation bedienen. Das Team wollte eine neue Ära des Realismus in Animationsfilmen einleiten, in dem die romantischen Fantasieelemente detaillierten, bodenständigen und glaubwürdigen fiktiven Welten weichen sollten. Wie echte Fans arbeiteten sie zunächst die Welt und Hintergrundgeschichte aus. Im ersten Vorschlag ging es mehr um die Ausgestaltung der futuristischen Welt als um nebensächliche Dinge wie die Handlung und Charaktere. Yamaga und sein Team hatten hehre Ambitionen. Der Regisseur erinnert sich, dass es seine erste Aufgabe war, „das Konzept von Anime in den Köpfen der Mitarbeiter völlig zu zerstören".

Die Produktion von *Royal Space Force*, die der Legende des Ikarus Konkurrenz macht, ist ausgesprochen spannend. Animekritiker Jonathan Clements hat viele der ungewöhnlichen Wendungen in seinem Buch *Anime: A History* beschrieben. Wie ein großer Teil der Gesellschaft befand sich zu der Zeit auch die Anime-Branche in einer Art Wirtschaftsblase, als Investoren sich nach neuen Einkommensquellen umsahen.

Oben: Flügel mit Schallgeschwindigkeit. *Royal Space Force* stellt eine alternative SciFi-Version des Wettlaufs ins All dar.

Gegenüber oben: Der Erste im All. Shirotsugh Lhadatt ist kein unkomplizierter Held und passt nicht zum stereotypischen Astronautennarrativ.

Gegenüber unten: Der Teufel steckt im Detail. Das junge Team von *Royal Space Force* gewichtete realistische Details über alles – selbst über das Budget.

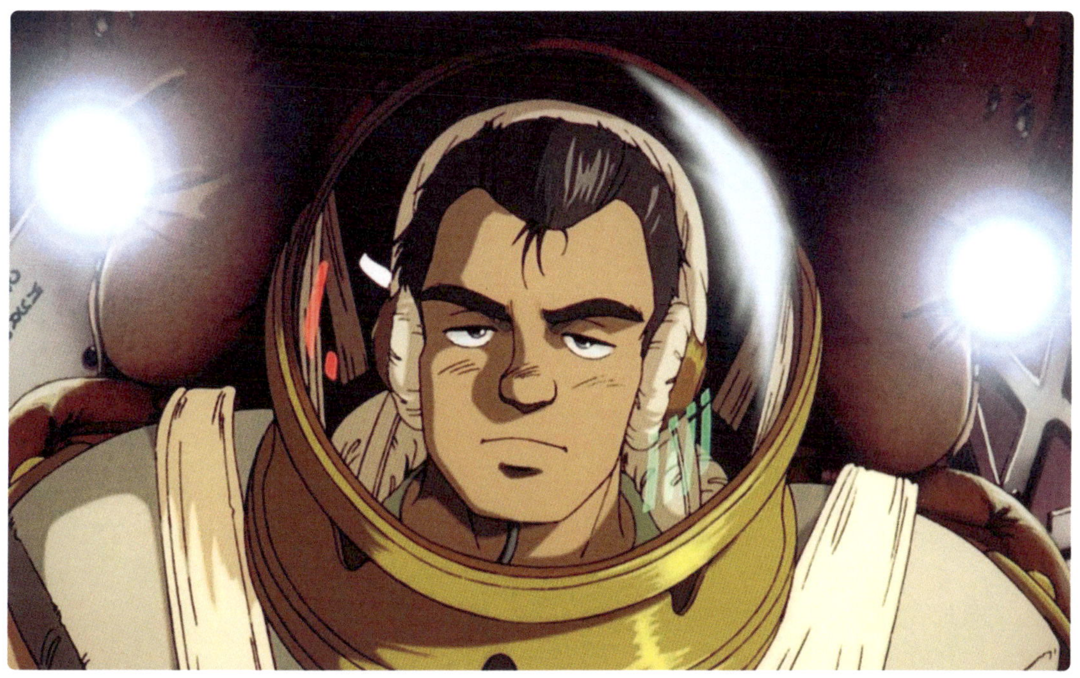

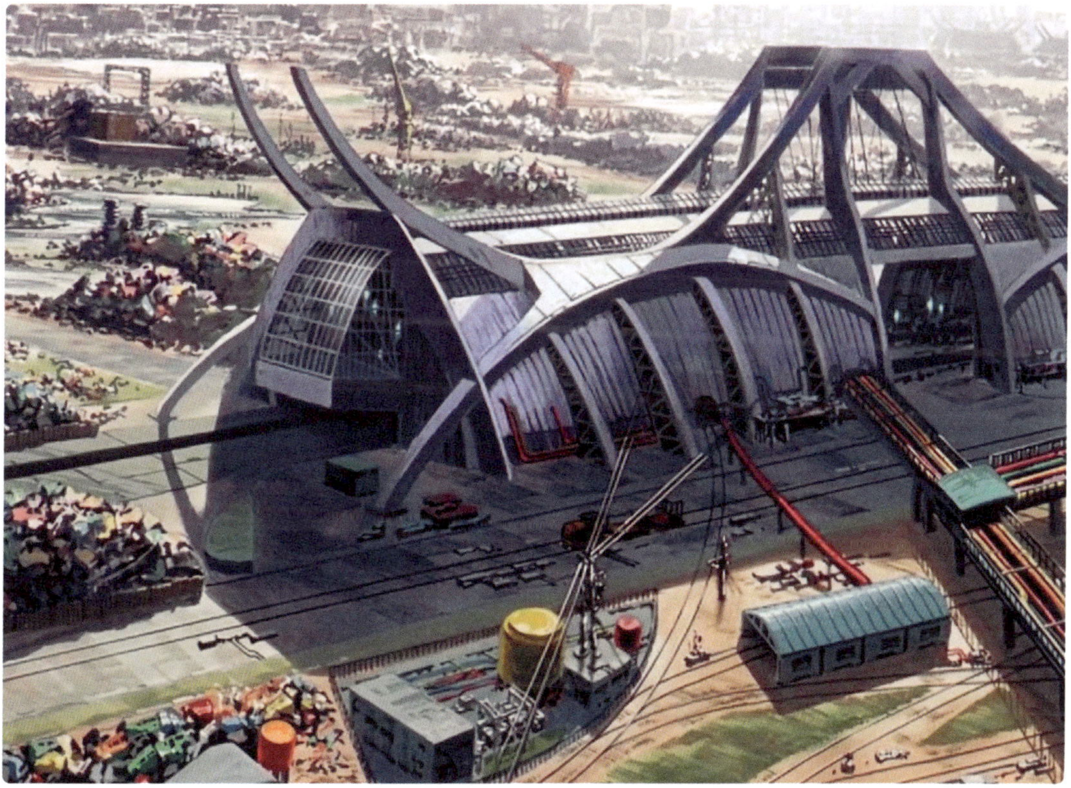

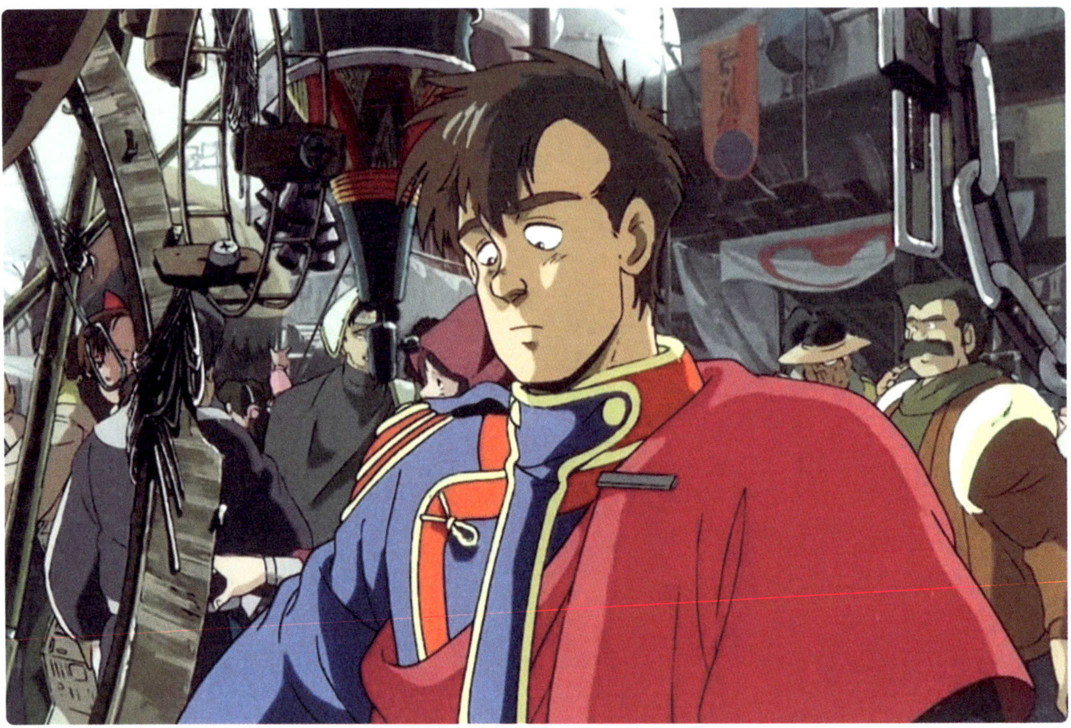

Dieses gesteigerte Interesse hatte zweifelsohne dazu beigetragen, dass aus dem ursprünglich geplanten Direct-to-Video-Fanprojekt mit einem Budget von nur 20 Millionen Yen ein extrem teurer Kinofilm wurde. Allein in das Marketing wurden 800 Millionen Yen investiert, obwohl es kaum Potenzial für Bandai gab, Merchandise zum Film zu produzieren.

Clements beschreibt, wie die verantwortlichen Studios in letzter Minute das Risiko minimieren und den Film an vergangenen Erfolgen ausrichten wollten. So entstand der Untertitel, *The Wings of Honnêamise*, und eine Werbekampagne mit Filmplakaten, die den Eindruck erweckten, monströse außerirdische Lebensformen stünden im Mittelpunkt des Films.

Royal Space Force war in Japan kein Kassenschlager, selbst nach der medial wirksamen Vorpremiere im legendären Mann's Chinese Theatre in Hollywood (das heutige TCL Chinese Theatre). Doch durch die Videoverkäufe konnte der Film die Produktionskosten letztlich ausgleichen. Obwohl das Projekt Gainax an den Rand der Insolvenz brachte und den Mitarbeitern schwer zusetzte, erholten sie sich bald wieder und hatten mit Serien wie *Neon Genesis Evangelion* Erfolg. Der Film gilt heute als Wendepunkt in der Geschichte des Animes, als einer neuen, unerfahrenen Generation das Budget und die Freiheit zur Verfügung gestellt wurde, ihre Vision umzusetzen.

Oben: Das Team hatte so ambitionierte Vorstellungen vom Design, dass selbst die einzigartige Honnêamise-Mode zur Geltung kam.

Gegenüber: Die vielen komplexen Figuren in *Royal Space Force* haben eigenwillige Namen wie etwa Hauptingenieur Gnomm.

EBENFALLS EINEN BLICK WERT — 

Nach der Veröffentlichung von *Royal Space Force* erarbeitete sich Gainax den Ruf als eines der Top-Animestudios. Ihr größter Goldesel war *Neon Genesis Evangelion*, Hideaki Annos komplexes und vielschichtiges Mega-Franchise. Doch das war nur die Spitze des Eisberges, die sich vom Cyberpunk-Abenteuer *Appleseed* bis hin zu *Gunbuster* erstreckt, einem „*Top Gun* im Weltall" voller Fanservice. Selbst 40 Jahre später hinterlassen die Fananimationen *DAICON III* und *IV* aus der Prä-Gainax-Zeit noch einen Eindruck und *Otaku no Video* aus dem Jahr 1991, eine fiktive Nacherzählung der Anfänge des Studios, erzählt von den Problemen einfacher Superfans in einer Welt, die sich nicht für sie interessiert.

ROYAL SPACE FORCE – REZENSION

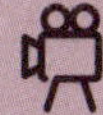

In jedem Einzelbild von *Royal Space Force* steckt der Geist eines findigen jungen Mannes, der mit überschäumendem Selbstvertrauen grenzenloser Vorstellungskraft in neue kreative Gefilde vordringt. Wer zwei Stunden in der Welt des Films, dem Königreich von Honnêamise, verbringt, nimmt mehr als nur eine Postkarte mit: Eher fühlt es sich an, als würde man eine kurze Reise zu einem neuen Planeten unternehmen, dessen Detailreichtum dem unseren in nichts nachsteht. Zwar kehrt man zurück, doch anders als zuvor.

Anders als in den meisten Weltraumfilmen davor und danach gibt es hier viel weniger nationalistischen Stolz, militärische Selbstbeweihräucherung oder kolonialistische Eroberungen. Unser Hauptcharaker (jedoch keinesfalls ein Held), Shirotsugh Lhadatt, ist bei seinen Prüfungen durchgefallen und hat somit seine Unfähigkeit bewiesen. In Honnêamise bedeutet das, dass er in die Royal Space Force versetzt wird – einer lächerlichen Einheit, deren Name schon lange vor Donald Trump ein einziger Witz war. Großspurig kündigt Lhadatt an, er wolle der erste Astronaut werden, begibt sich in die uns bekannten Zentrifugen, wird in prunkvoller Tracht den Medien vorgeführt und muss Computertests vergangener Missionen durchmachen. Doch der Film stellt ihn und seine Handlungen auf interessante Weise in Frage.

Am Anfang des Films trifft Lhadatt Riquinni, eine zurückhaltende Predigerin, in die er sich sogleich verliebt. Die Idee, dass eine Allreise ihren von Kriegen geplagten Planeten vereinen könnte, stammt von ihr. Diese Eingebung lässt Lhadatt vom Faulpelz zum Astronauten werden – und eine Bindung zum Glauben und zu Riquinni aufbauen. Ähnlich wie in Robert Zemeckis' *Contact* (1997) vereint *Royal Space Force* Wissenschaft und Glauben auf einer mit Sternen übersäten Leinwand und bietet so reichlich Faszination und Diskussionspotenzial für beide Seiten. Der Film hinterfragt das typische Weltraumhelden-Narrativ, denn Lhadatts religiöse Ambitionen führen zu Kriegstreiberei, Meuchelmord, hohen Kosten und medialer Ausschlachtung (nebst unübersichtlichen Schlachtbesprechungen), während draußen vor den Türen der Space Force Obdachlose nächtigen.

Als Lhadatt die Sinnlosigkeit dieses Unterfangens klar wird, vergreift er sich sexuell an Riquinni, bevor er sein Amt als interstellares Aushängeschild wieder aufnimmt – eine Szene, die ihn als moralisch fragwürdigen Menschen darstellt, aber wie in vielen Animes von damals auf eine Weise, die nur den Täter belohnt. Die Welt, in der Lhadatt lebt, hat allerdings eine weit stärkere Anziehungskraft als er selbst. Die strahlenden Herbstfarben und dunklen Schatten erinnern an sowjetische Propaganda zum Wettlauf ins All. Honnêamise wird so lebendig eingefangen, dass es schwerfällt, den Film nicht zu pausieren und sich jeden Millimeter genau anzusehen.

Auffällig runde Fernsehgeräte und Kameras, eine Währung in Form von Metallstäbchen, Kleidung voller extravaganter Kragen und betörende Neonschrift in einer fremden Sprache bilden Schicht um Schicht dieser detailverliebt konzipierten Welt. Verrauschtes Archivmaterial, die Übertragung der Nachrichten und heilige Schriften hauchen der Gesellschaft und ihrer Kultur so viel Leben ein, dass die Welt letzten Endes mehr fasziniert als die Handlung selbst.

Der Film wird von Ryuichi Sakamotos bezauberndem Soundtrack begleitet, der auf elegante und überraschende Weise eine Vielzahl von Stilen und Emotionen bedient – von bombastischen Zeremonien bis hin zur Nachdenklichkeit, in die man verfällt, wenn man zu lange in den Nachthimmel blickt. Barocke Chöre treffen auf Cembalos und bebende Synthesizer und verliehen dieser Erzählung ein Gefühl von Gewicht und klassischer SciFi-Faszination.

Unterm Strich erweckt *Royal Space Force* den Eindruck eines historischen Dokuments, das aus einem Paralleluniversum herüberschwappt – und zwar eines, das dem Medium Anime zu neuen Höhen verholfen hat.

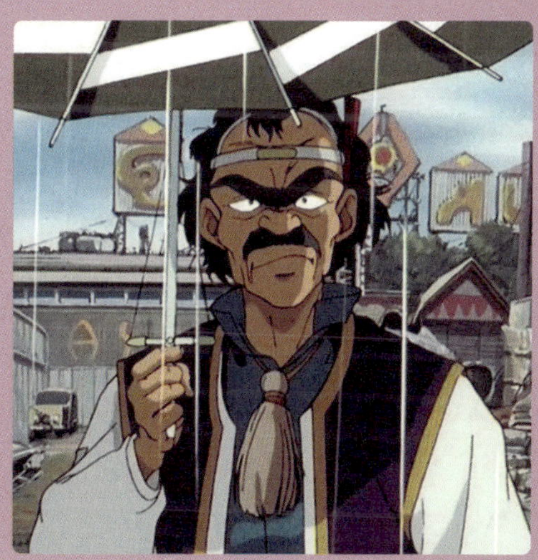

AKIRA

アキラ

UND DER ANIME … WIRD EXPLODIEREN

In der postapokalyptischen Zukunft des Jahres 2019 werden zwei junge Männer, die durch die Straßen Neo-Tokios streifen, in ein streng geheimes Regierungsprojekt involviert, das Menschen telekinetische Kräfte mit großer Zerstörungskraft verleihen soll. Als Tetsuo gefangen und vom Militär Experimenten unterzogen wird, muss sein Freund Kaneda ihm zur Rettung eilen – und die Wahrheit über den geheimnisvollen „Akira“ ans Licht bringen.

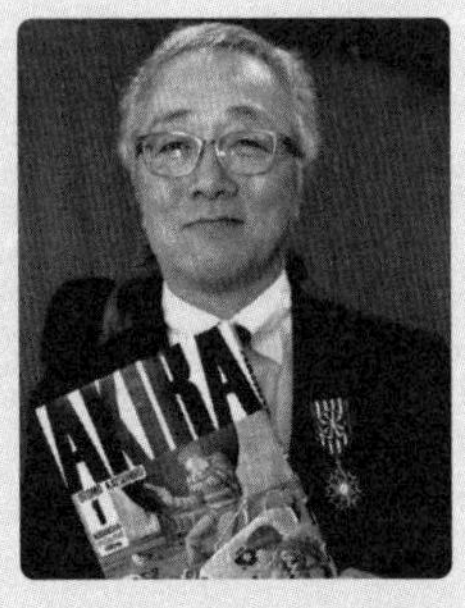

1988

REGIE: KATSUHIRO OTOMO

124 MIN.

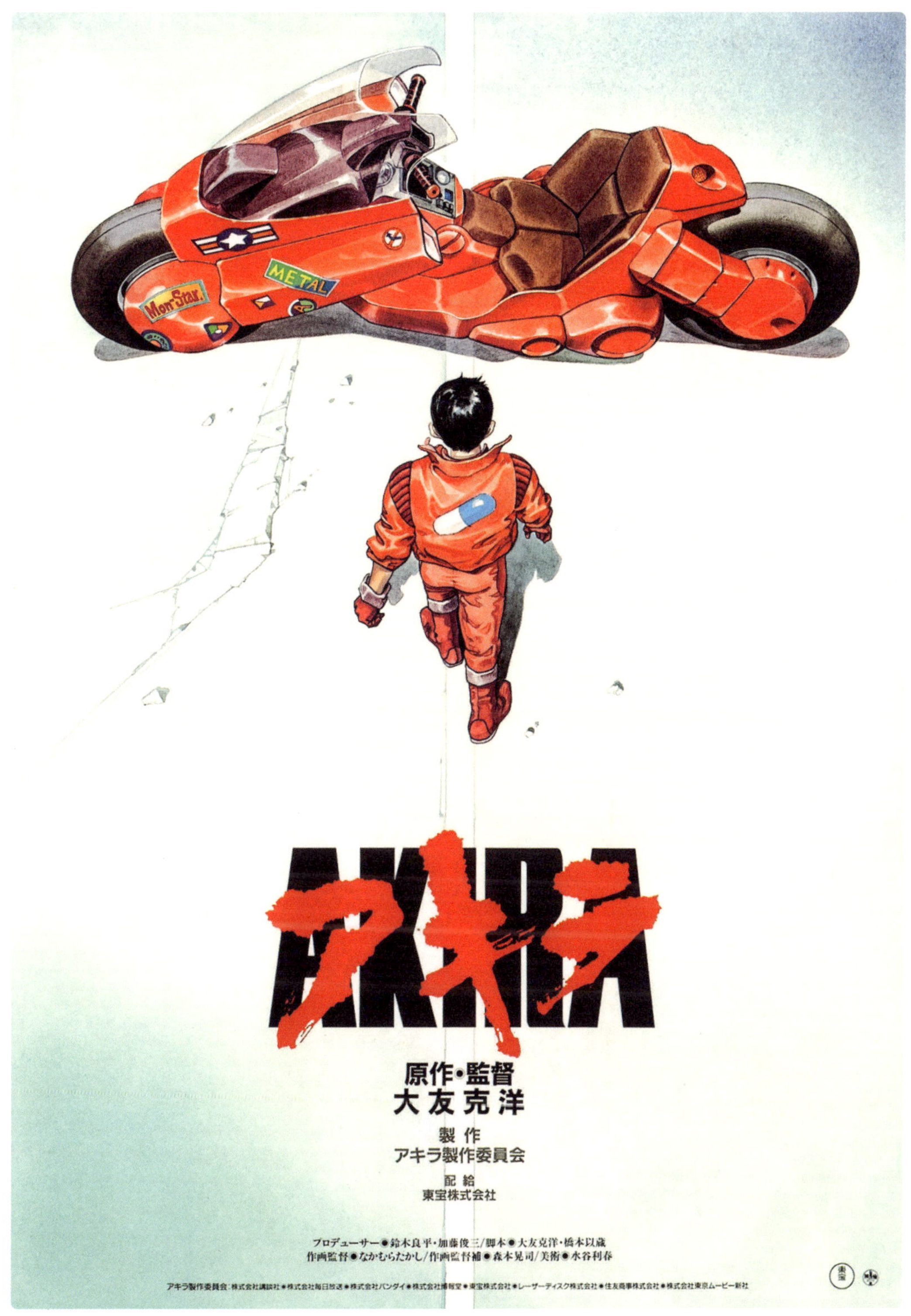
Mon-Star.
METAL
AKIRA
アキラ
原作・監督
大友克洋
製作
アキラ製作委員会
配給
東宝株式会社
プロデューサー●鈴木良平・加藤俊三/脚本●大友克洋・橋本以蔵
作画監督●なかむらたかし/作画監督補●森本晃司/美術●水谷利春
アキラ製作委員会:株式会社講談社●株式会社毎日放送●株式会社バンダイ●株式会社博報堂●東宝株式会社●レーザーディスク株式会社●住友商事株式会社●株式会社東京ムービー新社

Wer das Wort „Anime" kennt, hat wahrscheinlich auch von *Akira* gehört. Neben *Ghost in the Shell* und *Chihiros Reise ins Zauberland* gehört *Akira* zu den wenigen Anime, die man fast überall kennt – zumindest in filmaffinen Kreisen. Der Film war für eine ganze Generation von Animefans seiner Zeit ein Portal in eine strahlend neue Welt.

Akira genießt nicht nur unter Animefans großes Ansehen, sondern in der gesamten Welt der Animationsfilme, dem Genre der postapokalyptischen Science-Fiction und der Geschichte des internationalen Filmvertriebs. Heutzutage, wo man dank dedizierter Herausgeber und Streaming-Plattformen einfacher Anime schauen kann als je zuvor, vergisst man leicht, wie groß Akiras Einfluss auf die Wahrnehmung der japanischen Animation im englischsprachigen Teil der Welt war.

1994 ging die halbstündige BBC-Dokumentation *Manga!* dem Anime-„Boom" in Großbritannien auf den Grund, der nach *Akiras* Veröffentlichung am Ende der 1980er begann. Moderator Jonathan Ross nahm dabei einen Regisseur ins Visier, der in seinen eigenen Worten „außerhalb Japans erstaunlich unbekannt" war, nämlich Hayao Miyazaki. Doch das Hauptinterview in der Sendung gebührte dem Schöpfer, Künstler und Regisseur von *Akira*, Katsuhiro Otomo.

Otomo wurde 1954 geboren und wuchs in der Präfektur Miyagi im Nordosten Japans auf. In seiner Jugend zog er nach Tokio, um Mangaka zu werden. Die geschäftige Metropole, die Millionen Menschen und potenziellen Geschichten, die ihn dort umgaben, waren eine große Inspiration für ihn.

In seinen Manga entwickelte Otomo, inspiriert von der französischen Comiclegende Jean „Moebius" Giraud, einen ganz eigenen ausdrucksstarken Stil, der auf realistische Charakterdesigns und detailverliebte Umgebungen und Hintergründe setzte, die beinahe so wirkten, als hätte ein Architekt sie entworfen.

In Mangakreisen gilt Otomos Aufstieg als Wendepunkt, der eine ganze Generation definiert hat, besonders nach der Auszeichnung mit dem Nihon-SF-Taisho-Preis für seine übernatürliche SciFi-Serie *Das Selbstmordparadies* im Jahr 1983 – der erste Manga, der diesen Preis erhielt. Für seine nächste längere Serie, *Akira*, ließ sich Otomo

Unten: Katsuhiro Otomo fand Inspiration in den unzufriedenen Jugendgangs, die er in den 1980ern in den Straßen Tokios sah.

Gegenüber: Das Gesicht, das Millionen von Videokassetten verkaufte: Dieses ikonische Kunstwerk schmückte Großbritanniens erste Heimveröffentlichung von Akira

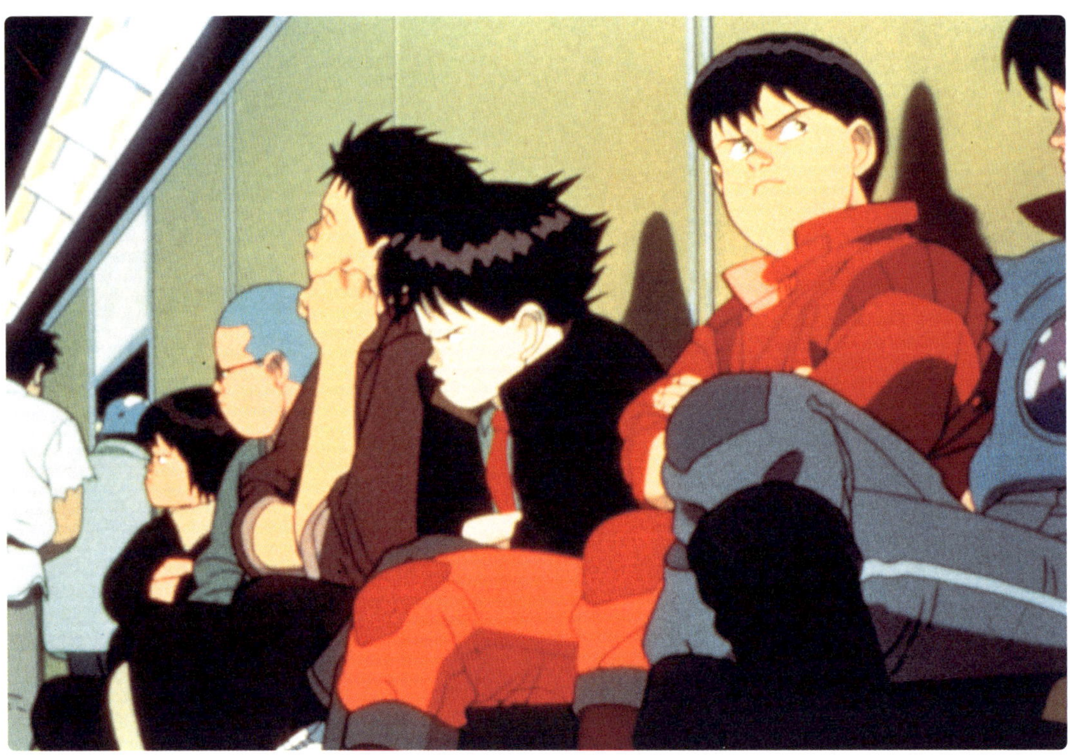

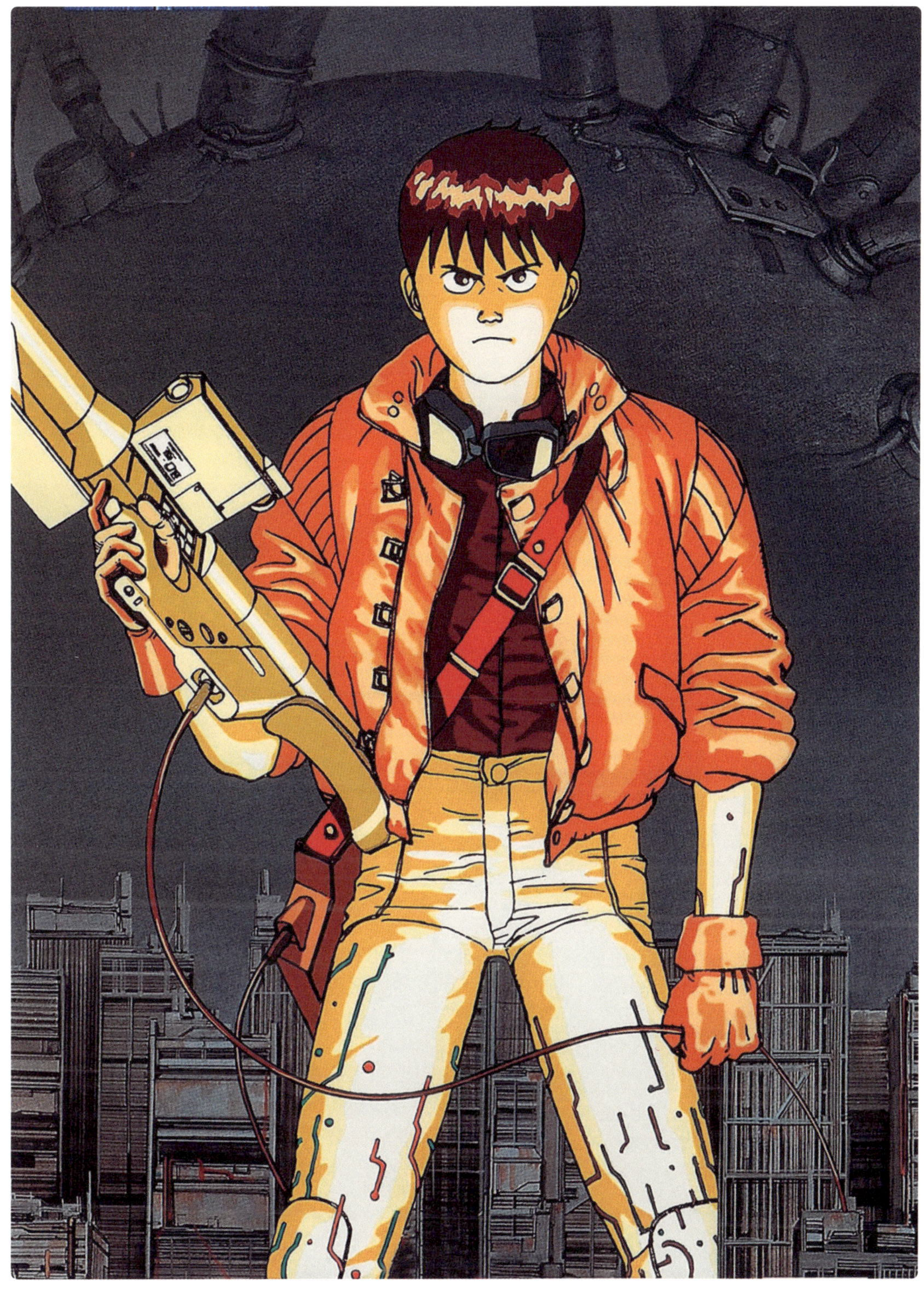

Anders als viele der Regisseure, die in diesem Buch behandelt werden, ließ Katsuhiro Otomo 1988 nach der Veröffentlichung von *Akira* die Welt der Animation effektiv hinter sich. Stattdessen führte er bei der Realfilm-Horror-Komödie *World Aparment Horror* Regie, die man heute am ehesten wegen der Personen kennt, mit denen Otomo zusammenarbeitete, wie z. B. Keiko Nobumoto (*Cowboy Bebop*), die am Drehbuch mitschrieb, das auf einer Geschichte von Satoshi Kon basierte.

Mehr als ein Jahrzehnt arbeitete Otomo hauptsächlich als Drehbuchautor an Anime (*Roujin Z*, *Metropolis*), als Supervisor (*Spriggan*) oder – wie im Fall der unbeständigen, aber gelegentlich brillanten Filmanthologie *Memories* – als Mischung aus Regisseur, Drehbuchautor und Projektleiter. Ironischerweise gilt *Magnetic Memories* als unbestrittenes Highlight von *Memories*, also dem Segment, an dem er kaum mitgewirkt hatte. Satoshi Kon war für das Drehbuch und das Design verantwortlich, während Koji Morimoto Regie führte.

Der Grund für die langjährige Stille erschloss sich 2004, als Otomos Steampunk-Abenteuer *Steamboy* veröffentlicht wurde, ein lang erwarteter Film mit gigantischem Budget und einer Produktionszeit von zehn Jahren. *Steamboy* wurde kein Hit und auch kein Nischenliebling, aber er ist dennoch einen Blick wert – allein schon für Otomos exotische, mit SciFi-Elementen ausgeschmückte Darstellung Londons und Manchesters während der industriellen Revolution.

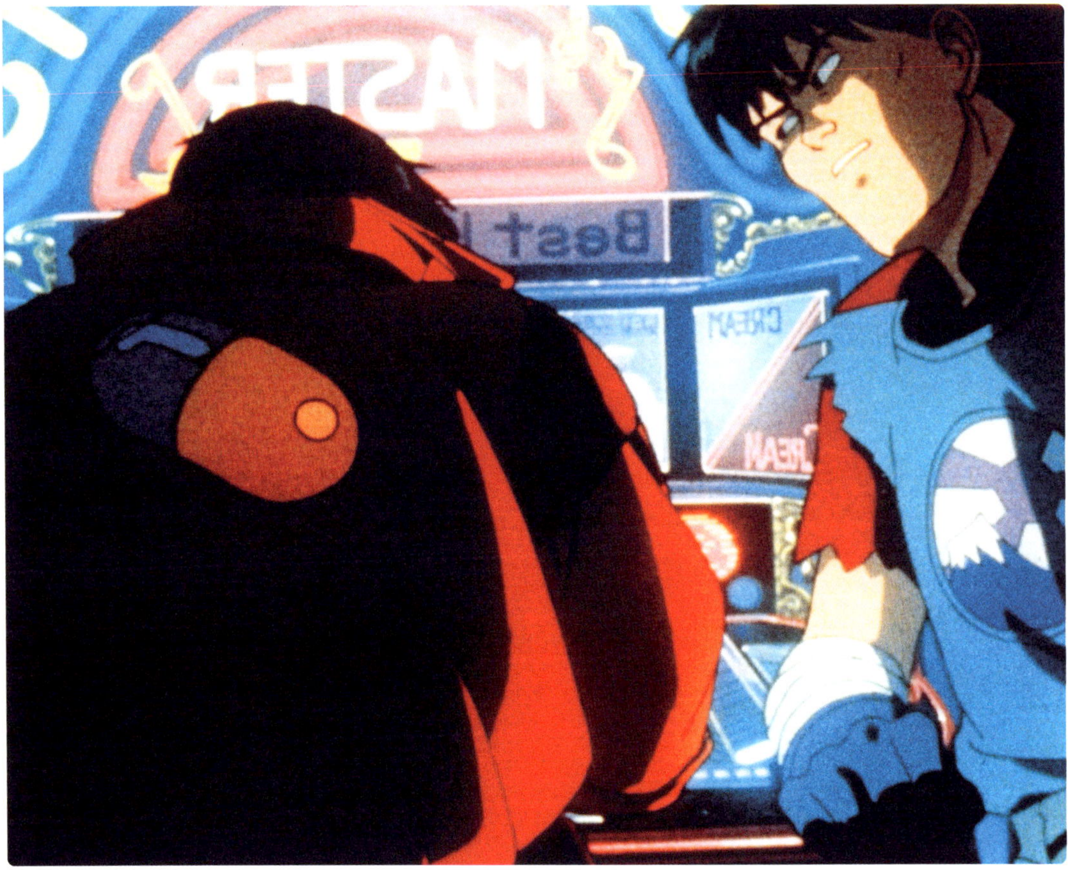

Oben: Neo-Tokyo, Otomos dystopische Nahzukunftsstadt voller Neonlichter, ist genauso ikonisch wie die Städte in *Blade Runner* und *Metropolis*.

von Communitys und Subkulturen in Tokio inspirieren. In der BBC-Dokumentation führt er „die Milieus, die Studentenbewegung, die Biker, die politischen Bewegungen, die Gangs [und] jungen Obdachlosen" auf.

Akira lief von 1982 bis 1990 im *Young Magazine* mit einem Gesamtumfang von über 2000 Seiten, doch schon währenddessen wurde Otomo eine Filmumsetzung angeboten. Das „*Akira*-Komitee" bestand aus verschiedenen Unternehmen (darunter Spielzeughersteller Bandai, Filmvertrieb Toho und Otomos Verlag Kodansha), die sich zur Finanzierung des Films zusammenschlossen. *Akira* war zu dem Zeitpunkt der teuerste Anime aller Zeiten, bis Hayao Miyazakis *Kikis kleiner Lieferservice* ihn überholte. Eine Reihe von Studios arbeiteten mit der Produktionsfirma Tokyo Movie Shinsha unter Otomos Aufsicht und Regie an der Animation.

Otomo hatte bereits an einigen anderen Animeprojekten gearbeitet, darunter an Kurzfilmen der Filmanthologien *Robot Carnival* und *Neo Tokyo*. Doch *Akira* war sein erster Kinofilm und Otomo wollte keine Mühen scheuen. Eine gigantische Anzahl von Zeichnungen – Berichten zufolge 150.000 Cels (Folien aus Zellulose, auf denen man bei der Produktion von Animationsfilmen zeichnet) – sorgte für beeindruckend flüssige Animationen. Die Dialoge wurden zudem vorher aufgenommen und die Lippenbewegungen im Anschluss daran angepasst. Die fertigen Zeichnungen wurden auf 70-mm-Film abfotografiert, um die Details von Otomos mühevoll handgezeichneter, postapokalyptischer Megapolis Neo-Tokyo einzufangen.

Bei diesen und weiteren Experimenten und Innovationen bei der Kolorierung, dem Sound, der Fotografie und der Computeranimation verwundert das hohe Budget nicht. Einige Animatoren versteckten ihre eigenen Graffitis in den mit Kunstwerken übersäten Slums – ein Akt des Protests gegen Otomos Detailversessenheit.

Im Juli 1988 war *Akira* an den japanischen Kinokassen halbwegs erfolgreich, aber schaffte es nicht unter die zehn besten Einspielergebnisse des Jahres. Doch wie ein anderer wegweisender Anime aus dem Jahr 1988, Miyazakis *Mein Nachbar Totoro*, war *Akira* im In- und Ausland noch lange in aller Munde. Was 1988 bahnbrechend und extravagant war, überdauerte die Zeiten gut und jede Neuveröffentlichung von DVD und Blu-ray bis hin zu 4K beeindruckte die Zuschauer aufs Neue. (Wie Fans der TV-Serie *Spaced* bestätigen können, lohnt es sich allerdings, *Akira* auf der großen Leinwand zu sehen – besonders in IMAX.)

Akiras Einfluss könnte allein ein ganzes Buch füllen (es gibt tatsächlich welche). Generationen von Autoren, Comiczeichnern, Animatoren, Filmemachern und Videospielentwicklern wuchsen im Schatten von *Akira* auf. Viele der Künstler, die Otomo bei der Umsetzung seiner Vorstellung halfen, hatten lange Karrieren in der Branche, darunter Hiroyuki Morita (Regisseur von *Das Königreich der Katzen*), Koji Morimoto (*Animatrix, Mind Game*), Toshiyuki Inoue (Animationsregisseur von *Millennium Actress*) und Makiko Futaki, die zu einer von Hayao Miyazakis geschätztesten Animatorinnen wurde.

International gesehen war *Akira* ein Durchbruch, der völlig neue Maßstäbe setzte. In den USA wurde der Film in Nachtvorstellungen und an Universitäten gezeigt. Als er im Oktober 1990 in die Kinos von New York kam, lobte ihn Janet Maslin, Filmkritikerin der *New York Times*, als „phänomenales Werk der Animation mit allen Zutaten, sofort ein Klassiker zu werden". In Großbritannien folgte auf die Arthouse-Veröffentlichung im Januar 1991 vom Institute of Contemporary Arts eine rekordverdächtige Heimvideoveröffentlichung durch eine Tochterfirma von Island Records, die schnell 70.000 Exemplare absetzen konnte.

DAS AKIRA-BIKE

Kanerdas futuristisches Motorrad soll von den Lichtrennern in *Tron* und der Harley Davidson von *Easy Rider* inspiriert worden sein und wurde schnell zum absoluten Traumfahrzeug der Kinowelt. Deshalb ist es nicht verwunderlich, dass es auch in *Ready Player One* auftaucht, einem Film voller nerdiger Referenzen, und zwar in einem Rennen gegen das Mach 5 aus *Speed Racer*, das Batmobil von 1966 und den Delorean aus *Zurück in die Zukunft*.

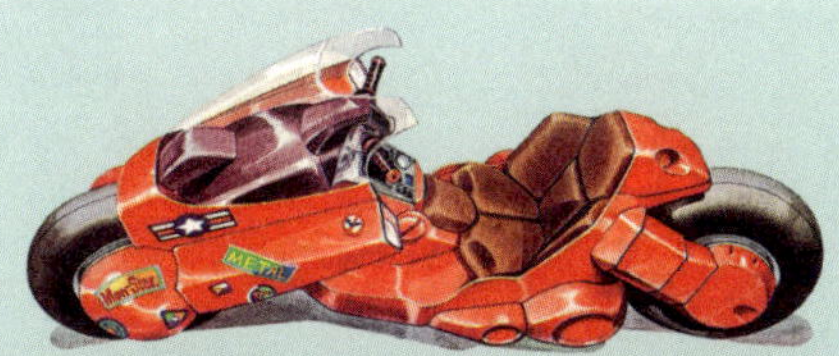

Auch der Szene, in der Kaneda schlitternd anhält, haben viele junge Animatoren Tribut gezollt, darunter in *The LEGO Ninjago Movie, Steven Universe: Der Film, Keep Your Hands Off Eizouken!* und *Star Wars: Episode II – Angriff der Klonkrieger*.

AKIRA – REZENSION

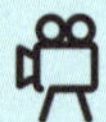

Wenn es einen Film in diesem Buch gibt, den man unbedingt im Kino sehen sollte, dann ist es *Akira*. Wer einmal in diesen Genuss gekommen ist, wird sich keine Gelegenheit entgehen lassen, das dystopische Neo-Tokyo auf der großen Leinwand anzuschauen. Nie war ein Anime größer, lauter und eindrucksvoller als *Akira*. Beim ersten Genuss ist Katsuhiro Otomos neonfarbene Zukunftsvision voller übertriebener Architektur, brutaler Biker-Gangs und zerstörerischer Psychokräfte schlicht überwältigend.

Das bleibt auch so, egal, wie oft man sich den Film dann noch anschaut. Aber man entdeckt dabei jedes Mal neue wundersame Fahrzeuge, strahlende Fenster und tänzerische Bewegungen von Figuren im Hintergrund. Neo-Tokyos kybernetisches Blutbad zieht einen in den Bann und all die Details und handwerklichen Feinheiten motivieren einen, sich erneut in die Trümmer zu begeben.

Tetsuo und Kaneda sind zwei Waisen, die sich seit ihrer Kindheit kennen und – misshandelt von der Regierung – wurde der eine zur allmächtigen humanoiden Superwaffe und der andere zur letzten Hoffnung der Menschheit. Die Geschichte der beiden ist ein Rausch voller quietschender Reifen mit Schleudertrauma-Gefahr. Die atemberaubenden Motorradfahrten der halbstarken Biker dieser Katastrophenfront rasen erbarmungslos durch die Mangabände und gipfeln in einem spektakulären Finale.

Trotz all des Leids ist die Welt so liebevoll ausgestaltet, dass diese extremen Erlebnisse sich nicht fremd anfühlen, sondern perfekt in das allumfassende, albtraumhafte Stadtpanorama einfügen. Neo-Tokyo ist ein ehrfurchtgebietendes, finsteres, atmendes Wesen, das *Akira* von Anfang bis Ende unheilvoll umgibt. Die Stadt ist zugleich eine Festung. Die gigantischen Wände und endlosen Wolkenkratzer verdecken den Blick auf die Außenwelt so sehr, dass man sich fragt, ob die Bewohner hier zu Hause oder bloß Gefangene sind.

Diese Türme stehen für den Wirtschaftsboom und den Überfluss der 1980er. Unzählige Rohre ziehen sich auch überirdisch durch Neo-Tokyo wie hässliche, verdreckte Krampfadern. Akira selbst ist ein übersinnliches Wesen mit nuklearen Kräften, das das ursprüngliche Tokio in einer Pilzwolke der Zerstörung dem Boden gleich gemacht hat und nun tief unter dem olympischen Stadion begraben ist. Mit ihm sind auch die Narben und Lehren der Vergangenheit unter einem oberflächlichen Symbol internationalen Überflusses begraben und vergessen.

Kaneda und seine gefürchtete Biker-Gang bringen Leben, Licht und Rebellion in die Stadt. Sie rasen chaotisch durch die Betonpanoramen und sind bereit, Unfälle in Kauf zu nehmen, wenn sie so einen Teil der Stadt zerstören können. Das Licht der Scheinwerfer ihrer Motorräder bleibt hinter ihnen zurück, als ob die Welt nicht mithalten könne.

Die flüssige Animation bei den irrwitzigen Fahrten ist ein wahrer Augenöffner. Der Asphalt gleitet unter ihren Reifen dahin und sie tanzen zwischen den Autos. Mit den Köpfen der rivalisierenden

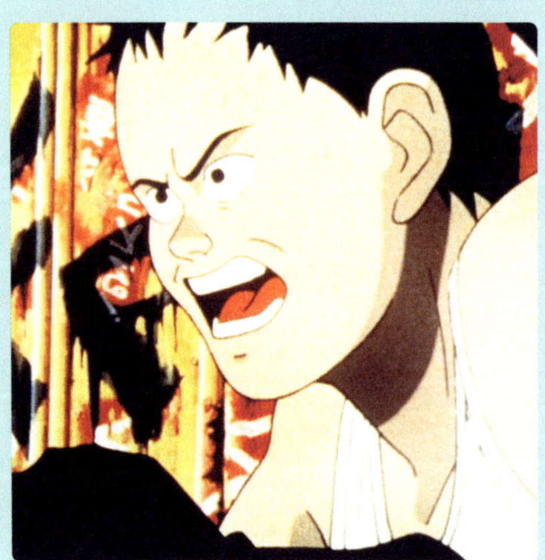

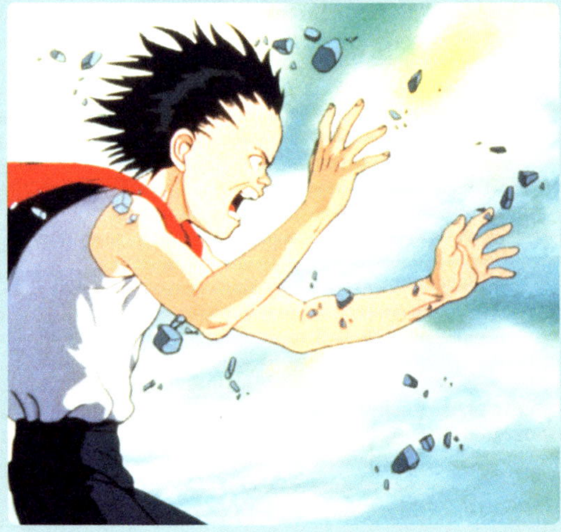

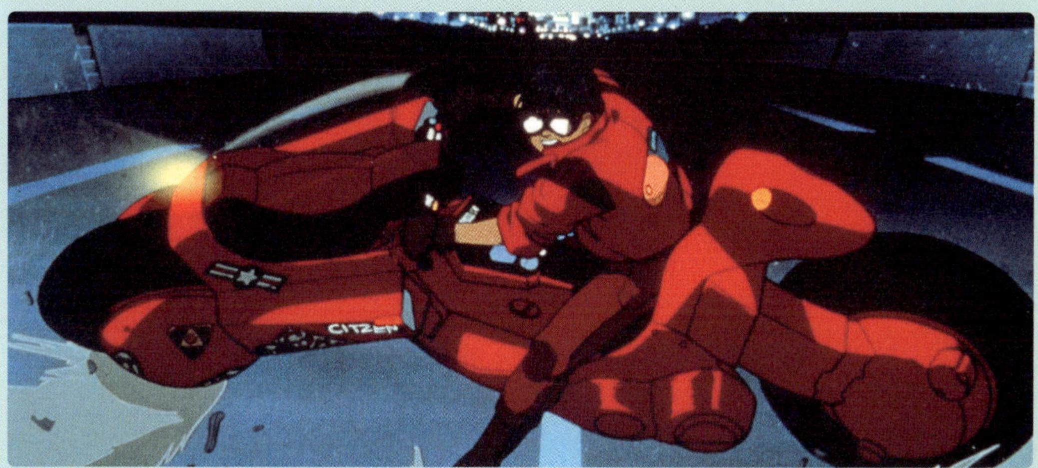

Gangs spielen sie auf zugleich elegante und Angst einflößende Weise Polo, bevor sie sie in die Glaswände von Restaurants schmettern, sehr zum Verdruss der dort Speisenden. Jede haarscharfe Kurve, jeden brutalen Aufprall und jede Glas- und Metallscherbe kann man am eigenen Leib spüren.

Durch diese atemberaubend flüssige Animation führen Otomo und sein Team die Zuschauer durch ein nervenaufreibendes Neo-Tokyo, das die futuristischen Erlebnisse von Kaneda und seinen Leuten erstaunlich real wirken lässt. Das Tempo und der Schmerz – jedem eine vertraute Wahrnehmung – ziehen die Zuschauer in ihren Bann, doch schnell lässt der Film das Altbekannte hinter sich. Tetsuo verwandelt sich in einen riesigen, biomechanischen, explosiven Tumor. Durch die detailverliebte Animation, die Metall und Muskeln elegant zusammenfügt, fühlen sich diese Fantasiekreatur und diese Dystopie mit Überschallgeschwindigkeit spürbar echt an.

Der Strudel aus Neonlichtern, Beton und Abgasen wird von einem Soundtrack begleitet, der in erbarmungslosem Tempo voranprescht und der imposanten Stadt einen Puls verleiht. Die Musik stammt von Geinoh Yamashirogumi, eine vom Künstler und Wissenschaftler Tsutomu Ohashi gegründete Musikgruppe, und verbindet SciFi-Synthesizer eindrucksvoll mit präzisen traditionellen asiatischen Schlaginstrumenten und rauchigen Chören.

Diese widersprüchlichen Klänge und die Ären, aus denen sie stammen, untermalen die lebende, körperliche Natur Neo-Tokyos noch mehr und verleihen dem Film eine überraschende, beinahe biblische Patina. Auch wenn der Film in der Zukunft spielen mag, ist diese Technoparabel zeitlos.

Da ein großer Teil der Handlung des Mangas ausgelassen wird, wirkt Akira in der Erzählung manchmal überhastet. Doch das irrwitzige Tempo passt zu der Lebensweise der Figuren. Tetsuo, Kaneda und ihre Freunde sind immer auf Achse, niemals zu Hause und fühlen sich auf ihren brutalen Straßenzügen gegen die Regierung, die sie verraten hat, am wohlsten.

Ihrer wilden Streitlust steht eine Gruppe unheimlich ruhiger, aber extrem mächtiger Psychowesen gegenüber. Sie stecken in den Körpern von Kindern, doch ihre Augen sind skelettiert und ihre blaue Haut voller Falten. Diese Wesen befinden sich stets in Innenräumen, doch ihre Behausungen wirken eher wie bedrückende Gefängniszellen. Ob durch Zerstörung oder durch Stillstand, Neo-Tokyo bietet keinen Platz für eine sorgenfreie, unschuldige Jugend.

Tetsuos Verwandlung sorgt für ein furchterregendes und mitreißendes Finale, doch das eigentliche Böse ist das System, das ihn hervorgebracht hat: eine Welt, in der machthungrige Politiker hemmungslos auf Gewalt zurückgreifen und diejenigen, die sie beschützen sollten, im Stich lassen, für ihre Zwecke nutzen oder gar vernichten. Während Otomos Manga thematisch genauso spannend ist und Neo-Tokyo noch detailverliebter darstellt, ist der Film ein wunderschöner, energischer und konzentrierter Hit, der durch die Bildschirme bricht und uns Zuschauer wünschen lässt, dass dieses Rennen ewig weiterginge.

Gegenüber: Nicht alle Helden tragen Umhänge – manchmal tun es auch Bösewichte (wenn man ihn so nennen will) wie Tetsuo.

Oben: Immer auf Achse. Kaneda hält schlitternd an – eine von *Akiras* eindrucksvollsten und am meisten referenzierten Szenen.

ROUJIN Z

老人Z

AGE AGAINST THE MACHINE

Ein neues Roboter-Krankenhausbett mit dem Namen Z-001 soll die Krankenpflege mit seinen Allzweck-Hilfsfunktionen revolutionieren, die genau auf ihre Patienten zugeschnitten sind. Ein 87-jähriger Mann wird zum ersten Tester der Maschine – mit unerwarteten, zerstörerischen Konsequenzen.

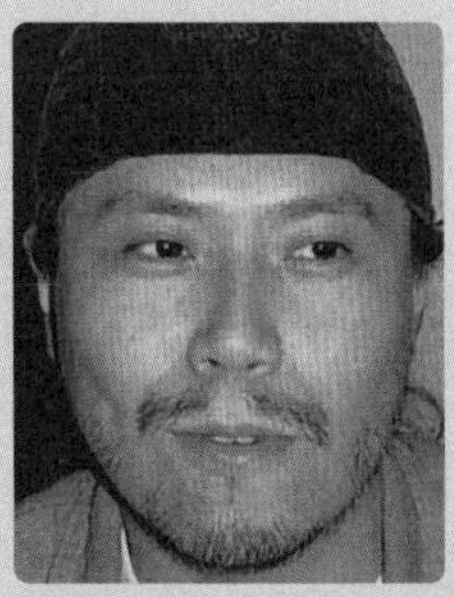

1991

REGIE: HIROYUKI KITAKUBO

84 MIN.

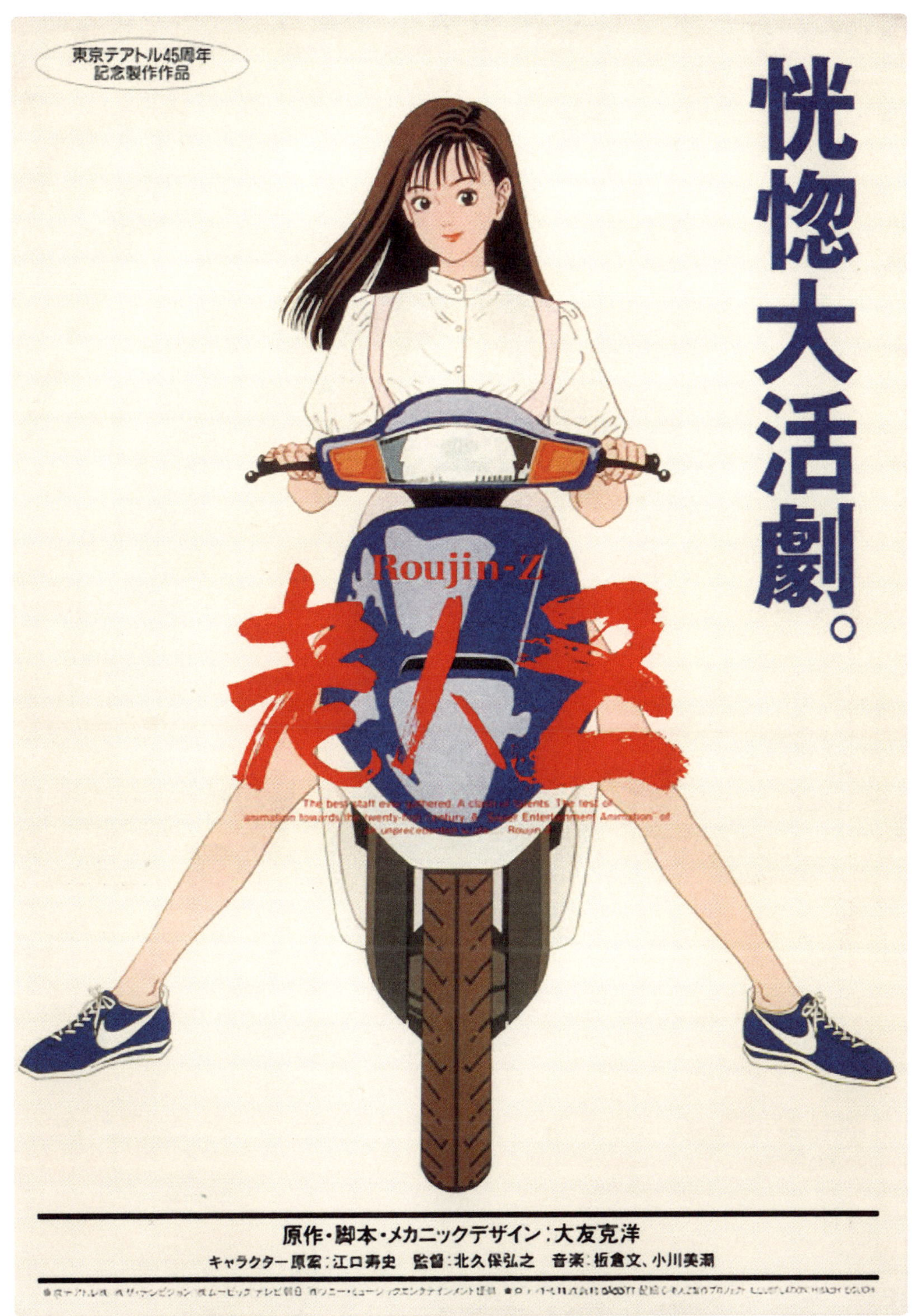
東京テアトル45周年
記念製作作品
恍惚大活劇。
Roujin-Z
老人Z
原作・脚本・メカニックデザイン：大友克洋
キャラクター原案：江口寿史　監督：北久保弘之　音楽：板倉文、小川美潮

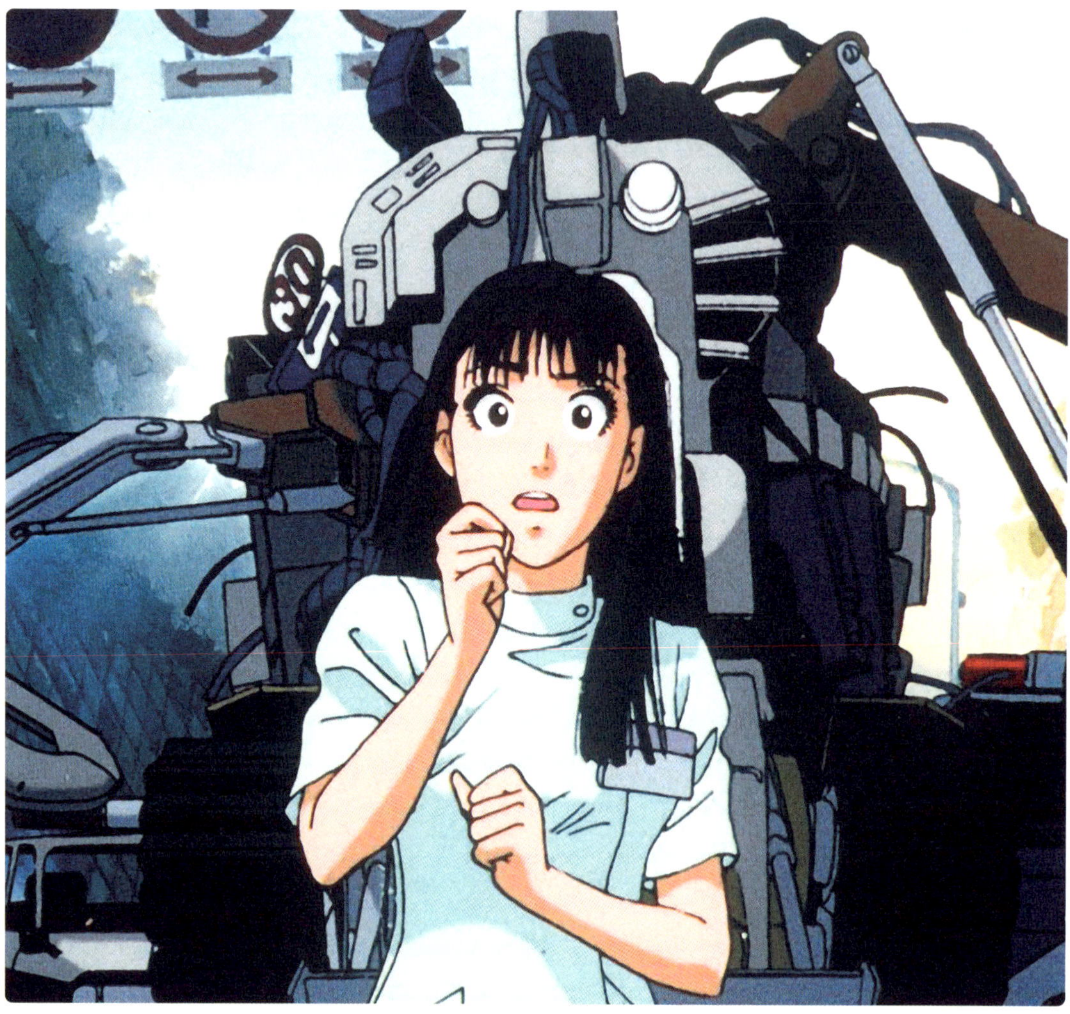

Auf der britischen Videokassette von *Roujin Z* wird mit dem Schriftzug „vom Regisseur des Klassikers Akira" geworben. Das stimmt zwar, aber das und das Coverbild eines gebrechlichen alten Mannes umschlungen von einer riesigen Maschine bereiten die Zuschauer kaum auf diesen unwahrscheinlichen Nachfolger von Katsuhiro Otomos Cyberpunk-Hit aus dem Jahr 1988 vor.

Zum einen führt Otomo bei *Roujin Z* nicht Regie, sondern war für das Drehbuch und die mechanische Gestaltung verantwortlich, während er als Regisseur am Realfilm-Projekt *World Apartment Horror* arbeitete. Zudem tritt der Film nicht in die narrativen Fußstapfen von *Akira* mit seiner spektakulären Darstellung einer rebellischen Jugend in einer futuristischen Welt. *Roujin Z* ist eine behutsame Sozialsatire darüber, wie eine technisch hochentwickelte Gesellschaft wie Japan mit dem Problem der gesellschaftlichen Überalterung umgehen wird, wenn die Alten weit zahlreicher als die Jungen sind – eine Zukunft, die sich unausweichlich anbahnt.

Da Otomo mit Realfilmen zu tun hatte, fiel die Rolle des Regisseurs in die Hände von Hiroyuki Kitakubo. Der erfahrene Animator hatte sich schon als Teenager in die Branche gewagt und sich als Keyframe-Animator bei *Urusei Yatsura: Only You* bewiesen, bei dem Mamoru Oshii Regie geführt hatte. Ferner zeigte Kitakubo sein Talent als einer der beiden Regisseure des SciFi-Anime *Black Magic M-66*, bei dem er einsprang, als die Produktion das Budget sprengte und der Schöpfer Masamune Shirow (*Ghost in the Shell*) gehen musste. Kitakubo führte, wie auch Otomo, später bei einem Segment der Kurzfilmsammlung *Robot Carnival* Regie. Schon an Otomos *Akira* hatte er zuvor als Keyframe-Animator mitgewirkt.

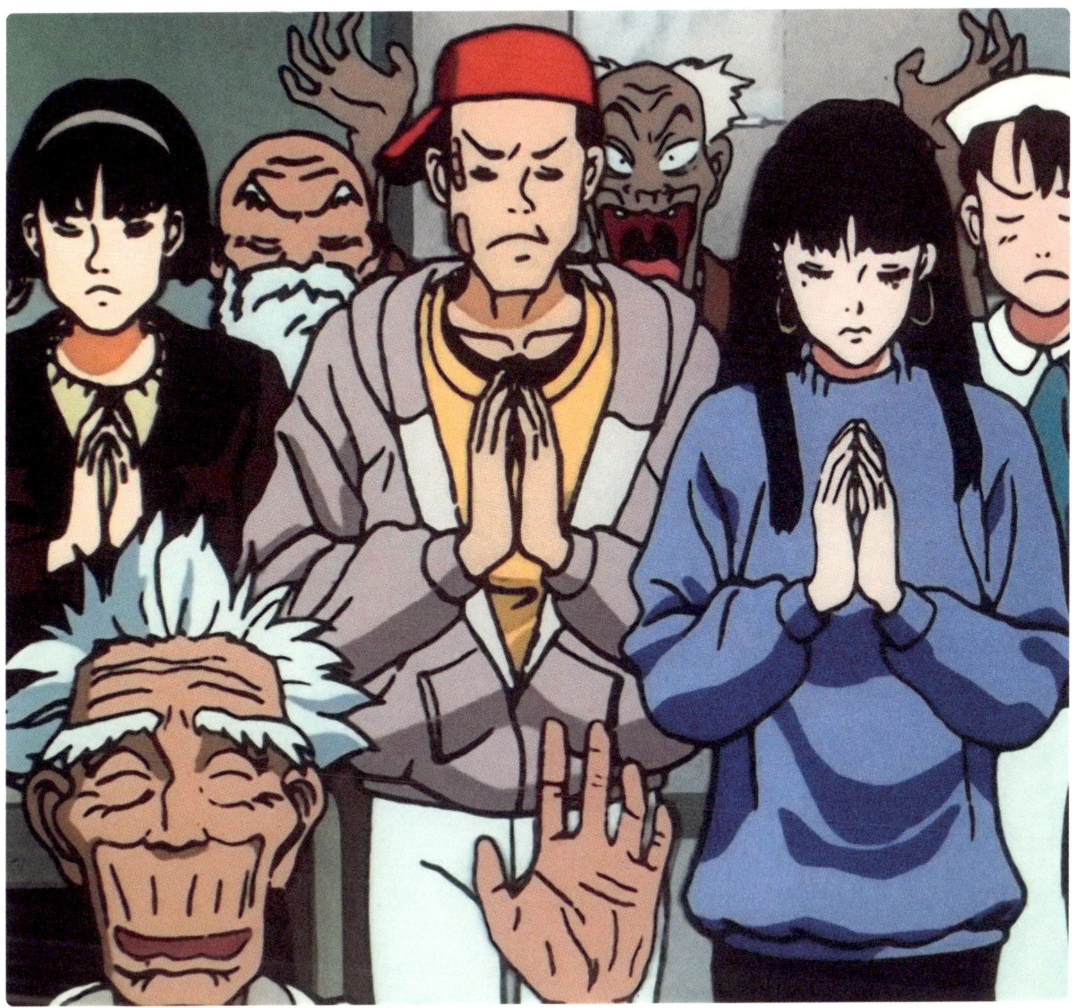

Im Vergleich dazu war *Roujin Zs* Art Director, Satoshi Kon, damals deutlich unbekannter. Zwar kannte man ihn für seine Manga, doch dies war sein erster Vorstoß in die Welt des Animes, zweifelsohne infolge seiner langjährigen Beziehung zu Otomo. Es ist vielleicht etwas übertrieben, die Hintergründe des Films nach Kons kreativem Wirken abzusuchen, einem Mann, der in seinen späteren Werken für seine allumfassende Vision gefeiert wurde. Doch der Animekritiker Andrew Osmond hebt die bodenständige, „bewohnte" Qualität der Schauplätze in *Roujin Z* hervor, eine Ästhetik, die Kon später in Filmen wie *Perfect Blue* weiterentwickelte, bevor er von den realistischen Schauplätzen in surreale Traumweltszenarien wechselte.

Roujin Z erschien 1991 in Japan und wurde 1994 von Manga Entertainment in englischsprachigen Gebieten veröffentlicht. Der Film bietet ein faszinierendes Kontrastprogramm, sowohl zu *Akira* als auch zum späteren *Ghost in the Shell*. Ab 1995 war der Film in den Vereinigten Staaten sowohl physisch erhältlich als auch auf der Leinwand zu sehen und wurde zu einem der bekannteren Animefilme seiner Zeit. Auch die kritische Rezeption war bemerkenswert positiv. Der bekannte Filmkritiker Roger Ebert räumte dem Film 1996 einen Sonderplatz in seiner Fernsehserie *Siskel & Ebert* ein und schrieb in der *Chicago Sun-Times*: „Ein Film wie *Roujin Z* zeigt, wie Animation Filmemachern die Freiheit geben kann, Themen zu behandeln, die in konventionellen Filmen nicht möglich wären." Dennoch bleibt *Roujin Z* selbst unter Animationsfans ein Geheimtipp.

Gegenüber: Frontarbeiter. In der Sozialsatire *Roujin Z* gerät eine unscheinbare Krankenschwester in eine gefährliche technologische Schlacht.

Oben: Reicht euch die Hände. *Roujin Z* hat zahlreiche einzigartige und markante Nebenfiguren.

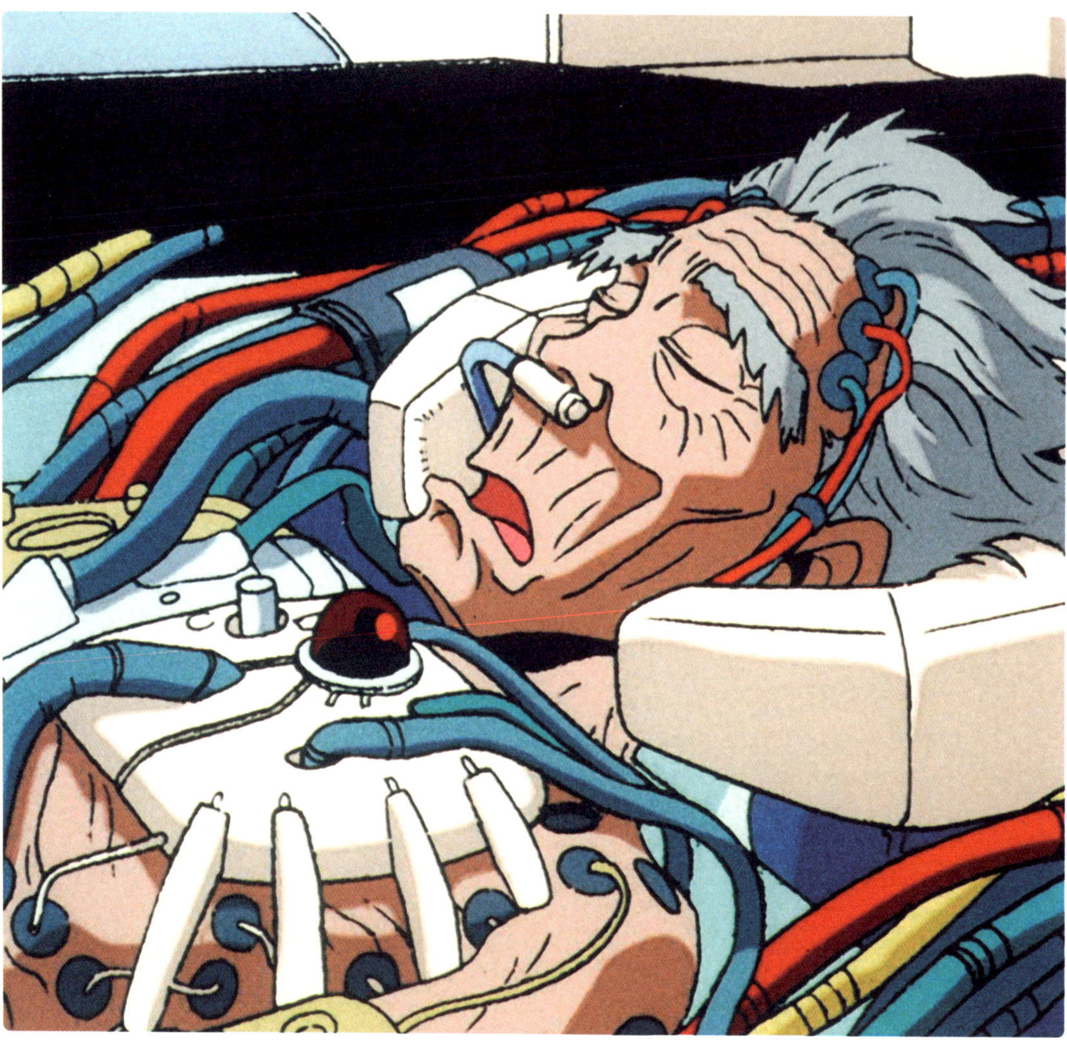

EBENFALLS EINEN BLICK WERT

Roujin Z ist in der Welt der Anime zwar ziemlich einzigartig, doch zugleich mit zahlreichen Genretrends und Karrieren verwoben. In Katsuhiro Otomos bahnbrechendem Opus magnum *Akira* werden einige ähnliche Themen aufgegriffen, allen voran verachtenswerte Experimente an Menschen. In Mamoru Oshiis *Ghost in the Shell* geht es ebenfalls um die Vernetzung von Mensch und Technologie. Satoshi Kon hatte nach *Roujin Z* eine ertragreiche und revolutionäre Karriere, die in *Paprika* gipfelte, ebenfalls einer Geschichte über futuristische Technologie, die – allerdings auf deutlich surrealere Weise – zu den tiefsten Wünschen und Begierden der Figuren vordringt. Regisseur Hiroyuki Kitakubo war später für den Action-Horror-Kurzfilm *Blood: The Last Vampire* verantwortlich, der in der englischsprachigen Welt zum Geheimtipp avancierte, als *Buffy – Im Bann der Dämonen* das Genre dominierte.

ROUJIN Z – REZENSION

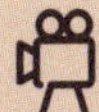

Palliativmedizin ist eigentlich kein Thema, das Besucher in die Kinosäle lockt. Doch *Roujin Z* präsentiert dieses Thema nicht nur auf interessante Weise, sondern lässt den Puls derart in die Höhe schießen, dass man Betablocker braucht. Was als persönliche und einfühlsame Darstellung einer Krankenschwester und ihres Patienten beginnt, wird zu einem zerstörerischen Kampf eines mordsgefährlichen Sterbebetts und den Artilleriestreitkräften der Regierung.

Inmitten dieses Gemetzels befindet sich Kijuro Takazawa, ein 87-jähriger Mann, der in dieser Maschine steckt und dessen sich nur die herzensgute Krankenschwester Haruko erbarmt. Das zwielichtige Wohlfahrtsministerium entführt ihn aus seiner Wohnung und steckt den fügsamen Takazawa in ein brandneues Stück Pflegetechnologie: das Z-001, ein Krankenhausbett, das seine Patienten badet, Übungen mit ihnen durchführt und für sie kocht, ohne dass Pflegepersonal benötigt wird. Diese Maschine ist die automatisierte Zukunft der Alten und hält sie aus der Öffentlichkeit fern.

Mit einem Computer verbunden wird das Z-001 mit der Seele von Takazawas verstorbener Frau gespeist. Dabei werden zugleich einige aufregende neue Updates heruntergeladen, die eine Verwandlung in einen Riesenroboter und (mit der Hilfe von Haruko und ihren Kollegen) den Ausbruch aus dem Krankenhaus beinhalten. Die Regierung schickt eine Waffe, um es zu zerstören, aber keine Streitmacht kann es mit meckernden, alten Leuten aufnehmen.

Eine Gruppe betagter Computerhacker ist auf Takazawas Seite und legt den bewaffneten Streitkräften alle möglichen Steine in den Weg. Sie sind ebenfalls Patienten in Harukos Krankenhaus – kluge, komplexe, unwirsche und erstaunlich lebendige Gesellen. Es sind echte Menschen, nicht bloß Werkzeuge im Rahmen der Geschichte. Das gilt auch für Takazawa und seine wieder „lebendige" Frau: Obwohl er senil und sie ein Roboter ist, ist ihre Beziehung stark genug, um allem zu trotzen.

Es gibt keine romantischen Grenzen zwischen der physischen und virtuellen Welt, zwischen Fleisch und Maschine. Die dicken, schwarzen Konturlinien der Figuren und starken Kontraste heben zunächst die faltige Haut und die dunklen Schatten der dürren Figuren hervor, aber zum Ende hin untermalen sie die Macht und die Bedrohlichkeit, die mit dem Alter kommt.

Inmitten dieses mechanischen Chaos befinden sich Haruko und ihre Kollegen, die mit ungebrochener Entschlossenheit ihrer Pflegearbeit nachgehen – von der Reinigung der Betten bis hin zur Planung von Ausbrüchen aus dem Gefängnis. Die automatischen Fähigkeiten von Z-001 sind gewaltig, aber bergen zugleich großes Zerstörungspotenzial und heben so die Wichtigkeit echter, menschlicher Arbeiter hervor. Diese Nachricht ist tief in *Roujin Z* verankert – und jedem, der die Coronazeit erlebt hat, wird diese Erkenntnis sehr präsent sein.

Gegenüber: Komplett verkabelt. Der greise Protagonist von *Roujin Z* stellt fest, dass er Teil eines futuristischen Regierungsexperiments ist.

Unten: Zerstörungslust. *Roujin Z* hat viele ruhige, persönliche Momente, spart aber auch an detailreicher Action im Mecha-Stil nicht.

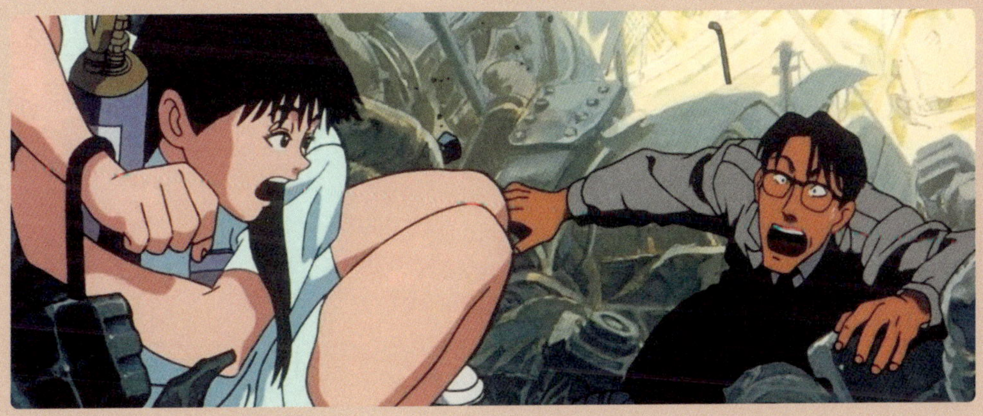

NINJA SCROLL

獣兵衛忍風帖

EINE ZEIT VOLLER GEFAHR, INTRIGEN UND VERRAT

Im feudalen Japan wird ein herumziehender Ninja in den eskalierenden Krieg zwischen verfeindeten Klans hineingezogen. Er muss sich acht dämonischen Feinden stellen – jeder mit einer eigenen, monströsen Superkraft –, um zu verhindern, dass ein alter Feind die Macht ergreift.

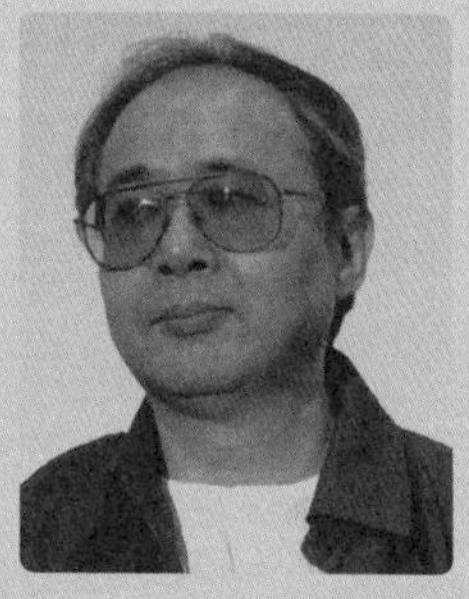

1993

REGIE: YOSHIAKI KAWAJIRI

99 MIN.

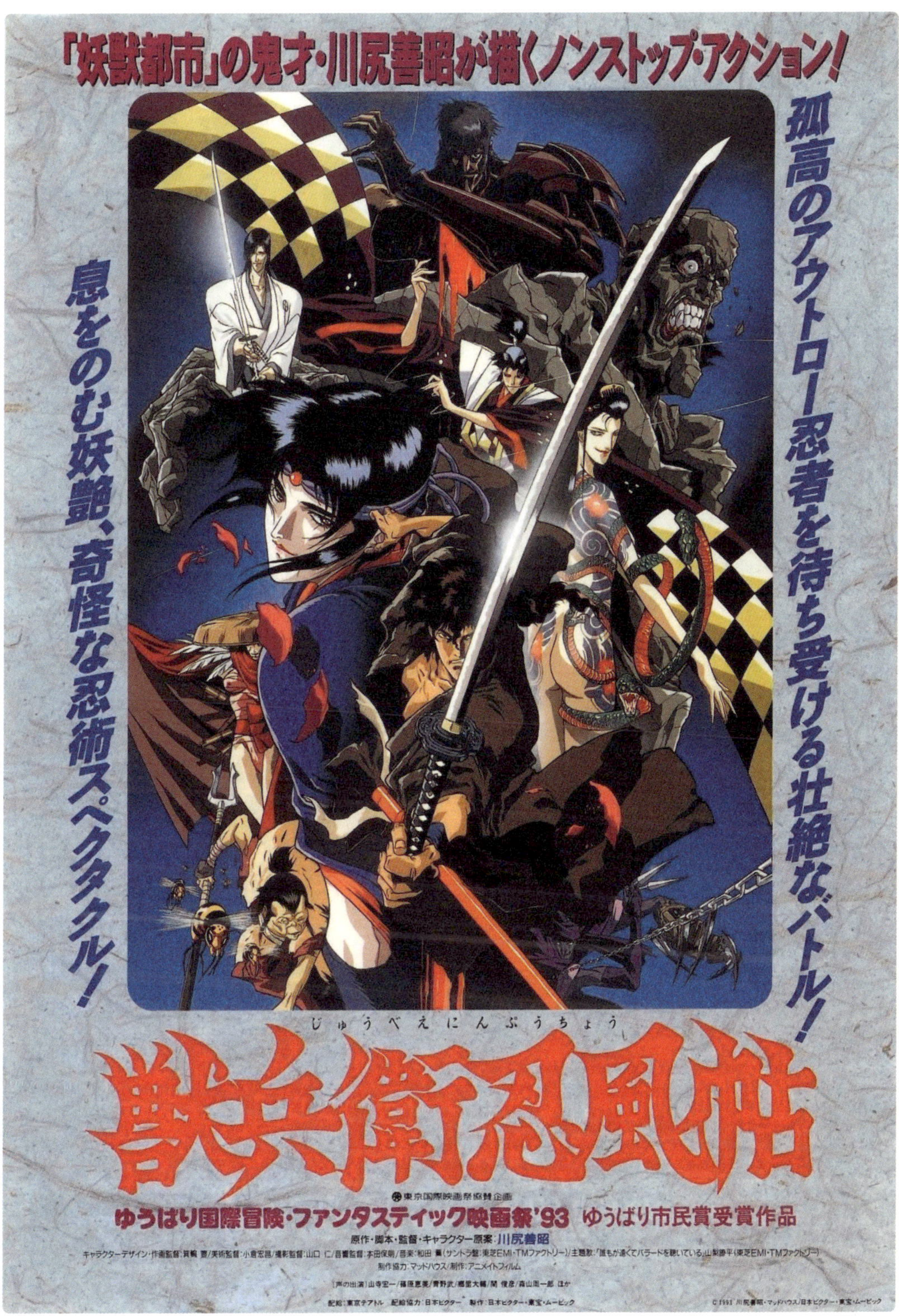

「妖獣都市」の鬼才・川尻善昭が描くノンストップ・アクション！
孤高のアウトロー忍者を待ち受ける壮絶なバトル！
息をのむ妖艶、奇怪な忍術スペクタクル！
じゅうべえにんぷうちょう
獣兵衛忍風帖
東京国際映画祭協賛企画
ゆうばり国際冒険・ファンタスティック映画祭'93 ゆうばり市民賞受賞作品
原作・脚本・監督・キャラクター原案:川尻善昭
キャラクターデザイン・作画監督:箕輪 豊/美術監督:小倉宏昌/撮影監督:山口 仁/音響監督:本田保則/音楽:和田 薫(サントラ盤:東芝EMI・TMファクトリー)/主題歌:「誰もが遠くでバラードを聴いている」山梨鐐平(東芝EMI・TMファクトリー)
制作協力:マッドハウス/制作:アニメイトフィルム
[声の出演]山寺宏一/篠原恵美/青野武/郷里大輔/関 俊彦/森山周一郎 ほか
配給:東京テアトル 配給協力:日本ビクター 製作:日本ビクター・東宝・ムービック
©1993 川尻善昭・マッドハウス/日本ビクター・東宝・ムービック

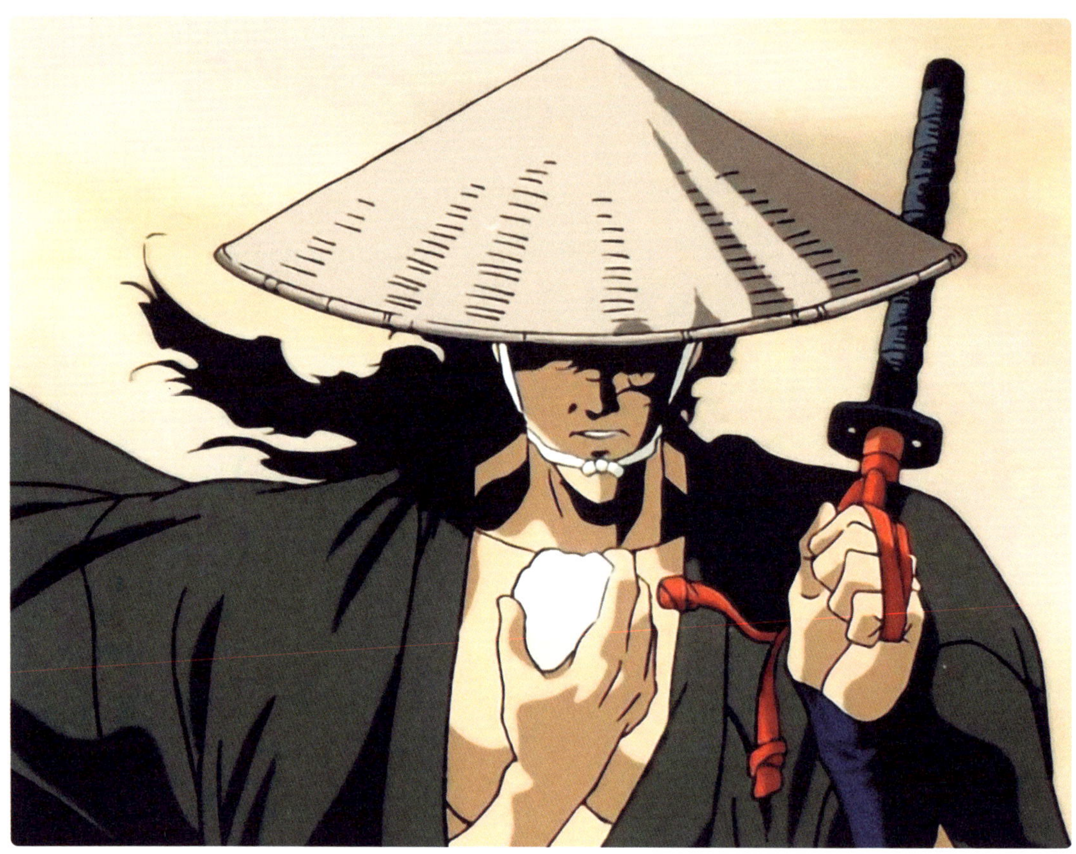

Ninja Scroll, im Vereinigten Königreich in den Läden ein Dauerbrenner, gehört zu den großen Durchbrüchen, die im Windschatten *Akiras* veröffentlicht wurden, als die junge Firma Manga Entertainment die Kundschaft mit coolen und mitreißenden Titeln für sich gewinnen wollte. Viele davon wurden von Studio Madhouse produziert, oft unter der Regie von einem der Mitbegründer, dem einflussreichen Animator Yoshiaki Kawajiri – darunter *Cyber City OEDO 808*, *The Wind of Amnesia – Wind des Vergessens* und der äußerste brutale und kontroverse Film *Wicked City*.

Kawajiri wurde 1950 geboren und wollte eigentlich Mangaka werden. Seinen Weg in die Animationsbranche wählte er, um sich mit seinen Zeichenkünsten über Wasser zu halten. Doch einmal dort angekommen, blieb Kawashiri beim Anime. Er beendete sein Studium gerade rechtzeitig, um die letzten Tage von Osamu Tezukas Mushi Production mitzuerleben. Er arbeitete an den Zwischenbildern von *Cleopatra*, dem zweiten Film von Tezukas und Eiichi Yamamotos Animerama-Trilogie. Bei dem einflussreichen Boxer-Drama *Ashita no Joe* war er bereits Key-Animator.

Als sich Mushi Production 1972 dem Konkurs näherte, verließ Kawajiri mit seinen Kollegen Rintaro, Masao Maruyama und Osamu Dezaki das sinkende Schiff. Zusammen gründeten sie Madhouse, ein Studio, das in den folgenden Jahrzehnten einen unvergleichlichen Einfluss auf die Anime-Branche ausübte.

Kawajiri arbeitete durchgehend als Animator an Madhouse-Projekten wie dem Kriegsdrama *Barfuß durch Hiroshima* und gelegentlich auch an Aufträgen von außerhalb, darunter an Hayao Miyazakis Serie *Mirai Shonen Conan*. Mitte der 1980er bestieg er selbst den Regiestuhl und *Wicked City* entstand. Diese fantastische Horrorgeschichte basierte auf einem Werk des Schriftstellers Hideyuki Kikuchi und war für Kawajiri ein kreativer Durchbruch. Hier fand er seinen Stil als Erzähler, der auf schonungslose Brutalität setzte.

Mit dem Film *Vampire Hunter D – Bloodlust* aus dem Jahr 1999 adaptierte er eine weitere Geschichte von Kikuchi, doch in der Zwischenzeit widmete er sich etwas Eigenem. *Ninja Scroll* verbindet die Brutalität von *Wicked City* mit Kawajiris Liebe für die Romane von Futaro Yamada, der für Krimis, Mystery und übernatürliche Ninjaabenteuer bekannt war. So entstand eine überaus faszinierende Geschichte voller detaillierter, handgezeichneter Animation und einzigartiger, grotesker Figuren.

Wie zuvor *Wicked City* enthielt *Ninja Scroll* Darstellungen sexueller Gewalt, die durch das British Board of Film Classification geschnitten wurden, damit der Film eine 18er-Freigabe erhalten konnte. Das half Manga Entertainment, das Image des Anime als „verbotene Frucht" weiter zu befeuern. Die geschnittenen Szenen sind in späteren Veröffentlichungen enthalten und fügen sich nahtlos in die düstere, verdorbene und überzeichnete Welt von *Ninja Scroll* ein. Doch selbst die Schöpfer fragen sich auf der Kommentarspur des Films rückblickend, ob derlei Szenen wirklich notwendig waren.

Gegenüber: Eine Handvoll Reis. Jubei ist einer von vielen einsamen Antihelden, die gegen eine Übermacht ums Überleben kämpfen.

Unten: Wegen seiner extrem brutalen Szenen ist *Ninja Scroll* nur für Erwachsene gedacht.

EBENFALLS EINEN BLICK WERT — 

Der internationale Erfolg von *Ninja Scroll* brachte Kawajiri die Aufmerksamkeit der Wachowskis ein, als sie auf der Suche nach Partnern für ein Projekt waren, aus dem *Animatrix* wurde. Kawajiri führte bei einem der Kurzfilme mit dem Titel *Program* Regie und schrieb das Skript. Ferner steuerte er das Skript zum Kurzfilm *World Record* seines Schützlings Takeshi Koike bei. Dieser symbolischen Geste folgte Koikes Kinofilmdebüt mit *Redline*, einer weiteren beeindruckenden und überzeichneten Madhouse-Produktion, bei der Kawajiri in führender Rolle arbeitete. Auch heute noch kann man Kawajiris Mitwirken in spektakulären actionreichen Animeserien sehen, denn er steuerte Storyboards für namhafte Titel wie *Attack on Titan* und *Demon Slayer: Kimetsu no Yaiba* bei.

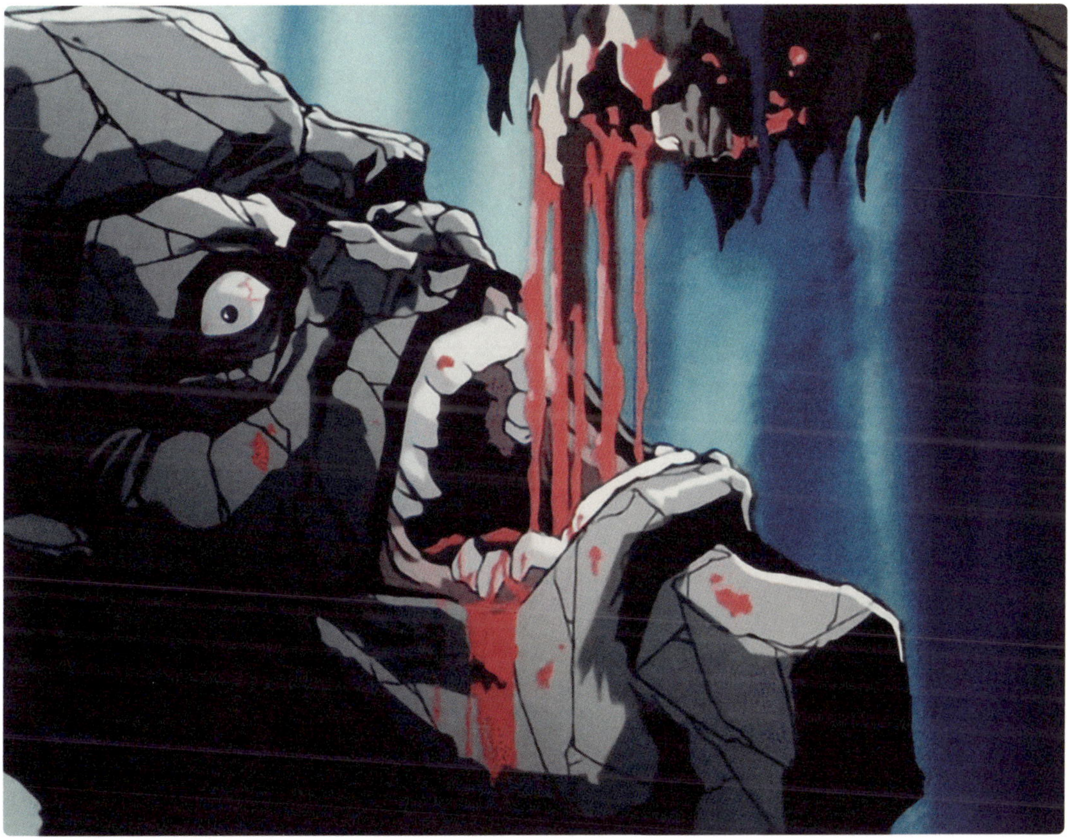

NINJA SCROLL – REZENSION

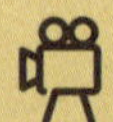

In den ersten Minuten von *Ninja Scroll* ereignen sich grausame Morde, ein brutales Gewitter und eine schreckliche Seuche. Danach wird es düster. Die Geschichte handelt von Jubei, einem Ninja, der sich seinen Weg durch acht groteske Feinde mit einzigartigen Fähigkeiten schnetzelt. Dabei hilft ihm Kagero, eine Frau, in deren Adern tödliches Gift fließt und deren Schwertkünste ebenso fatal sind. Die wunderbar einfallsreichen Charakterdesigns und die mitreißende Inszenierung machen *Ninja Scroll* zu einer packenden Ninjageschichte, doch nicht alle Aspekte sind so gelungen wie die Action.

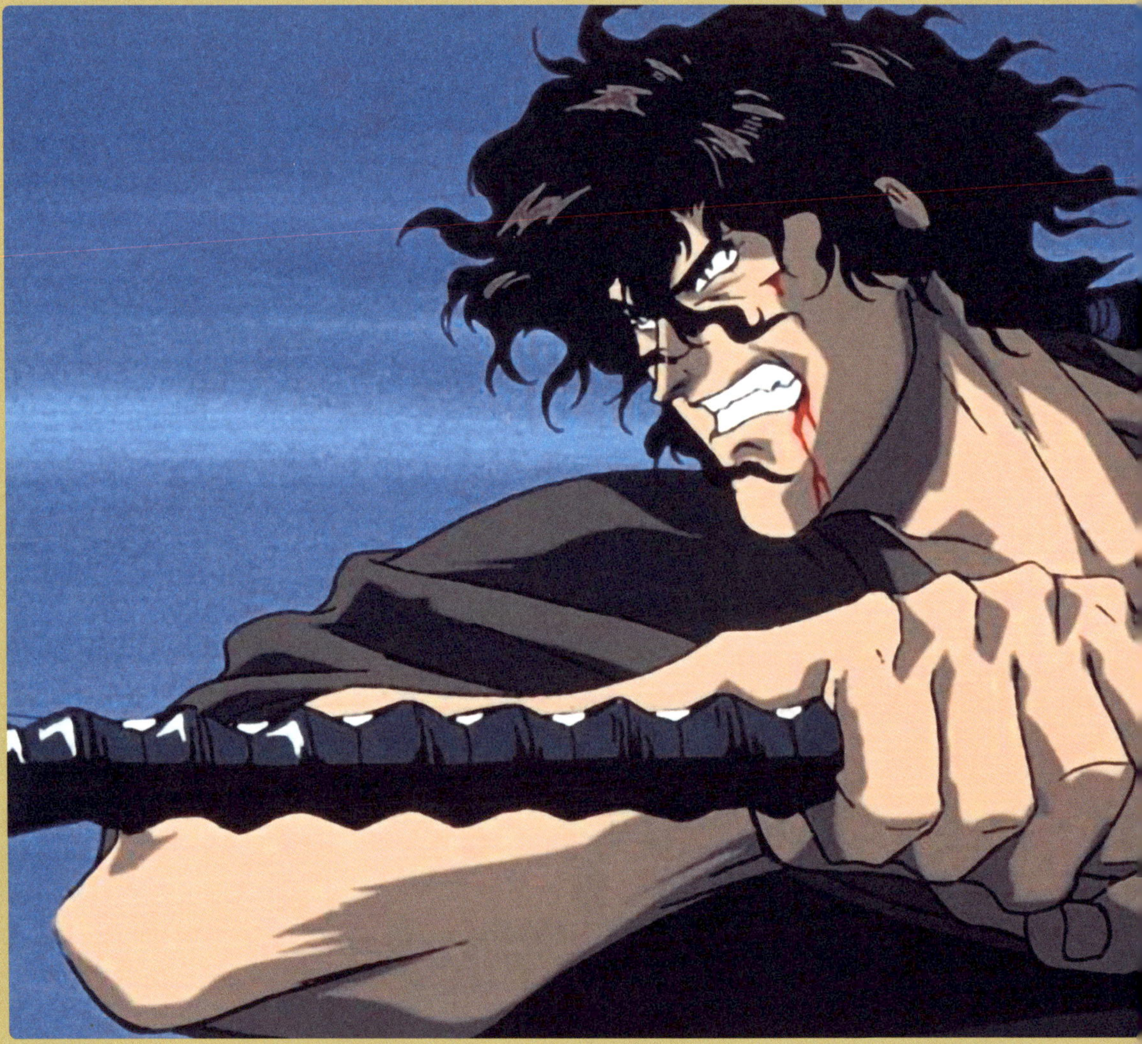

Die Geschichte ist zugleich einfach und komplex. Die spannendsten Szenen sind die Kämpfe zwischen Jubei, Kagero und den zahlreichen Feinden mit ihren Superkräften. Dazwischen werden Informationen über die verfeindeten Seiten eingestreut, die die Vergiftung ganzer Städte rechtfertigen sollen. Außerdem wird viel über Rache gesprochen. Wie in einem Videospiel werden einem die Herausforderungen zu Beginn vor Augen geführt, inklusive Andeutung des Endbosses. Zwischen den Levels gibt es ein wenig Exposition, um einen bei der Stange zu halten.

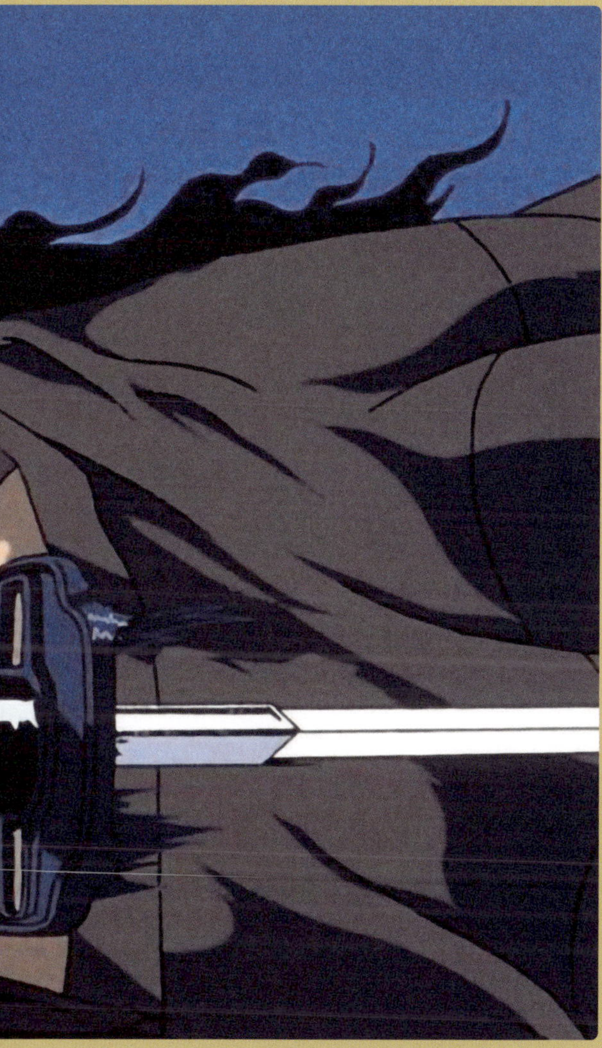

Die in Schatten gehüllte und vor Blut triefende, ausdrucksstarke Animation (in einer Szene regnet es sogar Blut) sticht durch ihre starken Kontraste und explosive Gewalt hervor. Die heldenhaften Ninja sind attraktiv und elegant, ihre Kinn- und Wangenknochen so dezent wie ihre Schwerter. Im Gegensatz dazu stehen die zahlreichen grausamen Kreationen der Feinde, die das Bild in Schwarz tränken. Als einer der Gegner geschlagen ist, wird sein Körper als widerliche, abgestreifte Schlangenhaut enthüllt. Ein anderer mit einem Wespennest auf dem Rücken ertrinkt und färbt einen ganzen Fluss rot, während er zerstochen wird. Der letzte Kampf geht noch einen Schritt weiter und findet auf einem brennenden, sinkenden Schiff statt, das mit geschmolzenem Gold beladen ist und auf dem Körper zerhackt werden wie Fleisch in einer Metzgerei.

Leider scheint zwischen all den aufregenden Schwertduellen unbestreitbar grausamer Sexismus durch. Kageros Reise ist heldenhaft und zeigt eine unabhängige, starke Frau, die von einer unterdrückten Gifttesterin zur mächtigen Kriegerin wird. Doch sie muss extreme, unnötige und langwierige Akte sexueller Gewalt über sich ergehen lassen, die schonungslos und voller Details dargestellt werden. Das Trauma solcher Ereignisse wird kaum thematisiert und Kageros Entwicklung dient letztlich eher Jubei als ihr selbst.

Ninja Scrolls stilistischer Einfluss und seine kulturellen Auswirkungen sind noch heute spürbar. Der Film hat seinen Platz in den Geschichtsbüchern verdient, doch Teile seines Erbes sollten lieber in der Vergangenheit bleiben.

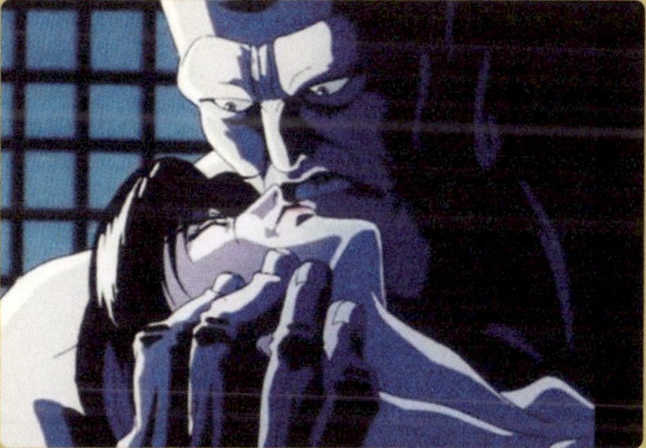

Links: Immer griffbereit. Jubeis Flinkheit und Treffsicherheit mit seiner Klinge sorgen für einige äußerst wilde Kampfszenen.

Oben: *Ninja Scroll* hat viel Stil und Wumms, doch einige grausame Szenen sexualisierter Gewalt hätten vielleicht einen (Schwert-)Schnitt verdient.

GHOST IN THE SHELL

攻殻機動隊

ANIME 2.0

Im Jahr 2029 gehören Cyborgs und künstliche Intelligenzen zum Alltag. Major Motoko Kusanagi, eine Cyborg-Polizistin der Anti-Cyberterror-Einheit 9, wird angewiesen, einen mysteriösen Hacker ausfindig zu machen, der „Puppet Master" genannt wird. Dieser hackt sich in die Cyberbrains der Einwohner Tokios ein.

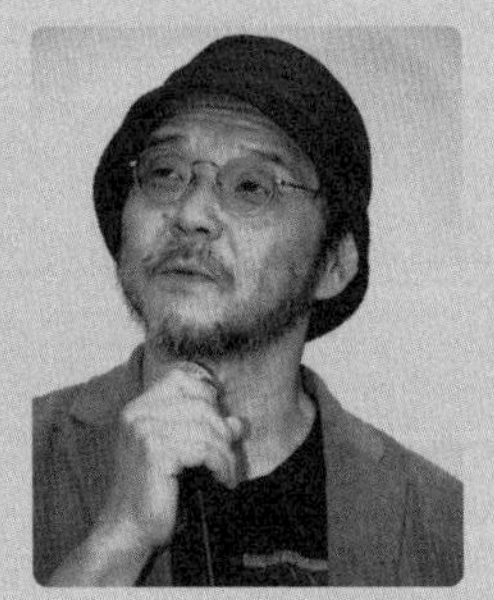

1995

REGIE: MAMORU OSHII

82 MIN.

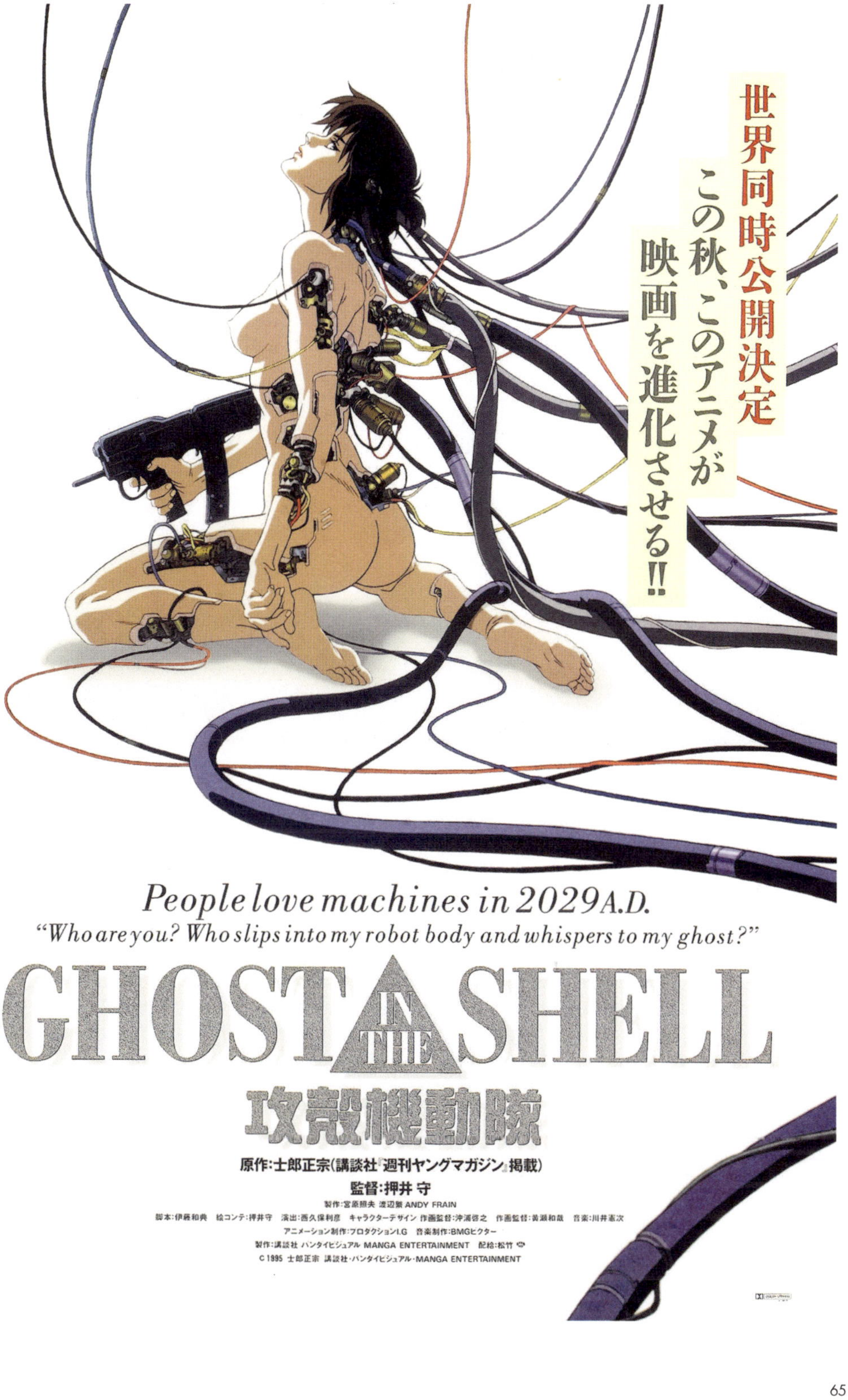

世界同時公開決定
この秋、このアニメが
映画を進化させる!!

People love machines in 2029 A.D.

"Who are you? Who slips into my robot body and whispers to my ghost?"

GHOST IN THE SHELL

攻殻機動隊

原作:士郎正宗(講談社『週刊ヤングマガジン』掲載)

監督:押井 守

製作:宮原照夫 渡辺繁 ANDY FRAIN

脚本:伊藤和典 絵コンテ:押井守 演出:西久保利彦 キャラクターデザイン 作画監督:沖浦啓之 作画監督:黄瀬和哉 音楽:川井憲次

アニメーション制作:プロダクションI.G 音楽制作:BMGビクター

製作:講談社 バンダイビジュアル MANGA ENTERTAINMENT 配給:松竹

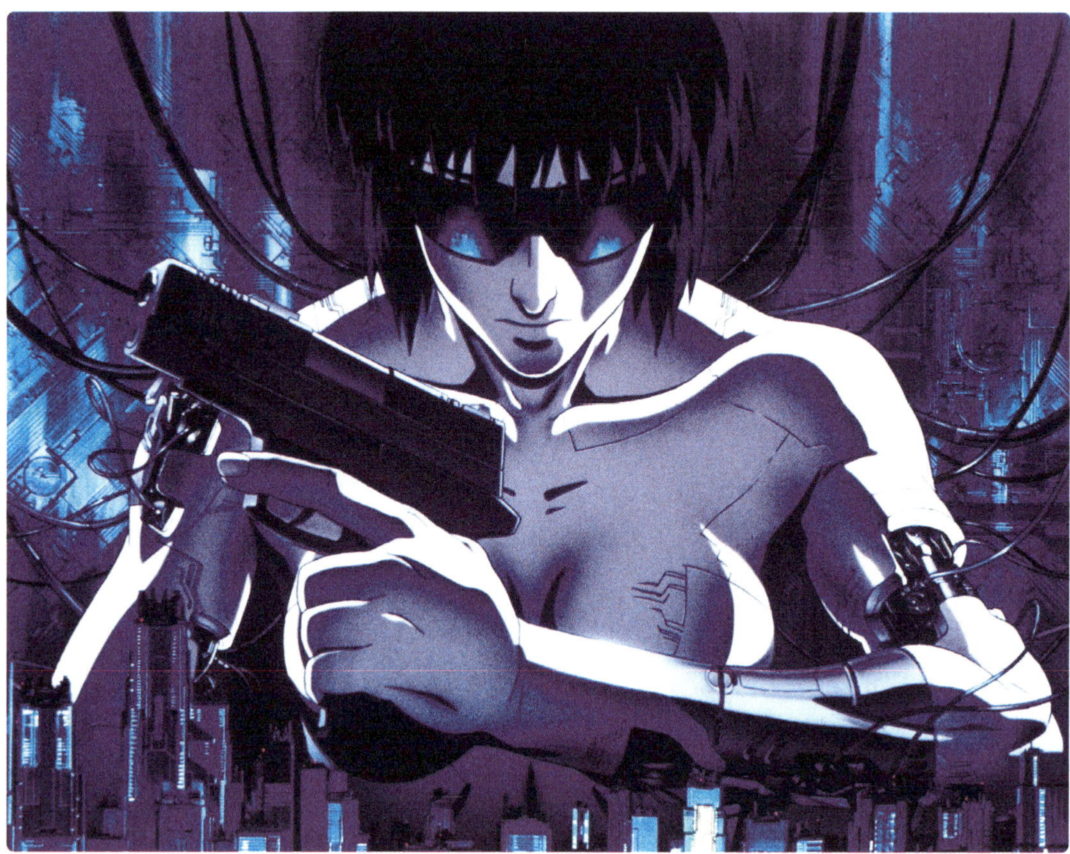

Nach dem internationalen Erfolg von *Akira* fing das neu geformte Anime-Spezialisten-Label Manga Entertainment an, die Zuschauerschaft mit aufgedrehteren und schmuddeligeren Genres aus Japan zu bombardieren. Von *Fist of the North Star* bis zum kontroversen „Tentakelpornostreifen" *Urotsukidoji: Legend of the Overfiend*. Doch nichts hat so sehr eingeschlagen wie Katsuhiro Otomos Blockbuster *Akira*. Deswegen entschied sich der Chef des Labels, Andy Frain, dazu, in ein neues spektakuläres SciFi-Projekt zu investieren, das das Medium mit State-of-the-Art-Technologien und einer grandiosen Cyberpunk-Idee ins neue Jahrtausend katapultieren sollte. Der Titel: *Ghost in the Shell*.

Als Vorlage diente der gleichnamige Manga von Masamune Shirow (weitere Werke: *Dominion, Appleseed*), der 1990 im Young Magazine an den Start ging. Zur gleichen Zeit, als der Manga *Akira* seinem Ende entgegensteuerte. Masamune Shirow gab sein Okay für das Projekt und ließ dem Produktionsteam freie Hand. Das stellte sich als richtige Entscheidung heraus, denn der Regisseur des Projekts war eine Koryphäe auf seinem Gebiet, der seinen Reichtum an Fantasie und Ideen schon mehrfach unter Beweis gestellt hatte: Mamoru Oshii.

Mamoru Oshii wurde 1951 in Tokio als Sohn eines Privatdetektivs und eifrigen Kinobesuchers geboren. Als Kind hatte Oshii SciFi-Romane englischsprachiger Autoren wie Robert Heinlein, JG Ballard oder Theodore Sturgeon verschlungen und sich in die Werke europäischer Filmemacher verliebt, unter anderem Michelangelo Antonioni, Federico Fellini, Jean-Pierre Melville, Ingmar Bergman, Andrei Tarkovsky und Jean-Luc Godard. „Ich habe schon seit ich klein bin europäische Filme geliebt", erzählte er *Midnight Eye*. „Ich war schon immer fasziniert von den klassischen Stilen und der alten Architektur sowie der wunderschönen, nostalgischen und heiteren Atmosphäre in

Oben: Als *Ghost in the Shell* im Vereinigten Königreich herauskam, zierte dieses ikonische Artwork die Poster und später auch die Veröffentlichung auf VHS.

Unten: Willkommen in der Zukunft. Die Eingangsszenen in *Ghost in the Shell* sind einige der meistverehrten in der ganzen Anime-Geschichte.

EBENFALLS EINEN BLICK WERT

Wer jetzt Lust auf mehr *Ghost in the Shell* bekommen hat, dem kann geholfen werden, denn der Film aus dem Jahr 1995 war die Initialzündung für ein ganzes Franchise, unter anderem die Serien *Ghost in the Shell: Stand Alone Complex*, Light Novels, Anime-Specials, Videospiele und sogar einen weiteren Film: *Ghost in the Shell: Stand Alone Complex – Solid State Society*. Der Regisseur Mamoru Oshii war nicht in die *Stand Alone Complex*-Serie involviert, kehrte aber ins *Ghost in the Shell*-Universum mit einem Standalone-Sequel zurück: *Ghost in the Shell 2: Innocence*. Dieser Film war visuell bemerkenswert, komplex und herausfordernd und feierte seine Premiere bei den internationalen Filmfestspielen von Cannes im Jahr 2004. Außer *Ghost in the Shell* kreiierte Oshii als Regisseur und Autor weitere außerordentliche Werke, sowohl Animationen als auch Realfilme (siehe *Jin-Roh*). Zu seinen Meilensteinen als Filmemacher für animierte Werke zählen beispielsweise *Urusei Yatsura 2: Beautiful Dreamer*, *Tenshi no Tamago* und *Mobile Police Patlabor 2: Der Film*, als auch die vielen Realfilm-Projekte, die er zwischen seine Anime-Projekte zwängte.

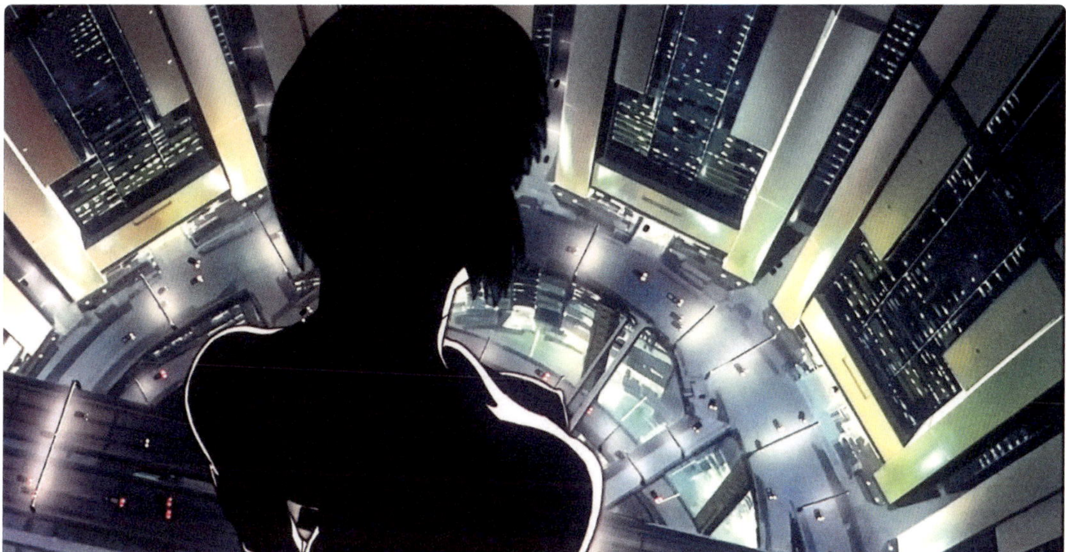

Osteuropa." Oshiis Liebe für Realverfilmungen hatte später Einfluss auf seine Animationen.

Er schloss die Gakugei-Universität in Tokio mit einem Diplom in Kunstpädagogik ab, war aber nach wie vor fasziniert von der Welt der Animation und ging als Storyboard-Künstler Mitte der 1970er Jahre zu Tatsunoko Productions, bevor er im Jahr 1980 zu Studio Pierrot wechselte. Dort arbeitete sich Oshii hoch und konnte mit der Anime-Adaption zum beliebten Manga *Urusei Yatsura* von Rumiko Takahashi (weitere Werke: *Inuyasha, Ranma ½)*, seinen ersten Erfolg feiern. Oshii leitete zudem zwei Spin-Offs in Filmlänge, *Urusei Yatsura: Only You* und *Urusei Yatsura 2: Beautiful Dreamer*, die mehr oder weniger als Entwicklungsort für seine Visionen und Stimmungen dienten. Besonders *Beautiful Dreamer* hat viele der für die Serie üblichen Romcom-Späßchen gegen einen übermäßigen Zeitschleifen-Plot getauscht und tauchte eher in philosophische Themen ab. Wenn auch schlussendlich von vielen Regisseuren (bspw. Macher von *Cowboy Bebop* Shinichiro Watanabe) als horizonterweiternder Klassiker wertgeschätzt, ärgerte diese Stiländerung viele Hardcore-Fans der Serie. Oshii, der immer mehr den Ruf als Zerstörer von Konventionen erlangte, arbeitete fieberhaft an einer Idee für einen Film im *Lupin III*-Franchise – der erste Film seit Hayao Miyazakis *Das Schloss des Cagliostro* – jedoch wurde seine Idee von den Produzenten als so an den Haaren herbeigezogen empfunden, dass das Projekt eingestellt wurde. Stattdessen machte er sich selbstständig und schuf zusammen mit dem Künstler Yoshitaka Amano, dessen Designs später das Motiv für die *Final-Fantasy*-Videospielreihe sein sollten, das betörende (oder

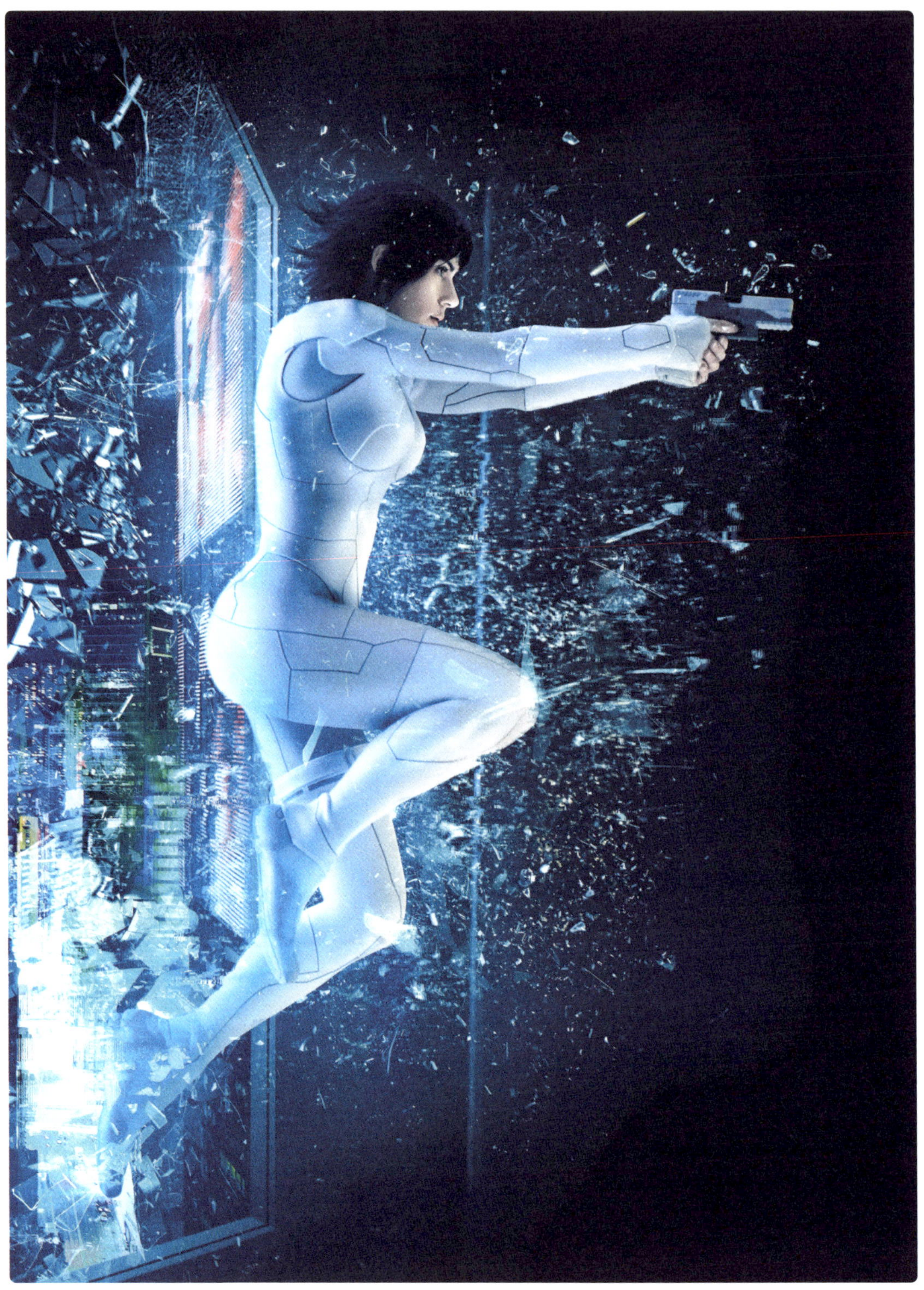

auch verwirrende) Kunstwerk *Tenshi no Tamago*. Etwa zur selben Zeit dachten Oshii, Hayao Miyazaki und Isao Takahata darüber nach, ein neues Projekt im neu gegründeten Studio Ghibli zu leiten, jedoch können wir nur erahnen, was für ein potenzielles Kunstwerk daraus hätte entstehen können, denn bereits in den ersten Planungsphasen lösten diese drei starken Persönlichkeiten ihre Partnerschaft gleich wieder auf.

Jedoch wurde *Patlabor* – die einflussreiche TV-Serie, OVAs (Original Video Animation) und Kinofilme von 1989 und danach – zum Wendepunkt in Oshiis Karriere. Mit großem Erfolg erfüllte er sich mit dieser Reihe seinen Wunsch, philosophische, historische und politische Themen in ein bekanntes Genre einzubauen, in diesem Fall, dem „Mecha"-Genre, also gigantische Roboter. Es ist dem Erfolg von *Patlabor 2: Der Film* aus dem Jahre 1993 zu verdanken, dass Oshii dann letztendlich die Zügel für *Ghost in the Shell* von Bandai Visuals angeboten bekam.

Wie auch *Akira* zuvor wurde *Ghost in the Shell* teils mit bahnbrechendem Produktionsaufwand, handgemalten Animationen sowie dem Einsatz neuester Technologien beworben – perfekt für diesen futuristischen Film. Traditionelle Techniken wurden mit 3D-CGI-Animationen (erstellt von einem Team inklusive Animations-Supervisor und Charakterdesigner Hiroyuki Okiura) vermischt, um ein fotorealistisches Bild der Zukunft zu erschaffen, wie Oshii es sich vorgestellt hatte und um zu zeigen, wozu visuelle Effekte, Cinematographie und Kameraführung mittlerweile imstande waren. Zusätzlich wurde Avid, eine Videobearbeitungssoftware, benutzt, die *Ghost in the Shell* weg von der analogen und hin zur digitalen Produktion führte. Manga Entertainment beteiligte sich mit circa 30 Prozent des Budgets und hoffte auf einen Blockbuster. Nach der Weltpremiere bei den Internationalen Filmfestspielen in Tokio im Oktober 1995, wurde *Ghost in the Shell* im November bei den Filmfestspielen in London gezeigt, gefolgt von einer Heimvideoveröffentlichung im Dezember.

Ghost in the Shell kam in Japan nicht gut an und schaffte es nicht in die Filmcharts, wie beispielsweise Ghiblis *Stimme des Herzens – Whisper of the Heart*, doch weltweit stellte sich der gewünschte Erfolg ein, mit über einer Million verkauften Kopien allein in den USA. Außerdem hatte der Film großen Einfluss auf viele Filmemacher und Animatoren, unter anderem auch auf jene, die hinter den großen Hollywood-Blockbustern stecken. Ein Vertreter des sogenannten Tech-Noir-Genres, nämlich James Cameron (*Terminator*), gab eine eher überschwängliche Wertung zum Promo-Material des Films ab. Er nannte es „ein überwältigendes Werk spekulativer Fiktion, der erste wahre Animationsfilm für Erwachsene, der einen Grad von visueller und literarischer Exzellenz erreicht." Währenddessen sicherte sich Dreamworks, das Studio, das von Steven Spielberg mitgegründet wurde, die Rechte am Remake, was einige Fans veranlasste, sich zu fragen, ob der Regisseur wegen *Ghost in the Shell* in ein etwas dunkleres SciFi-Territorium gerutscht war, wie bei den Filmen *A.I. – Künstliche Intelligenz* oder *Minority Report*. Alles nicht vergleichbar mit den Wachowski-Geschwistern, denn sie nutzten den Film, um einen eigenen innovativen Cyberpunk-Knaller zu erschaffen: *Matrix*. Sie zeigten *Ghost in the Shell* dem Produzenten Joel Silver und sagten: „Wir wollen das in echt machen."

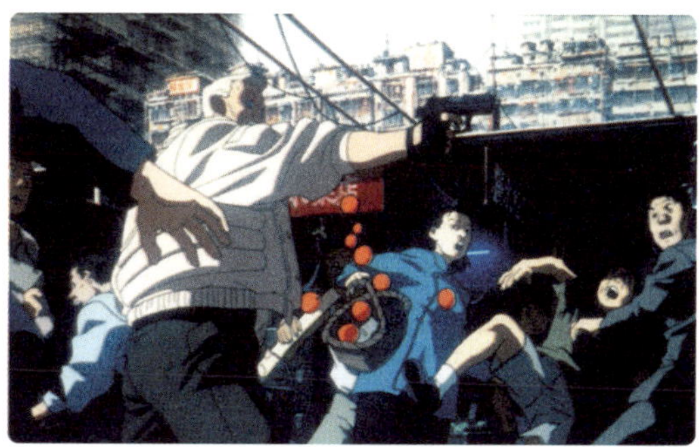

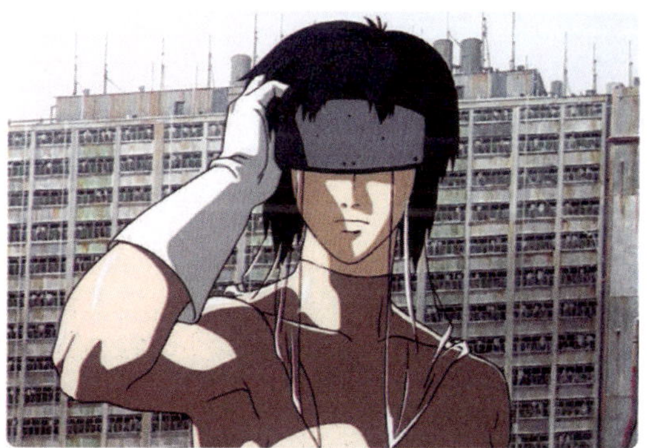

Gegenüber: Scarlett Johansson. Der 2017er Ableger von *Ghost in the Shell* ist die teuerste Hollywood-Anime-Remake-Produktion bis jetzt – und wohl auch die umstrittenste.

Bild oben: Die Markt-Verfolgungsszene in *Ghost in the Shell* ist eine der vielen Szenen, die *Matrix* inspirierten.

Bild unten: Die Zukunft ist jetzt. Obwohl *Ghost in the Shell* in den 1990ern rauskam, fühlt sich die Technologie noch sehr modern an.

GHOST IN THE SHELL – REZENSION

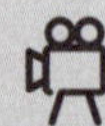

Wenn man *Ghost in the Shell* betrachtet, kommt man nicht umhin, sich dessen filmisches Erbe vor Augen zu führen. Von den vielen Sequels zu den Spin-Offs, den stilistischen und narrativen Einflüssen auf diverse Filmemacher im Westen, was eindeutig die gesamte Industrie neu geformt hat, wurde die *Ghost in the Shell*-Formel wieder und wieder kopiert, weit über das Original hinaus. *Ghost in the Shell* bleibt die unangefochtene Nummer eins, trotz aller Klone und dem kulturellen Einschlag. In nur 82 Minuten umfasst Mamoru Oshiis Film ein unglaublich kreatives und thematisch riesiges Spektrum. Der visuelle Einfallsreichtum und die philosophische Entdeckungsreise hinterlassen ihre Spuren noch lange, nachdem der Abspann vorbei ist. Es macht Spaß, „Matrix-Bingo" zu spielen – das mit dem Gimmick des herunterregnenden grünen Codes beginnt –, doch während der Wachowski-Film eher in den explosiveren Momenten erstrahlt, ist, trotz des enormen Schmetterlingeffekts auf moderne Action-Filme, *Ghost in the Shell* im Gegensatz dazu eher ein ruhiger Film.

In *Ghost in the Shell* dringt man so tief in die eigene Psyche vor, wie sich die künstlich erschaffene, jedoch sehr menschlich agierende Gesetzeshüterin in die Suche nach der Identität und dem Aufenthaltsort des Super-Hackers „Puppet Master" vertieft. Auf jeden Sprung rückwärts von einem hohen Gebäude, bei dem sie sich unsichtbar macht, folgt auch ein Sprung in die Tiefe der eigenen Seele. Diese Balance ist es, die diesen Film so vielseitig, aufregend und einladend macht. Dialoge über verschiedene Bereiche der Strafverfolgung, Spionage der Regierung und die Seelen der Menschheit, die in kybernetischen Körpern verbleiben, sind fast undurchschaubar, aber gerade verständlich genug, um die Zuschauer durch die Geschichte zu treiben, und sie in der Hoffnung wiederkommen zu lassen, vielleicht beim nächsten Mal einen Tick mehr zu verstehen.

Für manche Zuschauer jedoch ist die erzählerische Komplexität einer SciFi-Welt weniger wichtig als sie letztendlich einfach nur zu genießen. Und auch das ermöglicht der Film mit seinen eindrucksvollen futuristischsten Bildern. Für zirka ein Drittel des Films, was sich übrigens sehr kurz anfühlt, führt Oshii die Zuschauer auf einen Trip durch das schmutzige

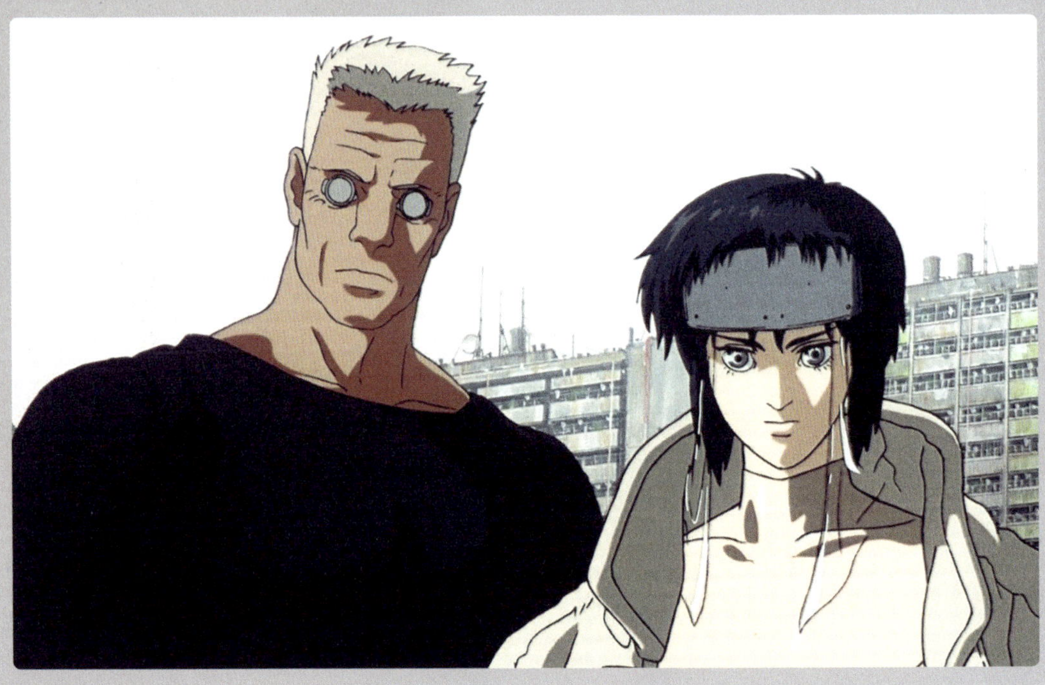

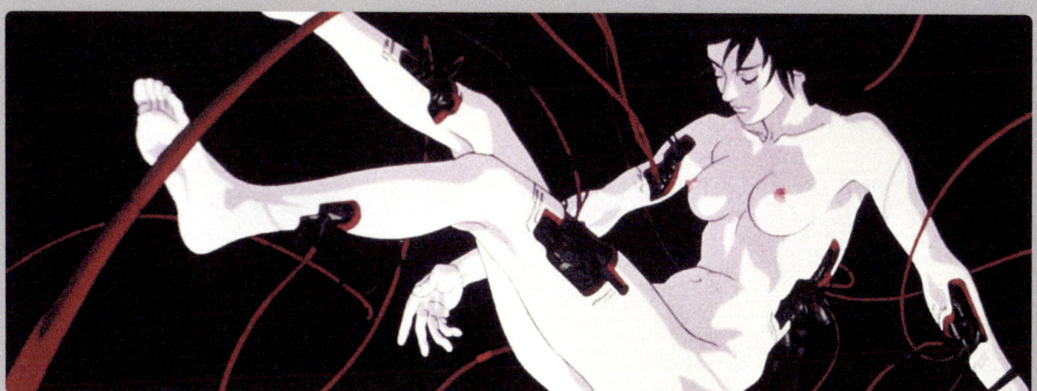

urbane Setting. Neon-Reklametafeln und verhedderte Kabel schnüren den anonymen Massen unter ihnen regelrecht die Luft ab.

Schaufensterpuppen werden in harten Schnitten gegen Regenschirm tragende Fußgänger, Schaufenster und Pfützen gestellt, wodurch jegliche Form von Identität verneint wird. Diese Szenen hinterfragen die Individualität der Menschheit, während sie das hoch detailreiche und künstlicherische Können des Animators vor Augen führen.

Motokos Selbstwahrnehmung bleibt dabei im Vordergrund, egal ob sie nun allein in den beklemmenden Gebäuden der Stadt unterwegs ist oder zusammen mit ihren Kollegen. Bei ihr zu Hause stellt das großes Fenster ihrer Wohnung den Mittelpunkt dar. Das natürliche Licht der Sonne vermischt sich mit einem digitalen Blaustich. Dieser Lichtschein umgibt Motokos Augen und die Computer-Bildschirme um sie herum, was sie immer wieder an ihr eigenes Cyborg-Dasein erinnert, wie ein kalter Spiegel aus Pixeln. Ihre mentale Zerrissenheit wird auch dadurch zur Schau gestellt, dass sie nicht ständig zu sehen ist, sondern auch mal aus dem Bild geht oder wieder hineinkommt. In diesen Momenten hält der Film sie auf einer Armlänge Abstand. In anderen Momenten, wie z. B. wenn wir die beunruhigende Nähe ihres metallischen und doch menschlich wirkenden Körpers beobachten können, ist sie fast schon unangenehm nah.

Motokos volles Profil ist niemals ganz zu sehen, da sie es selbst auch niemals sieht.

Ihr Weg zum Puppet Master wird begleitet von voluminösen Sound-Kulissen und Musikstücken, die mit analogen und digitalen Akzenten zu entzücken wissen. Scheppernde Pistolenkugeln hallen im Klackern von Tastaturtasten und während Quellcode den Bildschirm herunterregnet, werden wir daran erinnert, dass der Schauplatz des neuen Jahrhunderts rein virtuell ist, wo ein saftiger Schlag auf die Enter-Taste so gefährlich sein kann wie ein Maschinengewehr. Kenji Kawais klassisch-japanische Chor-Filmmusik mag im ersten Moment recht willkürlich erscheinen, doch sie erzeugt mit ihrer fast gruseligen Minimalistik einen sehr eigenen und doch furchteinflößenden Charme. Obwohl sie auf einem traditionellen Hochzeitsstück basiert, was sicherlich im ersten Augenblick einen seltsamen Schatten auf den Film und seine Thematik wirft, ergibt dieser Umstand mehr und mehr Sinn, je näher sich Motoko und der Puppet Master kommen. Neben allem Fokus auf Artifizielles und Technologisches zieht sich durch den gesamten Film auch ein äußerst physischer Strang Körperhorror, der die Grenzen zwischen Mensch und Maschine noch mehr verschwimmen lässt. Gegen Ende des Films will man gar schmerzvoll aufjammern, während synthetische Muskelsehnen zerreißen. Dieser Moment, der sich vor dem verwitterten Relief eines Familienstammbaums abspielt, frisst sich auf Ewigkeiten ins Gedächtnis.

Mutete der Film zur Zeit seiner Veröffentlichung noch nahezu prophetisch an, ist er mittlerweile fast zur Realität geworden. Der Film zeigt den biologischen Zerfall der Menschheit und im Vordergrund das Leben als virtueller und materieller Hybrid in einem schmerzhaften Kampf ums Überleben. Überragend in seinem fantastischen World-Building und überaus realistisch in seiner Ausführung zeigt *Ghost in the Shell*, wie der wohl ambitionierteste Anime seine unglaublichsten Fantasien hinausträgt und gleichzeitig doch so präsent sein kann.

Gegenüber: Auf Cyborg-Streife. Major Motoko Kusanagi und der muskulöse Sergeant Batou von der Einheit 9.

Oben: Mit seinen Kabeln, die wie Adern aussehen, zeigt *Ghost in the Shell* die Verbindung von Mensch und Technologie auf beunruhigend physische Weise.

JIN-ROH: THE WOLF BRIGADE

人狼

EIN WOLF IN SOLDATENMONTUR

In einer alternativen Geschichte, in der Japan von einem gewaltsamen, totalitären Regime geführt wird, ist Kazuki Fuse ein Mitglied der Anti-Terror-Einheit, die Kerberos-Panzer-Spezialeinheit genannt wird. Nachdem er jedoch einem jungen Rebell begegnet, wird seine Sicht auf die Welt in ihren Grundfesten erschüttert, was ihn dazu veranlasst, sich den Weg durch ein Netz von Intrigen zu bahnen, direkt in das Herz der Regierung.

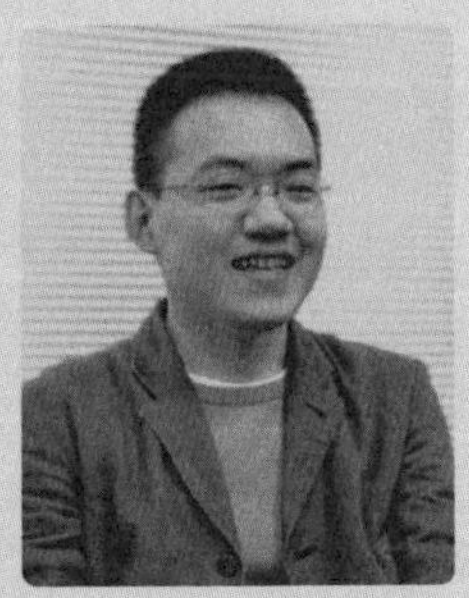

1999

REGIE: HIROYUKI OKIURA

102 MIN.

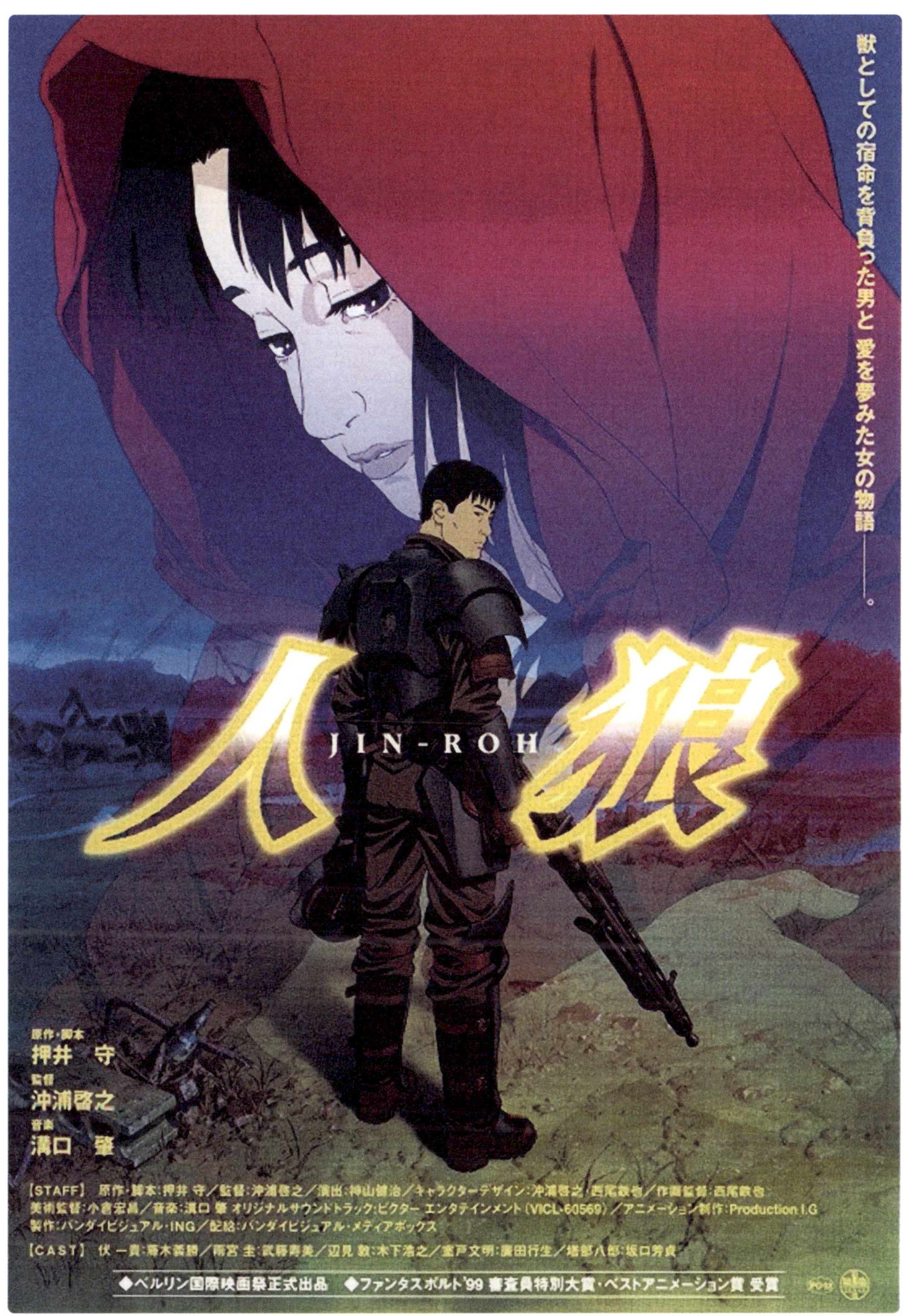
獣としての宿命を背負った男と 愛を夢みた女の物語――。
人狼
JIN-ROH
原作・脚本
押井 守
監督
沖浦啓之
音楽
溝口 肇
【STAFF】 原作・脚本:押井 守／監督:沖浦啓之／演出:神山健治／キャラクターデザイン:沖浦啓之・西尾鉄也／作画監督:西尾鉄也
美術監督:小倉宏昌／音楽:溝口 肇 オリジナルサウンドトラック:ビクター エンタテインメント(VICL-60569)／アニメーション制作:Production I.G
製作:バンダイビジュアル・ING／配給:バンダイビジュアル・メディアボックス
【CAST】 伏 一貴:藤木義勝／雨宮 圭:武藤寿美／辺見 敦:木下浩之／室戸文明:廣田行生／塔部八郎:坂口芳貞
◆ベルリン国際映画祭正式出品 ◆ファンタスポルト'99 審査員特別大賞・ベストアニメーション賞 受賞

Nach *Ghost in the Shell* entschied sich Regisseur Mamoru Oshii dazu, einen Gang runterzuschalten und jungen Talenten den Vortritt zu lassen. 1998 gründete er eine Arbeitsgruppe, die Oshii Juku. Nach einem Gespräch mit Production I.G. Chef Mitsuhisa Ishikawa motivierte er die Arbeitsgruppe dazu, neue originelle Ideen auszuprobieren. Die ersten Früchte ihrer Arbeit wurden im Jahr 2000 veröffentlicht: *Blood: The Last Vampire* und *Jin-Roh*.

Das *Jin-Roh*-Projekt machte nur sehr langsame Fortschritte. Bevor Oshii für *Ghost in the Shell* die Regie übernahm, wurde *Jin-Roh* zunächst als animierte Serie konzeptioniert, die Oshiis *Kerberos*-Manga-Serie und -Realverfilmungen als Vorlage nehmen und von einem Nachkriegsjapan handeln sollte, das von Nazi-Deutschland besetzt war. Nach *Ghost in the Shell* jedoch hatten Bandai Visual und Production I.G. angeregt, dass das Projekt für neue Talente genutzt werden und Oshii das Drehbuch mitverantworten sollte.

Damit betrat Hiroyuki Okiura das erste Mal die Bühne des Regisseur-Geschäfts. Geboren in der Präfektur Osaka im Jahr 1966 schloss Okiura mit 16 die Schule ab und stürzte sich in die Welt der Animationen, was ihn später zu einem bekannten Keyframe-Animator machte. Unter seinen Arbeiten sind klassische Werke wie *Akira*, *Roujin Z* und *Memories*. Bei der Produktion des Films *Mobile Police Patlabor 1: Der Film* entwickelte er außerdem eine enge, wenn auch manchmal sensible Arbeitsbeziehung zu Mamoru Oshii, die sich bei Teil 2 und *Ghost in the Shell* fortsetze, wo er als Charakter-Designer, Layout-Künstler und Animation Supervisor agierte.

Unten: Rote Augen. Jin-Roh ist eine tiefdunkle Reise in eine gewalttätige und moralisch finstere Dystopie.

Gegenüber, oben: Schnell auf 180. Der mysteriöse und gewaltbereite Protagonist von Jin-Roh verliert sich in einer Welt voller politischer Intrigen.

Gegenüber, unten: Den Mond anheulen. Jin-Rohs militärischer Wortschatz und seine Märchenmotive sind voller Wolfsallegorien.

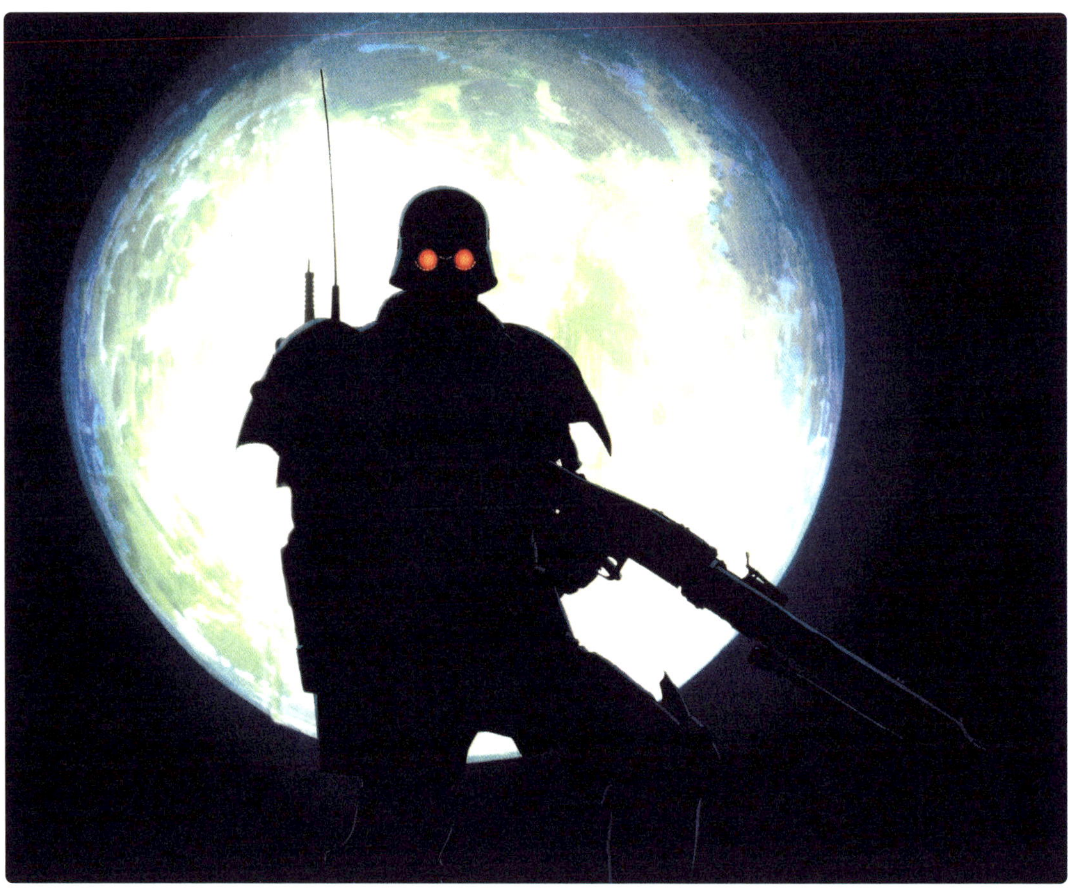

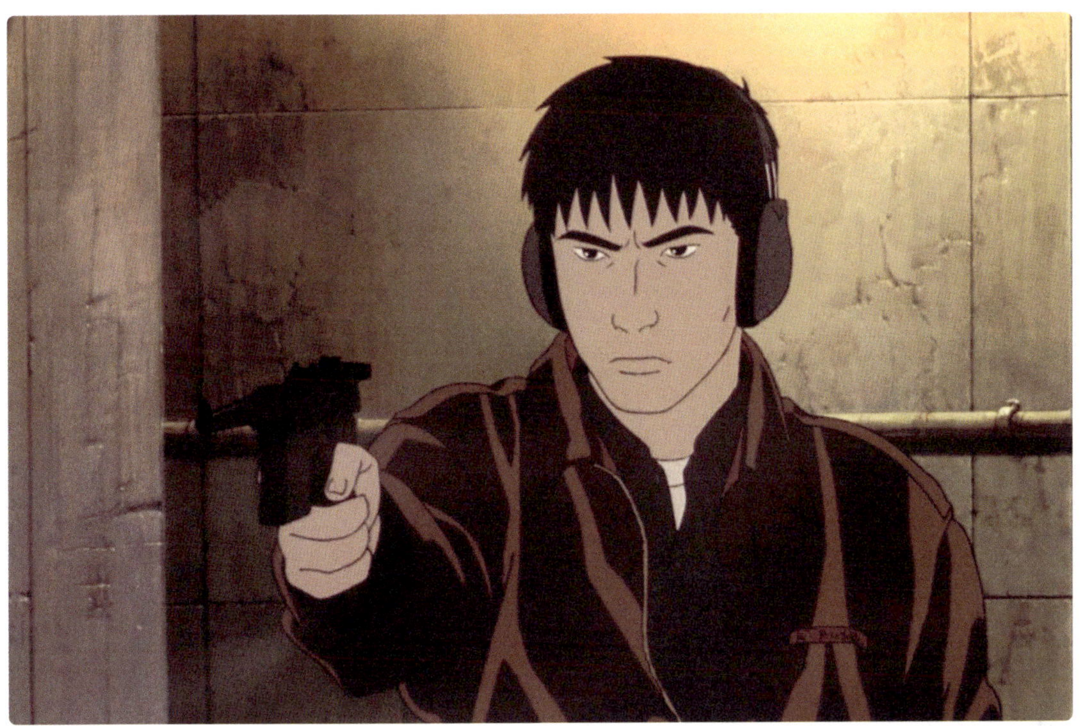

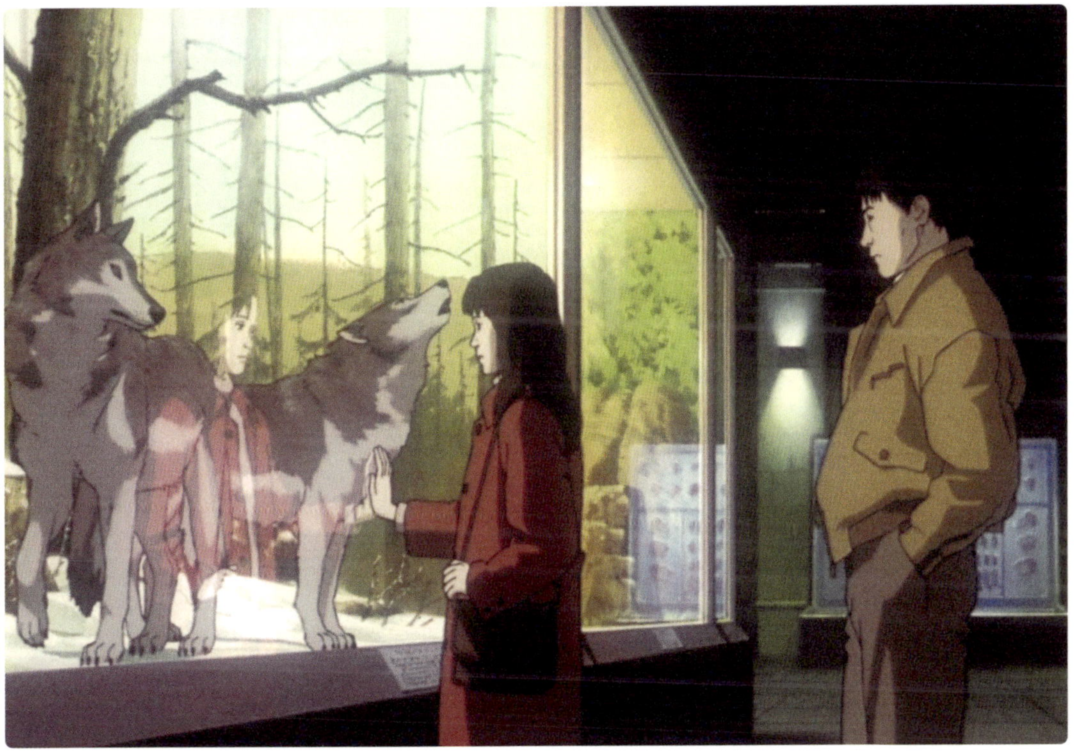

Ähnlich wie *Ghost in the Shell* ist *Jin-Roh* eine eher abstraktere und radikalere Adaption des Originals. Okiura nahm kein Blatt vor den Mund als er zu seinem damaligen Chef ging und mit Nachdruck vorschlug, aus der Story eine Liebesgeschichte zu machen, die im totalitären Regime des *Kerberos*-Universums spielte. Das Resultat war ein bodenständiges, animiertes Drama, das die aalglatte Melancholie eines Film Noirs und die Motive eines politischen Dystopie-Thrillers hatte, gepaart mit sehnsüchtigen Träumen nach Rebellion und frustrierender Aussichtslosigkeit. Passend zu seinem ernsteren Ton feierte *Jin-Roh* 1999 seine Weltpremiere auf den Internationalen Filmfestspielen in Berlin. Kurz darauf folgte ein Release in Frankreich, bis er dann im Juni 2000 in den japanischen Kinos lief.

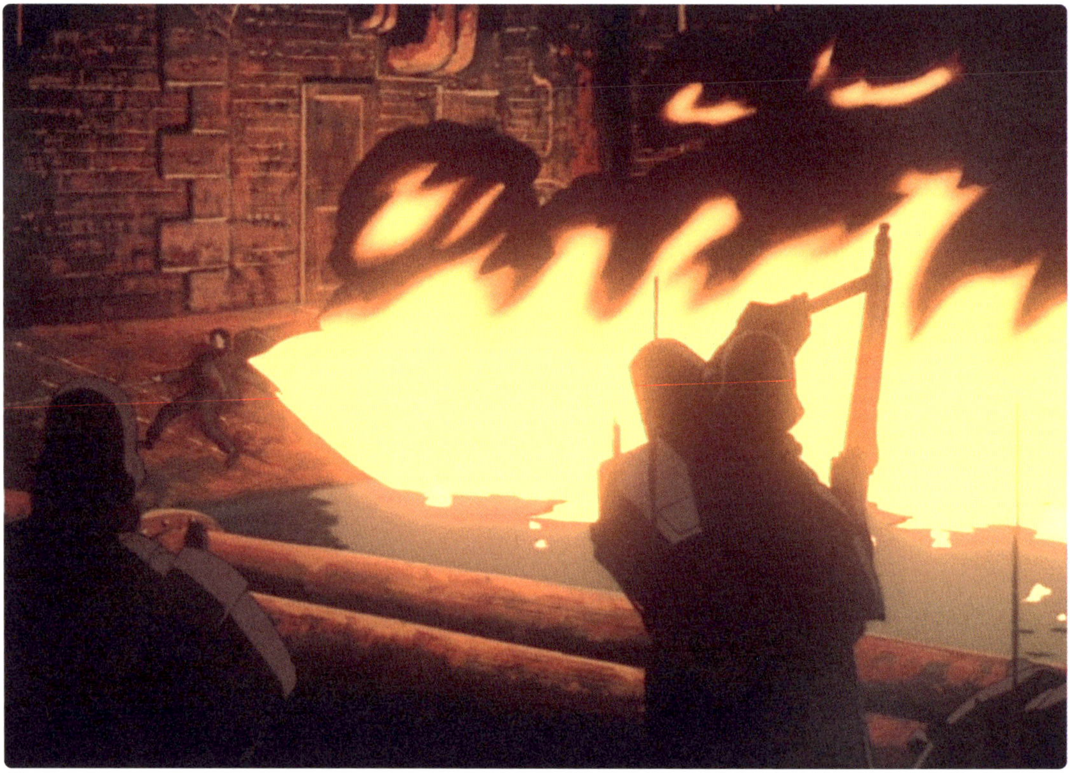

Oben: Ewige Flammen. *Jin-Roh* schöpft aus einer reichen politischen Geschichte des öffentlichen Protests und der militaristischen Unterdrückung.

Gegenüber: *Jin-Rohs* Schauplatz ist eine alternative Geschichte, in der Nachkriegsjapan von Nazi-Deutschland besetzt ist.

EBENFALLS EINEN BLICK WERT

Jin-Roh ist nur eines von Mamoru Oshiis vielen Werken im *Kerberos*-Universum, das sich von Manga über Romane zu Kinofilmen und Radio-Hörspielen erstreckt. Im Bereich Anime weisen *Jin-Rohs* düstere Atmosphäre und das ernste Genre auf Oshiis frühere Werke wie *Patlabor* und *Ghost in the Shell* hin, sowie auf das populäre *Akira* von Katsuhiro Otomo. Wenn einem der Sinn aber nach etwas leiseren Tönen steht, dann sei *Ein Brief an Momo* empfohlen. Eine liebevolle Geschichte über ein junges Mädchen, das mit dem Verlust ihres Vaters zu kämpfen hat und von drei Kobolden Hilfe bekommt.

JIN-ROH - REZENSION

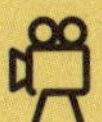

Den ganzen Film über tauchen immer wieder Bilder von Schienen und Kabeln eines Straßenbahn-Systems auf. Derjenige, der mit dieser „Straßenbahn" fährt, ist der nachdenkliche Elite-Soldat Fuse. Er musste mit ansehen, wie sich ein junges Mädchen vor seinen Augen in die Luft gesprengt hat. Gefangen zwischen Pflichtbewusstein, Schuldgefühlen und romantischen Tendenzen zeigt *Jin-Roh*, wie sich Fuse durch das verworrene Netz der Spionage hindurchangelt, während er sich die Frage stellt, ob es für ihn einen Weg zurück geben kann. Der Film beginnt mit einer verwaschenen Diashow und einem autoritären Voiceover. Es ist ein alternatives Geschichtssetting, in dem die Achsenmächte den Krieg gewonnen haben, was u. a. zur Gründung der Militäreinheit geführt hat, bei der Fuse nun seinen Dienst tut. Mit schwarzen Helmen, klobigen Rüstungen und Masken mit eindringlichen roten Augen, sowie einem unbegrenzten Vorrat an riesigen Waffen und Muniton (der Film hat sogar ein eigenes Waffendesign, das von Kazuchika Kise stammt), stellen die Soldaten eine erschreckende Vision einer Schutztruppe dar. Fuse selbst ist ein schwer zu fassender Charakter, dessen versteinertes Gesicht sowohl auf unverarbeiteten Schmerz als auch auf absolut rücksichtsloses Vorgehen schließen lässt. Der Film wechselt zwischen seinem privaten und beruflichen Auftreten hin und her und überlässt es dem Zuschauer zu entscheiden, ob die rotäugige, gepanzerte Maske wirklich nur eine Maskerade ist.

Wie schon bei *Ghost in the Shell* sind die lebhaften Explosionen nicht der Hauptaufhänger des Films. *Jin-Roh* setzt sowohl auf Atmosphäre als auch auf Action. Der Film hat ein vages, undurchsichtiges und verregnetes Setting, über dem das sanfte Schimmern liegt, das von den Gesichtern der Charaktere ausgeht. Einerseits behaglich, andererseits aber auch recht gespenstisch. Als Fuse auf Kei Amemiya trifft, eine Frau in einem roten Mantel, die sich selbst als die Schwester der jungen Selbstmordattentäterin vorstellt, ist sie für ihn so etwas wie ein zarter Lichtschimmer in der von Krieg überzogenen Dunkelheit. Jedoch könnte sie ebenfalls – wie jeder Charakter in *Jin-Roh* – lediglich eine raffinierte Maske tragen. So wie Fuse entweder ein einfühlsamer, vom Kampf gezeichneter Krieger oder ein blutrünstiger Wolf sein kann, könnte Kei sich als blutrote Femme fatale herausstellen – oder eben als Rotkäppchen.

Wie bereits in *Ghost in the Shell* gibt es auch in *Jin Roh* neben recht blanglosen bürokratischen Dialogen wirklich große Enthüllungen, die allerdings so unterschwellig präsentiert werden, dass man sie beim ersten Mal gar nicht richtig wahrnimmt. Aber gerade diese Momente sind es, die diesen Film und sein Umfeld so stark machen. Er ist gewaltig und fesselnd, sowohl visuell als auch auf psychologischer Ebene und lässt den Zuschauer auf eine Abkehr von jenem Pfad hoffen, der unweigerlich ins Desaster führen muss. Der Film bietet politischen Nervenkitzel neben schön gemachter Action, aber hier ist eine Warnung angebracht: Der düstere *Jin-Roh* ist alles andere als ein Märchen.

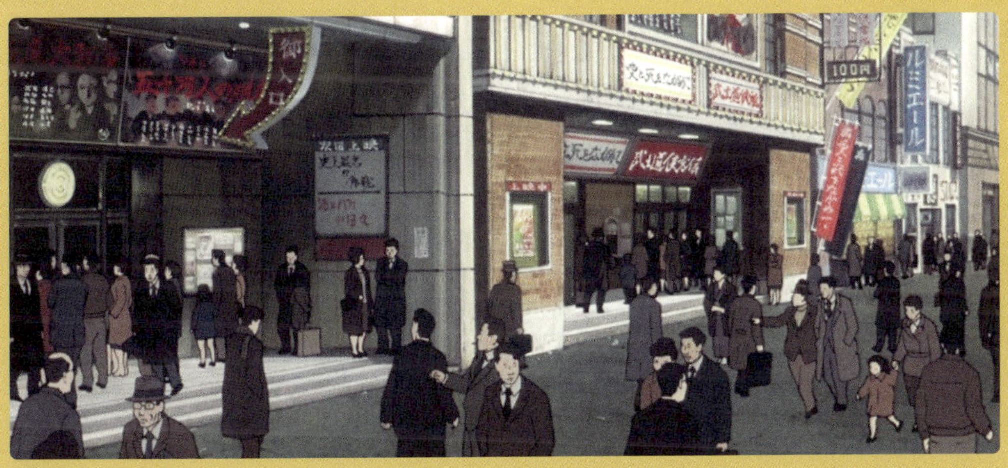

ROBOTIC ANGEL
(METOROPORISU)

メトロポリス

UM EINE LANGE GESCHICHTE KURZ ZU MACHEN

Adaptiert von Osamu Tezukas Manga, der seinerseits wiederum lose von Fritz Langs Science-Fiction-Film aus dem Jahr 1927 inspiriert wurde, folgt dieses futuristische Abenteuer einem Privatdetektiv und dessen Neffen in die dystopischen Tiefen der vielschichtigen Stadt Metropolis.

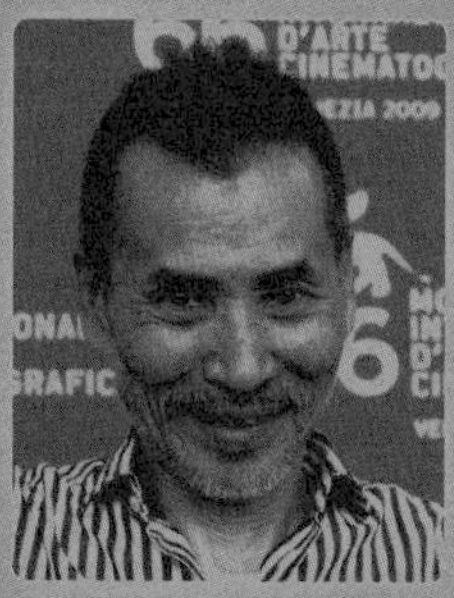

2001

REGIE: RINTARO

113 MIN.

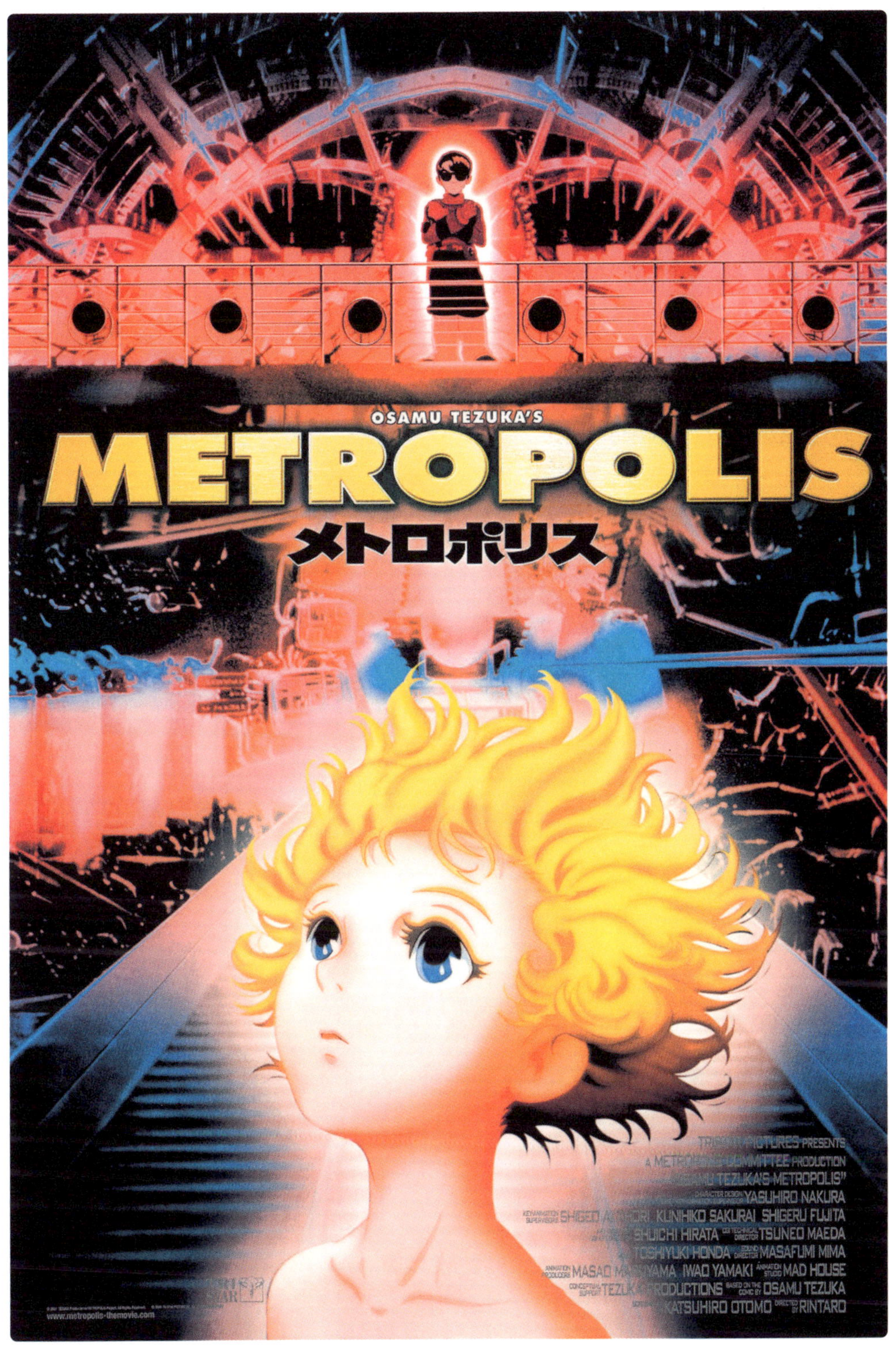
OSAMU TEZUKA'S
METROPOLIS
メトロポリス
PICTURES PRESENTS
COMMITTEE PRODUCTION
TEZUKA'S METROPOLIS"
CHARACTER DESIGN YASUHIRO NAKURA
KUNIHIKO SAKURAI SHIGERU FUJITA
SHUICHI HIRATA TSUNEO MAEDA
TOSHIYUKI HONDA SOUND DIRECTOR MASAFUMI MIMA
IWAO YAMAKI ANIMATION STUDIO MAD HOUSE
PRODUCTIONS BASED ON THE COMIC BY OSAMU TEZUKA
KATSUHIRO OTOMO DIRECTED BY RINTARO
www.metropolis-themovie.com

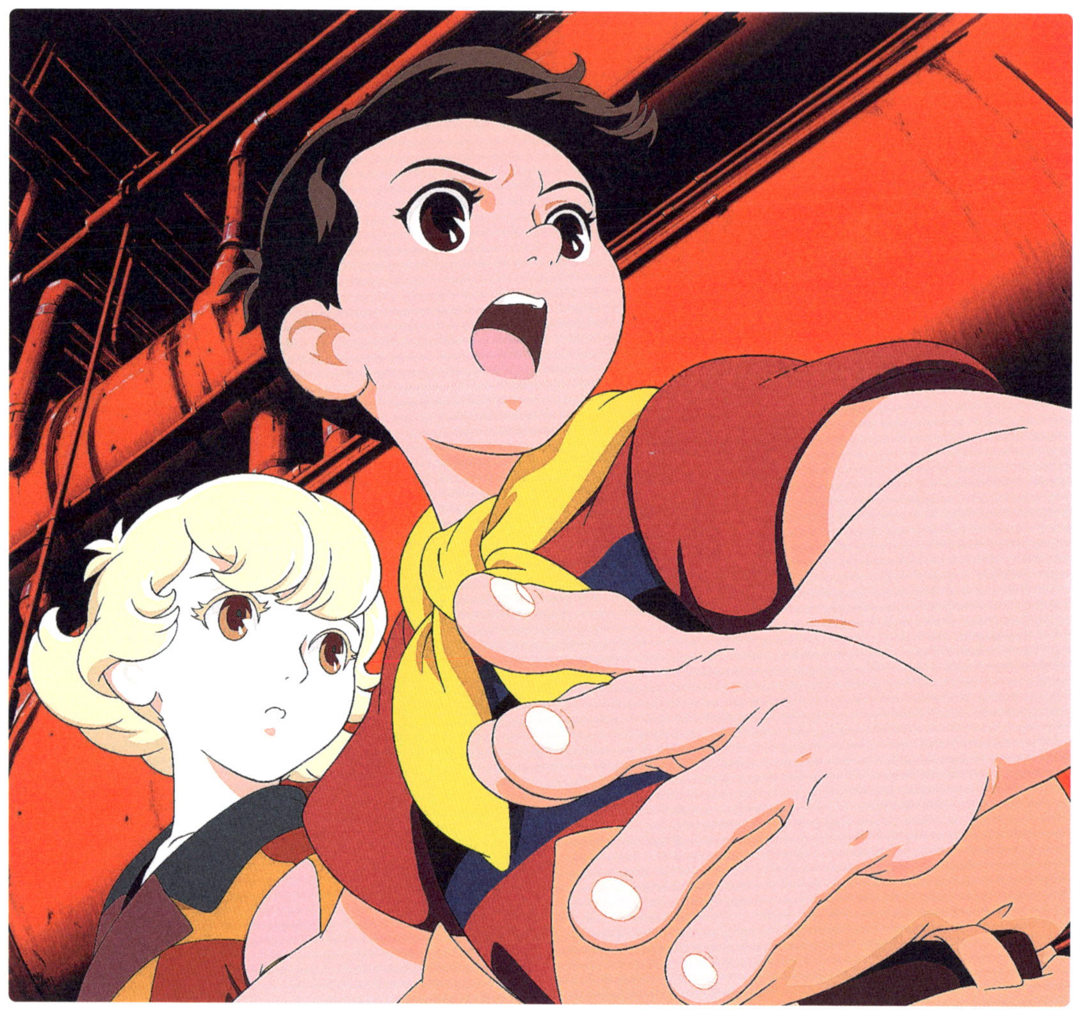

Der Einfluss des visionären Stummfilm-Meisterwerks von Fritz Lang auf die Welt des SciFi-Filmuniversums ist immens. Als Osamu Tezuka seine Mangaserie zwei Jahrzehnte später erschuf, verriet er, dass er nur ein einziges Standbild des Films gesehen hatte. Was für ihn aber ausreichte, um eine originelle Geschichte voller Konflikte und Intrigen in einer technologisch fortgeschrittenen, retro-futuristischen Stadt im Jahr 19XX zu schreiben. Wie schon Fritz Langs Film hatte dann auch Tezukas Werk großen Einfluss auf zukünftige Generationen von Künstlern, was die Manga- und Animeproduktion auf Jahrzehnte hinaus prägen sollte.

Diese Filmadaption von Tezukas Manga aus dem Jahre 2001 beginnt mit einem Zitat von Jules Michelet (dessen Werke zudem auch *Belladonna* inspirierten): „Jede Epoche träumt von der nächsten." Dieses Zitat nuanciert die zentralen Themen der Geschichte des Films, Erfindungsreichtum, Innovation und radikalen sozialen Umbruch, beschreibt aber auch, wie dieser Film an einem Scheideweg zwischen Vergangenheit, Gegenwart und Zukunft des Anime steht. *Robotic Angel* ist eine generationsübergreifende Zusammenarbeit zweier unglaublicher Talente: Regisseur Rintaro, dessen Arbeit den Anime in den 1960ern und 1970ern revolutionierte sowie Drehbuchautor Katsuhiro Otomo, dessen Manga bzw. Film *Akira* das Regelbuch der 1980er quasi in Stücke riss. Die beiden taten sich zusammen, um ein spektakuläres Werk zu generieren und Tezuka und sein Schaffen zu ehren. Dabei nutzten sie die Möglichkeiten der neuesten digitalen Animationskunst. In einem Interview mit *Science Fiction Weekly* zum Zeitpunkt der Veröffentlichung sagte Rintaro, dass sie sich zum Ziel gesetzt hatten, den Geist Tezukas einzufangen.

Rintaro kannte diesen Geist sehr gut. Geboren im Jahr 1941 begann er bereits als Teenager seine Reise in der aufstrebenden Animations-Branche Japans. Dabei arbeitete er für Toei

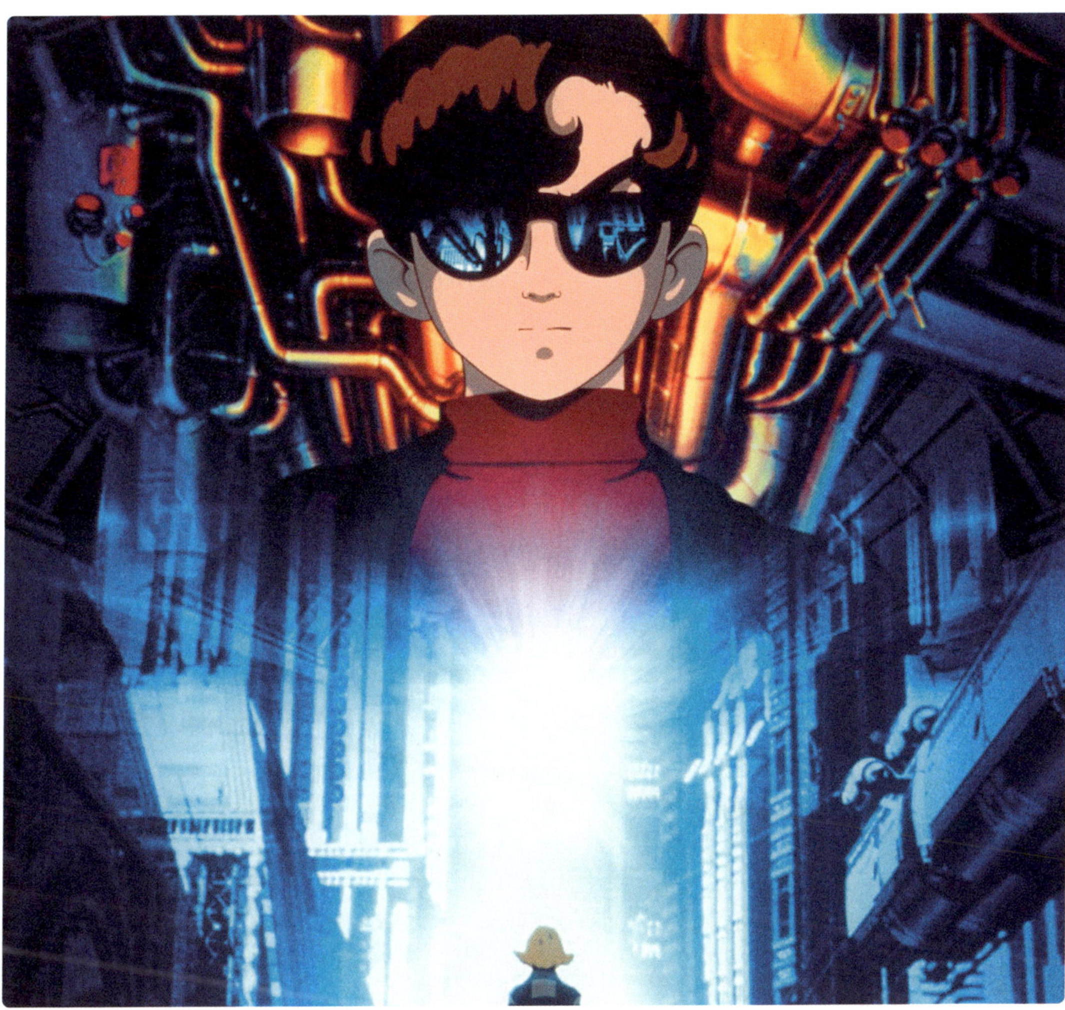

Animation an deren frühen Hit-Filmen, bevor er zu Tezukas Mushi Productions wechselte und beim Hit-TV-Projekt *Astro Boy* und *Kimba, der weiße Löwe* beteiligt war. Später sollte er Teil von noch viel größeren Erfolgsprojekten werden, wie die grandiosen Weltall-Opern *Galaxy Express 999* und *Die Abenteuer des fantastischen Weltraumpiraten Captain Harlock* (beide adaptiert von den Mangaserien von Leiji Matsumoto) und außerdem in den 1980ern an der Seite Otomos die ersten Vorstöße in den Anime machen. Zu diesen Filmen zählen u. a. *Harmagedon* und der Anthologie-Film *Manie Manie*, was man wohl als den Schlüsselmoment bezeichnen darf, der die beiden zur Zusammenarbeit bei *Robotic Angel* bewegte. Diese beiden Veteranen wurden unterstützt von einem hervorragenden Team aus Animatoren, von denen sich einige bereits als gute Regisseure bewiesen hatten. Darunter beispielsweise Yoshiaki Kawajiri (*Ninja Scroll*) und Hiroyuki Okiura (*Jin-Roh*).

Laut Rintaro war es nie Tezukas Absicht, eines seiner Frühwerke zu adaptieren (*Robotic Angel* wurde veröffentlicht, als der Künstler gerade mal 20 Jahre alt war), aber der Regisseur hegte bereits seit Langem den Wunsch, dieses Werk auf die Leinwand zu bringen. Er sagte außerdem, dass Fritz Langs Film einer seiner absoluten Lieblingsfilme sei, was einige Aspekte erklären würde, die nicht im Manga zu finden sind, wie z. B. einen Wolkenkratzer im Zentrum, der bedrohlich über der Stadt aufragt – ganz so wie Fritz Langs „Neuer Turm Babel".

Diese unterstreichen die dystopischen Motive des Films wie z. B. den Klassenkonflikt und ethische Fragen bezüglich

Gegenüber: Wie schon *A.I. – Künstliche Intelligenz* (ebenfalls 2001 veröffentlicht) bringt *Robotic Angel* jede Menge Stoff für post-humane Debatten ins Kino des neuen Jahrtausends.

Oben: Rockstar. Der Antagonist des Films *Robotic Angel*, Rock, Kopf der Anti-Roboter-Organisation, schmückt das internationale Poster.

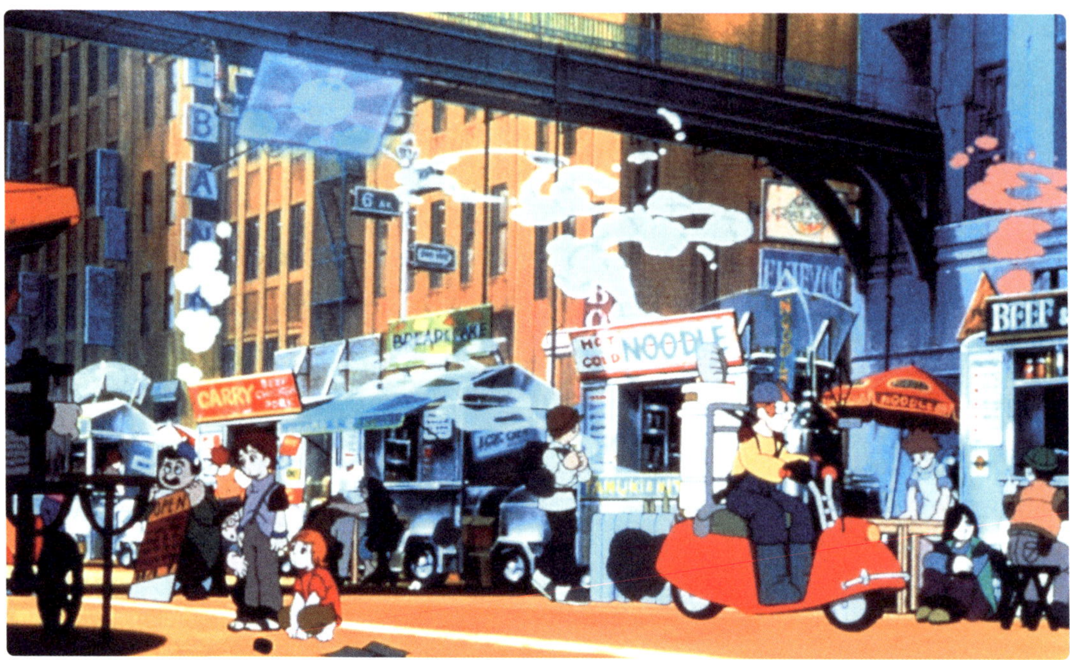

Robotern und ihrem freien Willen, während sie außerdem unweigerlich dazu einladen, Vergleiche anzustellen, Unweigerlich deshalb, weil Rintaro erwähnte, dass Fritz Langs Film einer seiner Lieblingsfilme ist und die Skyline von *Metropolis* sozusagen der Großvater des Stadtbildes von Neo-Tokyo ist, das Otomo für *Akira* erschuf.

Als *Robotic Angel* im Mai 2001 in Japan erschien, kam zeitgleich ein thematisch ganz ähnlich gelagerter Film von Steven Spielberg in die Kinos: *A.I. – Künstliche Intelligenz*. Beide Filme wurden dann aber von einem unerwarteten Blockbuster von Hayao Miyazaki in den Schatten gestellt: *Chihiros Reise ins Zauberland*.

Die englischsprachige Veröffentlichung von *Robotic Angel* folgte im darauffolgenden Frühjahr 2002 und wurde von Regisseur James Cameron wärmstens empfohlen: „*Robotic Angel* ist ein neuer Meilenstein des japanischen Animationsfilms. Eine spektakuläre Verschmelzung von computergenerierten Hintergründen sowie traditioneller Charakteranimation. Er verbindet Kraft, Schönheit, Mystery und vor allem Herz. Die Bilder dieses Films werden für immer im Kopf bleiben. Meine Glückwünsche an Rintaro-san für dieses Meisterwerk."

Oben: Rintaros Version von *Metropolis* aktualisiert Tezukas Vision, die auf dem geschäftigen Treiben im Manhattan der Zwischenkriegszeit basierte.

Gegenüber links: Timas Gesichtszüge erinnern an Osamu Tezukas bahnbrechende Charakterdesigns.

EBENFALLS EINEN BLICK WERT

Da es sich bei *Robotic Angel* um ein Crossover diverser visionärer Filmemacher handelt, nämlich Fritz Lang, Osamu Tezuka, Rintaro und Katsuhiro Otomo, sollte es ein Leichtes sein, weitere Filme und Serien zu finden, die davon beeinflusst wurden. Tezuka hat Aspekte seiner *Robotic Angel*-Mangaserie weiterentwickelt und in dem absoluten Blockbuster *Astro Boy* verwendet – was seinen Durchbruch sowohl im Manga als auch auf der Leinwand markiert. Dieser fiel in die Anfangszeit des Anime-Wunderkinds Rintaro, bevor er mit *Galaxy Express 999* und *Captain Harlock* in Leiji Matsumotos kreatives Universum wechselte. Zum Steampunk-Style von *Robotic Angel* trug Otomo seinen eigenen Teil bei und zwar in Form seines späteren Films *Steamboy*, wobei Hayao Miyazakis episches SciFi-Abenteuer *Mirai Shonen Conan* schwer zu schlagen sein dürfte.

ROBOTIC ANGEL - REZENSION

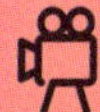

Man sollte sich von den unschuldigen Augen nicht täuschen lassen. Hinter der Fassade der blank polierten Gesichter der Einwohner von Metropolis verbirgt sich etwas sehr Düsteres. Das ist keineswegs die Stadt, die wir von Superman kennen. Das ist ein schmutziger, faschistischer und gewalttätiger Ort, wo schimmernde Wolkenkratzer hoch und noch höher ragen, gleichsam so, als versuchten sie all dem zu entkommen, was unter ihnen begraben liegt.

Die Geschichte beginnt mit den Feierlichkeiten zur Fertigstellung des Ziggurats, eines riesigen, stählernen, vielstöckigen Symbols des Reichtums, das um ein verborgenes waffenstarrendes Skelett errichtet wurde. Es ist das glänzende Zentrum einer außergewöhnlichen Stadt voller Feuerwerk, fantastischer Luftschiffe, makelloser Gehwege und farbenfroher Gebäude – und doch ist alles nur Schau. Unter der Fassade steckt ein verfaulter Kern: Tief verborgen im Untergrund leben die Armen und Entrechteten, nachdem sie von den glänzenden Straßen über ihnen hinweggefegt wurden. Und noch weiter unten befindet sich der sogenannte „Darm" – das Kanalsystem, in dem nur die wertlosesten Einwohner leben – die Roboter.

Durch diese Schichten von Reichtum, Überfluss, Klassendenken und Unterdrückung wandern der reizend zynische Detektiv Shunsaku und sein Neffe Ken'ichi. Die beiden geraten in einen Storyplot, der sich aus Anti-Roboter-Revolutionären, Kriegsrecht, Massenvernichtungswaffen und schließlich Tima zusammensetzt, einem sehr mächtigen Roboter mit menschlichem Erscheinungsbild, der nach der verstorbenen Tochter des niederträchtigen Duke Red modelliert wurde. Die Handlung des Films ist recht vielschichtig, bisweilen allerdings etwas monoton, was aber durch die augenzwinkernden Parts der Selbsterkenntnis des Roboters wettgemacht wird. Der faszinierendste Teil des Films ist der Wechsel des Stadtbildes, je weiter die Charaktere in die Tiefe der Metropole abtauchen. Begleitet werden sie dabei von schwülstiger Jazz-Musik, von Mantelträgern, die in den Gassen umherwandern, Pariser Metro-Zugängen und Bars mit Neonschildern. Überall ist es staubig und Spinnennetze hängen an den Wänden. Die zahlreichen Poster sind längst verblasst und teils abgerissen. Große Teile der Stadt wurden einfach dem Verfall preisgegeben – inklusive ihrer Einwohner. Die Welt da oben hat nichts getan, um die Welt, auf der sie erbaut wurde, zu unterstützen oder sie gar zu entwickeln. Stattdessen soll sie unter ihr begraben werden.

Tima stellt so etwas wie einen Scheideweg für Metropolis dar. Ihre hochmoderne Technologie ist einerseits das Sinnbild für die Vereinigung zwischen Mensch und Roboter, sie besitzt aber andererseits auch die Macht, die gesamte Stadt zu vernichten. Tima ist der einzige nicht-männliche Charakter in der Geschichte, sie wird aber stets von Männern dieseits und jenseits des revolutionären Spektrums kontrolliert. Nach und nach entwickelt sie jedoch ihren eigenen Willen. Und sie ist es, die die Zukunft von Metropolis entscheidet. Nicht durch den Sieg einer Fraktion über die andere, sondern indem sie das ganze Konstrukt hinwegfegt und von Grund auf neu errichtet.

Als Anime ist dieser Film absolut beachtlich, und auch wenn das Mystery-Thema kein ausschlaggebender Punkt des Films ist, lädt dieser herrlich unheimliche Ort durchaus zu diversen Stippvisiten ein.

Unten rechts: Klassen-Mechanismen. Die schmutzigen Tiefen von Metropolis enthüllen die dunklen und dystopischen Fundamente der sonst so glänzenden Stadt.

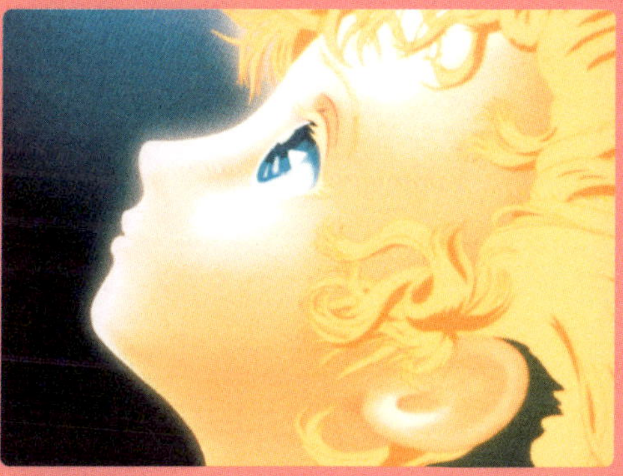

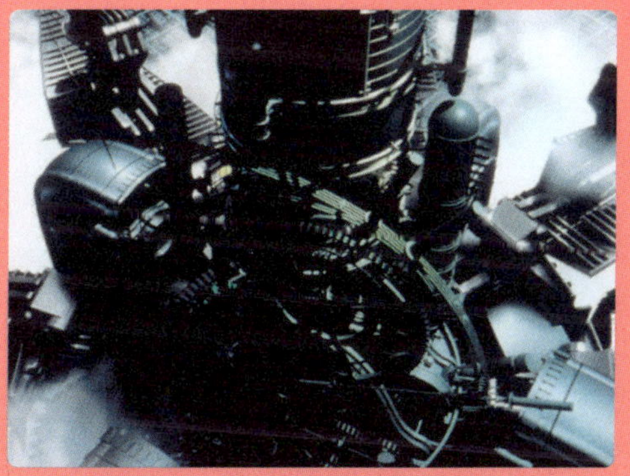

MILLENNIUM ACTRESS (SEN'NEN JOYUU)

千年女優

DER SCHLÜSSEL ZU ALLEM, WAS KINO IST

Einer TV-Crew bietet sich die Chance auf ein Interview mit einer öffentlichkeitsscheuen Schauspielerin, was zu einer Reise durch Jahrzehnte der Filmhistorie führt. Während sie über ihr Leben und ihre Karriere sinniert, beginnen die Grenzen zwischen Realität und Fiktion immer mehr zu verschwimmen.

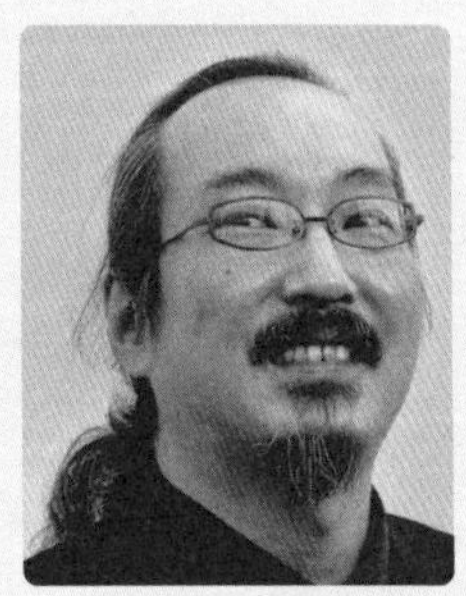

2001

REGIE: SATOSHI KON

87 MIN.

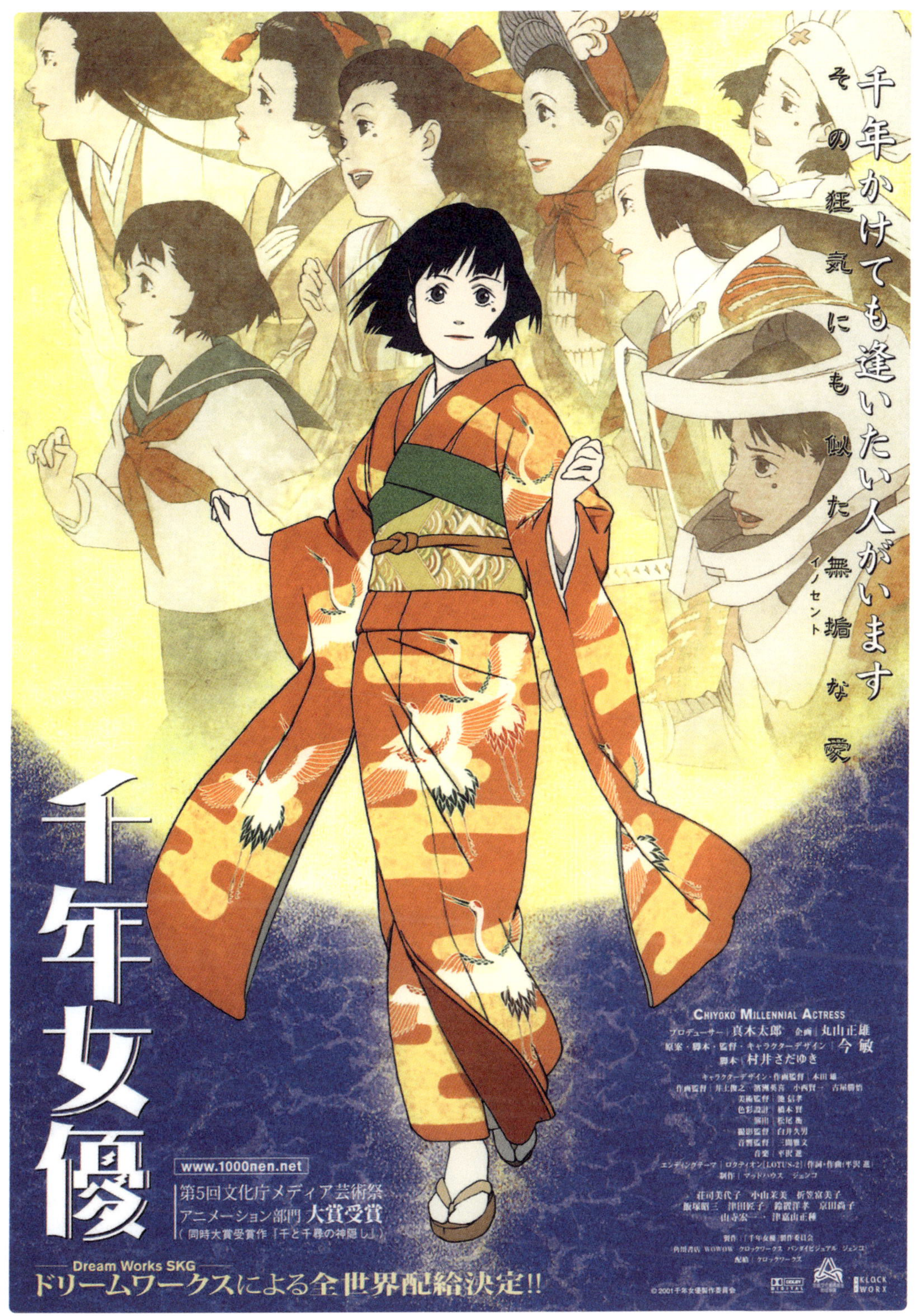
千年かけても逢いたい人がいます
その狂気にも似た無垢な愛
イノセント
千年女優
www.1000nen.net
第5回文化庁メディア芸術祭
アニメーション部門 大賞受賞
（同時大賞受賞作『千と千尋の神隠し』）
Dream Works SKG
ドリームワークスによる全世界配給決定!!
Chiyoko Millennial Actress
プロデューサー｜真木太郎 企画｜丸山正雄
原案・脚本・監督・キャラクターデザイン｜今 敏
脚本｜村井さだゆき
エンディングテーマ｜ロクティオン［LOTUS-2］
KLOCK WORX

Wenn wir für einen talentierten japanischen Filmemacher Partei ergreifen und ihn auf eine Stufe mit den größten Kinoregisseuren der Welt stellen müssten, würden wir uns wohl für Satoshi Kon entscheiden. Sein Leben endete tragischerweise bereits vorzeitig im jungen Alter von 46 Jahren, doch diese Zeit reichte ihm aus, um einige innovative und einflussreiche Werke zu erschaffen, die im Bereich Anime und Film wohl einzigartig sind.

Geboren im Jahr 1963 war Satoshi Kon wie viele andere Filmemacher, die wir in diesem Buch vorstellen, mit Anime aufgewachsen. Er verbrachte seine Kindheit und Jugend in Sapporo, im tiefen Norden Japans, und träumte davon, Animator zu werden, spätestens nachdem er populäre TV-Serien wie *Heidi* und *Mirai Shonen Conan* von Hayao Miyazaki und Isao Takahata, sowie *Mobile Suit Gundam* und *Star Blazers* gesehen hatte. Er las außerdem gerne Manga und erweiterte mit den Werken von z. B. Katsuhiro Otomo (*Das Selbstmordparadies*) kontinuierlich seinen Horizont.

Er studierte Kunst an der Tokioter Musashino-Universität, wo er auch damit begann, seine ersten Manga-Geschichten zu zeichnen. Eines seiner Werke kam auf den zweiten Platz in einem Wettbewerb des Young Magazine, und etwa zu diesem Zeitpunkt traf Kon das erste Mal auf Otomo. Kon arbeitete später mit Otomo an dessen Langzeit-Mangaprojekt *Akira*, zeichnete kurze Manga, die mittlerweile unter dem Titel *Dream Fossil* übersetzt wurden, bevor er 1990 mit *Kaikisen: Zurück ins Meer* seine erste eigene Serie schuf.

Die Zusammenarbeit mit Otomo ebnete Kon 1991 letztendlich den Weg in die Film- und Anime-Branche mit gleich zwei Projekten: der Realverfilmung *World Apartment Horror*, bei der Otomo als Regisseur und Kon als Drehbuchautor fungierten, und der Anime *Roujin Z*, geschrieben von Otomo, bei dem Kon die Rolle des Keyframe-Animators übernahm. Danach arbeitete Kon mit einem anderen Anime-Visionär zusammen, nämlich mit Mamoru Oshii, und zwar an *Mobile Police Patlabor 2: Der Film* (1993). In der Anthologie *Memories* von Otomo (1995) hatte er dann bei dem Kurzfilm *Magnetic Rose* mehr kreative Freiheiten als jemals zuvor. Im Nachhinein betrachtet bildete *Magnetic Rose* letztendlich das Fundament für Kons typischen Stil – und alles, was ihm jetzt noch fehlte, war ein eigenes Regie-Projekt. Diese Chance bekam er, als Otomo Madhouse vorschlug, dass Kon doch die Adaption der Light Novel *Perfect Blue* von Yoshikazu Takeuchi übernehmen sollte. Kon nutzte die Möglichkeit, die sich ihm bot, schrieb das Drehbuch mit Ko-Autor Sadayuki Murai um und brachte den Film trotz Budget-Kürzungen und einer direkten Heimvideo-Veröffentlichung schließlich auf die große Leinwand. Kon musste dafür hunderte Szenen aus seinem Storyboard entfernen und andere Szenen auf das Nötigste zusammenschneiden, um Zeit zu sparen. Daraus entstand ein fragmentarisches, nicht lineares Storytelling, das wunderbar zu einem Film passt, der die Geschichte einer populären Schauspielerin erzählt, die durch die schamlose Ausnutzung junger Talente durch die Filmbranche und in den Schatten lauernden Stalkern an den Rand des Wahnsinns getrieben wird.

Perfect Blue wurde zum Kultfilm und kam bei den Internationalen Filmfestspielen gut an, was Kon dazu ermutigte, weitere Projekte als Regisseur anzustreben. Eine Adaption von Yasutaka Tsutsuis *Paprika* stand zur Disposition, wurde aber bis 2006 nie umgesetzt. Stattdessen lockte ihn der Produzent Taro Maki mit einer kreativen Herausforderung. Maki erinnerte die fragmentarische Struktur von *Perfect Blue* an einen *trompe l'oeil* Film, also an einen Kunststil, der wortwörtlich „täusche das Auge" bedeutet und beispielsweise bei 2D-Bildern auftritt, die aber aussehen, als wären sie tatsächlich in 3D. Er bat Kon diesen Stil konsequent fortzuführen und die Grenzen zwischen Fantasie und Realität weiter verschwimmen zu lassen.

Nach reichlicher Überlegung fiel Kons Wahl schließlich auf *Millennium Actress*, ein Projekt, das er als das positive und komplementäre Gegenteil zum dunklen, verstörenden *Perfect Blue* betrachtete. „*Perfect Blue* und *Millennium Actress* sind zwei Seiten derselben Medaille", erklärte er *Midnight Eye*. „Als ich anfing, an *Millennium Actress* zu arbeiten, hatte ich die Absicht, die beiden Filme durch die Darstellung der Beziehung zwischen Idol und Bewunderer, zu so etwas wie Schwestern zu machen." Statt der Welt der Pop-Musik sollte nun die Welt des Kinos in den Fokus rücken, indem Kon das Leben und Werk eines klassischen Filmstars auf dem Weg durch die japanische Film-Historie schilderte.

Kon war ein ausgesprochener Filmfan. In seinem Blog postete er eine Liste mit 50 Filmen, die ihn inspiriert haben. Kurz darauf folgte ein zweiter Post mit weiteren 50 Filmen … und zuletzt ein Post mit einer weiteren Auswahl von „Filmen, die nicht auf die Liste passten". Zusammengenommen enthielten diese Listen Klassiker von Alfred Hitchcock, Billy Wilder und John Ford, sowie Meilensteine wie *Star Wars*, *Aliens*, *Blade Runner* und *Sieben*, sowie einige ungewöhnliche Titel wie Tim Burtons *Mars Attacks!*, Harold Ramis' *Und täglich grüßt das Murmeltier*, George Roy Hills Adaption von Kurt Vonneguts *Schlachthof 5* und die Filme von Terry Gilliam.

Millennium Actress jedoch war eine Hommage an den japanischen Film mit direkten und indirekten Referenzen, wie z. B. auf Akira Kurosawas *Das Schloss im Spinnwebwald* und auf Schauspielerinnen wie Setsuko Hara, ein Star,

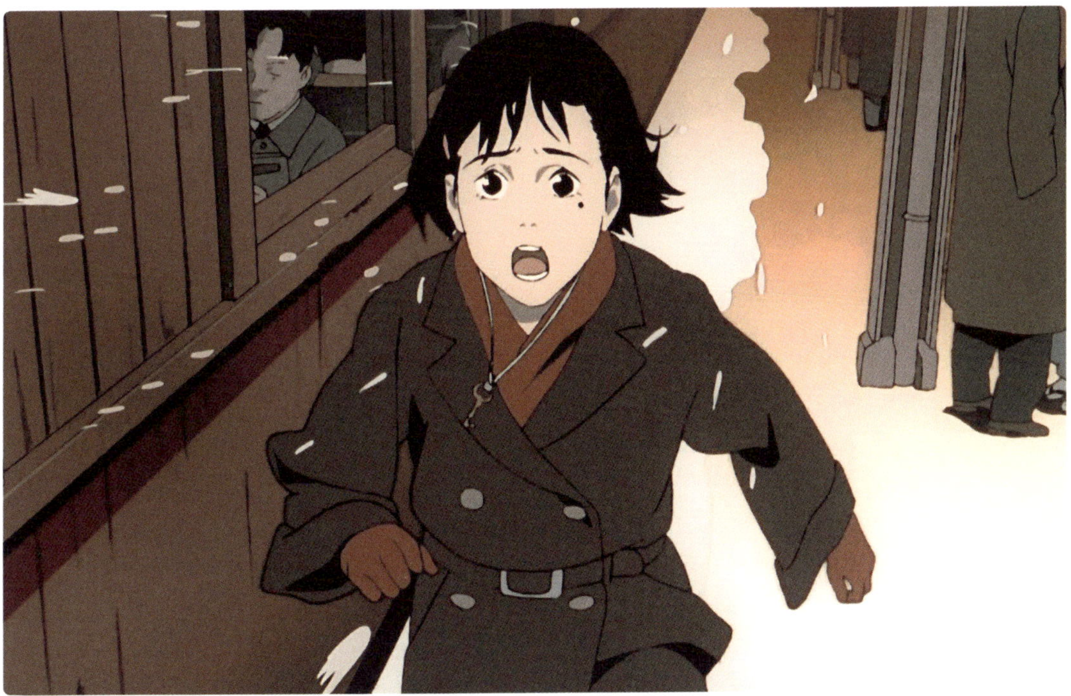

Oben: Als Regisseur hatte sich Satoshi Kon einen einzigartigen und unnachahmlichen Animationsstil auf die Fahne geschrieben.

die häufig in Yasujiro Ozus Dramen auftrat und die sich – wie auch der Charakter in *Millennium Actress* –, aus der Fimbranche zurückzog und für viele Jahre ein Leben als Einsiedlerin führte.

Der Film hatte im Juli 2001 auf den Fantasia Filmfestspielen in Kanada Premiere und kam, wie zuvor auch *Perfect Blue*, auf der internationalen Bühne gut an. In Japan hingegen war der Film kein großer Hit, gewann dafür aber auf den Mainchini-Awards den Ofuji-Noburo-Preis, der sowohl die Qualität der Animation auszeichnet als auch Filme mit einem innovativen und unabhängigen Flair.

Produzent Masao Murayama, der Chef von Madhouse und einer von Kons leidenschaftlichsten Unterstützern (bis hin zu seinem finalen, unvollendeten Projekt *Dreaming Machine*), gab 2017 auf der „Scotland Loves Anime" in einem Q&A-Panel zu Protokoll: „Ich sagte zu Satoshi Kon: ‚Ich mag dich. Ich mag deine Arbeit. Es steckt etwas ganz Großes darin, aber der Mainstream kann das nicht erkennen.'" Zu Lebzeiten mag Satoshi Kon vielleicht nie einen echten Blockbuster gelandet oder eine ähnlich hohe Anerkennung wie seine Mentoren Katsuhiro Otomo oder Mamoru Oshii genossen haben, aber seine Genialität erstrahlt weit über seinen Tod hinaus.

EBENFALLS EINEN BLICK WERT

Kein anderes Kapitel in diesem Buch brachte uns bezüglich unserer eigenen Regel „Nur ein Film pro Regisseur" so in Bedrängnis wie das über Satoshi Kon. So ziemlich jeder seiner Filme ist es wert, gesehen zu werden, egal ob es nun das Pop-Star-Psychodrama *Perfect Blue*, die komische Weihnachts-Eskapade *Tokyo Godfathers* oder natürlich der SciFi-Thriller *Paprika* ist. Seine Mini-TV-Serie *Paranoia Agent*, die im Grunde eine animierte Ansammlung anthropologischer Studien über Angst und soziale Unsicherheit ist, wäre genauso anzumerken wie sein unvollendeter Manga *Opus*, der, wie bereits *Millennium Actress*, die Verbindung zwischen Kunst und Künstler in eine wahre Achterbahnfahrt verwandelt.

MILLENIUM ACTRESS – REZENSION

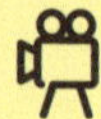

Jedem, der noch keinen Film von Satoshi Kon gesehen hat, können wir sie nur wärmstens ans Herz legen, obwohl – oder gerade weil – sie unglaublich schnell, lebendig und überraschend sind und unseren Verstand an jeder Ecke erneut auf die Probe stellen. Seine Charaktere, Locations und sogar die gesamte Erzählform können sich von jetzt auf gleich verändern, während Persönlichkeiten, Träume und Erinnerungen in sich zusammenfallen und auf der Leinwand transformieren, was für eine treibende, fesselnde, fast perfekte Filmerfahrung sorgt. Leider ist die Liste der Filme Kons viel zu kurz.

Sein erster Film, *Perfect Blue*, erforscht die destruktive Natur von Ruhm und Starkult anhand der Geschichte einer Pop-Ikone, die sich der Schauspielerei zuwendet. Als sie das Opfer eines Stalkers wird, kollidieren ihr Privat- und Berufsleben auf fatale Weise.

Zeugnis einer an Besessenheit grenzenden toxischen Kultur, die Berühmtheiten auf Schritt und Tritt verfolgt und selbst 25 Jahre nach Veröffentlichung des Films leider immer noch alltäglich ist. *Millennium Actress* hingegen präsentiert das genaue Gegenteil, nämlich eine Projektion von Kunst und Kunstfertigkeit, die viel reiner und liebevoller ist. Sozusagen die andere Seite der Medaille, die Kon virtuos umzudrehen versteht.

Der Film erzählt die Geschichte eines ungewöhnlichen Interviews. Chiyoko Fujiwara ist eine gefeierte Schauspielerin, die die Öffentlichkeit fast 30 Jahre lang gemieden hat. Eine Film-Crew, deren Regisseur ein Verehrer Fujiwaras Kunst ist, darf die öffentlichkeitsscheue Mimin interviewen. Aber da es sich dabei um einen Satoshi Kon-Film handelt, gibt es keine direkten Dialogszenen dieses Interviews. *Millennium Actress* handelt sowohl vom Zuschauen, als auch vom Beobachtetwerden. Es sind die Erfahrungen einer Schauspielerin, die sich ihrem Publikum offenbart und die Erfahrungen ihrer Zuschauer, die sich in diesen Geschichten wiederfinden. Chiyoko erzählt, dass sie in ihrer Jugend einst einem Künstler auf der Flucht vor der Polizei geholfen hat. Er gibt ihr einen Schlüssel und erzählt ihr, dass es sich dabei um einen sehr wichtigen Gegenstand handle. Daher trägt sie den Schlüssel ständig bei sich und die Suche nach eben jenem Künstler führt sie selbst auf den Pfad der Kunst, auf dem sie hofft ihn wiederzutreffen. Während sie diese Geschichte erzählt, werden der Regisseur Genya Tachibana und sein Kameramann Kyoji Ida in Chiyokos berühmteste Filme transferiert. Zunächst als Zuschauer und später als katanatragende Akteure. Für Kon stand fest, dass man in einen Film regelrecht eintauchen muss, um eine Verbindung aufzubauen. *Millennium Actress* bietet einen ständigen Wechsel zwischen Realität und Fiktion, Kunst und Künstler, Darsteller und Zuschauer. Es ist ein impulsiver Liebesbrief an das Kino.

Es ist diese bestimmte Art der Filmmontage, die Kons Werke so fesselnd macht. In *Perfect Blue* werden so die beängstigenden Prinzipien einer Psychose eingefangen, in der TV-Serie *Paranoia Agent* der Strudel eingebildeter Realitäten und in seinem späteren Werk *Paprika* der hauchdünne Schleier zwischen Traum und Realität. Es werden Räume erzeugt, in denen sich Objektivität und Subjektivität auf eigenartigste Weise vermischen und den Zuschauer aus seiner üblichen Beobachterperspektive lösen,

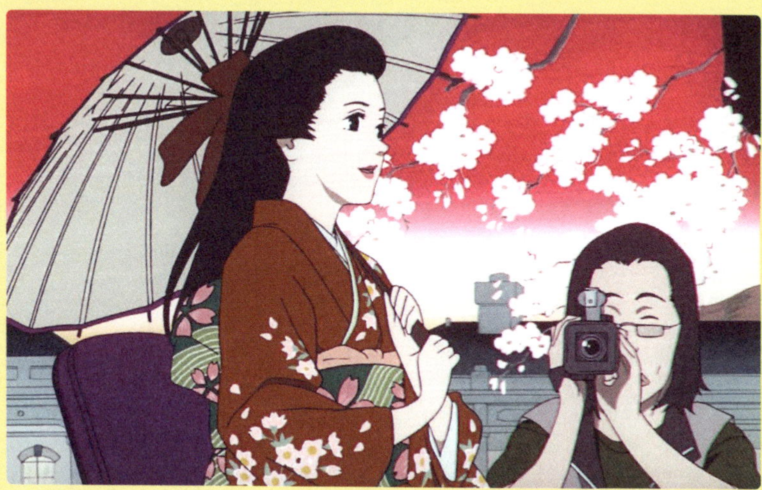

Links: Die Reise der Film-Crew durch Fujiwaras Filme lässt die Grenzen zwischen Realität und Fiktion verschwimmen ...

Gegenüber: Der Regisseur in *Millennium Actress* ist Satoshi Kons Ideal eines Superfans.

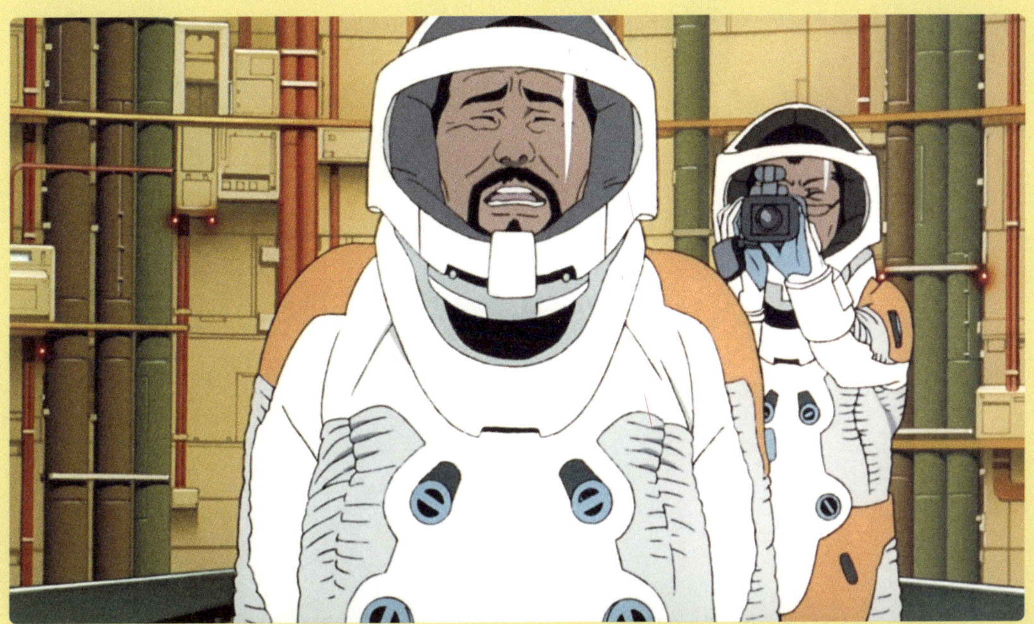

was ein aufregendes und befreiendes visuelles Erlebnis ermöglicht. Es gibt selten harte Sprünge zwischen den Szenen, da Kon stets einen roten Faden via Handlungsstrang, Farben oder Designs von einer Szene in die nächste fortführt, sodass ein Charakter z. B. nahtlos von einem mandschurischen Zugwaggon zur Belagerung eines Palastes wechseln kann und noch weit darüber hinaus. Angetrieben von mächtiger, pulsierender synth-geladener Musik von Susumu Hirasawa ist es keine Aneinanderreihung von einzelnen Bildern, sondern ein endloses, hypnotisierendes visuelles Gemälde.

Was hat es nun mit dem Schlüssel auf sich? Chiyoko erhält ihn von einem Mann, dessen Gesicht nie wirklich zu erkennen ist und immer im Schatten bleibt. Das liegt daran, dass es nicht wichtig ist, wer er ist. Und was der Schlüssel öffnet, ist ebenso irrelevant. Wie Rosebud oder der Malteser Falke ist er ein MacGuffin-Aspekt. Im wahrsten Sinne des Wortes der Schlüssel, der die Story antreibt. Für Chiyoko ist es „die Jagd", die für sie am wichtigsten ist, nicht das, was an deren Ende auf sie wartet. Es ist die kreative Herausforderung – verkörpert durch den Künstler, dessen sie nicht habhaft werden kann –, die für sie am wichtigsten ist. In die Geschichte verwoben sind Anspielungen auf Yasujiro Ozu, Godzilla und vor allem *Das Schloss im Spinnwebwald*, das der Handlung von Shakespeares *MacBeth* folgt. Jene gespenstische Figur aus Akira Kurosawas Interpretation des schottischen Theaterstücks interagiert einige Male mit Chiyoko. Sie erzählt ihr Geschichten über ihr Schicksal, während ein Spinnrad vor ihr surrt, dessen Zahnräder und Fäden an einen Zelluloidfilm erinnern.

Als Chiyoko gegen Ende des Films über ihr Leben und ihre Karriere reflektiert, stellt sie fest, dass sie immer nur „Schatten nachgejagt" ist, was im Grunde ihre Jagd nach dem vermissten Künstler widerspiegelt, aber genauso als Anspielung auf das Kino verstanden werden kann, denn jagt man beim Kinoerlebnis nicht auch einfach nur projizierten Schatten nach?

Kons Vision ist aber nicht völlig rosarot. Chiyokos Erfahrungen mit aufdringlichen Regisseuren, Perverslingen in der Branche und Vetternwirtschaft sind leider allesamt sehr real – bis heute. Doch auch die zentrale Dynamik des Films, bei der die Filmcrew Chiyoko auf ihrer Reise durch ihr Leben folgt, wirft Fragen auf. Betrachtet durch den allgegenwärtigen Fokus der modernen Online-Kultur, die sich auf jedes intime Detail aus den Leben der VIPs stürzt, wirft Genyas parasoziale Verbindung zu Chiyoko ein Schlaglicht auf die Unfähigkeit von Fans, zwischen ihren Lieblingskünstlern und den Rollen, die sie spielen, trennen zu können.

Kon hingegen ist unzertrennlich mit dem Kino verbunden. Trotz aller negativen Aspekte der Branche und der psychologischen Gefahren, die in ihr lauern, zeichnen seine Filme das Bild eines Mannes, der liebt, was er tut und wie er es tut. Jedes seiner Werke holt das Bestmögliche aus dem heraus, was mit Animation möglich ist. Und wir werden ihm vergnügt auf ewig nachjagen.

COWBOY BEBOP: DER FILM
(KAUBOI BIBAPPU TENGOKU NO TOBIRA)

カウボーイビバップ 天国の扉

DIE RÜCKKEHR DES WELTRAUM-COWBOYS

Im Spin-off der beliebten Anime-Serie müssen Kopfgeldjäger Spike Spiegel und seine Crew des Raumschiffs Bebop den Terroristen ausfindig machen, der das gesamte menschliche Leben auf dem Mars bedroht.

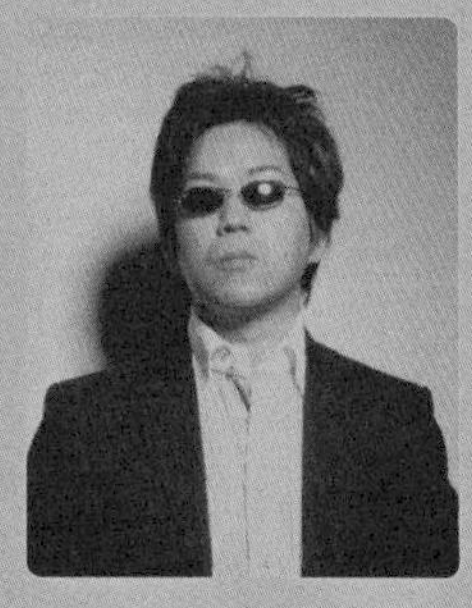

2001

REGIE: SHINICHIRŌ WATANABE

115 MIN.

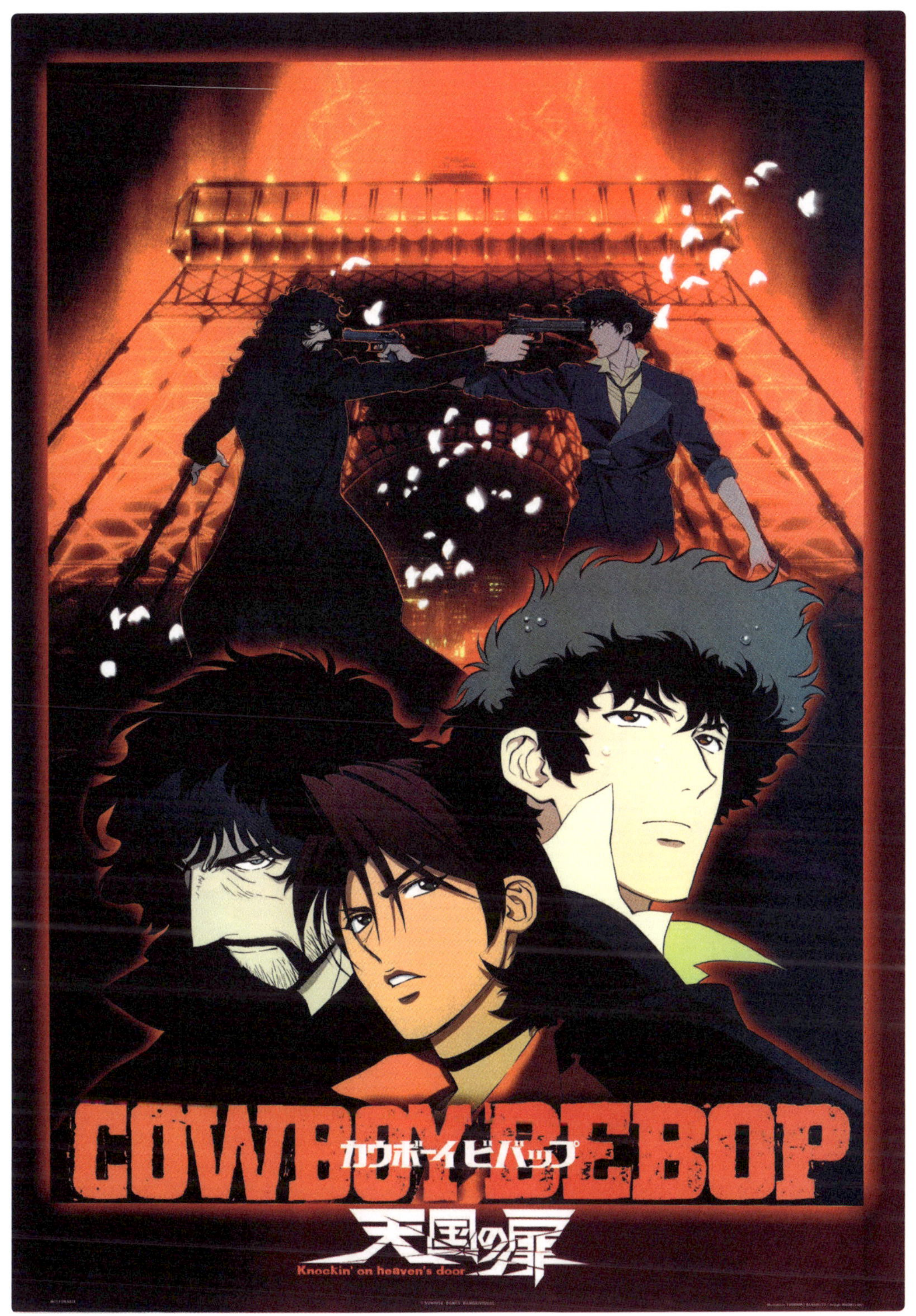
COWBOY BEBOP
カウボーイビバップ
天国の扉
Knockin' on heaven's door

Ohne sein Markenzeichen, die Sonnenbrille, sieht man den wohl coolsten Schöpfer der Anime-Filmgeschichte, Shinichiro Watanabe, äußerst selten. Sein bahnbrechender Erfolg, die Weltraum-Serie *Cowboy Bebop*, ist ein raffinierter Mix, der futuristische SciFi-Elemente mit dem rauen Milieu des Wilden Westens verbindet – untermalt durch den energiegeladenen Soundtrack von Star-Komponistin Yoko Kanno. *Cowboy Bebop* wurde in Kooperation mit Bandai zunächst als Action-Figur entwickelt, bis die Spielzeughersteller sich aufgrund des eher gewöhnungsbedürftigen Konzepts vom Projekt loslösten. Fortan war das Kreativteam auf sich allein gestellt, konnte aber auch etwas Neues, Cooles und Stylisches entwickeln – ein echtes Unikat. Die Serie schlug ein wie eine Bombe und war sofort ein Riesenerfolg. In englischsprachigen Ländern lief sie auf Cartoon Networks jungen Kanälen und für eine ganze Generation von Anime-Fans sollte dies die Serie werden, die sie für das Genre begeistert und eingefangen hat. Und auch 20 Jahre nach der Veröffentlichung ist sie noch immer ein ausgemachter Fan-Liebling (die zudem die größte aller Sünden mühelos überstanden hat: ein Remake – siehe Box unten). Obwohl mehrere kreative Köpfe, unter anderem Drehbuchautorin Keiko Nobumoto und Animationsregisseur Toshihiro Kawamoto, sehr eng zusammenarbeiteten, gab Watanabes Vision stets die Richtung vor, in die es gehen sollte. Geboren im Jahr 1965 wurde er – wie viele andere aus seiner Generation – irgendwann von der Anime-Welle mitgerissen und dem innigen Wunsch erfasst, Animator zu werden. Er entwickelte einen äußerst breitgefächerten Film- und Seriengeschmack, beeinflusst durch Werke wie *Lupin III*, die Ära des Film-Noir der 1940er Jahre, die harten

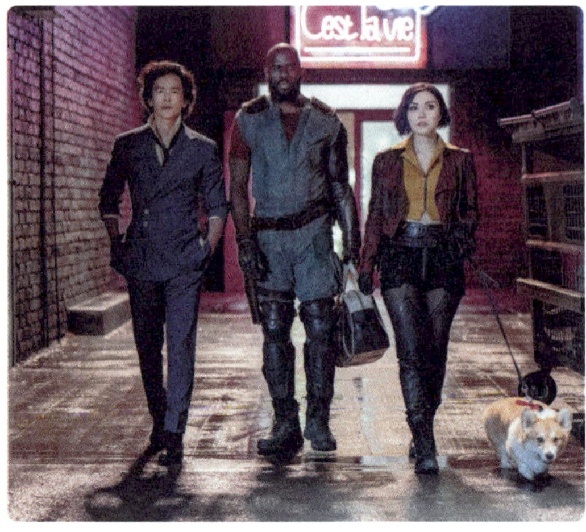

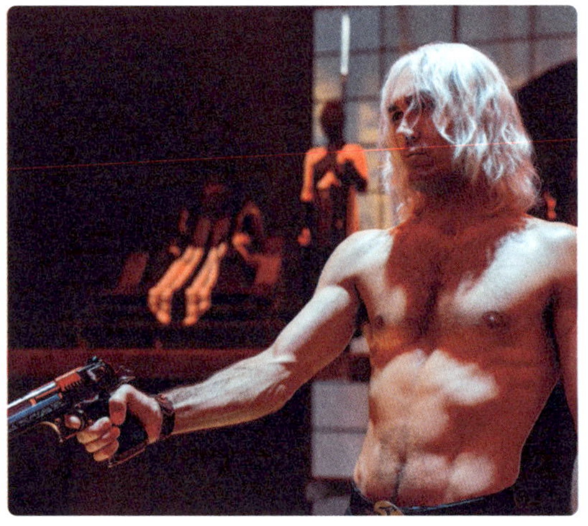

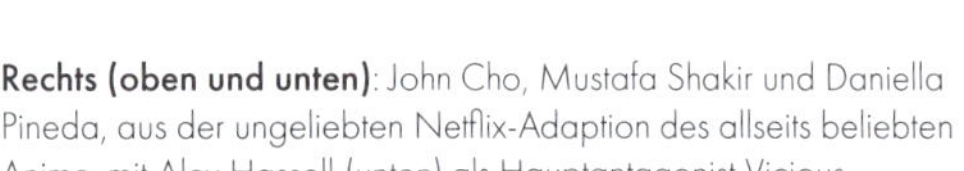
Rechts (oben und unten): John Cho, Mustafa Shakir und Daniella Pineda, aus der ungeliebten Netflix-Adaption des allseits beliebten Anime, mit Alex Hassell (unten) als Hauptantagonist Vicious.

Gegenüber oben: Schnellzug – einige der actionreichsten Szenen des Films spielen in einem futuristischen Monorail-System.

Gegenüber unten: Die Crew – eine bunte Mischung von Außenseitern, die *Cowboy Bebop* ausmachen.

DER FLUCH DER ENGLISCHSPRACHIGEN REMAKES

Will man einen eingefleischten Anime-Fan auf die Palme bringen, fragt man ihn am besten nach amerikanischen Remakes seiner geliebten japanischen Serien. Die Live-Action-Adaption von *Cowboy Bebop*, die 2021 auf Netflix zu sehen war, wurde von der Fangemeinde mit Hohn und Spott überzogen, sodass der Streamingdienst die Pläne für weitere Staffeln cancelte. Auch *Death Note*, *Dragonball: Evolution* und *Ghost in the Shell* wurden von den Fans der Kategorie „miese, amerikanische Remakes" zugeordnet. Es gibt aber zwei Ausnahmen, die von der weit verbreiteten Meinung abweichen, dass amerikanische Anime-Adaptionen schlecht umgesetzt und ideenlos seien. Eine ist das von den Wachowskis zauberhaft-farbenfroh umgesetzte *Speed Racer*. Die andere ist Robert Rodriguez´ Kulthit *Alita: Battle Angel*.

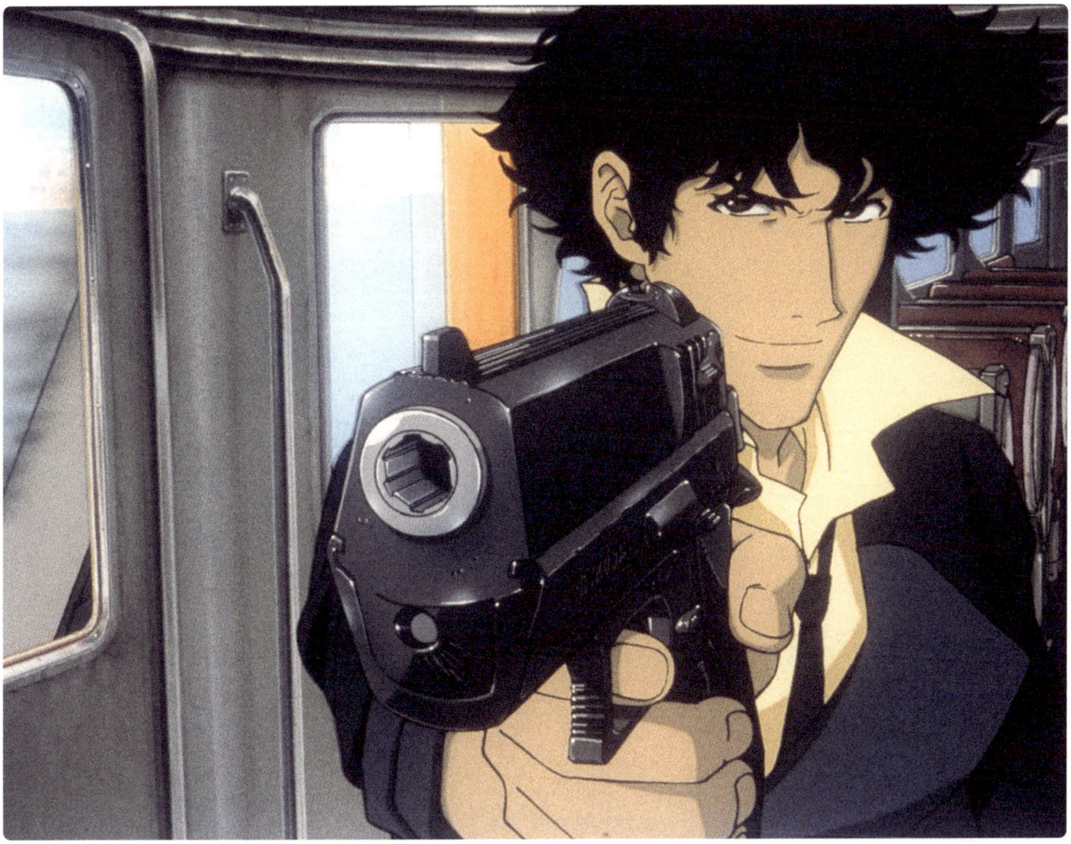

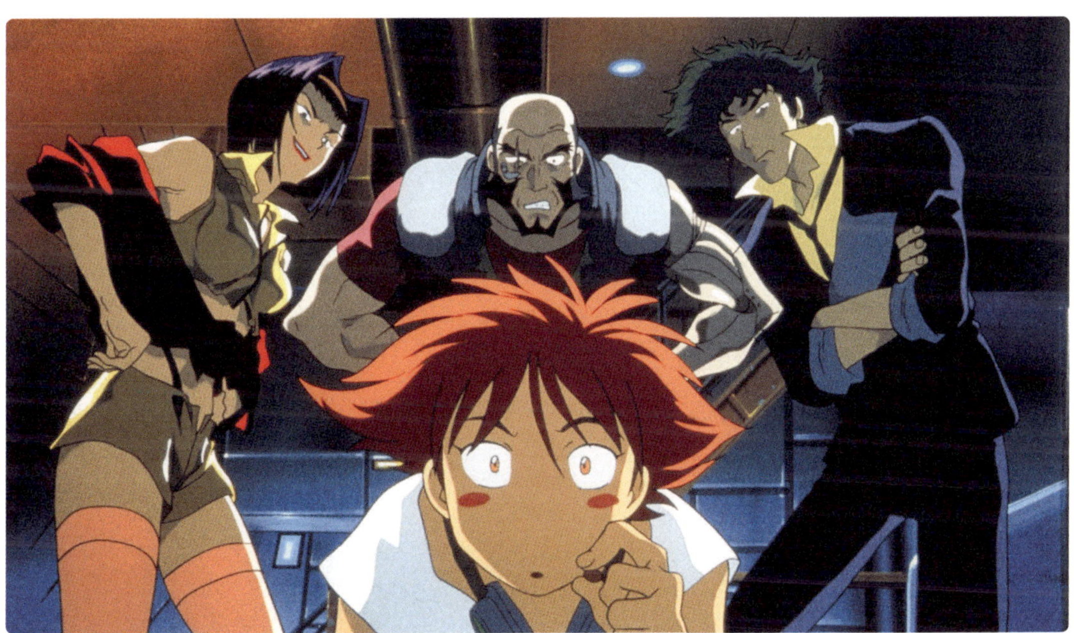

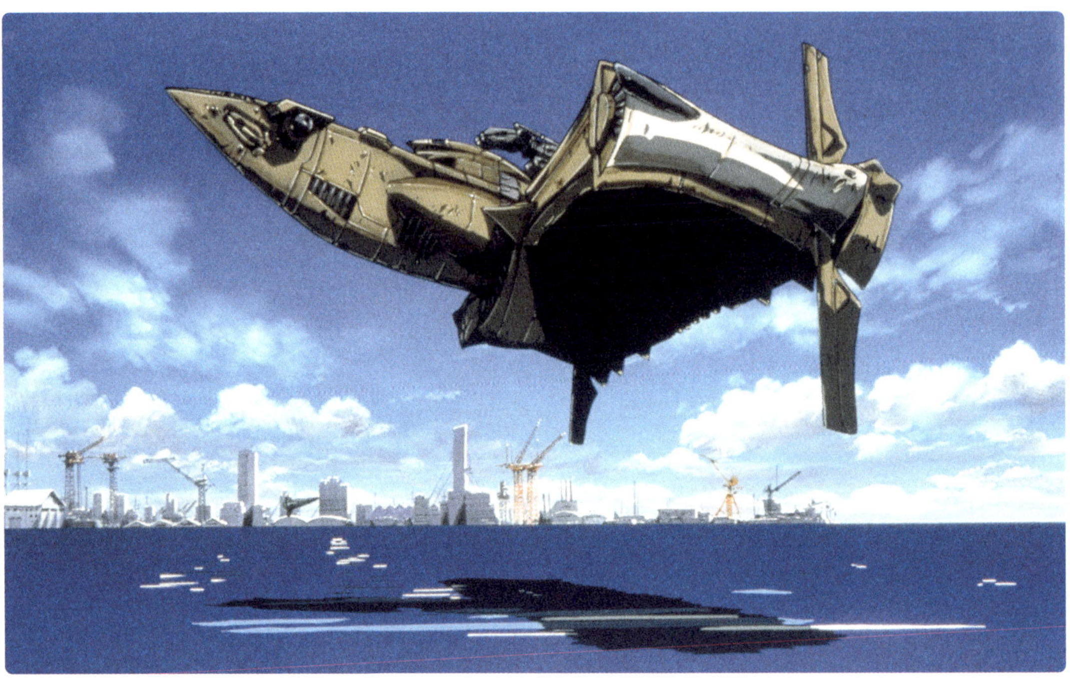

Western von Sam Peckinpah, die *Dirty-Harry*-Filme, Bruce Lees Martial-Arts-Klassiker *Der Mann mit der Todeskralle* oder Ridley Scotts *Blade Runner*.

Watanabe nennt als konkreten Zeitpunkt, seitdem er sich voll und ganz der Animation widmet, das Jahr 1984 mit der Veröffentlichung von drei einflussreichen Anime-Filmen: Hayao Miyazakis *Nausicaä aus dem Tal der Winde*, Mamoru Oshiis *Urusei Yatsura 2: Beautiful Dreamer* und *Macross: The Movie*. Letzteres ist Teil des Franchises, das Watanabe zum Regisseur machen sollte: *Macross Plus*. Als er sich 2020 an jenes bedeutende Jahr zurückerinnerte, sagte Watanabe zu Andrew Osmond im *All the Anime*-Blog: „Zu der Zeit haben all diese Filme die Qualität von Realfilmen, die in Japan gemacht wurden, bei Weitem übertroffen. Ich wollte schon immer Filme machen, also hielt ich es damals für besser, Animationsfilme zu machen anstelle von Realverfilmungen." Die *Cowboy-Bebop*-Serie trug ihre Filmeinflüsse bereits in sich, Watanabe hatte Kino im Kopf, als er die Serie erschuf. Also war es eine Art natürlicher Prozess, dass, sobald die eigentliche Serie fertig war, ein Spin-off-Film kommen musste. Zwischen den Episoden 22 und 23 setzte der Film ein, der das kreative Kernteam wieder zusammenführte, dieses Mal mit höherem Budget und mehr Zeit, um einen Film zu erschaffen, der sowohl die Fans als auch Neulinge begeistern sollte.

Oben: Bebop – das schmuddelige, ramponierte Zuhause unserer Helden und zugleich eine große Bereicherung für die Welt der außergewöhnlichen Vehikel im Anime-Bereich.

Gegenüber: Rauch im Auge – die ständig sich Kippen anzündenden Menschen auf dem Mars, eine Referenz ans „Noir".

EBENFALLS EINEN BLICK WERT — 

Shinichiro Watanabe wird mittlerweile als einer der größten Filmemacher der japanischen Anime-Branche verehrt. Zudem ist er einer der wenigen, dessen Werke auch international sehr erfolgreich wurden. *Cowboy Bebop: Der Film* bleibt einer seiner wenigen Vorstöße ins Animationskino, doch vor allem seine vielfältigen und genreübergreifenden Serien-Schöpfungen gelten nach wie vor als herausragend. Häufig sind diese in Zusammenarbeit mit „Bebop-Veteranen" wie Komponistin Yoko Kanno und Drehbuchautorin Keiko Nobumoto entstanden. Zur Freude der Fans, die eine 100-Episoden-Serie eher verschmäht hätten, sind sie zudem recht kurzgehalten. Die *Cowboy Bebop*-Serie ist ein Muss, aber auch den coolen Hip-Hop-Samurai-Knüller *Samurai Champloo*, das Jazz-Band-Teenager-Drama *Kids on the Slope* oder das bezaubernde SciFi-Abenteuer *Carole & Tuesday* sollte man sich gönnen.

COWBOY BEBOP: DER FILM – REZENSION

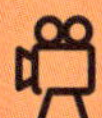

Sich auf die *Cowboy Bebop*-Serie einzulassen, könnte im ersten Moment Überwindung kosten, fast so, als würde man nach langer Zeit endlich den Entschluss fassen, *Twin Peaks* zu schauen. Und wie bei Watanabes Serie, hat auch David Lynchs surreale Mordmystery-Serie seinen eigenen Film bekommen, *Fire Walk With Me*. Während der Film für Fans der Serie toll war, haben Zuschauer, die die Serie vorher nicht kannten, dieser zum Großteil auch weiterhin den Rücken zugewandt. *Cowboy Bebop: Der Film* bekam es hin, Fans und Neueinsteiger gleichermaßen einzufangen. Die Fans der Heldentaten von Spike Spiegel und Co. bekommen ein cooles Filmerlebnis geboten, in dem ihre Lieblingscharaktere durch die Luft fliegen und das Serien-Feeling mit Leichtigkeit auf die Kinoleinwand tragen. Und die Neuen bekommen ein aufregendes, eigenständiges Abenteuer, gepaart mit dem Wissen, dass hinter diesem Spektakel noch viele weitere unterhaltsame Stunden auf sie warten. Gleich zu Beginn findet sich der Zuschauer in der Szenerie eines vereitelten Supermarktraubes wieder, in der Watanabes Western-Einflüsse sofort sichtbar werden. Wie durch ein Fischaugen-Objektiv werden, wo es nur geht, Gegner platziert, allein getrennt durch die scheinbare Weite des Ladenbodens. Ein Hauch von Sergio Leone, und eine von vielen eindeutigen Referenzen und Einflüssen im Film. Schimmernde Straßen voller Neonlichter erinnern an *Blade Runner*, aber die Charaktere und die wackelige Kamera fühlen sich an wie 1990er Skater-Videos, nicht wie eine SciFi-Dystopie. Das Stadtbild auf dem Mars ist eine architektonische Mischung aus New York, Paris und Marokko und während die Charaktere um Straßenecken huschen, wird man als Zuschauer zum Weltenbummler wie in *Indiana Jones* (gepaart mit blutigen Griffen nach Fleisch, Kali-Ma-Stil), aber alles in der gleichen Stadt. Elegant inszenierte Kämpfe à la Bruce Lee stehen schwerfälligem Zigarettengequalme aus dem Philip-Marlowe-Handbuch gegenüber. Doch trotz seiner Verneigung vor all den verschiedenen Genres und Stilen, schafft es der Film, seine ganz eigene Persönlichkeit zu entwickeln.

Die Geschichte handelt von Kopfgeldjägern, der Besatzung des Raumschiffs Bebop. Der zurückhaltende, hagere Spike. Der nachdenklich-ruppige Jet Black. Die gewiefte Zockerin Faye. Und die exzentrische Teenage-Hackerin mit Gummigelenken Ed. Langwierige Herkunftsgeschichten bleiben uns glücklicherweise erspart. Das gemeinsame Zuhause, das Leben auf der Bebop, reicht aus, um die individuellen Charakterzüge und Dynamiken hervorzubringen, bevor sie alle in ein wildes Abenteuer rund um die tödliche Bedrohung mit einer biochemischen Waffe und seiner mysteriösen Benutzer gezogen werden. Die hohen Einsätze könnten glatt einem Bond-Film entnommen sein (und erinnern tatsächlich auch stark an *Keine Zeit zu sterben* von 2021), aber die Kulissen einer stillgelegten Monorail und ein Eifelturm-ähnliches Konstrukt, übertreffen 007 sogar noch – eine „Kampfarena", erschaffen mit fast schon göttlicher Schönheit. Die Feinheiten der Story, wie die Details um das Virus, die Motivation des Antagonisten und die romantische Auflösung werden im finalen Drittel des Films leider etwas verpfuscht und kommen hier und da ein wenig unverständlich rüber. Nach einer wirklich berauschenden Fahrt wird keine narrative Schleife geknüpft, sondern ein unnötiger Knoten gemacht. Doch trotz seiner Schwächen zieht *Cowboy Bebop: Der Film* alte Fans für einen Rewatch an Bord und neue Fans in seine charmante, einzigartige Welt. Yeehaw!

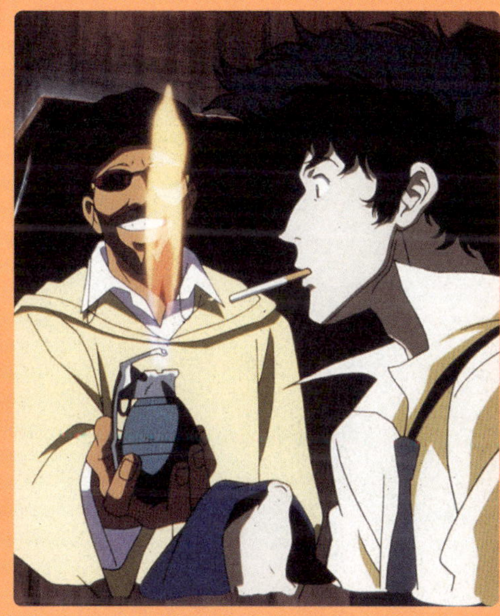

INTERSTELLA 5555: THE 5TORY OF THE 5ECRET 5TAR 5YSTEM (INTASUTERA 5555)

インターステラ5555

HARDER, BETTER, FASTER, STRONGER

Zu den Songs von Daft Punks Album *Discovery* entführt ein superintelligenter Schurke eine außerirdische Popgruppe und unterzieht sie einer Gehirnwäsche, um mit Musik die Herrschaft über das Universum an sich zu reißen.

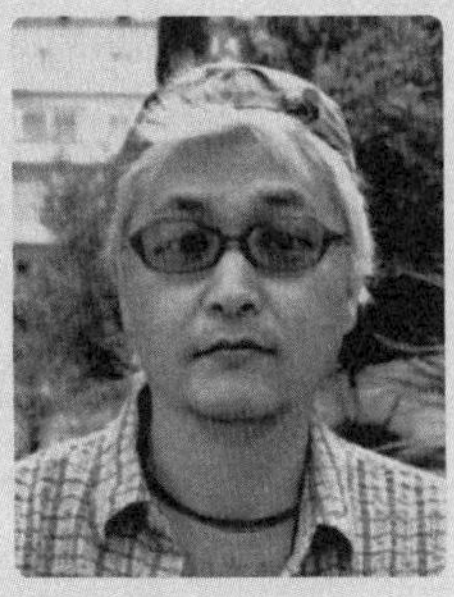

2003

REGIE: KAZUHISA TAKENOUCHI

65 MIN.

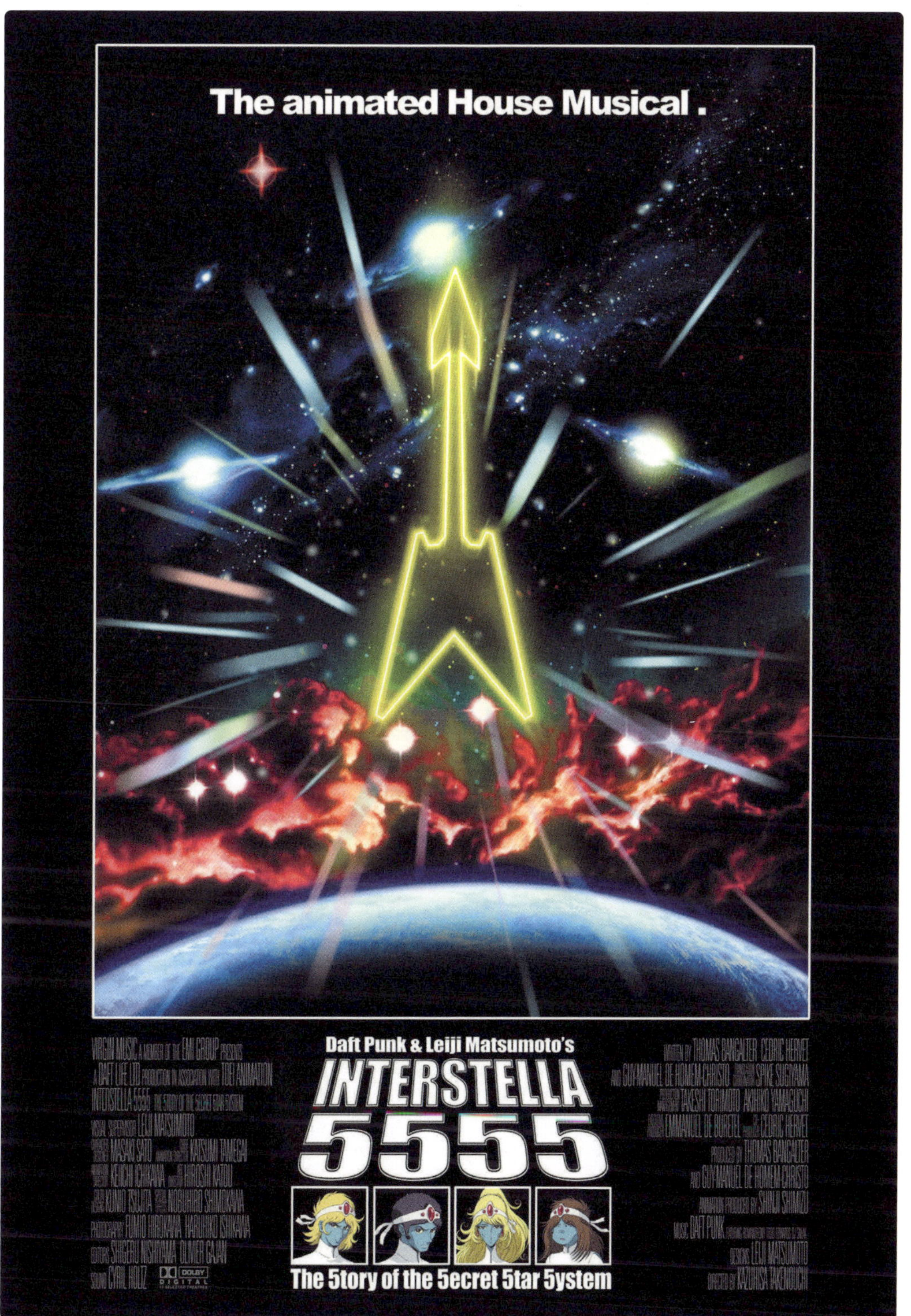
The animated House Musical.
VIRGIN MUSIC A MEMBER OF THE EMI GROUP PRESENTS
A DAFT LIFE LTD PRODUCTION IN ASSOCIATION WITH TOEI ANIMATION
INTERSTELLA 5555
VISUAL SUPERVISOR LEIJI MATSUMOTO
MASAKI SATO KATSUMI TAMEGAI
KENICHI ISHIKAWA HIROSHI KATOU
KUNIO TSUJITA NOBUHIRO SHIMOKAWA
PHOTOGRAPHY FUMIO HIROKAWA HARUHIKO ISHIKAWA
EDITORS SHIGERU NISHIYAMA OLIVIER GAJAN
SOUND CYRIL HOLTZ
DOLBY DIGITAL
Daft Punk & Leiji Matsumoto's
INTERSTELLA 5555
The 5tory of the 5ecret 5tar 5ystem
WRITTEN BY THOMAS BANGALTER CEDRIC HERVET AND GUY-MANUEL DE HOMEM-CHRISTO
SPIKE SUGIYAMA
TAKESHI TORIMOTO AKIHIKO YAMAGUCHI
EMMANUEL DE BURETEL CEDRIC HERVET
PRODUCED BY THOMAS BANGALTER AND GUY-MANUEL DE HOMEM-CHRISTO
ANIMATION PRODUCED BY SHINJI SHIMIZU
MUSIC DAFT PUNK
DESIGNS LEIJI MATSUMOTO
DIRECTED BY KAZUHISA TAKENOUCHI

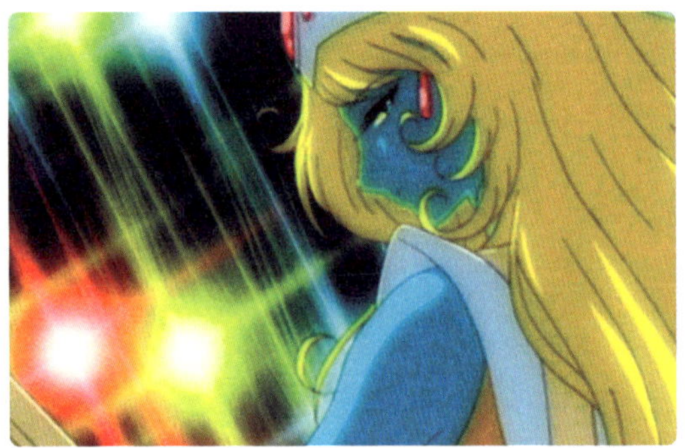

Das französische House-Musik-Duo Daft Punk schuf mit seinem zweiten Album, *Discovery*, ein Dance-Pop-Epos, das sich millionenfach verkaufte. Die Sample-lastigen Songs waren eine futuristisch klingende Hommage an die Musik der späten 1970er und frühen 1980er Jahre – von Disco bis New York House – und spiegeln den Optimismus und die Weltoffenheit dieser Zeit wider, in der Guy-Manuel de Homem-Christo und Thomas Bangalter selbst noch Kinder waren.

Während der Aufnahmen spielten Daft Punk mit dem Gedanken, einen abendfüllenden Film zu dem Album zu produzieren, der von ihren Liedern untermalt werden sollte. Ein Anime wie die, die in ihrer Jugend im französischen Fernsehen ausgestrahlt wurden, wäre die ideale Plattform, etwas wie die bahnbrechende Weltraum-Oper *Die Abenteuer des fantastischen Weltraumpiraten Captain Harlock* oder *Galaxy Express 999*, beide erschaffen von dem legendären Mangaka und Regisseur Leiji Matsumoto.

Mit ihrem Freund Cedric Hervet schrieben sie eine Geschichte, die „Science-Fiction mit der dekadenten Welt des Showbusiness, [und] Limousinen mit Raumschiffen" vereinte. Zusammen mit dem fertigen Album präsentierten sie dieses Werk Matsumoto auf einer Reise nach Tokio im Sommer 2000. Ein Kindheitstraum ging in Erfüllung, als er einwilligte, an dem Projekt mitzuarbeiten. „Endlich waren wir bereit, in sein barockes, intergalaktisches Universum abzuheben", schrieben sie später in einem Text zum Film *Interstella 5555: The 5tory of the 5ecret 5tar 5ystem*.

Shinji Shimizu, der schon häufiger Matsumotos Anime produziert hatte, kam als Produzent an Bord, während *Sailor Moon*- und *Dragon Ball*-Veteran Kazuhisa Takenouchi Regie führte. Matsumoto selbst erstellte Charakterdesigns und Konzeptzeichnungen. Die Produktion begann im Oktober 2000 bei Toei Animation und es dauerte über zwei Jahre, das Album visuell umzusetzen. Die Weltpremiere fand im Mai 2003 bei den Internationalen Filmfestspielen in Cannes im Rahmen der Directors' Fortnight statt.

Zu diesem Zeitpunkt hatte die Welt das Album *Discovery* bereits gehört und mehrere Musikvideos mit Ausschnitten aus dem Film gesehen, die im Laufe der Jahre 2000 und 2001 veröffentlicht worden waren: „One More Time", „Harder, Better, Faster, Stronger", „Aerodynamic" und „Digital Love". Es war der Höhepunkt der Musikvideo-Ära, die in einer Welle visionärer, experimenteller, oft exzentrischer Videos gipfelte und in der Regisseure wie Michel Gondry und Spike Jonze im Zenit ihrer kreativen Karrieren die Fans der Popmusik begeisterten. Zur selben Zeit feierte auch die virtuelle Band Gorillaz mit ihren Animationen Erfolge. Trotz dieses beeindruckenden Umfelds waren Daft Punks Videos einzigartig, aufregend und schon anzusehen – vor allem für ein junges englischsprachiges Publikum, das im Gegensatz zu den Franzosen wahrscheinlich noch nie in den Genuss von Matsumotos Arbeiten gekommen war.

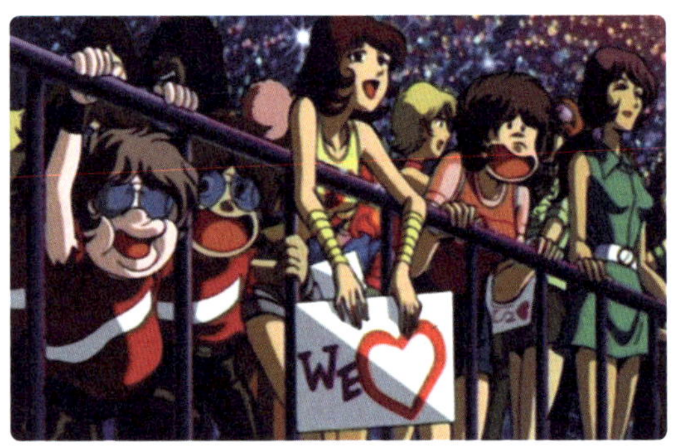

EBENFALLS EINEN BLICK WERT — 

Animierte „visuelle Alben" in Spielfilmlänge sind überraschend selten, obwohl viele Musikvideos amerikanischer Künstler Anime-Einflüsse aufweisen, wie zum Beispiel Michael und Janet Jacksons „Scream" und Kanye Wests an *Akira* angelehntes „Stronger" (inklusive Daft Punk-Sampling). *Yellow Submarine*, das animierte Musical der Beatles, ist zwar kein Anime, hat aber Generationen von japanischen Animatoren beeinflusst und weist einige Gemeinsamkeiten mit *Interstella 5555* auf, auch wenn es die Zuschauer eher auf einen psychedelischen Trip als auf eine intergalaktische Reise mitnimmt. Da dies jedoch vor allem ein Verweis auf bzw. eine Verneigung vor Leiji Matsumotos Werk sein soll, sei an dieser Stelle für ein tieferes Eintauchen in das Leijiversum *Die Abenteuer des fantastischen Weltraumpiraten Captain Harlock* empfohlen.

INTERSTELLA 5555 – REZENSION

Wer in den frühen 2000ern direkt nach der Schule nach Hause gerannt ist, um sich durch diverse Musikkanäle zu zappen, hat mit hoher Wahrscheinlichkeit auch Teile von *Interstella 5555* gesehen und ist vielleicht, wie der Autor dieser Zeilen, zum ersten Mal mit Anime in Berührung gekommen. Was für eine Entdeckung das war! Kazuhisa Takenouchis Musical wurde wahrscheinlich hauptsächlich bruchstückhaft über die einzelnen Videos wahrgenommen, doch seine wahre Tiefe offenbart sich erst in ganzem Ausmaß, wenn es in voller Länge angeschaut wird, während es von Genre zu Genre wechselt und dabei das komplette Farbspektrum nutzt.

Lange vor James Camerons *Avatar* hielt *Interstella 5555* der Gesellschaft mit Hilfe ein paar blauer Außerirdischer einen Spiegel vor und prangerte Materialismus und Ausbeutung an. Mitten in einem Auftritt auf ihrem Heimatplanten werden Octave, Arpegius, Baryl und Stella (auf der Erde später als The Crescendolls bekannt) entführt, einer Prozedur unterzogen, die ihnen ein komplett menschliches Äußeres verleiht, und auf eine Reise gezwungen, die sie von tragischen Opfern zu Rettern der Galaxis werden lässt – ein SciFi-Abenteuer mit Film Noir-Elementen einer Spionagegeschichte, einem Hauch Schauerroman und Mystery, die an *Scooby-Doo* erinnert. In jedem Kapitel entwickelt sich der Film weiter und springt nahtlos von schrillen außerirdischen Nachtclubs zu düsteren Verliesen und bunten Tunneln, die selbst Willy Wonka begeistern würden, ohne den Fluss der Geschichte zu unterbrechen. Das Aufregendste an diesem Film ist jedoch nicht sein Stil, sondern seine Reflexivität. Während sich die Geschichte der missverstandenen Außerirdischen entfaltet, erzählen die geheimnisvollen Daft Punk, die dafür bekannt sind, ihre Gesichter nicht in der Öffentlichkeit zu zeigen, ihre eigene Geschichte.

Es ist schwer, Daft Punks Guy-Manuel de Homem-Christo und Thomas Bangalter nicht in The Crescendolls mit all dem Wirbel um Autogramme, Limousinen und Hotelzimmer wiederzufinden. Perfekt eingebettet in den bedrohlich anschwellenden Industrialismus von Daft Punks „Harder, Better, Faster, Stronger" wird die Kommerzialisierung durch Mikromanagement, einheitliche Vermarktung und Merchandising gezeigt. Während die Außerirdischen in dieses materialistische, menschliche Leben gezwungen werden, scheinen die

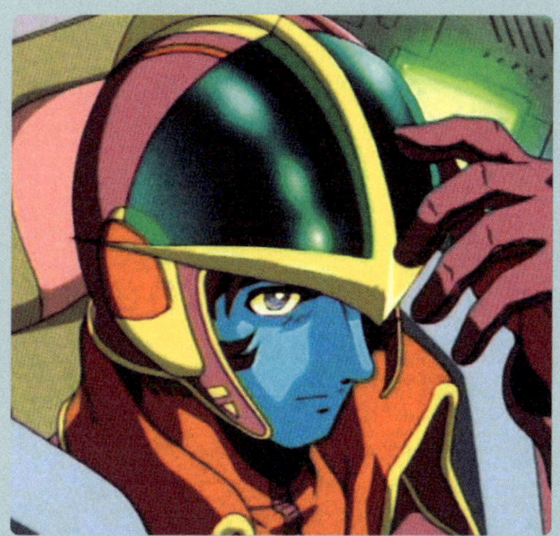

Schöpfer der Erzählung, die sich hinter Roboterhelmen verstecken, ihre eigenen Ängste vor dem Rampenlicht und der beunruhigenden Realität der Massenmedien offenzulegen.

Auch wenn *Discovery*, das Daft Punk-Album, auf dem der Film basiert, eine Fülle von Hits bietet („One More Time", „Aerodynamic", „Digital Love" und „Harder, Better, Faster, Stronger" sind ein beeindruckender Auftakt), kommt der Punkt, an dem es ruhiger wird und die Musik allein den Film nicht tragen kann. Dank eines ruchlosen Plattenproduzenten, der sich in einen Superschurken verwandelt, und der wundervoll umgesetzten spirituellen Transzendenz eines Superfans wird die zweite Hälfte des Films jedoch durch ansteigende Spannung und eine überraschende emotionale Stärke in hervorragender Weise angetrieben.

Hier erweist sich der Anime als perfektes Medium für die Selbstmythologisierung von Daft Punk. *Interstella 5555* bietet dem Duo einen Raum, in dem alles möglich ist, was gefällt. Die zwei arbeiten mit Künstlern zusammen, die ihre Gedanken Gestalt annehmen lassen, und zeigen, dass sie am Ende auch nur Menschen sind.

Gegenüber links: Blau ist die Farbe, ein Anime die Bühne. In *Interstella 5555* offenbart Daft Punk, warum sie selbst ihre Identität in der Branche geheimhalten.

Gegenüber rechts: Der Film, in dem ein Superfan zum Helden wird, feiert Daft Punks Publikum genauso wie die Band selbst.

Oben: Musiker demaskiert. *Interstella 5555* fängt das Gefühl ein, das ein Künstler hat, der unter dem Druck der Musikbranche steht.

ANIMATRIX (ANIMATORIKKUSU)

アニマトリックス

EINE WELT, IN DER ALLES MÖGLICH IST

Veröffentlicht nach *Matrix Reloaded* taucht diese Anthologie von Kurzfilmen, von denen die meisten von japanischen Studios produziert wurden, tiefer in das *Matrix*-Universum ein und ist eine Hommage an den bewusstseinserweiternden Anime, der seine Erschaffer inspirierte.

2003

REGIE: ANDY JONES, MAHIRO MAEDA
SHINICHIRŌ WATANABE, YOSHIAKI KAWAJIRI
TAKESHI KOIKE, KŌJI MORIMOTO, PETER CHUNG

101 MIN.

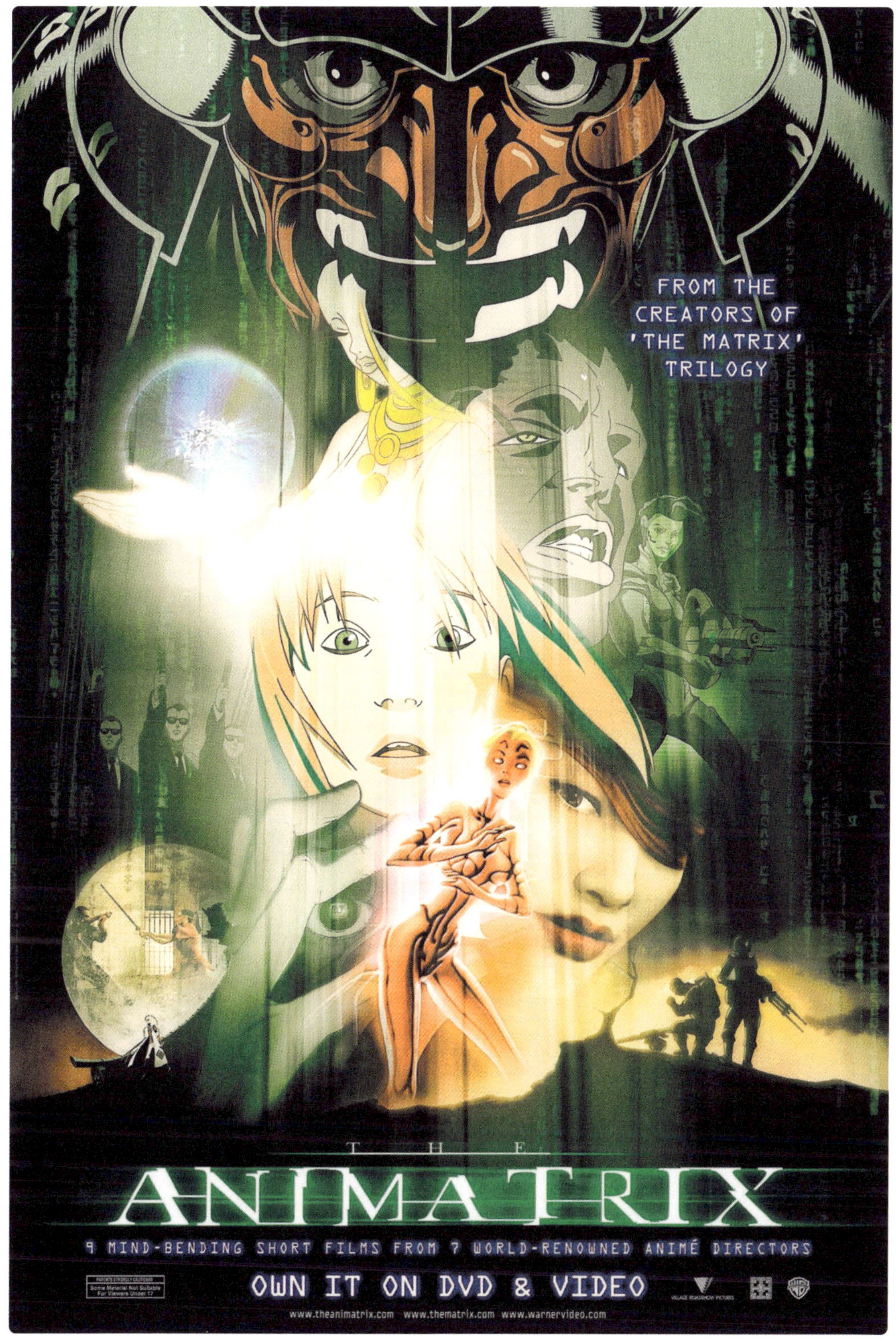
FROM THE
CREATORS OF
'THE MATRIX'
TRILOGY
THE
ANIMATRIX
9 MIND-BENDING SHORT FILMS FROM 7 WORLD-RENOWNED ANIMÉ DIRECTORS
OWN IT ON DVD & VIDEO
www.theanimatrix.com www.thematrix.com www.warnervideo.com

Mit *Matrix* machten die Regisseur-Geschwister Wachowski kein Geheimnis aus ihrer Liebe zur japanischen Animation. So war es auch wenig überraschend, dass sie, als ihre *Matrix*-Pressetour im September 1999 Japan erreichte, einige Anime-Filmemacher und Videospiel-Studios besuchten, die sie so sehr beeinflusst hatten.

Michael Arias, ein in Amerika geborener Filmemacher, der in Japan lebt, und Freund von *Matrix*' Visual Effects Supervisor John Gaeta, fungierte dabei als Mittelsmann und vereinbarte diverse Treffen, die letztendlich zu der Serie kurzer Anime-Filme führen würde, die die Welt von *Matrix* erweitern sollte – mit dem Titel *Animatrix*. Arias fungierte als „Abschnitts-Produzent", zusammen mit Eiko Tanaka, einer Herstellungsleiterin zu den Studio Ghibli-Produktionen *Kikis kleiner Lieferservice* und *Mein Nachbar Totoro* und Mitgründerin des Animationsstudios Studio 4°C. Neben zwei Kurzfilmen amerikanischer Studios enthält *Animatrix* sieben Kurzfilme, die zwischen Studio 4°C und einem weiteren Studio, Madhouse, aufgeteilt und dessen Regie von einigen etablierten und von einigen aufsteigenden Sternen am Firmament der Anime-Talente übernommen wurden, unter anderem *Cowboy-Bebop*-Regisseur Shinichiro Watanabe, *Ninja-Scroll*-Regisseur (und Madhouse-Mitgründer) Yoshiaki Kawajiri, Kawajiris Protegé (und zukünftiger *Redline*-Regisseur) Takeshi Koike, Studio 4°C-Mitgründer und Animator-Veteran Koji Morimoto sowie Mahiro Maeda, der unter anderem bei *Nausicaä aus dem Tal der Winde*, dem *Neon Genesis Evangelion*-Franchise und beim Konzept-Design zu *Mad Max: Fury Road* mitwirkte.

EBENFALLS EINEN BLICK WERT — 

Für viele Filmfans war *Animatrix* im Jahr 2003 das Tor in die Welt japanischer Animationen, und das ist es nach wie vor. Wähle einfach einen der Kurzfilme, der dir am meisten zusagt, aus, und folge den Filmemachern hinunter in den Kaninchenbau. Ein ähnliches Projekt, bei dem japanische Talente für Hollywood-Produktionen verantwortlich zeichneten, war *Batman: Gotham Knight* aus dem Jahre 2008, der, wie *Animatrix*, als Unterstützung eines großen Warner Bros. Franchises, in diesem Fall Christopher Nolans *Dark Knight Trilogie*, veröffentlicht wurde. Oder, noch gar nicht so lange her, *Star Wars: Visionen*, aus dem Jahr 2021, für das die Zügel des *Star Wars*-Universums in die Hände einer jungen Generation japanischer Studios, wie unter anderem Hiroyuki Imaishis Studio Trigger (*Promare*), gelegt wurden.

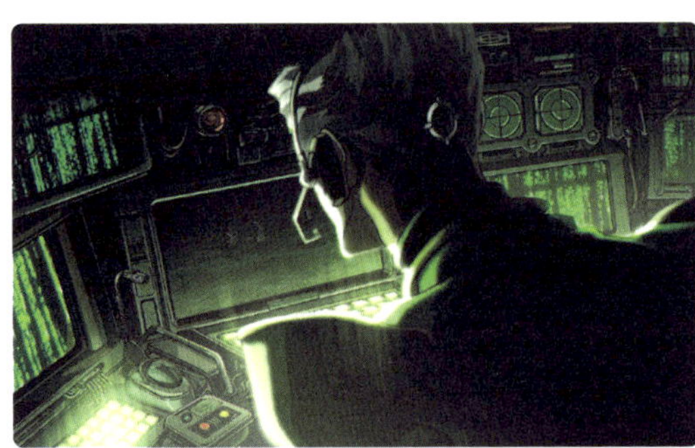

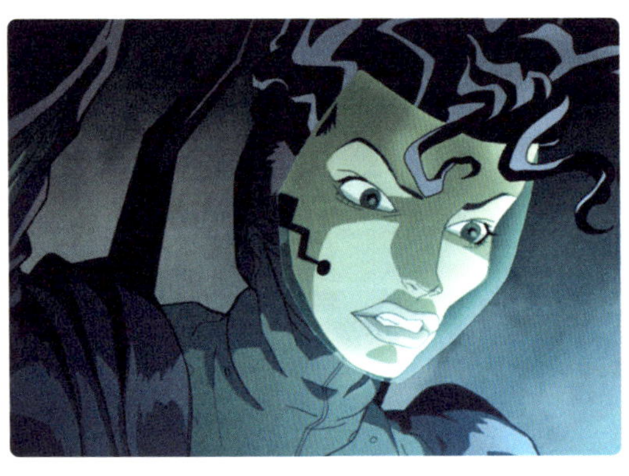

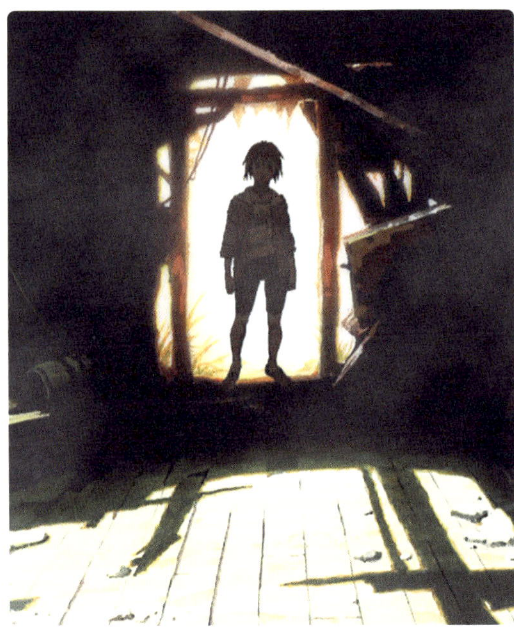

Alle Bilder: Drei unverwechselbare Visionen des *Matrix*-Universums, von den besten und hellsten Köpfen japanischer Animation.

ANIMATRIX – REZENSION

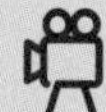

Anstatt einer Geschichte neue Wege zu öffnen, können schlechte Sequels ein ursprünglich großartiges Werk zerstören, bzw. die Geschichten endlos auf der Stelle treten lassen. Die *Matrix*-Serie hat das immer vermieden. Vom ikonischen Moment des „Kugelausweichens" in *Matrix* bis zu den selbstreflektierenden Verhören des *Matrix-Resurrections*-Franchises halten sich diese Geschichten fern der ausgetretenen Wege und erschaffen ihre eigene schmutzige und doch erfrischend ehrliche „Nu Metal"-Welt. *Animatrix*, als Werk zwischen den *Matrix*-Filmen, ist eine spannende Collage von Erzählungen, die die geniale Cyberpunk-Serie der Wachowskis erweitert und verstärkt. Als Weggefährte der Filme, die eine unendlich dehnbare Realität zeigen (wobei die Anthologie von hyperrealen CGI-Charakteren zu regulärer 2D-Animation wechselt und eine Geschichte zeigt, die manchmal aussieht, als wäre sie mit Hilfe eines rostigen Fax-Gerätes gemacht worden), fühlt sich *Animatrix* in der biegsamen Realität der *Matrix*-Serie sehr wohl.

Mahiro Maedas Kapitel *The Second Renaissance* ist ein epischer Zweiteiler, der der Reise der Technologie ausnutzenden, hedonistischen Menschheit Ende des 20. Jahrhunderts bis zur dystopischen, von Maschinen geführten Welt von *Matrix* Feuer gab.

Stilisiert wie eine albtraumhafte, retro-futuristische Bilderbuchreihe, wirft dieses glorreiche Werk den Blick auf die Monstrosität der Menschheit – die ihre Roboter-Kreaturen versklavt und brutal unterdrückt.

Bilder von den Gizeh-Pyramiden, dem Platz des Himmlischen Friedens und Iwojima bilden ein starkes, grafisches Fundament für alle vergangenen und zukünftigen *Matrix*-Erzählungen. Man fragt sich, wer die Helden der Welt wirklich sind – was ironischerweise auch in den Film-Sequels Thema ist. *Animatrix* füllt nicht nur ein paar Lücken im *Matrix*-Universum. Jeder Kurzfilm bereichert und erweitert auf seine Art und Weise die Vision der Wachowskis. *Kid's Story* von Shinichiro Watanabe ist ein furchteinflößender Albtraum, der Kopfschmerzen bereitet und einen nicht mehr loslassen will. Wellig mit Bleistift gezeichnete Charaktere krachen auf die grellen Lichter der Technologie des neuen Jahrtausends. Watanabes späteres Kapitel *A Detective Story* ist hingegen komplett anders. Im „future-noir"-Schwarzweiß-Stil scheint es wie auf Druckpapier radiert. In *Program* (Yoshiaki Kawajiri) andererseits treten Inspirationen vom Holzschnitt-Druck bis hin zu *Ghost in the Shell* zutage.

Schräge Graphit-Dächer unter einem blutroten Himmel bilden die malerische Kulisse eines aufregenden Samurai-Kampfs, der den Weg freimacht für eine schmutzige, kontrastreiche Cyber-Basis in den finalen Momenten des Kapitels. Die Geschichte ist inspiriert von fernster Vergangenheit bis hin zu modernen Klassikern.

Regisseur Takeshi Koikes *World Record*, das von einem Kurzstreckenläufer handelt, der die Ziellinie in die Realität selbst überquert, ist ein heftiges und (im wahrsten Sinne des Wortes) muskelbepacktes Bündel aus Animationen. Die mit dicken Linien gezeichneten, verdrehten Körper sind unglaublich nah und ziehen sich über die gesamte Leinwand, was den Charakteren, aber auch den Zuschauern, fast schon physischen Schmerz zufügt.

Im (stilistischen) Kontrast dazu sei einem vergeben, wenn man dachte, man würde bei *Der Letzte Flug der Orisis* (Andy Jones) Szenen der Realfilme sehen. Das 3D-CGI führt uns liebevoll in das Universum, das wir wiedererkennen (mit der gleichen, leicht unbeholfen anmutenden Erotik). Leichtere Kost bietet Koji Morimotos charmantes *Beyond*, das Abenteuer in einem „verspukten" Gebäude verspricht. Schwerelosigkeit oder örtlich begrenzter Regen stellen sich als Fehler in der *Matrix* heraus.

Mit seinen jugendlichen Charakteren und heller Stadtatmosphäre ist dieses Werk ein eher „nettes" Puzzleteil im World-Building von *Matrix*.

Das Kapitel, das das Matrix-Universum wohl am meisten umformt, ist *Matriculated* (Peter Chung). Ein Stück, das zwischen cartoonartigen Spannungsmomenten und goldschimmernden Traumzuständen hin- und herwechselt und aufzeigt, dass Maschinen und Menschen auf derselben Seite stehen können (eine Idee, die 18 Jahre später in *Resurrections* wiederaufgegriffen wird).

Animatrix ist ein Wunderland der Animation, das mit mutigen, stilistischen Elementen und narrativen Ambitionen gefüllt ist. Aber leider kann keiner wirklich sagen, was *Animatrix* ist. Das muss man selbst herausfinden.

MIND GAME
(MAINDO GEMU)

マインド・ゲーム

NOCH ALLE TASSEN IM SCHRANK?

Mind Game erzählt die stürmische und bisweilen verstörende Geschichte des Möchtegern-Mangaka Nishi, der seine Sandkastenliebe wieder trifft, nur um dann von einem fußballverrückten Yakuza getötet zu werden. Doch ein Treffen mit Gott verschafft ihm eine zweite Chance.

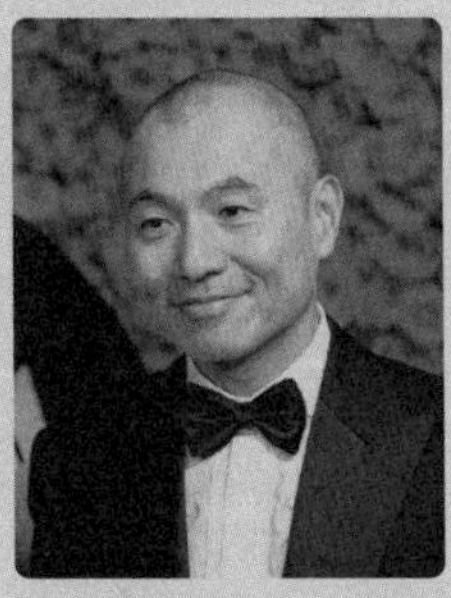

2004

REGIE: MASAAKI YUASA

103 MIN.

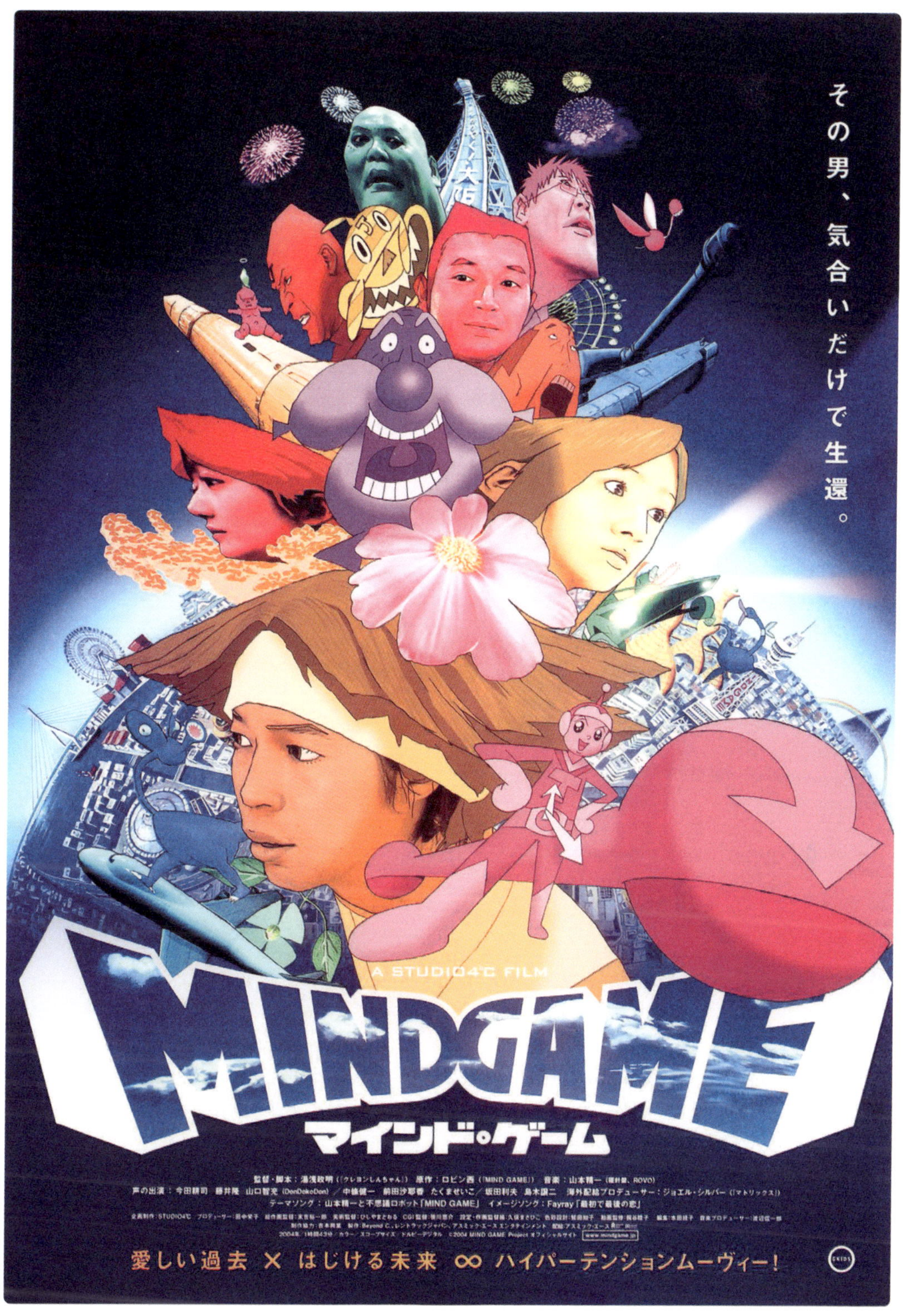
その男、気合いだけで生還。
A STUDIO4℃ FILM
MINDGAME
マインド・ゲーム
監督・脚本：湯浅政明（『クレヨンしんちゃん』） 原作：ロビン西（『MIND GAME』） 音楽：山本精一（羅針盤、ROVO）
声の出演：今田耕司 藤井隆 山口智充（DonDokoDon）／中條健一 前田沙耶香 たくませいこ／坂田利夫 島木譲二 海外配給プロデューサー：ジョエル・シルバー（『マトリックス』）
テーマソング：山本精一と不思議ロボット「MIND GAME」 イメージソング：Fayray「最初で最後の恋」
www.mindgame.jp
愛しい過去 × はじける未来 ∞ ハイパーテンションムーヴィー！

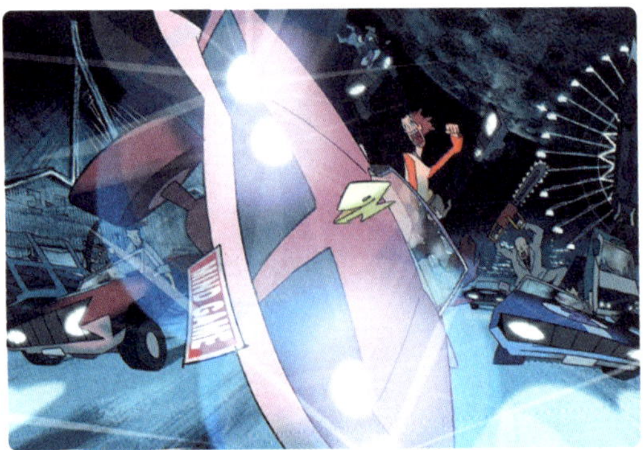

Oben: Eine von *Mind Games* auffälligen Sequenzen ist die Verfolgungsjagd durch die Stadt mit dem ungewöhnlich elastischen Auto.

Masaaki Yuasa wurde 1965 geboren und wuchs damit in einer Zeit auf, in der so atemberaubende Werke wie *Star Blazers* oder Hayao Miyazakis frühe Arbeiten *Mirai Shonen Conan* und *Lupin III.: Das Schloss des Cagliostro* den Anime prägten. Jedoch war es der Disney-Film *Cap und Capper (1981)*, genauer gesagt die grandiose Arbeit des Animators Glen Keane, der auf Yuasa den größten Eindruck machte und die Flammen seiner Vorstellungskraft als junger Mensch entfachte, während er die Kunst der Animation genauestens analysierte und nach seinen eigenen Ideen rekonstruierte.

Ein beträchtlicher Mix aus internationalen Einflüssen, wie z. B. die schrulligen Cartoons von Tex Avery, Paul Grimaults *Der König und der Vogel*, die fast schon psychodelische Animation des Beatles Musicals *Yellow Submarine* und René Laloux' SciFi-Fantasy-Geschichte *Der wilde Planet*, prägte Yuasas einzigartigen Stil nachhaltig.

Seine ausdrucksstarke, exzentrische Art hinderte ihn daran, den üblichen Weg einzuschlagen, bei dem die Nachwuchskünstler zunächst den Stil der älteren Animatoren nachahmen müssen. Aber Yuasa gelang alsbald der Durchbruch als Storyboarder und Keyframe-Animator an den stylischen Slice-of-Life Comedy-Serien *Chibi Maruko-chan* und *Crayon Shin-chan*. Später machte er sich selbstständig und arbeitete an mehreren Projekten für verschiedene Studios, darunter Isao Takahatas unkonventionelle Zeitungscomic-Verfilmung *Meine Nachbarn die Yamadas* bei Studio Ghibli.

Schließlich bot sich ihm die Gelegenheit, mit Produzentin Eiko Tanaka von Studio 4°C einen Film zu drehen und zwar die Adaption des ungewöhnlichen Manga *Mind Game* von Robin Nishi.

Dabei trieb er seine experimentellen, polystilistischen Tendenzen auf die Spitze, indem Yuasa eine Vielzahl von unterschiedlichen (manche würden vielleicht sogar sagen widersprüchlichen) Stile in den Film einbaute, darunter auch manipulierte Live-Action-Fotografie. Dieser Ansatz wurde durch den Stil des Mangas selbst geprägt, wie Yuasa es einst in einem Interview mit der *Japan Times* erklärte: „[Der Original-Manga] ist in einem groben Stil gezeichnet, ähnlich wie ein Gag-Manga. Als ich darüber nachdachte, wie ich dieses Flair beibehalten könnte, kam ich auf die Idee, fast wahllos und zufällig verschiedene Stile zu mischen. Es mag seltsam klingen, aber ich wollte, dass es so aussieht, als hätten wir nicht mit der gebotenen Ernsthaftigkeit daran gearbeitet. Was wir aber natürlich sehr wohl getan haben." Diese Herangehensweise stand in krassem Gegensatz zur gängigen Praxis zeitgenössischer Anime. Da er wusste, dass er nicht über das Budget für eine ausgefeilte Produktion verfügte, verlegte er sich auf die Exzentrik, um „den interessantesten Film zu machen, den man mit den verfügbaren Geldmitteln produzieren konnte." Es überrascht nicht, dass *Mind Game* etwas zu unkonventionell für den damaligen Publikumsgeschmack war, aber sein Status als Kultklassiker war ihm sicher, und er wurde weltweit auf Festivals und vor Kollegen wie Bill Plympton und Satoshi Kon vorgeführt, die den Film als „herausragend" bezeichneten.

EBENFALLS EINEN BLICK WERT — 

In den Jahren nach *Mind Game* galt Masaaki Yuasa aufgrund seines unverwechselbaren, eigentümlichen Kunststils weithin als einer der versiertesten und produktivsten Filmemacher der Anime-Branche. Nachdem er 2013 zusammen mit der in Korea geborenen Produzentin, Regisseurin und Animatorin Eunyoung Choi das unabhängige Studio Science Saru gegründet hatte, erreichte Yuasas Produktivität ein neues Level. Zu seinen Filmen gehören *Lu Over the Wall* (eine schrullige Anspielung auf Studio Ghiblis *Ponyo*), der mit dem Japan Oscar-prämierte romantische Komödie *The Night is Short, Walk On Girl* (beide 2017), das ausgefeiltere *Ride Your Wave* (2019) und *Inu-Oh* (2021), der seine Weltpremiere bei den renommierten Filmfestspielen von Venedig feierte. Aber die Krönung seines Schaffens dürfte die fröhliche, international gefeierte Serie *Keep Your Hands Off Eizouken* markieren, die von den Bemühungen dreier Schulmädchen handelt, einen Anime-Club zu gründen und ihre eigenen Kurzfilme zu drehen, was in einem ansteckenden Potpourri von jugendlichem Enthusiasmus, überbordender Fantasie und der Kunst des Anime selbst mündet.

MIND GAME – REZENSION

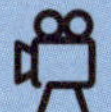

Im Film kann das Göttliche viele Formen annehmen. Die Skala reicht von Morgan Freemans bestens gekleideter Gottheit in *Bruce Allmächtig* über die glitzernde 1990er Rock-Legende Alanis Morisette in *Dogma* bis hin zu einfachen himmlisch funkelnden Sternen in *Ist das Leben nicht schön?*. In *Mind Game* wird der junge Mangaka Nishi, nachdem er von einem Gangster erschossen wurde, vom Allmächtigen begrüßt, dessen Gestalt erfrischend erhaben wirkt. Sie verändert sich ständig: Mal hat Gott einen fäkalienförmigen Kopf und eine schlangenförmige Zunge, dann ein fotorealistisches Goldfischglas als Gesicht, mal einen Wrestling-Look aus den 1980er Jahren, dann wieder einen Medusen-Kopf. An einer Stelle gibt es sogar ein von Blähungen geprägtes Schweinestyling in dieser flippigen, heiligen Ansammlung. *Mind Game* ist eine faszinierende, atemlose Geschichte, die Masaaki Yuasas unnachahmlichen Stil vor Augen führt.

Diesen Film zu sehen, ist, als würde man ein Schnippselbuch zum Leben erwecken. Grob skizzierte Körper wirken relativ menschlich, dann schwellen sie im Nu zu monströsen Proportionen an, bevor sie sich dann weiter in picassoeske Fotoausschnitt-Collagen verwandeln. Nishis Abenteuer vom einfältigen Fußabtreter zum respektvollen Mitglied der Gesellschaft ist der Versuch, dieser rasanten Erzählform gerecht zu werden. Die erste Hälfte des Films ist eine einzige berauschende, mitreißende, unerbittliche Erfahrung. Nishi fungiert als Gefäß für toxische Männerfantasien und bietet so die Gelegenheit, diese zu hinterfragen.

Er steht im Mittelpunkt seiner eigenen Geschichte, liebäugelt ständig mit großbusigen Frauen und gibt anderen die Schuld an seinem Versagen. Und in einem Moment der ultimativen hetero-maskulinen Demaskierung wird ihm, nachdem er die Frau, die er liebt, nicht beschützen kann, in den Hintern geschossen und er stirbt.

Kurz nach der Fußballweltmeisterschaft 2002, die in Japan und Südkorea ausgetragen wurde, verbindet *Mind Game* diesen an sich schönen Sport mit einer leicht grausamen Geschichte.

Nishis fegefeuerartige Reflexion über sein Ableben wird auf einem riesigen Bildschirm vor ihm abgespielt, der sein Versagen aus mehreren Nahaufnahmen und in Zeitlupe zeigt, quasi ein Video-Assistent des Todes. Nachdem er eine zweite Chance ausgehandelt hat, rächt sich Nishi an den Yukaza, packt zwei Frauen aus dem Diner in ein Auto und rast durch Abwehrriegel, durch die „nicht einmal Zidane und Figo durchkämen". Sein lüsterner, kindlicher Blick ist aber immer noch derselbe. Erst nachdem er von einer Brücke in den Bauch eines Wals gestürzt ist, beginnt Nishi sich zu verändern.

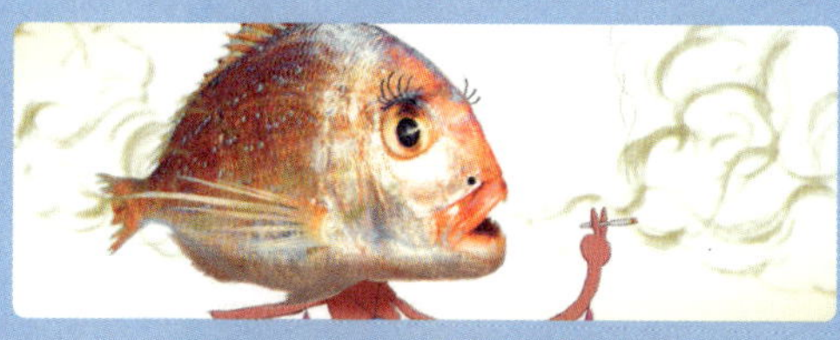

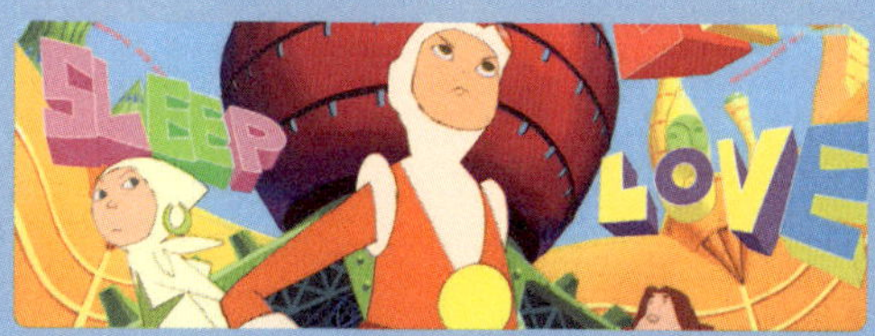

Oben: Der allmächtige Dorsch. Nishi erfährt göttliche Inspiration als er seinem Schöpfer gegenübersteht.

Unten: All you need is ... Masaaki Yuasa peppt seinen Film mit visuellen Referenzen zum animierten Musical der Beatles, *Yellow Submarine*, auf.

Im Inneren des Wals treffen Nishi und seine Passagierinnen auf einen alten Mann, der im Bauch des Tieres ein Dorf aus Baumhäusern errichtet hat. In einem Film, der aus zwei Hälften besteht, verlangsamen Aspekte, die an *Der Schweizerische Robinson* erinnern, in diesem Abschnitt das Tempo von *Mind Game* merklich. Das kommt sowohl den Zuschauern zugute als auch Nishi, der nun gezwungen ist, sich mit anderen zu unterhalten und die Personen um sich herum als komplexe menschliche Wesen zu sehen. Nachdem er sich mit seinen Gefährten angefreundet hat, ist eine psychedelische Tanzmontage mit phallischen Springseilen zunächst überraschend, offenbart aber schließlich einen ungehemmten, offenen Nishi, der ein Teamplayer sein kann und sich nicht mehr als unzufriedener ewiger Ersatzspieler sieht.

Mind Game ist eine sprunghafte und faszinierende Collage, deren erzählerische Qualität nicht ganz mit seinen stilistischen Höhenflügen Schritt halten kann, aber aufgrund der bloßen Message des Films und der völlig einzigartigen Präsentation einfach ungemein Spaß macht.

TEKKONKINKREET
(TEKKONKINKURIITO)

鉄コン筋クリート

STRASSENKÄMPFER

Zwei Waisenkinder führen Krieg gegen lokale Ganoven und andere aggressive Kräfte, um ihr lebhaftes Viertel Treasure Town zu verteidigen.

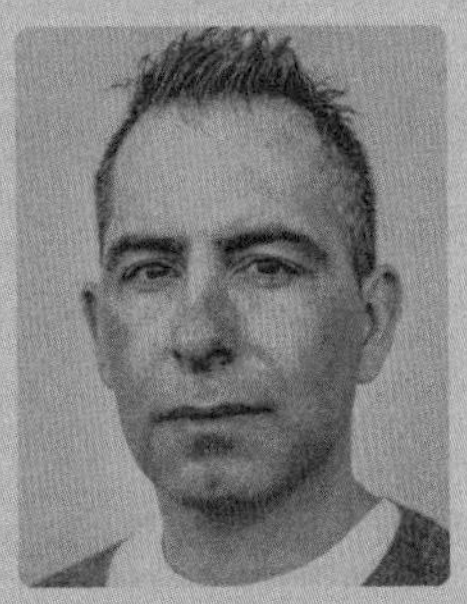

2006

REGIE: MICHAEL ARIAS

110 MIN.

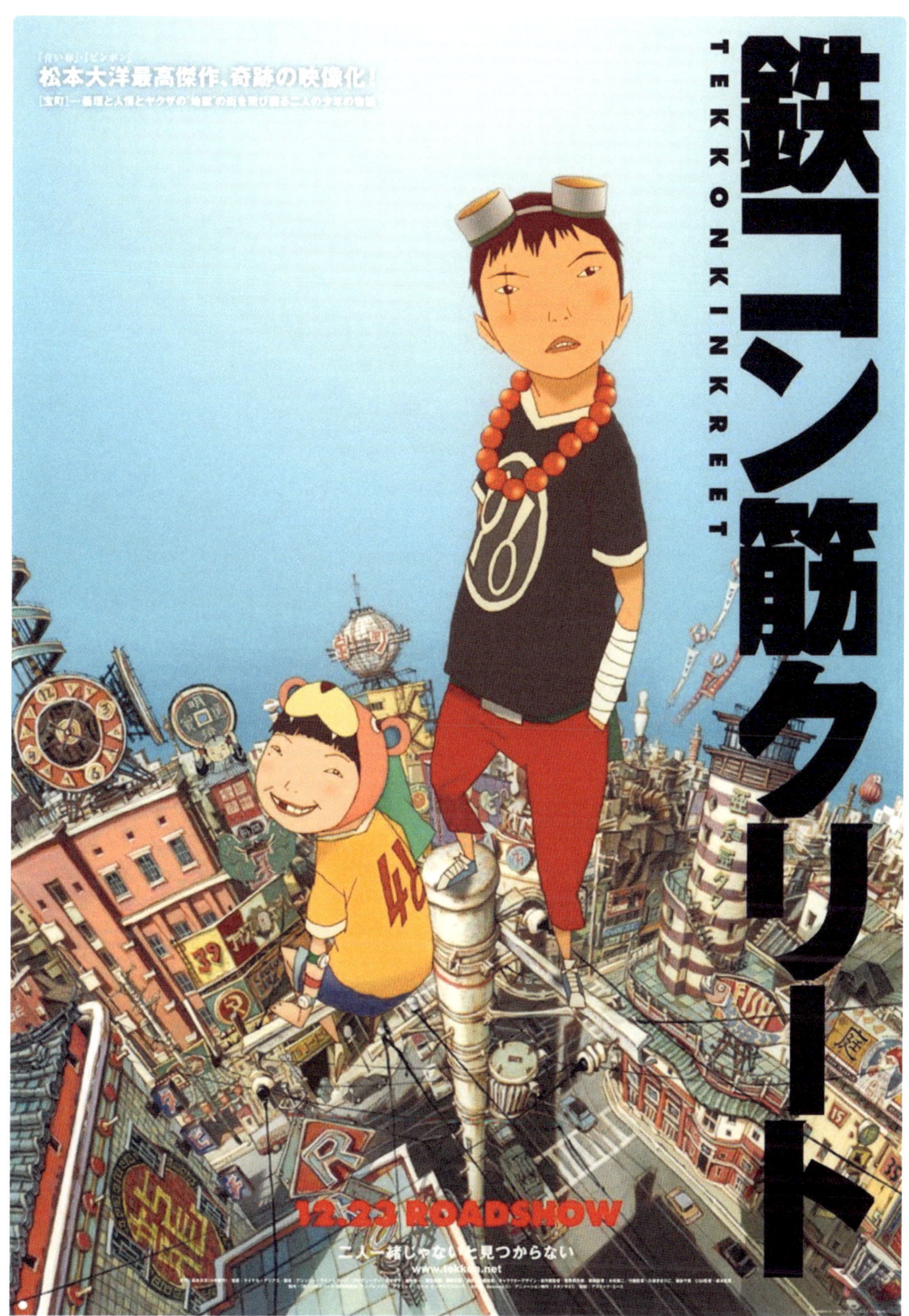
松本大洋最高傑作、奇跡の映像化！
鉄コン筋クリート
TEKKONKINKREET
12.23 ROADSHOW
二人一緒じゃないと見つからない

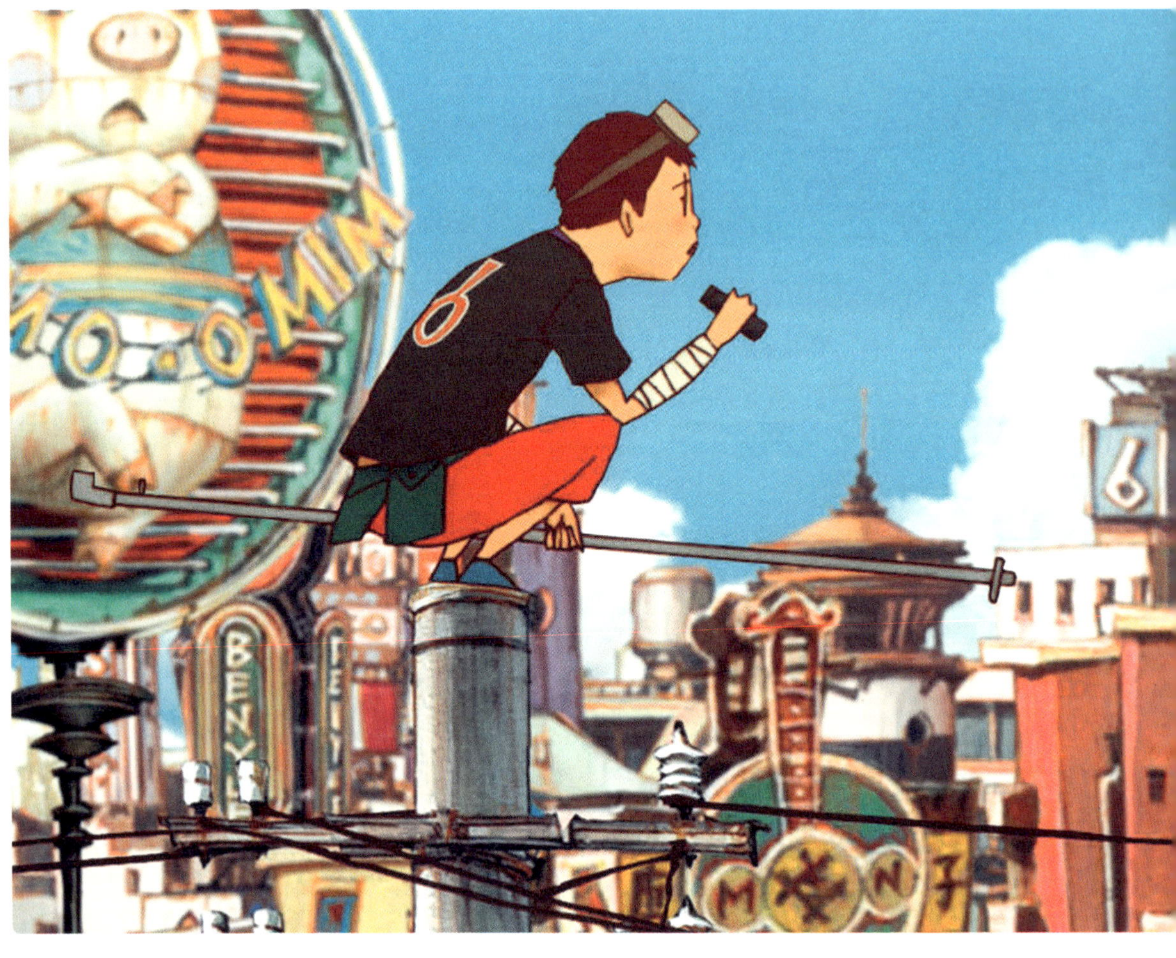

Die meisten Filmemacher, die in der japanischen Animationsbranche tätig sind, tun das ihr Leben lang. Von klein auf durch Manga oder Anime inspiriert, steigen sie nach ihrem Hochschulabschluss in die Branche ein und blicken nur selten zurück. Es ist ein System, das seit Jahrzehnten Talente aufsaugt und verschlingt. Allerdings gibt es eine auffällige Ausnahme dieses Fließbandverfahrens, und zwar in Person des in Los Angeles geborenen Michael Arias, der auch der erste Amerikaner ist, der bei einem japanischen Anime-Film Regie führte.

Arias' Weg zum Anime ist, gelinde gesagt, unkonventionell. Er begann als Kameraassistent bei Dream Quest Images, einer Firma für visuelle Spezialeffekte, und wirkte später an Filmen wie *Total Recall* und *The Abyss* mit. Später arbeitete er mit der Branchenlegende Douglas Trumbull an dem Vergnügungsparkprojekt *Back To The Future: The Ride* zusammen. Seine Jobs führten ihn immer wieder über den Pazifik, wo er für die Videospielfirma Sega tätig war und an Filmprojekten unter der Regie von Spike Lee, David Cronenberg und Robert Altman arbeitete. Dann entwickelte er eine Software, die handgezeichnete und computergenerierte Animationen kombinierte, die u. a. bei Hayao Miyazakis rekordverdächtigen Blockbuster-Filmen *Prinzessin Mononoke* und *Chihiros Reise ins Zauberland* zum Einsatz kam.

Das Projekt, das sein Regiedebüt werden sollte, geht auf das Jahr 1996 zurück, als Arias' Mitbewohner ihm eine Serie des Kultkünstlers Taiyo Matsumoto namens *Tekkonkinkreet* empfahl. „Das wird dich zu Tränen rühren", sagte er, und das tat es dann auch. Arias, der damals ein bekennender Manga-Neuling war, gibt im Vorwort der englischen Version des Mangas zu: „Ich hätte nie gedacht, dass ein Comic das mit mir machen könnte". An anderer Stelle bezeichnete er *Tekkonkinkreet* als ein „humanistisches Meisterwerk", das jenen Spielfilmen gleichkam, die er so sehr bewunderte, wie Federico Fellinis *La Strada – Das Lied*

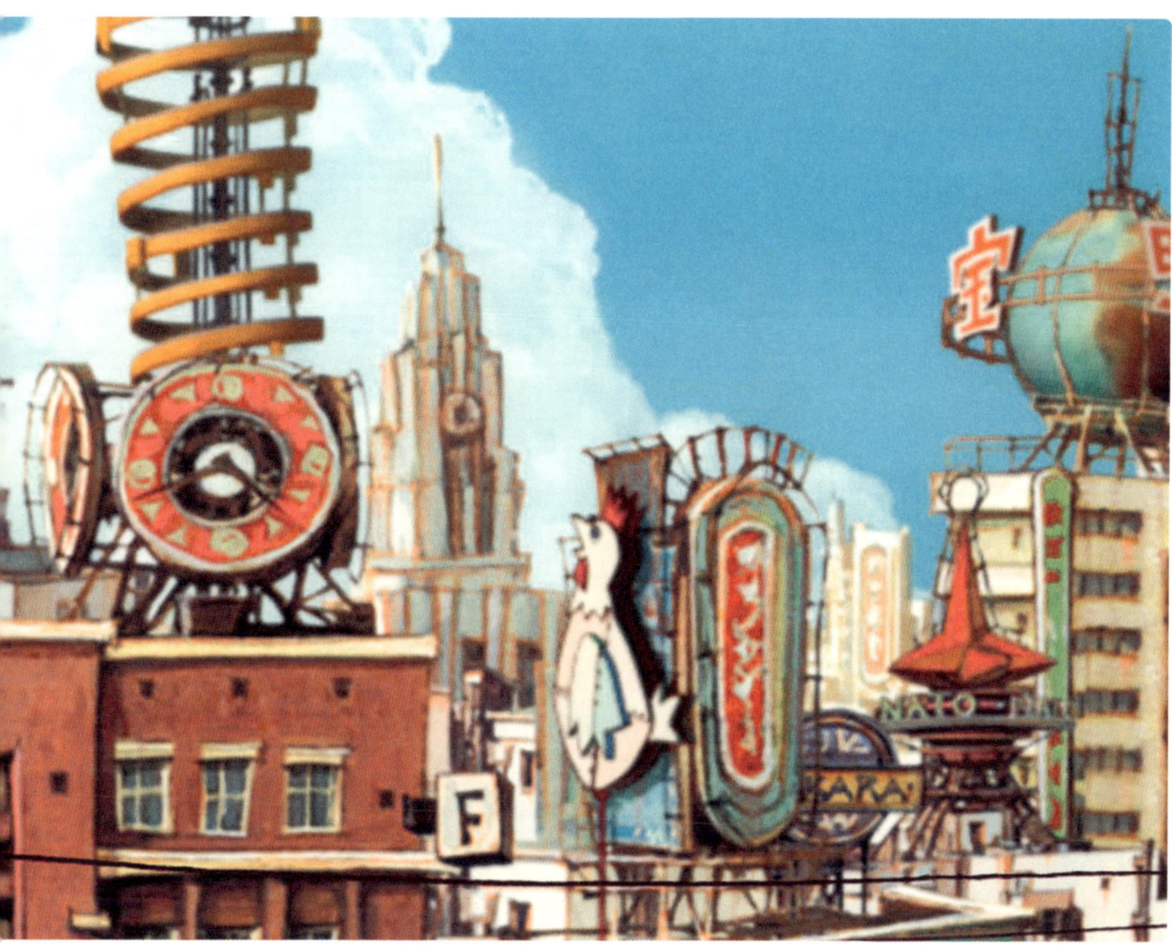

der Straße, Akira Kurosawas *Dodes'ka-den – Menschen im Abseits* und Shohei Imamuras *Schweine, Geishas und Matrosen*.

Es dauerte allerdings über ein Jahrzehnt, bis *Tekkonkinkreet* den Weg auf die große Leinwand fand. Der erste Film war ein kurzer, CGI-animierter Pilotfilm, der von einem 12-köpfigen Team erstellt wurde, darunter Arias als CGI-Regisseur und Koji Morimoto als Regisseur. Trotz der positiven Resonanz auf das erste Werk wurden die Pläne für eine Erweiterung des Pilotfilms allerdings verworfen. Einige Schlüsselaspekte dieser Produktion blieben jedoch erhalten, wie z. B. Arias' Faible für die Musik des britischen Elektro-Duos Plaid, das schließlich die Musik für *Tekkonkinkreet* beisteuern sollte. Als Arias an dem Pilotfilm arbeitete, schenkte ihm ein junger Schreiner, der die Büromöbel für das Team baute, eine Eintrittskarte für ein Plaid-Konzert und ein Exemplar des Albums *Not for Threes*. „Die Musik von Plaid hat sich in mir festgesetzt", schrieb Arias 2013 in einem Beitrag, „und hat sich tief in die Struktur von *Tekkonkinkreet* eingegraben."

Arias' einzigartiger Status als Vermittler zwischen Kulturen und Branchen machte ihn zum perfekten Vermittler für die Wachowski-Geschwister, als diese Japan besuchten und hofften, ihre Idole aus dem Bereich Animation und Videogames zu treffen. Aus diesen Begegnungen entstand *The Animatrix*, den Arias produzierte und dessen Erfolg dazu führte, dass *Tekkonkinkreet* schließlich grünes Licht bekam, nicht zuletzt dank der Produzentin Eiko Tanaka von Studio 4°C, die das Projekt betreute und Arias ermutigte, selbst die Regie zu übernehmen.

Oben: Treasure Town. *Tekkonkinkreets* Motive sind komplizierte und schöne Stadtlandschaften, die Zuschauer mit einer endlosen Entdeckungsreise beschenken.

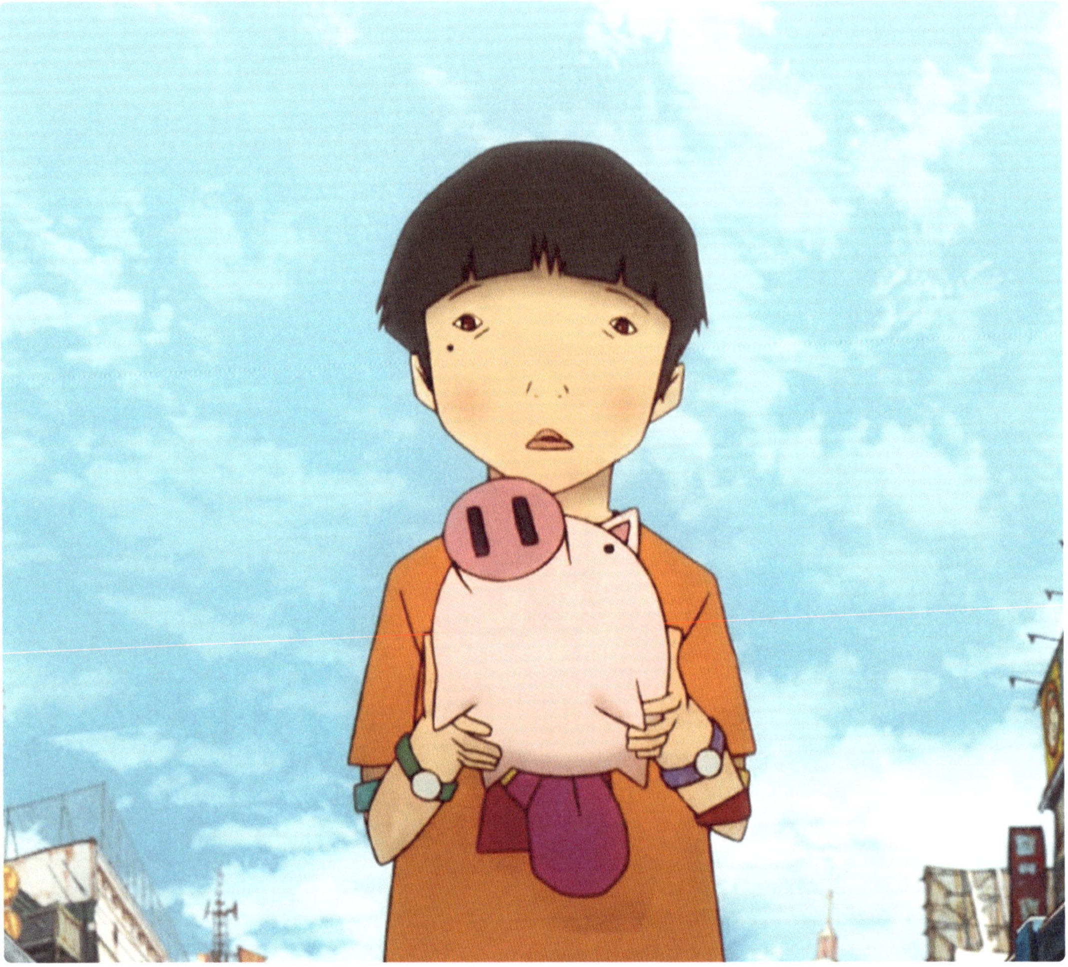

EBENFALLS EINEN BLICK WERT —

Tekkonkinkreet ist nach wie vor der kreative Höhepunkt in Michael Arias' vielseitiger Karriere. Seine Arbeiten als Regisseur, darunter der Live-Action-Film *Heaven's Door* und der Anime-Film *Harmony*, erfreuen sich bislang noch nicht der gleichen Anerkennung. Zuletzt hat sich Arias als Manga-Übersetzer hervorgetan, insbesondere der Werke des *Tekkonkinkreet*-Schöpfers Taiyo Matsumoto: Er schrieb die englischsprachigen Ausgaben von hochgelobten Serien wie *Sunny* und *Ping Pong*, wobei es von letzterer mittlerweile eine Anime-Serie von Regisseur Masaaki Yuasa gibt.

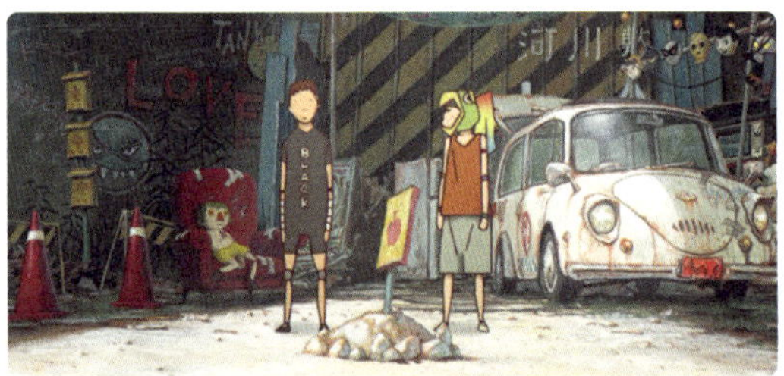

Ganz oben: Sparschwein. Michael Arias beschreibt Anime-Budgets als, typischerweise, 10 % von dem, was man in ähnlichen westlichen Produktionen erwarten würde.

Oben: Dynamisches Duo. Der zu Gewalt greifende, pubertäre Beschützer Black (links) verteidigt sowohl die Straßen, die er sein Zuhause nennt, als auch seinen Kompagnon, White (rechts).

Gegenüber: Baby Driver. Der kindische und unschuldige White lebt in einer fantasievollen Welt seiner eigenen Vorstellung

TEKKONKINKREET – REZENSION

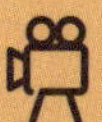

Tekkonkinreet ist kein Film, der seine Welt allmählich um einen herum aufbaut und einen behutsam in den Kontext einführt. Er wirft einen ins kalte Wasser. Aus der Vogelperspektive fliegt der Zuschauer über das urbane Geflecht von Treasure Town – ein buntes Durcheinander von zerklüfteten Konstruktionen, ganz so, als ob ein Spielplatz aus einer Kinderfantasie entsprungen wäre und dann die Stadtplanungsvorschriften umgangen hätte – und wird mitten in eine chaotische Straße geworfen. Es ist eine aufregende, wenig magenschonende Einführung in eine der komplexesten, wunderbarsten und emotional anrührendsten Landschaften des Anime. Und kaum ist man gelandet, steht vor einem ein Kind, das ziemlich wackelig läuft und etwas von Unterwäsche murmelt. Dabei handelt es sich um White, den Besitzer einer ganzen Reihe von Hüten, und die schmerzhaft ehrliche, äußerst kreative Hälfte eines Selbstjustiz-Duos, das als *The Cats* bekannt ist.

Die andere Hälfte ist Black, ein problembehafteter, gewalttätiger Jugendlicher mit Beschützersyndrom, der sich und White in den Straßen von Treasure Town großzuziehen versucht. Sie wurden von der Gesellschaft völlig im Stich gelassen und haben diese deshalb zu ihrem Spielplatz gemacht, auf dem sie wie Superhelden herumtoben.

Als ihre geliebte Stadt den Gentrifizierungs- und Kommerzialisierungsplänen eines Gangsters zum Opfer fällt, versuchen Black und White es zu verhindern, aber dabei gerät das Yin und Yang ihrer Beziehung auf tragische Weise aus dem Gleichgewicht.

Die Figuren von Treasure Town, die sich in diesem Revierkampf behaupten wollen, sind leicht überzeichnet dargestellt: Sie haben dünne Umrisse, kantige Gliedmaßen und schmale Gesichtszüge, die regelmäßig mit Boris Karloff-ähnlichen Nähten verziert werden. Obwohl es einige übernatürliche Elemente gibt (einschließlich schriller violetter Leibwächter, die scheinbar aus einem anderen Film stammen), geht es in der Geschichte um Straßenkriminalität, das Verlassenwerden und die psychische Gesundheit. Die Körper und der Schmerz, den sie empfinden, werden durch das jeweilige Design eindrücklich und glaubhaft dargestellt. Das zwielichtige Gangsterdrama erinnert an die Mafia-Filme des größten amerikanischen Chronisten des Genres, nämlich Martin Scorsese. Arias' lange Kamerafahrten sind elegant und träumerisch, während sie uns durch seine schön konstruierte Welt führen. Eine Welt, wie die von Henry Hill oder Frank Sheeran, in der Gewalt schon fast etwas verlockend Glamouröses an sich hat. Aber ihre Auswirkungen sind tödlich für Körper und Seele.

Tekkonkinkreet ist trotz des bombastischen Spektakels ein eher leiser, tragischer Film. Er beleuchtet die Hochs und Tiefs des konsumorientierten Systems, die unausweichliche Schuld, die Gefahren für Familie und Verwandtschaft, den Verlust der kindlichen Unschuld und die Zerrüttung der psychischen Gesundheit bei dem Versuch, in einer solchen Welt zu überleben. Es gibt keine passable Lösung für all das, aber es gibt einen Hoffnungsschimmer und ein großes Maß an Einfühlungsvermögen und Verständnis für die Figuren, die sich am Rande der Gesellschaft befinden. Ihre Macken verschwinden nicht, ihre Probleme werden nicht einfach gelöst, aber ihre Geschichte, die mit so viel Spannung und Anmut erzählt wird, ist der wahre Schatz.

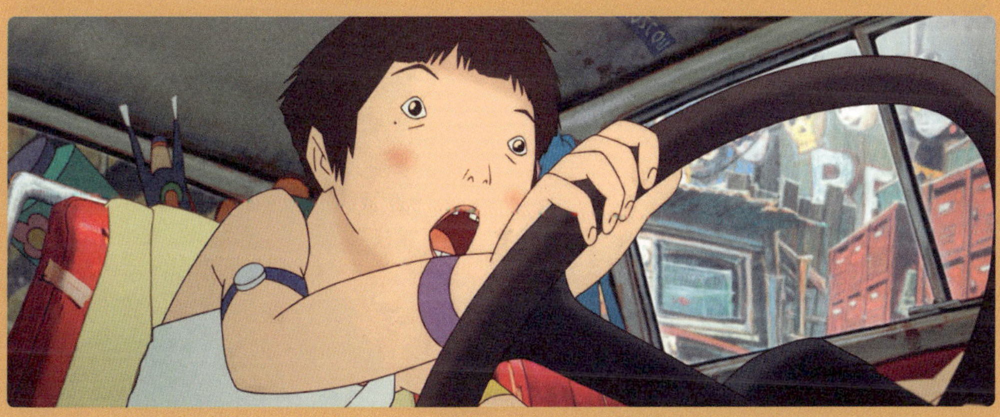

EVANGELION: 1.11 – YOU ARE (NOT) ALONE (EVANGERION SHINGEKIJOUBAN: JO)

ヱヴァンゲリヲン新劇場版: 序

AB IN DEN PAPIERKORB UND NOCH MAL VON VORN

Der Teenager Shinji Ikari trifft nach langer Zeit seinen Vater wieder, den Leiter eines streng geheimen Programms, das gigantische biomechanische Roboter für den Kampf gegen eine mysteriöse Bedrohung der Menschheit, genannt Engel, entwickelt.

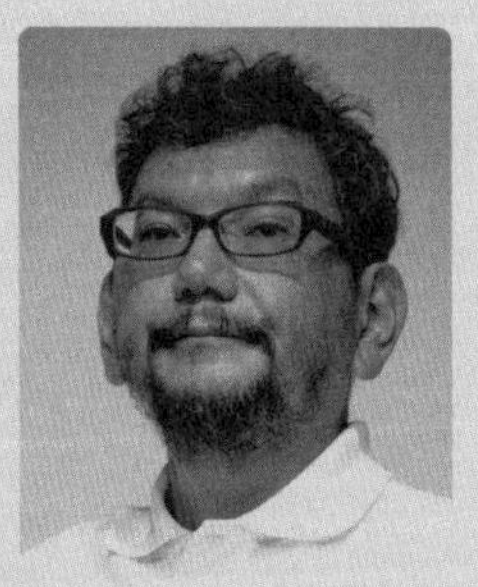

2015

REGIE: HIDEAKI ANNO UND ANDERE

98 MIN.

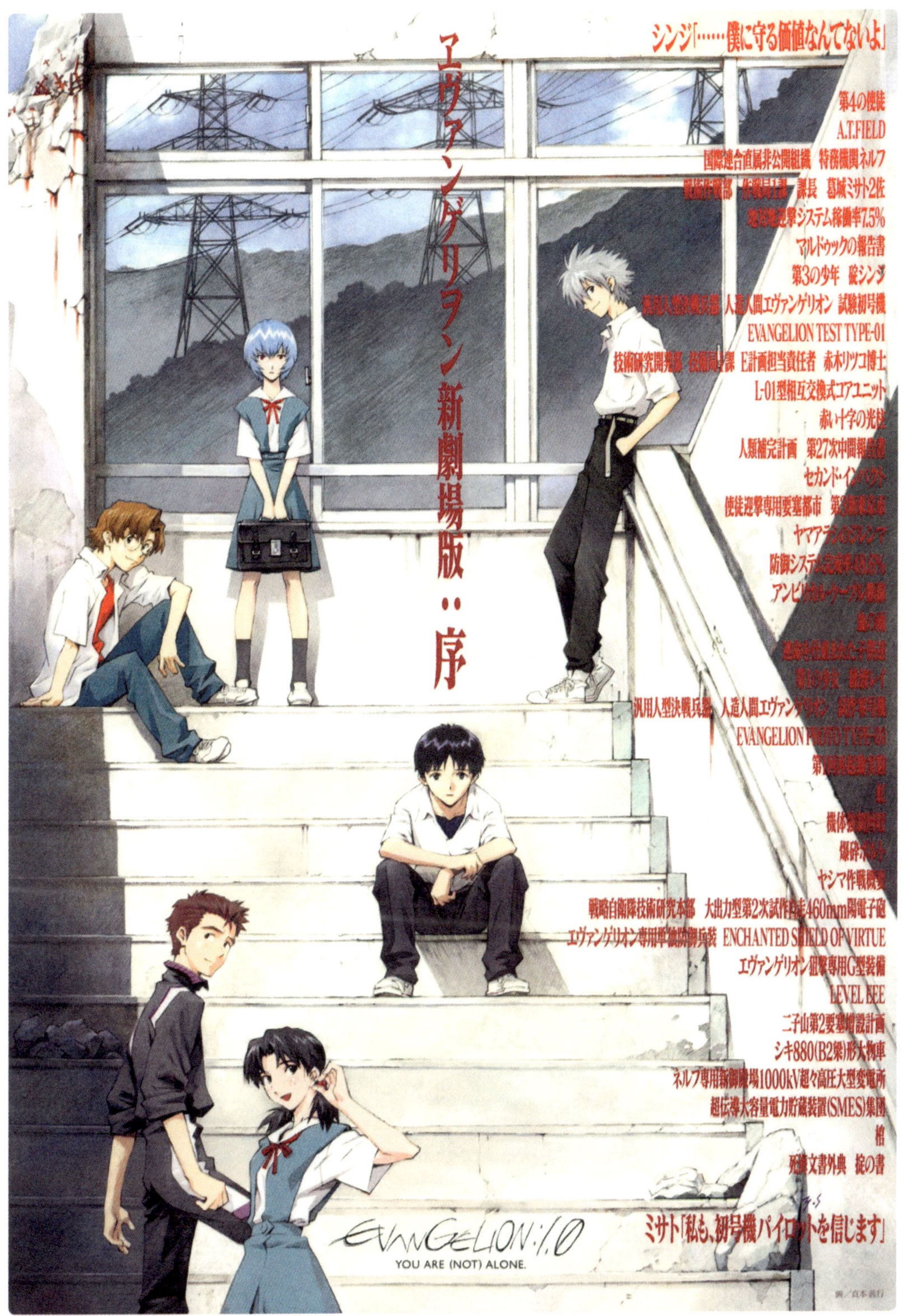

ヱヴァンゲリヲン新劇場版：序
シンジ「……僕に守る価値なんてないよ」
第4の使徒
A.T.FIELD
国際連合直属非公開組織　特務機関ネルフ
課長　葛城ミサト2佐
マルドゥックの報告書
第3の少年　碇シンジ
人造人間エヴァンゲリオン　試験初号機
EVANGELION TEST TYPE-01
E計画担当責任者　赤木リツコ博士
L-01型相互交換式コアユニット
赤い十字の光柱
人類補完計画
使徒迎撃専用要塞都市
汎用人型決戦兵器　人造人間エヴァン
ヤシマ作戦
戦略自衛隊技術研究本部　大出力型第2次試作
ENCHANTED
エヴァンゲリオン狙撃専用G型装備
二子山第2要塞増設計画
シキ880(B2梁)形大物車
ネルフ専用新御殿場1000kV超々高圧大型変電所
超伝導大容量電力貯蔵装置(SMES)集団
槍
死海文書外典　掟の書
ミサト「私も、初号機パイロットを信じます」
EVANGELION:1.0
YOU ARE (NOT) ALONE.
画／貞本義行

Es ist schon schwer genug, überhaupt einmal die Chance zu bekommen, seine kreative Vision zu verwirklichen, ganz zu schweigen davon, dass man es noch einmal mit demselben Stoff versuchen darf. Und doch gibt es ein paar glückliche Filmemacher, die immer wieder zu ihren Werken zurückgekehrt sind. George Lucas, zum Beispiel, hat seine originale *Star Wars*-Trilogie nicht ruhen lassen und bei jeder neuen Kino- und Videoveröffentlichung an den Filmen weitergebastelt, bis er schlussendlich das Handtuch geworfen und 2012 die gesamte Produktion an Disney verkauft hat. In der Historie der Filmemacher gibt es jedoch wohl nur einen weiteren, der eine ähnlich nervenaufreibende Beziehung zu seinem Werk und dessen Publikum hat: Hideaki Anno.

Hideaki Annos Durchbruch in der Anime-Branche ist eine Geschichte für sich. Geboren im Jahr 1960 dürfte Anno wohl das Aushängeschild der ersten „Otaku"-Generation japanischer Animatoren sein, die mit Anime, Manga und Live-Action-Filmen großgeworden ist.

Er wuchs in der Yamaguchi-Präfektur im Süden Japans auf, wo er seine eigenen Heimvideos mit einer 8mm-Kamera aufnahm. Er rasselte zunächst durch die Uni-Aufnahmeprüfungen, weil er lieber als Zeitungsjunge Geld verdiente, während er seinen Hobbys frönte. In der Folgezeit schrieb er sich jedoch an der Osaka University of Arts ein. Dort lernte er Kommilitonen kennen, mit denen er später das Studio Gainax gründen sollte, und war so sehr in ihre Amateur-Animationsprojekte vertieft, dass er versäumte, seine Studiengebühren zu bezahlen, woraufhin er dann letztendlich der Uni verwiesen wurde.

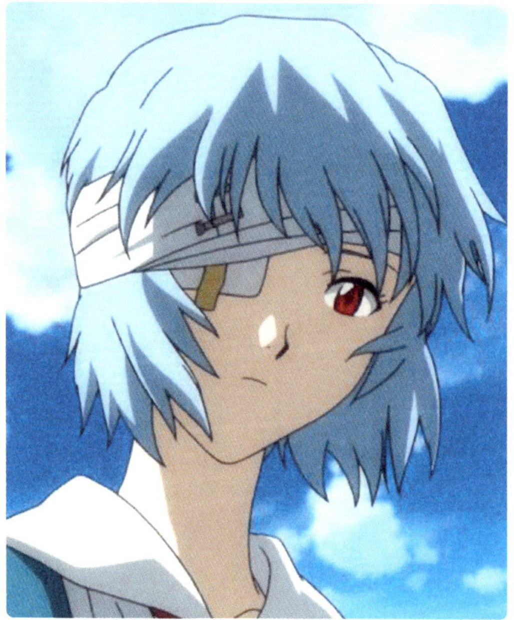

Er war schon auf dem besten Weg, sich einen Namen zu machen, als er zusammen mit seinen zukünftigen Gainax-Kollegen die beiden Fan-Lieblinge *DAICON III* und *IV Opening Animations* schuf und anschließend den Job als Key-Animator für die Serie *Macross* ergattern konnte. Nachdem er einem Aufruf folgte, wonach Animatoren für Hayao Miyazakis Fantasy-Epos *Nausicaä aus dem Tal der Winde* gesucht wurden, kam schließlich sein großer Durchbruch. Mit seinem Portfolio im Koffer reiste er nach Tokio, ging durch die Eingangstür des Produktionsstudios geradewegs in Miyazakis Büro, um ihm seine Werke persönlich zu zeigen. Der Regisseur war so beeindruckt von dem, was er sah, dass er den Neuling mit der Aufgabe betraute, eine wichtige Szene am Ende des Films zu animieren, eine Szene mit dem gewaltigen, monströsen Kriegstitanen.

Nausicaä wurde 1984 veröffentlicht, im selben Jahr, in dem auch die alte *DAICON*-Crew ihre Arbeit offiziell unter dem Namen Gainax startete. Ihr viel beachteter Debütfilm in Spielfilmlänge, *Royal Space Force*, scheiterte letztendlich an den Kinokassen, doch Anno betrachtete das Studio zwei Jahrzehnte lang als sein Zuhause, abgesehen von gelegentlichen Aufenthalten bei anderen Studios, wo er beispielsweise zur Key-Animation in Isao Takahatas *Die letzten Glühwürmchen* beitrug. Bei Gainax übernahm Anno die Regie für *Gunbuster* und *Nadia und die Macht des Zaubersteins*. Laut einer offiziellen Biografie lernte Anno während der Produktion von *Nadia* „aus erster Hand die Schrecken kennen, die in der Produktion einer TV-Animeserie lauern", was ihn ausgelaugt und desillusioniert zurückließ. Es dauerte einige Jahre, bis sich Anno wieder zurück an eine neue Animeserie wagte: die ultimative Kreuzung religiösen Mystizismus', psychoanalytischen Theorems, verschleierter Autobiografie und unbeholfenen Teenagern, die gigantische Roboter steuern. Die Rede ist natürlich von der 26-Episoden-Kolossserie, die 1995 herauskam: *Neon Genesis Evangelion*. Die Serie war ein riesiger Erfolg, die der Anime-Branche in einem schwierigen Jahrzehnt ihrer Geschichte ordentlich Schwung gegeben hat. Und dennoch legte er keine Bilderbuchlandung hin. Ein paar kontroverse und verwirrende Episoden am Ende der Serie spalteten die Fangemeinde so sehr, dass die Macher sogar Morddrohungen erhielten.

Anfänglich sagte Anno, er sei mit dem Ende zufrieden. In einem berüchtigten Wortwechsel während eines Q&A auf einer amerikanischen Convention, bei der ein Besucher seine Enttäuschung und Verwirrung über das Ende zum Ausdruck brachte, kommentierte Anno dies lediglich mit: „Schade." Doch die leidenschaftliche Reaktion des Publikums forderte ihren Tribut und Anno verfiel in eine tiefe Depression. Es dauerte einige Zeit, bis er wieder für eine Reihe von Kinofilmen zurückgewonnen werden konnte, die versuchen sollten, das Ende der Serie geradezubiegen. Den Höhepunkt dieser Unternehmung bildete *The End of Evangelion*, ein

EBENFALLS EINEN BLICK WERT

Wie oben bereits angedeutet, ist das *Neon Genesis Evangelion*-Franchise ausladend, verwirrend und, in vielerlei Hinsicht, widersprüchlich. *You Are (Not) Alone* bildet den Auftakt der *Rebuild of Evangelion*-Reihe, Hideaki Annos Neuerzählung der Serie, und mündet somit nahtlos in die Sequels, die jeweils ähnlich komplizierte Titel tragen: *Evangelion: 2.22 – You Can (Not) Advance.* (2009), *Evangelion: 3.33 – You Can (Not) Redo.* (2012) und *Evangelion: 3.0+1.01 Thrice Upon A Time* (2021). Die originale 26-teilige Serie und ihr herausfordernder Abschluss in Spielfilmlänge, *The End of Evangelion*, haben zwar ein paar Ecken und Kanten, doch haben sie zurecht eine begeisterte Kult-Fangemeinde hervorgebracht, die bis heute anhält. In Annos langer und vielseitiger Karriere zieht *Evangelion* wohl die größte Aufmerksamkeit auf sich. Um seine früheren Arbeiten wertschätzen zu können, lohnt es sich definitiv die Kriegstitan-Szene in *Nausicaä aus dem Tal der Winde* zu bestaunen oder sich an seiner Miyazaki-Hommage *Nadia und die Macht des Zaubersteins* zu erfreuen. Seine experimentellen Live-Action-Filme *Love & Pop*, *Shiki-Jitsu* und *Cutie Honey* sind perfekte Beispiele für seine eigentümlichen, kreativen Impulse, während der aktuellere *Shin Godzilla*, der das Monster-Filmgenre auf subversive Weise in einen bürokratischen Papierkrieg verwandelte, sowohl bei den Kritiken als auch an den Kinokassen ein voller Erfolg war.

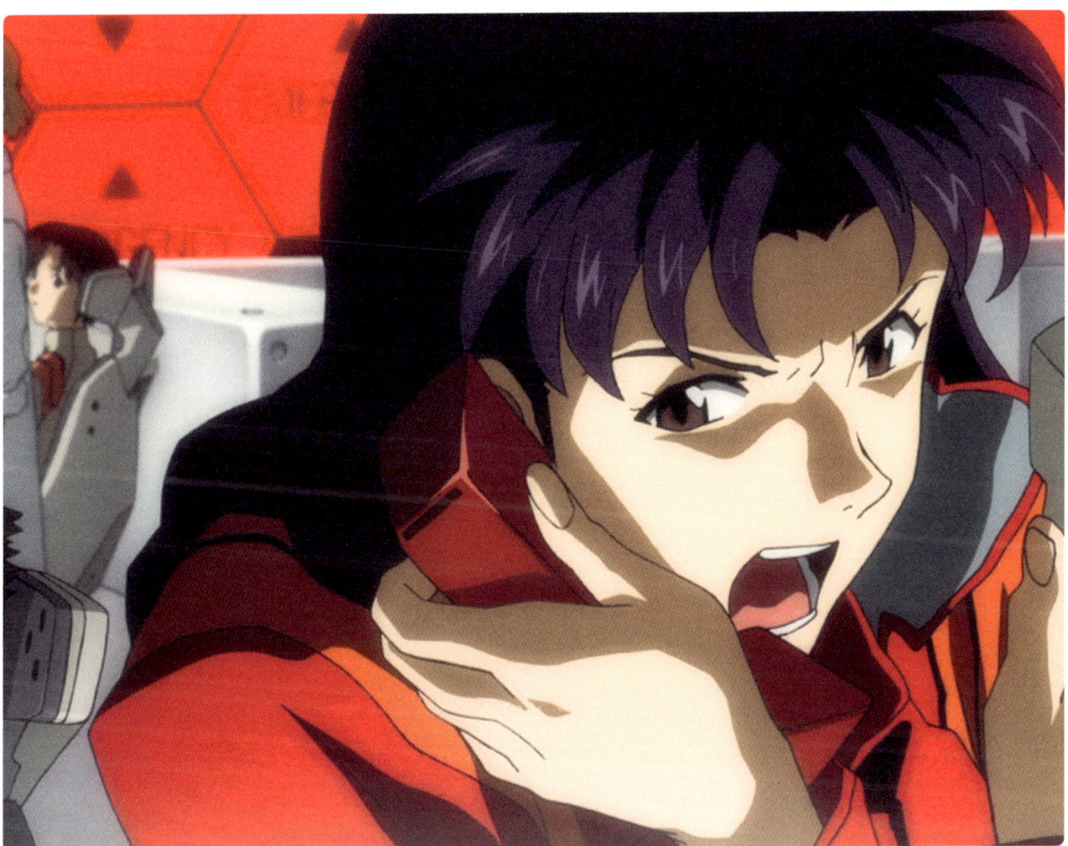

Gegenüber: Pilot-System. Auf seinem Weg begegnet Shinji weiteren Jugendlichen, die ihre eigenen Evas steuern, darunter die mysteriöse Rei Ayanami.

Oben: Alarmstufe rot. *Evangelion* ist neben einer explosiven Action-Geschichte genauso auf die Herausforderungen zwischenmenschlicher Kommunikation fokussiert.

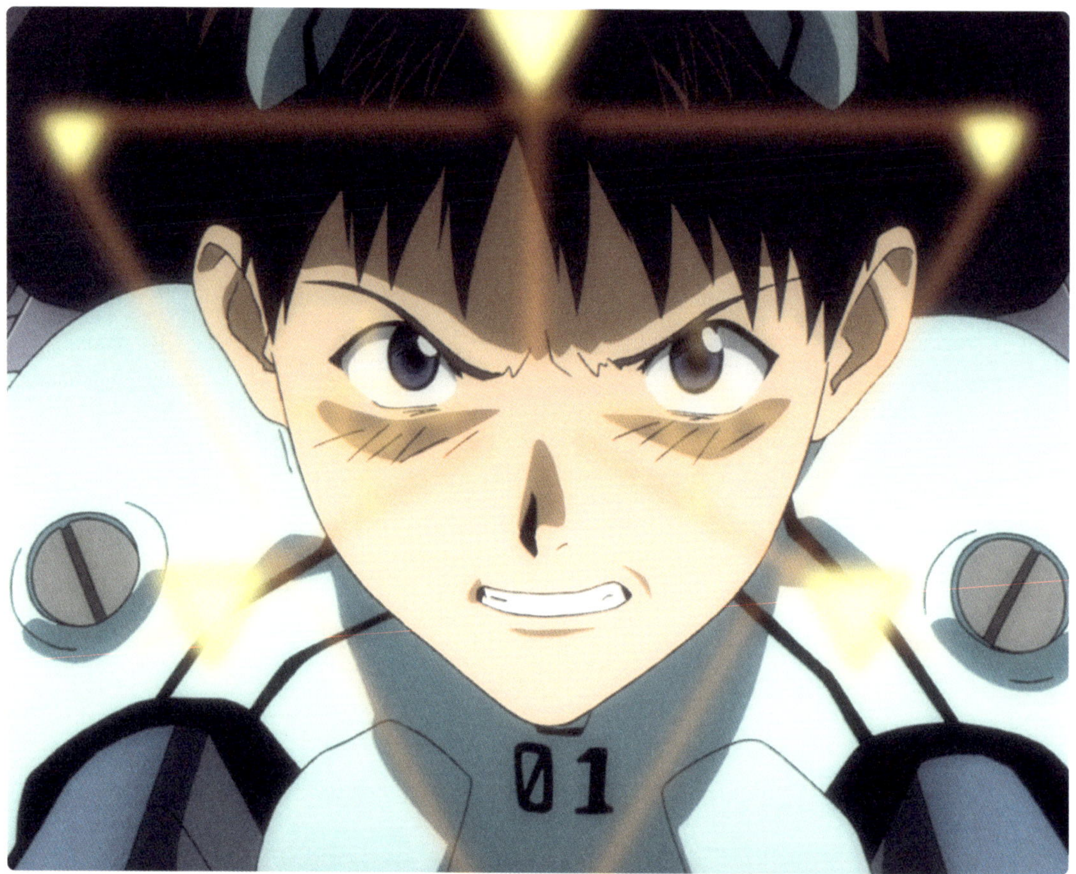

herausfordernder und konfrontativer Film, der die Kamera sowohl auf den Schöpfer des Werkes als auch die Fans richtete, um ihnen ein „wahres" und endgültiges Ende zu bieten.

Nicht lange nach dem zehnjährigen Jubiläum der Serie kehrte Anno jedoch erneut zur Serie zurück. Anfangs war er inspiriert von der Idee, dass die japanische Popkultur neue Franchises braucht, die mit jeder Generation neu erzählt werden könnten (ähnlich wie bei *Godzilla*, *Kamen Rider* und *Ultraman*, drei Live-Action-Film-Serien, die er später als Teil des gemeinsamen *Shin*-Universum beaufsichtigen würde). Doch könnte *Evangelion* da reinpassen? Die *Rebuild of Evangelion*-Saga war eine vierteilige Erkundung dieser Idee, wobei Anno zu den Charakteren, dem Schauplatz und den Themen mit einer neuen Sichtweise zurückkehrte. „Die Zeiten haben sich geändert", sagte er gegenüber Collider. „Die Welt ist heute eine andere als damals. Und auch ich habe mich verändert."

Als Zeichen dieser neuen Ära verließ Anno Studio Gainax und gründete ein neues Studio, Khara, nach dem griechischen Wort für „Freude", und machte sich mit größeren Plänen und größerem Budget auf die Reise, angefangen mit *Evangelion: 2.22 – You Can (Not) Advance*, das sich grob an das in den ersten paar Episoden der Originalserie skizzierte erzählerische Terrain anlehnt. Anno beschrieb es als einen sicheren und vertrauten Einstieg: für Neulinge frisch genug und für eingefleischte Fans bot es genügend Unterschiede, um ihre Neugierde zu wecken (von hochaufgelöster, digitaler Animationstechnik bis hin zu verschmitztem Augenzwinkern und Anspielungen), sodass das gesamte Publikum zusammengebracht werden konnte, bevor es in unbekannte Tiefen ging. Und obwohl es oft heißt, dass der Weg wichtiger ist als das Ziel, endete die *Rebuild*-Saga 2021 mit einem Höhepunkt: *Evangelion: 3.0+1.01 Thrice Upon A Time* wurde von den Kritikern hoch gelobt, mit einem japanischen Academy-Award ausgezeichnet und erreichte am Jahresende die Spitze der japanischen Kino-Einspielergebnisse. Dank eines Vertriebsdeals mit Amazon Prime Video profitierte Annos Film außerdem von der bis dato größten internationalen Ausstrahlung seiner bisherigen Werke.

Oben: Ab in den Roboter, Shinji. Die Kämpfe von *Evangelions* Protagonisten um Akzeptanz und Glück spiegeln sich in denen des Schöpfers Hideaki Anno wider.

EVANGELION: 1.11 – YOU ARE (NOT) ALONE – REZENSION

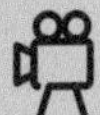

Das *Evangelion*-Franchise ist vollgestopft mit christlicher Symbolik. Es gibt Explosionen in Form von Kreuzen, einen Speer, der nach dem benannt ist, der Jesus verletzte, und einen weiteren Haufen Charaktere, deren Namen augenscheinlich aus dem Alten Testament der Bibel kommen. Es lässt sich darüber streiten, wie viel von diesem biblischen Wissen tatsächlich in die Serie eingeflossen und wie viel nur kosmetisches Aufplustern ist, aber mit diesem Film und dem ganzen Franchise wird klar, dass Hideaki Anno das ein oder andere über Wiedergeburt weiß.

You Are (Not) Alone ist eine großartige Möglichkeit, um in *Evangelion* reinzuschnuppern, denn diese ausufernde, chaotische aber unglaublich schöne Geschichte ist nicht für jeden geeignet. Auf dem kleinen Bildschirm ist es die Geschichte des Teenagers Shinji Ikari und seinem ewigen Rein und Raus aus einem riesigen Roboter, um gegen eindringende außerirdische Mächte zu kämpfen, eine seltsame, repetitive und avantgardistische Erzählung. Die erste Hälfte der Serie handelt von der Zerstörung ganzer Stadtlandschaften, während die zweite Hälfte sich eher darauf konzentriert, die psychologische Fassade der Charaktere komplett niederzureißen. Es ist faszinierend mit anzusehen, wie sich die Serie im Verlauf der 26 kurzen Episoden von einem „Monster der Woche"-Actionspektakel zu existenziellen, selbstreflektierenden Monologen entfaltet.

Der erste der *Rebuild*-Filme – die die Geschichte in Spielfilmlänge nacherzählen, mit neuen Charakteren, Details und einer leichten Änderung der Erzählung –, *You Are (Not) Alone*, schafft es, dies alles zu vereinen: Er ist ein herrlich unterhaltsamer Blockbuster, eine lohnende emotionale Erfahrung und eine bereichernde Ergänzung zur Welt von *Evangelion*. Nicht an die engen, anreißerischen Beschränkungen des Fernsehens gebunden, stellt der Film ein etwas luxuriöseres und befriedigenderes Seherlebnis dar als die entsprechenden Anfangsepisoden der Serie. Anno nimmt sich Zeit, die Welt von Evangelion aufzubauen, und zwar nicht nur durch verbale Ausführungen, sondern auch durch die detaillierte Darstellung seiner Dystopie. Die geduldige Herangehensweise an das World-Building, das durch das Kinoformat ermöglicht wird, ist ein großes Vergnügen. Die Stadt Tokio-3, die über einem riesigen Hohlraum in der Erde erbaut wurde und über einziehbare Wolkenkratzer verfügt, erhält endlich die glorreiche Besichtigungstour, die ein so einzigartiges Werk der Ingenieurskunst verdient. Die gleiche observatorische Klarheit gilt aber auch für die Betriebssysteme von NERV, der Behörde, die gegen die Außerirdischen kämpft: Ihre Software und Interfaces sind wunderschön gestaltet und mit viel Aufwand verbunden. Aufgrund des begrenzten Budgets musste die TV-Serie immer wieder die gleichen Szenen von Gebäuden und Computerbildschirmen verwenden, was ihren Handlungsspielraum einschränkte. Im Film nun sorgt die Neugier auf diese Stadt und ihre Mechaniken nicht nur für ein faszinierendes und umfassenderes Erlebnis, sondern verstärkt auch die Gefahr der Zerstörung. Es gibt zahlreiche Kämpfe zwischen EVAs (die Roboter, die von Shinji und den anderen Jugendlichen gesteuert werden) und den Engeln (die Außerirdischen), deren episodischer Charakter in den einzelnen Episoden natürlich besser zur Geltung kommt, sodass sich der Film in seinem Aufbau etwas repetitiv anfühlt. In diesen Kämpfen zeigt sich jedoch auch Annos Geschick bei der Charaktererstellung und Animation. Nachdem er bereits mit seinem unvergesslichen Kriegstitanen in *Nausicaä aus dem Tal der Winde* gezeigt hat, dass er ein Händchen für schauerliche Giganten hat, setzt er dem noch eine Schippe drauf und beglückt uns mit noch gewaltigeren, grauenerregenden Kreationen, die bis in den Himmel ragen. Die EVAs sind eine überraschend humanoide Mischung aus sehnigem Fleisch und Metall, das im Kampf knirscht, aufplatzt und zermatscht, wodurch es in der ganzen Stadt Blut regnet. Die Engel hingegen sind fluider. Ihre unerkennbare, fast flüssige Form und ihre schrillen Schreie bieten einen furchterregenden, mysteriösen Gegner und sind ein Paradebeispiel für die Fähigkeiten des Animators, eine hypnotisierende Dynamik zu erzeugen.

Was die Charaktere betrifft, so liegt der Schwerpunkt auf Shinji, während der Rest des Ensembles Spielfiguren auf dem erzählerischen Schachbrett sind, mit denen jedoch nicht viel gespielt wird – jedenfalls noch nicht. Shinji ist ein entmutigter und verschlossener Teenager, der in seiner Suche und Entwicklung von väterlichen, platonischen und romantischen Beziehungen bei jeder Gelegenheit gehemmt wird und dessen seltene Ausraster ihn zu einer perfekten Waffe machen. Mit etwas Umwurschteln der Serienstruktur wird Shinji jedoch am Ende ein seltenes Gefühl der Zufriedenheit und Anerkennung zuteil, was für einen überraschend eleganten Handlungsbogen der Geschichte sorgt, der so ursprünglich in dieser Form gar nicht vorgesehen war.

REDLINE (REDDORAIN)

レッドライン

FASTER AND FURIOUSER

Schnallt euch an! In diesem Vollgas-Anime kämpft der tollkühne Fahrer JP in der rasanten Welt der Underground-Rennen ums Überleben und träumt davon, das beliebteste Rennen der Galaxie, die tödliche, risikoreiche Redline, zu bestreiten – und vielleicht sogar zu gewinnen.

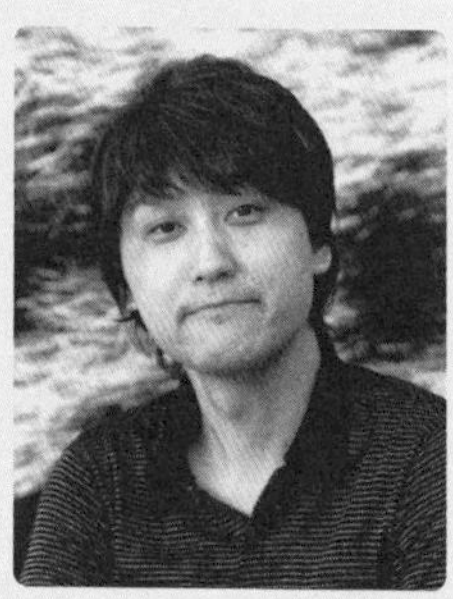

2009

REGIE: TAKESHI KOIKE

102 MIN.

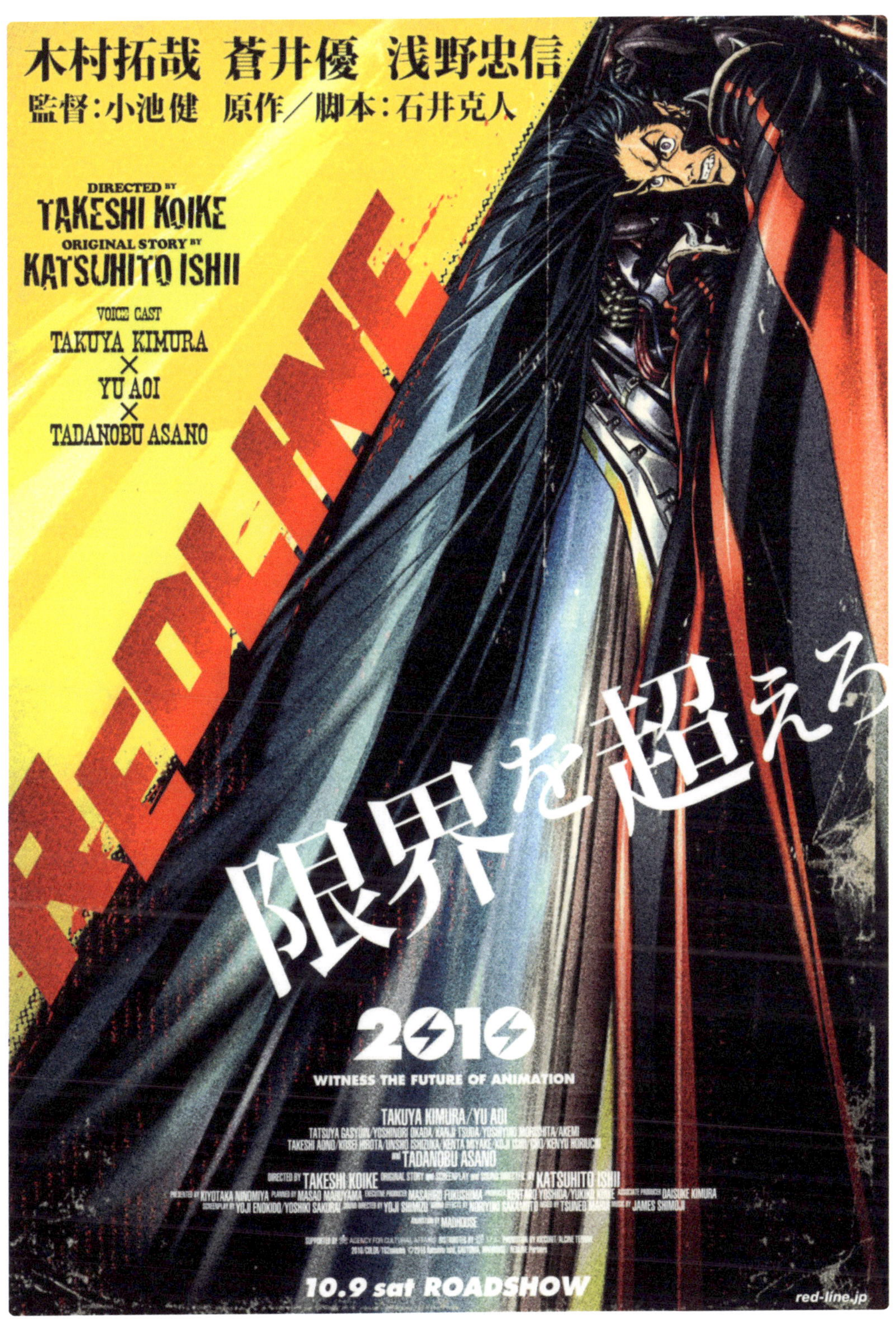
木村拓哉 蒼井優 浅野忠信
監督：小池健 原作／脚本：石井克人
DIRECTED BY
TAKESHI KOIKE
ORIGINAL STORY BY
KATSUHITO ISHII
VOICE CAST
TAKUYA KIMURA
×
YU AOI
×
TADANOBU ASANO
REDLINE
限界を超えろ
2010
WITNESS THE FUTURE OF ANIMATION
TAKUYA KIMURA/YU AOI
TADANOBU ASANO
TAKESHI KOIKE
KATSUHITO ISHII
10.9 sat ROADSHOW
red-line.jp

Als Quentin Tarantino den Entschluss fasste, eine Anime-Einlage in seinen stilvollen, mit Hommagen gespickten Martial-Arts-Actionfilm *Kill Bill Vol. 1* einzubauen, schöpfte er direkt aus der Quelle und beauftragte Production I.G., das Studio, das für weltweite Kulthits wie z. B. *Ghost in the Shell* verantwortlich war. Sein Freund Katsuhito Ishii, ein Regisseur, dessen Filme eine surreale, skurrile Atmosphäre haben, die manchmal an Live-Action-Anime erinnert, wurde damit beauftragt, Charakterdesigns beizusteuern. Ishii verließ das Projekt mit dem Wunsch, einen abendfüllenden Animationsfilm zu schaffen, der die gleiche ausdrucksstarke Energie wie die *Kill-Bill*-Sequenz besitzt und das gleiche westliche Publikum ansprechen sollte. „Als wir den Film zum ersten Mal zusammensetzten", erinnerte sich Ishii, „stellten wir uns das Publikum als diese Kids im Mittleren Westen der USA vor, die nichts anderes zu tun hatten, als an ihren Autos herumzubasteln. Wir wollten diesen Kids eine Botschaft vermitteln ... und es wäre großartig, wenn sie dabei nicht einmal bemerken würden, dass der Film nicht aus ihrem eigenen Land stammte."

Das Ergebnis war *Redline*, ein SciFi-Rennfilm mit hoher Oktanzahl, der das Gaspedal durchdrückt und keine Atempause zulässt. Bei der Zusammenarbeit mit dem Animationsstudio Madhouse (*Ninja Scroll*, *Robotic Angel*) entschied sich Ishii für Takeshi Koike, einen der Star-Animatoren des Unternehmens, der mit dem Beitrag *World Record* aus dem *Animatrix*-Anthologiefilm sein Regiedebüt abgeliefert hatte und zu diesem Zeitpunkt die Leitung des Pilotfilms zu einem der global ausgerichteten Projekte von Madhouse innehatte, nämlich *Afro Samurai*. Ishii fungierte als Produzent und lieferte außerdem Charakterdesigns, den Aufbau der Welt und einen kreativen Zündfunken, der Koike (einen ausgesprochenen Fan der chaotischen Hollywood-Autorennen-Komödie *Auf dem Highway ist die Hölle los*) dazu inspirierte, sich regelrecht auszutoben. „Projekte wie dieses sind normalerweise ein No-Go", verriet Ishii der Japan Times. „Aber der damalige Präsident von Madhouse, Masao Maruyama, schätzte Koikes Meinung sehr, und Koike wollte es unbedingt machen."

Unten: Haustier-Stopp. *Redlines* intensive, alles umfassende SciFi-Welt zeigt Aliens, anthropomorphische Tiere und Menschen als Charaktere.

Gegenüber oben: Verrückte Rennen. *Redlines* Rennfahrer sind farbenfrohe und fesselnde Charaktere, so wie beispielsweise Sonoshee McLaren.

Gegenüber unten: Need for Speed. *Redline* bringt die Nitroladung auf ein neues Hoch mit langgezogenen Rennwagen, die den kompletten Bildschirm füllen.

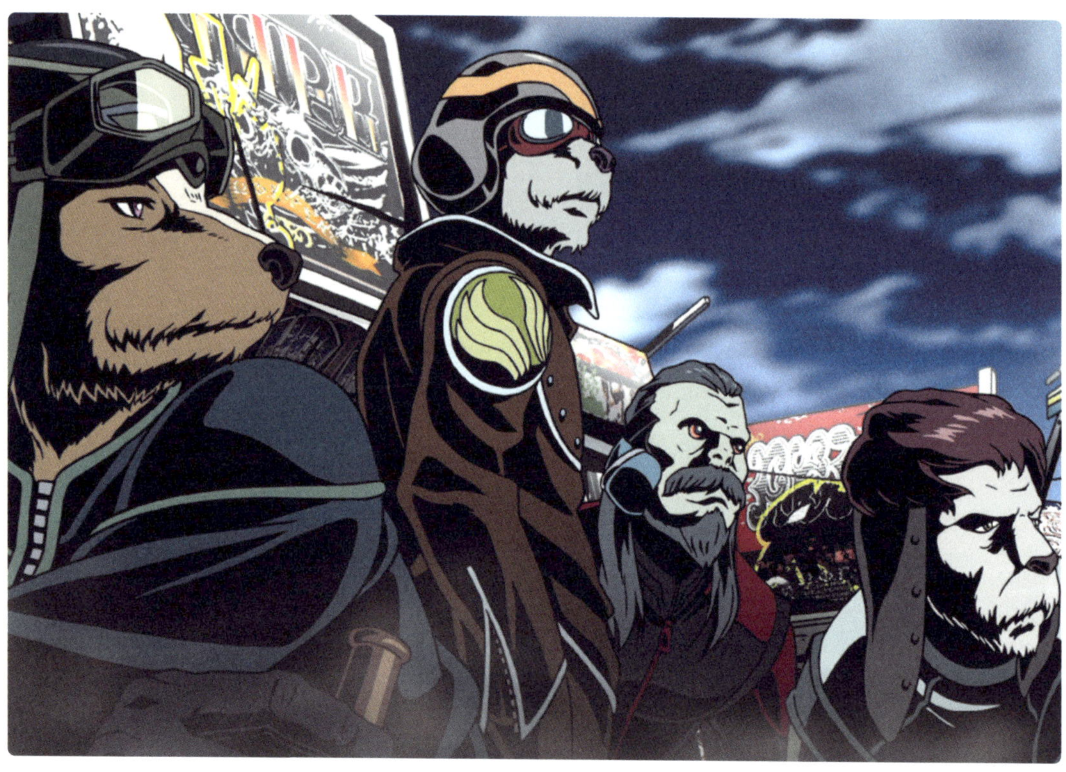

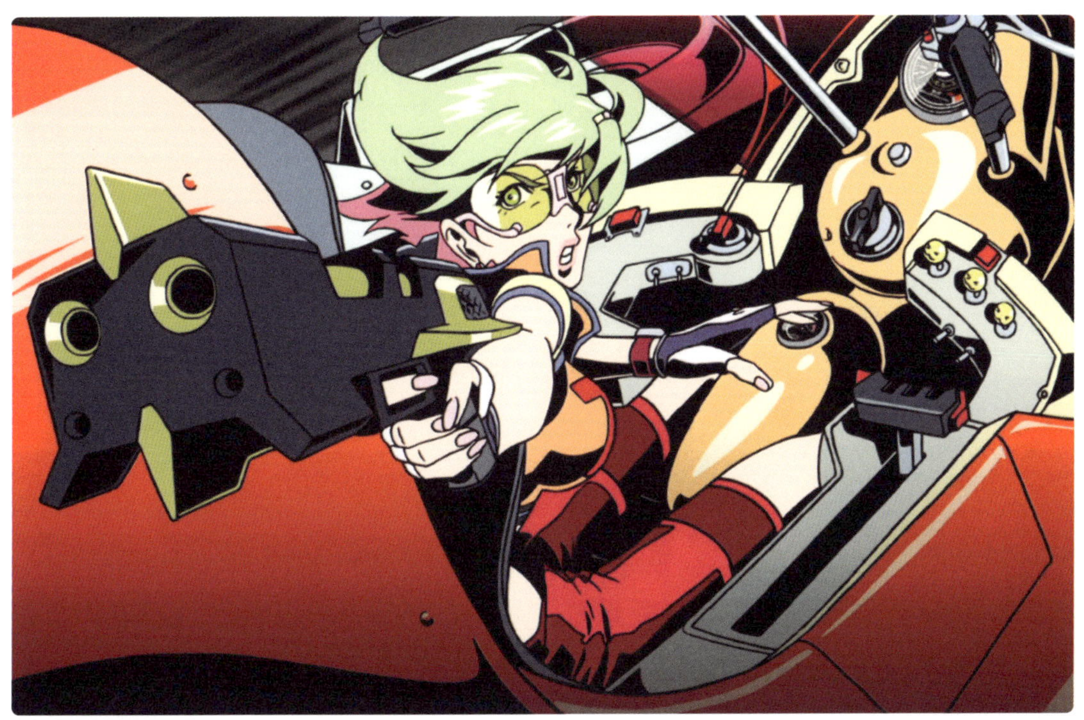

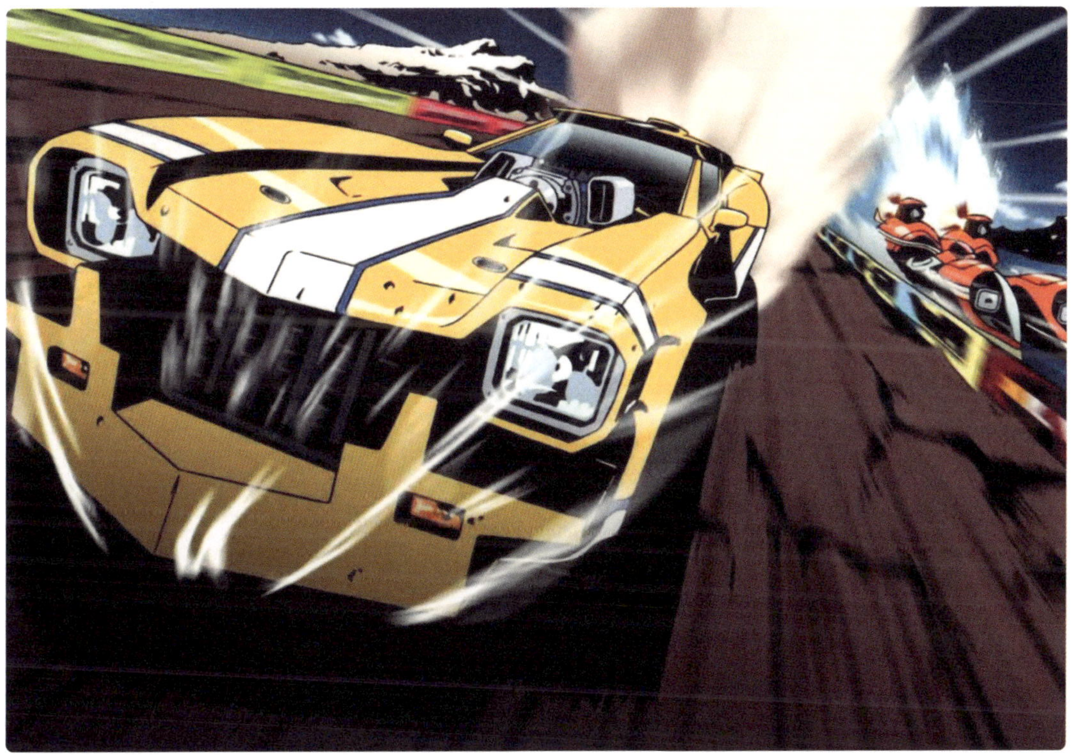

EBENFALLS EINEN BLICK WERT — 

Die langgestreckten Formen und verzerrten Perspektiven von *Redline* sind auch in Takeshi Koikes Beitrag zum *Animatrix*-Anthologiefilm *World Record* zu sehen. Nach *Redline* wurde Koike zu einer wichtigen, kreativen Kraft der *Lupin III*-Reihe, zu der er Charakterdesigns beisteuerte und als Animationsregisseur für die Serie *The Woman Called Fujiko Mine* fungierte. Außerdem führte er Regie bei den Kino-Spin-offs *Daisuke Jigens Grabstein, Goemon Ishikawa, der es Blut regnen lässt* und *Fujiko Mines Lüge*, wobei er erneut auf den Komponisten der Filmmusik von *Redline*, James Shimoji, traf. Übrigens sind in *Redline* mehrere Easter Eggs (Anspielungen auf andere Filme) versteckt, die auf die *Lupin III-Reihe* und ihre Charaktere Bezug nehmen – das ist dann wohl also Schicksal.

Entgegen dem vorherrschenden Trend der frühen 2000er Jahre wurde *Redline* vollständig von Hand gezeichnet, wobei Berichten zufolge im Laufe einer Produktion, die sich über mehrere Jahre hinzog, rund 100.000 Einzelzeichnungen angefertigt wurden. Aber all das diente dem Ziel, das Koike und Ishii verfolgten, nämlich, dass die Leinwand vor Energie regelrecht pulsierte, wenn sich Autos und Figuren bei hoher Geschwindigkeit und im Einklang mit James Shimojis pulsierender Filmmusik verformten und verzerrten. „Dieses Gefühl lässt sich nicht mit CGI erreichen“, erklärte Ishii, „wenn man den Film bis zum Schluss gesehen hat, ist das wie ein Rausch.“

Koike stimmte zu und sagte: „Die Dynamik der von Hand gezeichneten Bilder ist für meine Arbeit notwendig. Das ist es, was es ausmacht, mit der Hand zu zeichnen.“

Unten: Ausgebrannt. Um die Ziellinie zu erreichen, gehen JP und Regisseur Takeshi Koike bis ans Limit.

Gegenüber: Unter der Haube. Neben dem großen Rennen zeigt *Redline* malerisch die Schattenseiten der einzigartigen Alien-Welten.

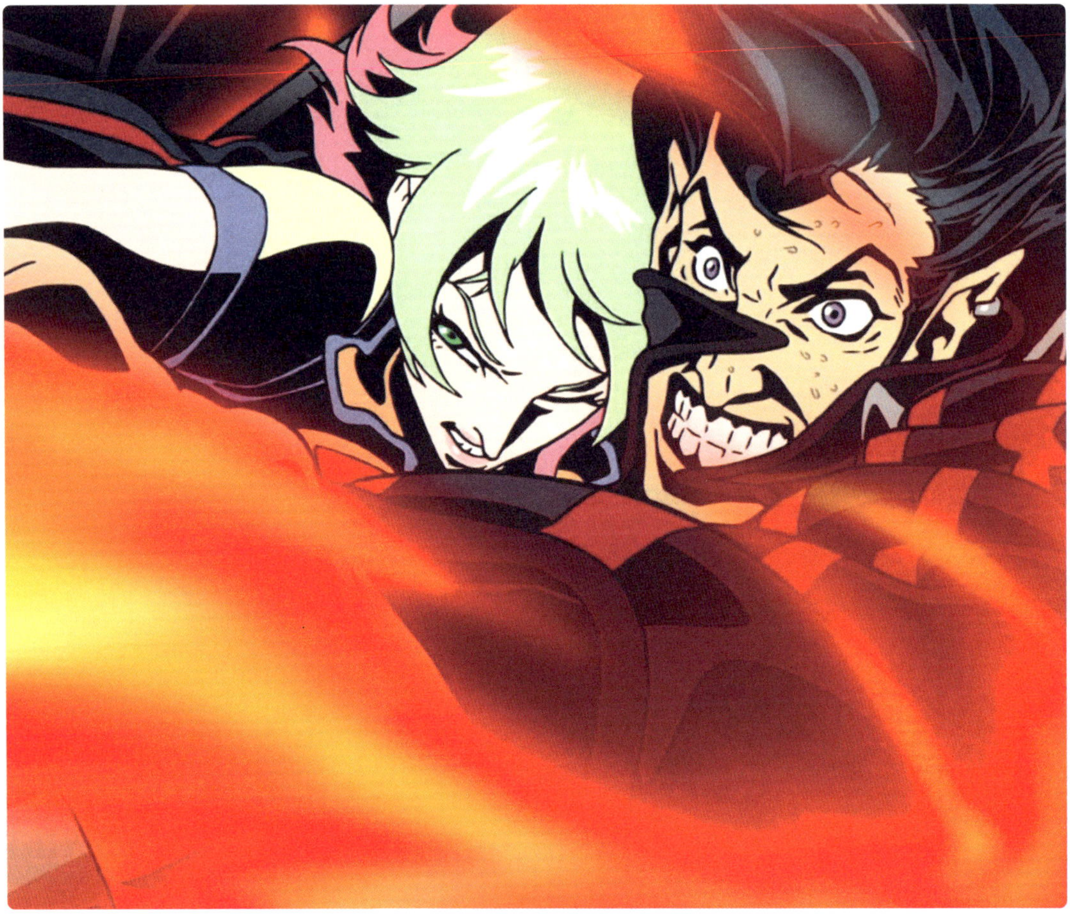

REDLINE – REZENSION

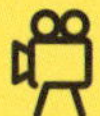

Einige der Filme in diesem Buch sollten mit einem meditativen und offenen Geist betrachtet werden, während andere einfach stählerne Konzentration erfordern. Bei *Redline* braucht man einen Sicherheitsgurt. Dieser Film ist eine unerbittliche kinetische Explosion, die die düsteren galaktischen Unterwelten von *Star Wars* mit den linearen G-Kräften von *Mad Max: Fury Road* verbindet. Wer sich darauf einlässt, tut dies in einem überraschend schönen Vordersitz und sieht einen der intensivsten und unterhaltsamsten Anime-Filme des 21. Jahrhunderts.

Die Geschichte von JP und seinem Wunsch, das größte Autorennen der Galaxie zu gewinnen, ist sowohl äußerst kompliziert als auch ausgesprochen schlicht. *Redline* wartet mit einem reichhaltigen Worldbuilding auf, das SciFi-Fans rundum zu befriedigen weiß, auch wenn es im Kern nur darum geht, wer als erster die Zielflagge zu Gesicht bekommt. Die Planeten in *Redline* sind keine glatten, blankpolierten Utopien, sondern schmutzige, schäbige Höhlen, in denen äußerst Illegales stattfindet – und das ist auch gut so. Die Feinheiten außerirdischen Lebens, der Subkulturen, der Fernsehnachrichten und des Nachtlebens werden untermalt vom Sound der Motoren und zeichnen eine lebendige interplanetarische Landschaft aus vertrauter sportlicher Kameraderie und klassischem Wettbewerb. Und sie ist wirklich einzigartig gezeichnet. Sobald die Pedale durchgetreten werden, gibt *Redline* auf dem Bildschirm buchstäblich Gummi. In kontrastreichen, dicken Linien gezeichnet, dehnen sich Charaktere und Autos derart, als würde die Kraft ihrer Motoren sie über die Grenzen von Zeit und Raum hinaus treiben. Abseits der Rennstrecke und auf den Aussichtstürmen wird die Geschichte noch tiefer gezeichnet. In dem Medienzirkus, der die Fahrer umgibt, werden dieselben elastischen Gesichter durch die Kameralinsen zusätzlich verzerrt, in Nachrichtensendungen und Werbespots nachgebildet und regelrecht ausgebeutet, wobei die Figuren in ihrem eigenen ständigen Wettlauf zwischen Gier und Integrität gefangen sind.

Trotz der überdimensionierten Fahrzeuge und der Pompadour-Frisur von JP – und einiger völlig unmotivierter Nacktszenen, die getrost der Schere hätten zum Opfer fallen dürfen – strahlt *Redline* einen unschuldigen jugendlichen Charme aus. Trotz seiner extremen Cartoonhaftigkeit und seiner völligen Realitätsferne ist es schwer, nicht komplett einzutauchen. Eine riesige lebende Waffe (die direkt aus *Nausicaä* übernommen wurde), die von einer faschistisch anmutenden Armee ins Feld geführt wird, fügt der Story einen unnötigen Anteil an Zerstörungswut hinzu, aber der delirierende Einsatz von Tschechows Lachgas im letzten Akt macht dies schnell wieder vergessen. *Redline* ist verstörend, atemlos und einzigartig. Man sollte unbedingt eine Runde damit drehen und sich an seinen Dämpfen berauschen.

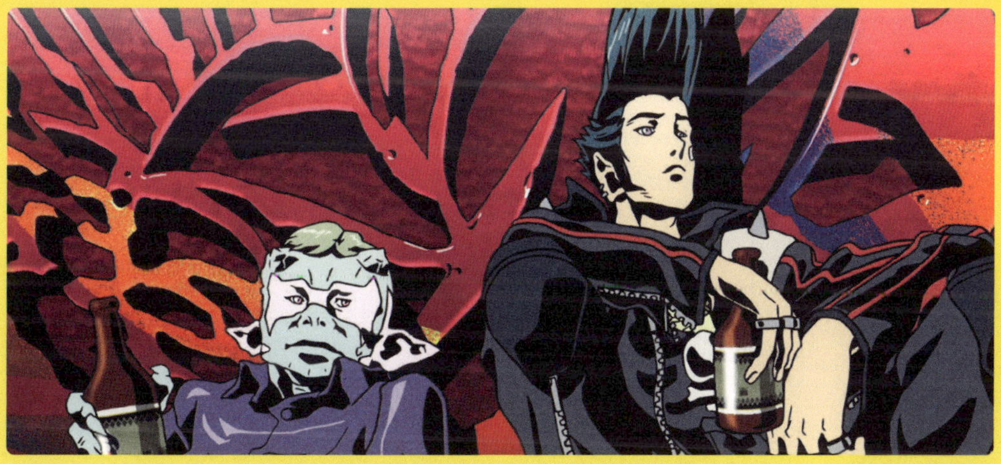

GIOVANNIS INSEL
(JOBANNI NO SHIMA)

ジョバンニの島

KOMM UND SEE

Während sich der zweite Weltkrieg dem Ende zuneigt, ändert sich das Leben zweier Brüder unwiderruflich, als die Insel Shikotan, auf der sie leben, von den Sowjet-Streitkräften besetzt wird.

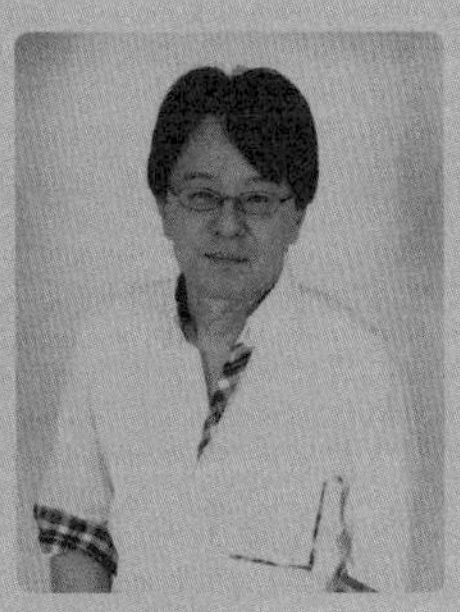

2014

REGIE: MIZUHO NISHIKUBO

102 MIN.

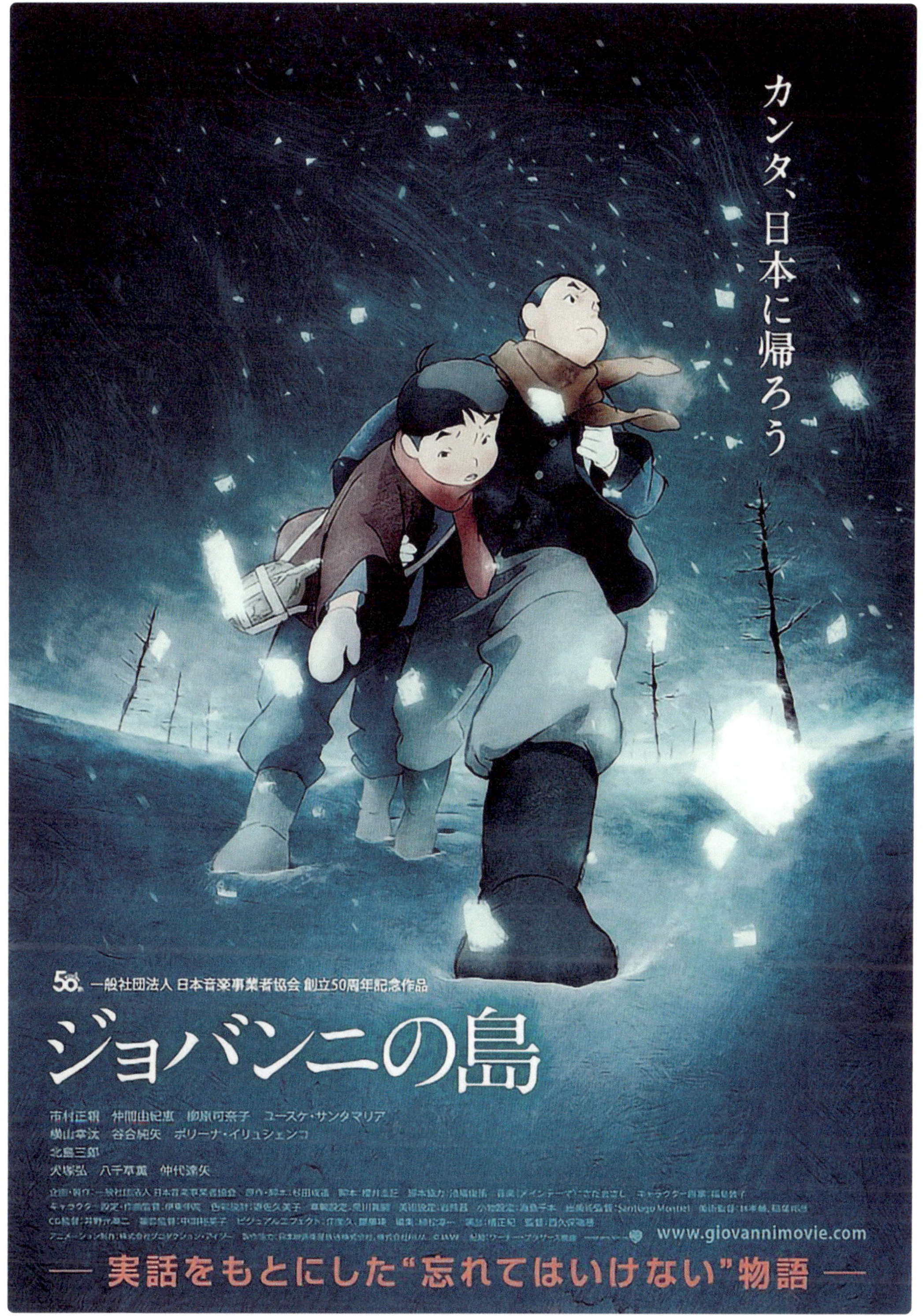
カンタ、日本に帰ろう
一般社団法人 日本音楽事業者協会 創立50周年記念作品
ジョバンニの島
市村正親 仲間由紀恵 柳原可奈子 ユースケ・サンタマリア
横山幸汰 谷合純矢 ポリーナ・イリュシェンコ
北島三郎
犬塚弘 八千草薫 仲代達矢
www.giovannimovie.com
― 実話をもとにした“忘れてはいけない”物語 ―

Mit seiner bis in die 1970er Jahre zurückreichenden Karriere verfügt Regisseur Mizuho Nishikubo über einen eindrucksvollen Lebenslauf. Er führte Regie bei bedeutsamen historischen Serien wie *Die Rosen von Versailles* und war beteiligt an der internationalen Koproduktion *Die geheimnisvollen Städte des Goldes*. Doch ein Thema ging ihm nicht aus dem Kopf, und nach vielen Jahren im Filmbusiness wollte er es unbedingt filmisch umsetzen. In einem Gespräch mit Anime News Network sagte er: „Die Geschichte Japans seit 1930, als das Land sich unerbittlich von einem Konflikt in den nächsten stürzte, hat mich von klein auf fasziniert. Ich wollte schon immer einen Film machen, der eine Story aus dieser Epoche zum Inhalt hat." Dann landete ein Projekt auf seinem Schreibtisch, das in den letzten Tagen des zweiten Weltkrieges spielt. Es ging um ein kaum behandeltes Thema der Geschichte: die Besetzung einer Insel des Kurilen-Archipels, einer japanischen Inselgruppe, die 1945 von Russland annektiert wurde. Die Idee wurde von Autor und Regisseur Shigemichi Sugita entwickelt und zuerst als Roman, später dann als Realfilm herausgebracht. Schließlich landete der Stoff als *Giovannis Insel* beim Animationsstudio Production I.G. Inspiriert von den Kindheitserinnerungen eines Mannes namens Hiroshi Tokuno, geht es in der Geschichte um einen zehnjährigen Jungen namens Junpei, der auf der Insel Shikotan lebt, die von den Sowjets besetzt wird. Die Entscheidung, die Geschichte als Animationsfilm herauszubringen, erlaubte es den Filmemachern, schwierige politische Gewässer zu umschiffen. Stattdessen bekam Nishikubo unendlich viele Möglichkeiten, seine Kreativität auszuleben. Um den Film mit historischen Details ausschmücken zu können, fügte er fantastische Elemente hinzu, die offensichtlich sehr von Kenji Miyazawas metaphysischer Kindergeschichte *Night on the Galactic Railroad* inspiriert sind.

Diese Geschichte liefert nicht nur „eine Art psychologischen Antrieb" für die Charaktere, die das Buch im Film lesen, es trägt auch inhaltlich zu *Giovannis Insel* bei, denn hier wird die Frage gestellt, die Nishikubo als Kernfrage von Miyazawas Geschichte versteht: Was ist wahres Glück?

Unten: Tanya, die Tochter des russischen Kommandanten, freundet sich mit den Brüdern Junpei und Kanta an, die auf der Insel Shikotan leben.

Gegenüber oben: Waffenbrüder. Die Brüder Junpei und Kanta versuchen verzweifelt, in der Nachkriegszeit zu überleben.

Gegenüber unten: Sprungsteine. Um *Giovannis Insel* noch besser zu verstehen, schaut man sich am besten auch die metaphysische Fantasiewelt von *Night on the Galactic Railroad* an.

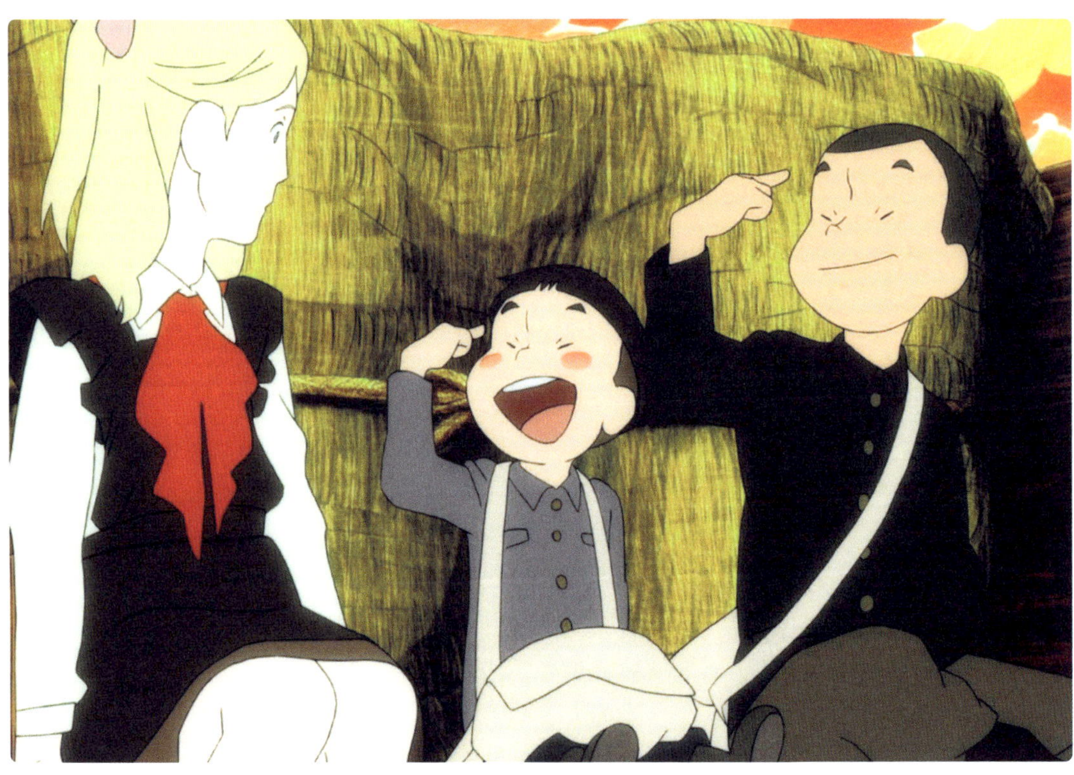

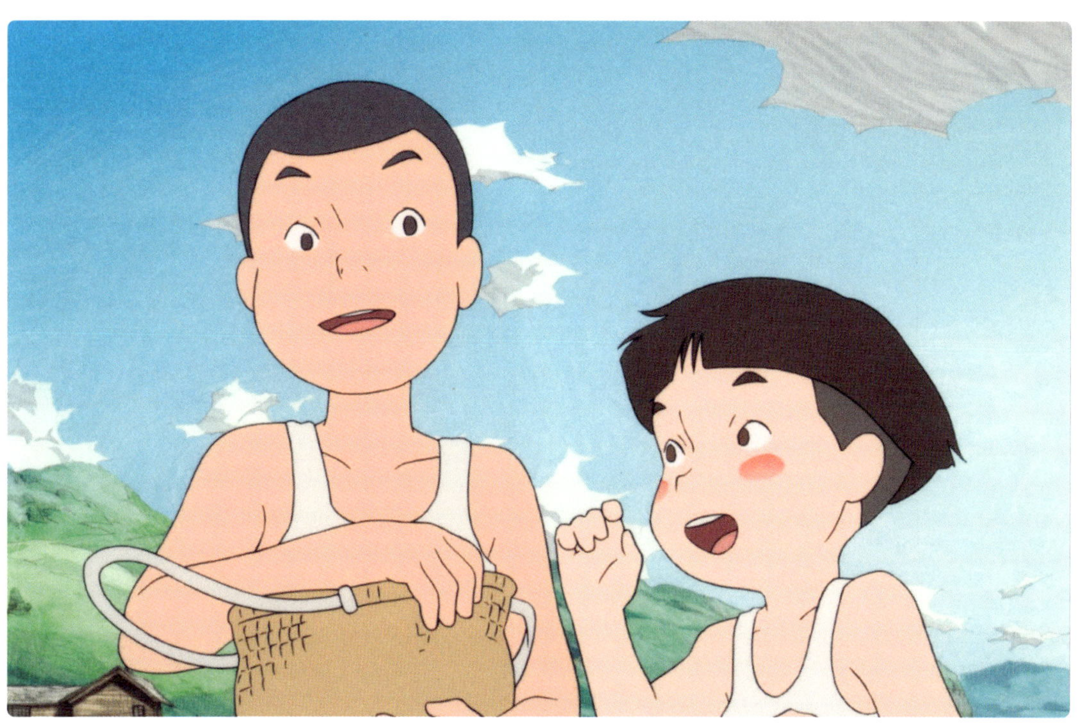

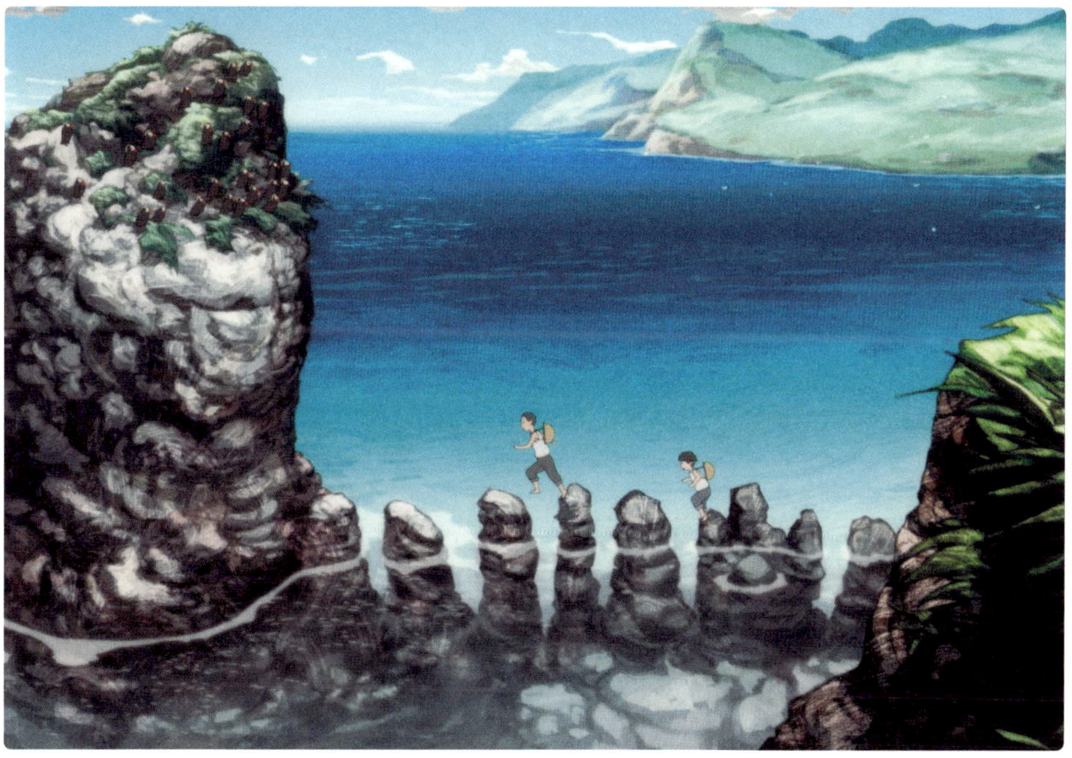

EBENFALLS EINEN BLICK WERT —

Um *Giovannis Insel* besser verstehen und noch tiefer in die Geschichte eintauchen zu können, sollte man sich Gisaburo Sugiis *Night on the Galactic Railroad* anschauen, den Film, der großen Einfluss auf *Giovannis Insel* hatte. Außerdem ähnelt *Giovannis Insel*, die Geschichte rund um zwei Brüder in den finalen Tagen des zweiten Weltkrieges, auch Isao Takahatas klassischem Ghibli-Drama *Die letzten Glühwürmchen*. Realverfilmungen, die ebenfalls Geschichten von Kindern in Kriegszeiten erzählen, sind beispielsweise Steven Spielbergs *Das Reich der Sonne*, John Boormans *Hoffnung und Ruhm*, Andrei Tarkovskys *Iwans Kindheit* und Louis Malles *Auf Wiedersehen, Kinder*.

Die verschiedenen Animationsstile des Films illustrieren die geschickte Vermischung von Vergangenheit, Gegenwart und Fiktion. Die Geschichte der Gegenwart spielt in einer realistisch animierten Welt, erkennbar an moderner digitaler Technik, während die Kindheitserinnerungen zwischen klaren Bildern und ausgewaschenen Farben hin- und herwechseln. Die locker designten Figuren und Buntstift-Hintergründe stellen einen Kontrast zur Welt der Vorstellung dar, die zwischen dem elektrisch-blauem Surrealismus einer himmlischen Zugfahrt und kräftig skizzierten Szenen, die zum Leben erwachen, pendeln. Um diesen Mix aus Stilen und Farben zu schaffen, arbeitete Nishikubo mit einem Team der besten Animatoren, darunter der große Toshiyuki Inoue, ein erfolgreicher und sehr gefragter Künstler. Von Mamoru Oshii als „der perfekte Animator" bezeichnet, hat Inoue seine Spuren in vielen Filmen, die in diesem Buch vorgestellt werden, hinterlassen, von *Akira* über *Wings of Honnêamise* und *Ghost in the Shell* bis hin zu *Jin-Roh*, *Miss Hokusai* und *Millennium Actress*.

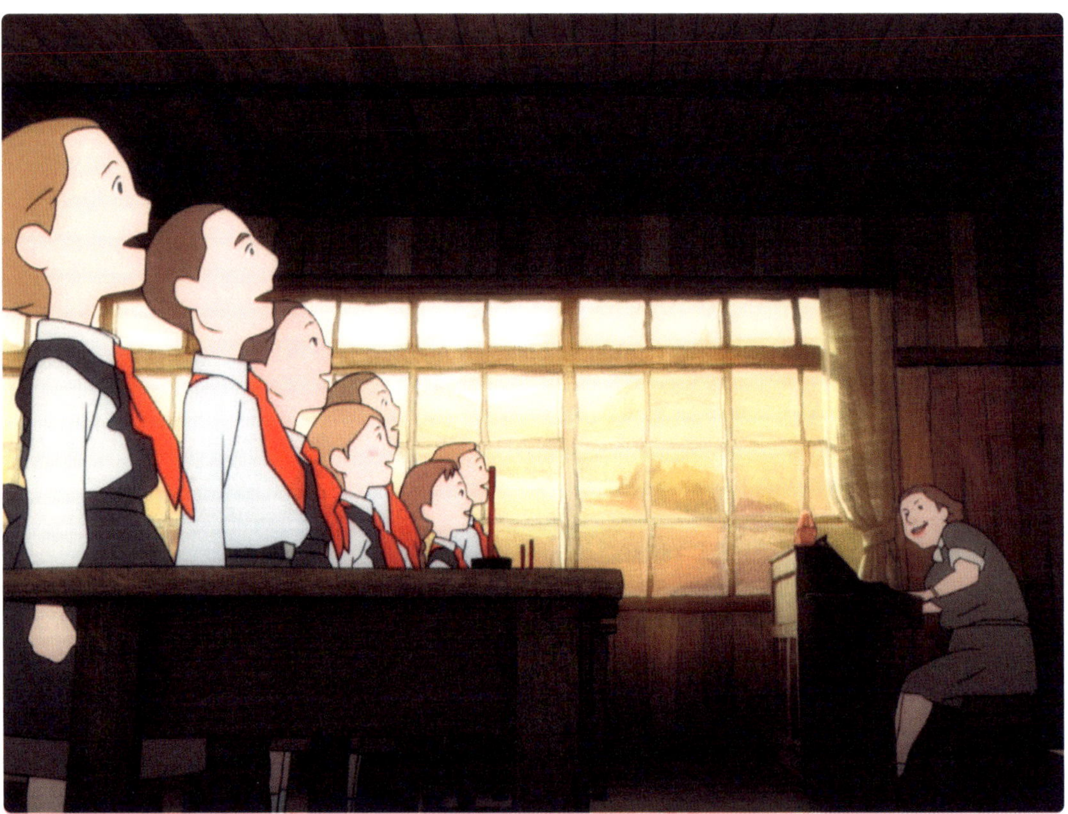

Oben: Klassenkampf. Der Film zeigt die Besetzung der Insel Shikotan, die japanische und russische Familien zum Zusammenleben zwang.

Gegenüber: Das Medium Animation erlaubte es Regisseur Mizuho Nishikubo, die umstrittenen Gebiete der Kurilen-Inseln frei zu zeichnen.

GIOVANNIS INSEL – REZENSION

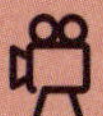

Historisch fundiert, inspirierend und liebevoll gezeichnet – *Giovannis Insel* ist einer der schönsten Filme, den man in diesem Buch finden kann. Er spielt zur Zeit der Sowjet-Besetzung in den letzten Tagen des Zweiten Weltkrieges auf der Insel Shikotan. Die Geschichte ist voller Freude und Lebenslust und zeigt, wie selbst nach der Zerstörung all dieser Freude Schönes neu entstehen kann.

Dem Film *Night on the Galactic Railroad* ist in diesem Buch ein eigenes Kapitel gewidmet, aber der Einfluss von Kenji Miyazawas berühmtesten Werk ist so groß, dass es *Giovannis Insel* ohne ihn nicht gäbe.

Genau wie Miyazawas Werk und Gisaburo Sugiis Adaption handelt Mizuho Nishikubos Film von zwei Jungen, die auf dem Weg ihrer eigenen Sterblichkeit durch eine seltsame und verwirrende Welt wandern. Ihr Vater, der Feuerwehrhauptmann der Insel, liest ihnen aus einem Buch vor, nach dessen Hauptfiguren sie benannt wurden. In beiden Geschichten kann es passieren, dass ein magischer Zug aus den Sternen auftaucht, der ihnen einen Weg durchs Leben zeigt und ihnen bei der Bewältigung der Traumata hilft, die durch den Krieg in ihrer Heimat ausgelöst wurden.

Der Film, der kurz nach Kriegsende spielt und dessen Hauptdarsteller Kinder sind, erinnert an Werke wie *Die letzten Glühwürmchen* und *Barfuß durch Hiroshima*, bahnt sich jedoch seinen eigenen Weg durch die Trümmer. Die Art, wie die sanft kolorierten und kindlich gestalteten Charaktere auf mit Bleistift gezeichneten Hintergründen abgebildet werden, schafft eine einzigartige Ästhetik. Die Unschuld der Charaktere wird durch die Einfachheit ihrer Gestaltung reflektiert, während die Landschaft mit ihren klaren Linien stets einen Wiedererkennungswert bietet und fast fühlbar erscheint. Im Gegensatz zu der detailliert gezeichneten Realität zeigen die Träume der Jungen von ihrer magischen Zugfahrt fantastische Farben und Aktionen, die über den Bildschirm fließen und den Gesetzen der Physik widersprechen. Die erste Hälfte des Films konzentriert sich stark darauf, die Details des Lebens auf Shikotan einzufangen, von der Vogelwelt bis hin zur Schulhymne. Papierflieger und Züge bringen japanische und russische Kinder zusammen und mangelnde Sprachkenntnisse werden von der Fähigkeit überflügelt, sich über sprachliche Grenzen hinaus anfreunden zu können. Diese kindliche Reinheit ist es, die die zweite Hälfte des Films so herzzerreißend macht. Der Krieg wirft lange Schatten über die Geschichte, um sie schließlich ganz zu verschlingen. Spielplatz-Rivalitäten verschwinden, Rationen werden gestohlen, Familien werden getrennt und unschuldige Kinder flüchten sich in den galaktischen Fantasie-Zug, um die Fahrt so lange zu genießen, wie sie können. Es ist eine wundervolle Geschichte, doch nachdem die Tränen weggewischt sind, fällt es schwer, zurückzukommen und mehr zu erfahren.

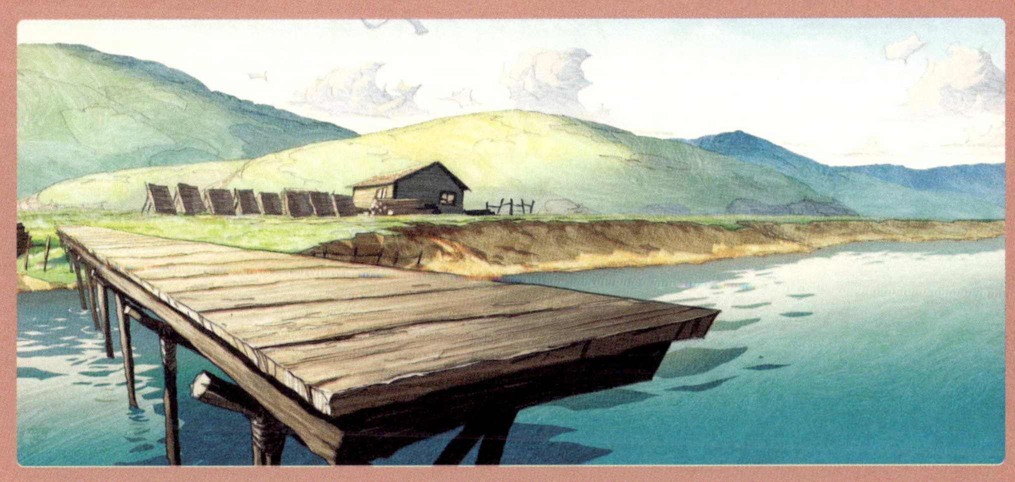

MISS HOKUSAI (SARUSUBERI)

百日紅

DIE KUNST IST WEIBLICH

Die Geschichte handelt von Katsushika Oi (genannt O-Ei), einer talentierten Künstlerin im Japan des 19. Jahrhunderts, deren Schaffen von ihrem Vater, dem legendären und einflussreichen Künstler Katsushika Hokusai, sowohl unterstützt als auch in den Schatten gestellt wurde.

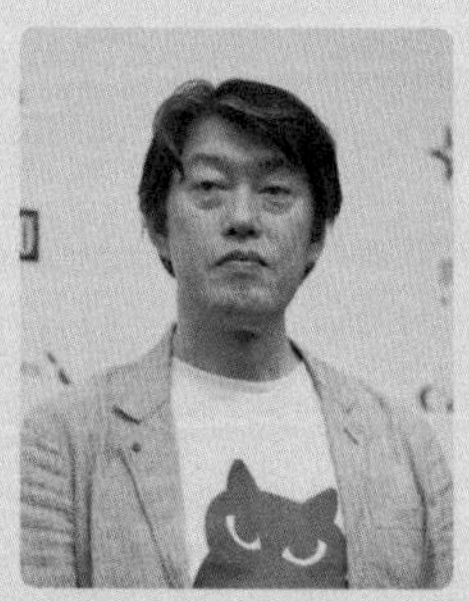

2015

REGIE: KEIICHI HARA

90 MIN.

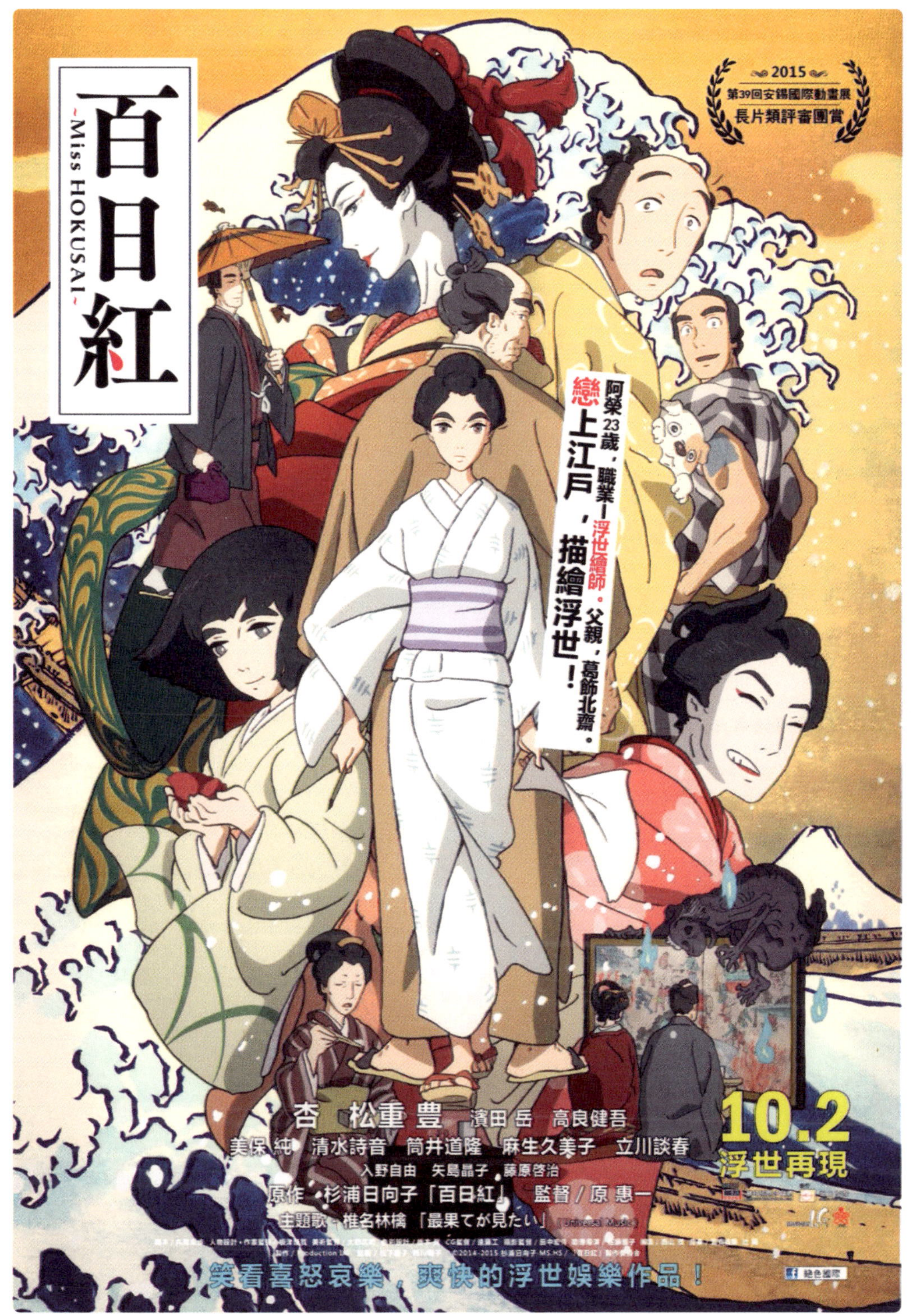

百日紅
Miss HOKUSAI
2015
第39回安錫國際動畫展
長片類評審團賞
阿榮23歲，職業－浮世繪師。父親，葛飾北齋。
戀上江戶，描繪浮世！
杏　松重 豐　濱田 岳　高良健吾
美保 純　清水詩音　筒井道隆　麻生久美子　立川談春
入野自由　矢島晶子　藤原啓治
原作　杉浦日向子「百日紅」　監督／原 惠一
主題歌・椎名林檎「最果てが見たい」
10.2
浮世再現
笑看喜怒哀樂，爽快的浮世娛樂作品！

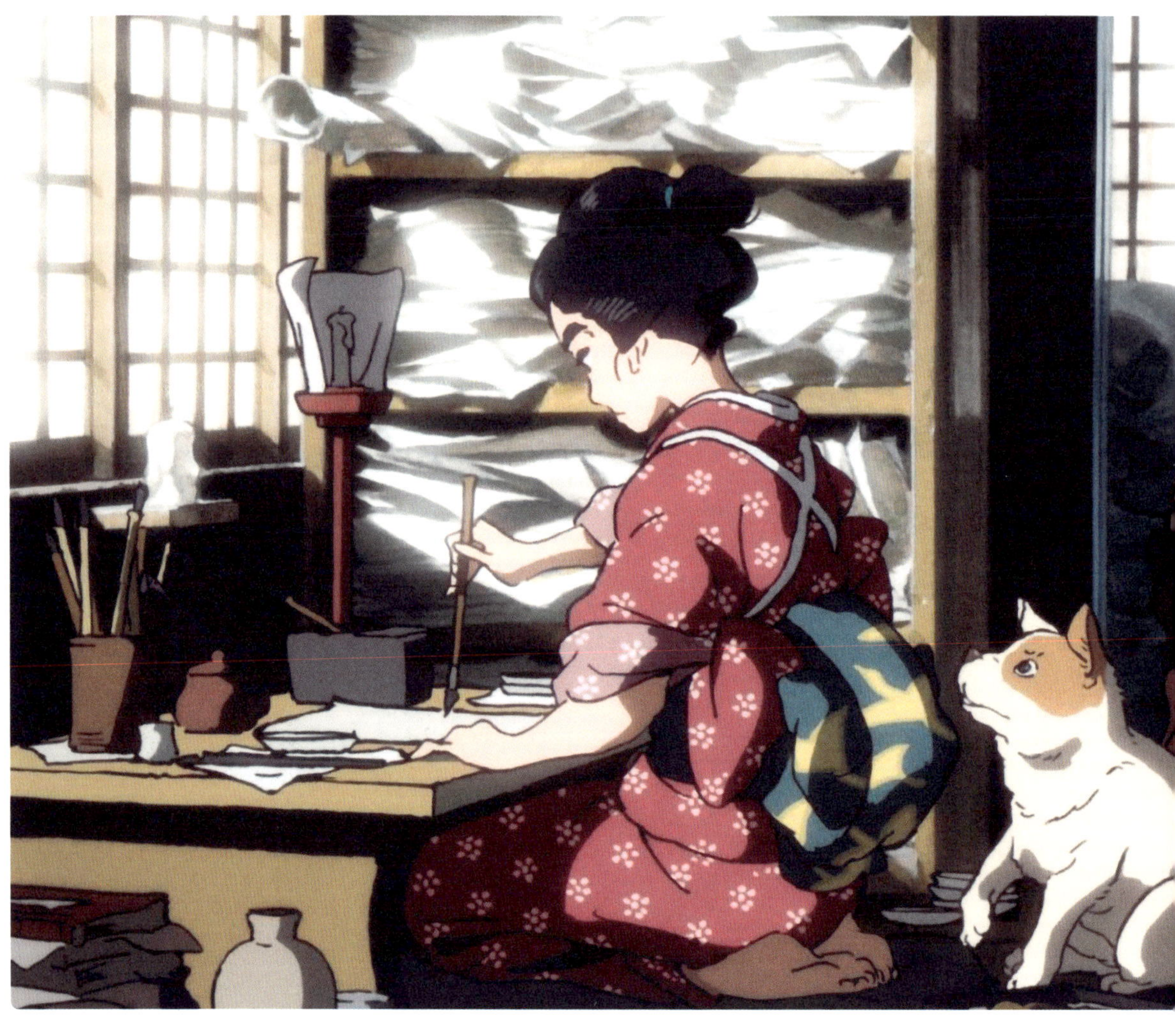

Geboren im Jahr 1959, war Keiichi Hara seit 1982 beim Animationsstudio Shin-Ei beschäftigt. Über 20 Jahre lang arbeitete er an Shin-Eis populärsten Familien-Franchises *Doraemon* und *Shin-chan*, für letzteres führte er auch Regie bei der TV-Serie und diversen Kinofilmen. In Japan sind diese beiden Serien nationale Schätze und Hara war einer von *Shin-chans* kreativen Köpfen, er schrieb diverse Filmskripte und übernahm auch die Regie. Einer seiner größten Erfolge war der hochgelobte Film *Eiga Crayon Shin-chan: Arashi wo Yobu Mouretsu! Otona Teikoku Gyakushu*, den das etablierte Filmmagazin *Kinema Junpo* als einen der besten animierten Filme aller Zeiten einstufte. Nach zwanzig Jahren in der Welt der Franchises machte sich Hara selbstständig und etablierte sich sehr schnell als einzigartiger Künstler auf der internationalen Bühne. Seine Filme *Ein Sommer mit Coo* aus dem Jahre 2007 und *Colorful* aus dem Jahre 2010 wurden beide als „Animation des Jahres" bei den japanischen Academy-Awards nominiert und auf Festivals rund um den Globus gezeigt. Letzterer gewann sogar den Publikumspreis und einen Special Distinction-Award beim Annecy International Animation Film Festival in Frankreich. Daraufhin schlug Hara einen anderen Weg ein und übernahm die Regie der Realfilm-Biografie *Dawn of a Filmmaker*, der die ersten Karrierejahre des Regisseurs Keisuke Kinoshita zeigt und der Haras Inspiration durch japanische Filmemacher wie Kinoshita und dessen Zeitgenossen Yasujiro Ozu offenlegt. Sein nächster Film, *Miss Hokusai*, reichte weiter in die Vergangenheit japanischer Kulturgeschichte zurück und erzählte die Geschichte von Katsushika Oi. Die Künstlerin wuchs im Schatten ihres Vaters Katsushika Hokusai auf, einem Pionier der Ukiyo-e-Kunst, und arbeitet später auch für ihn. Das Skript beruhte auf der historischen Manga-Serie

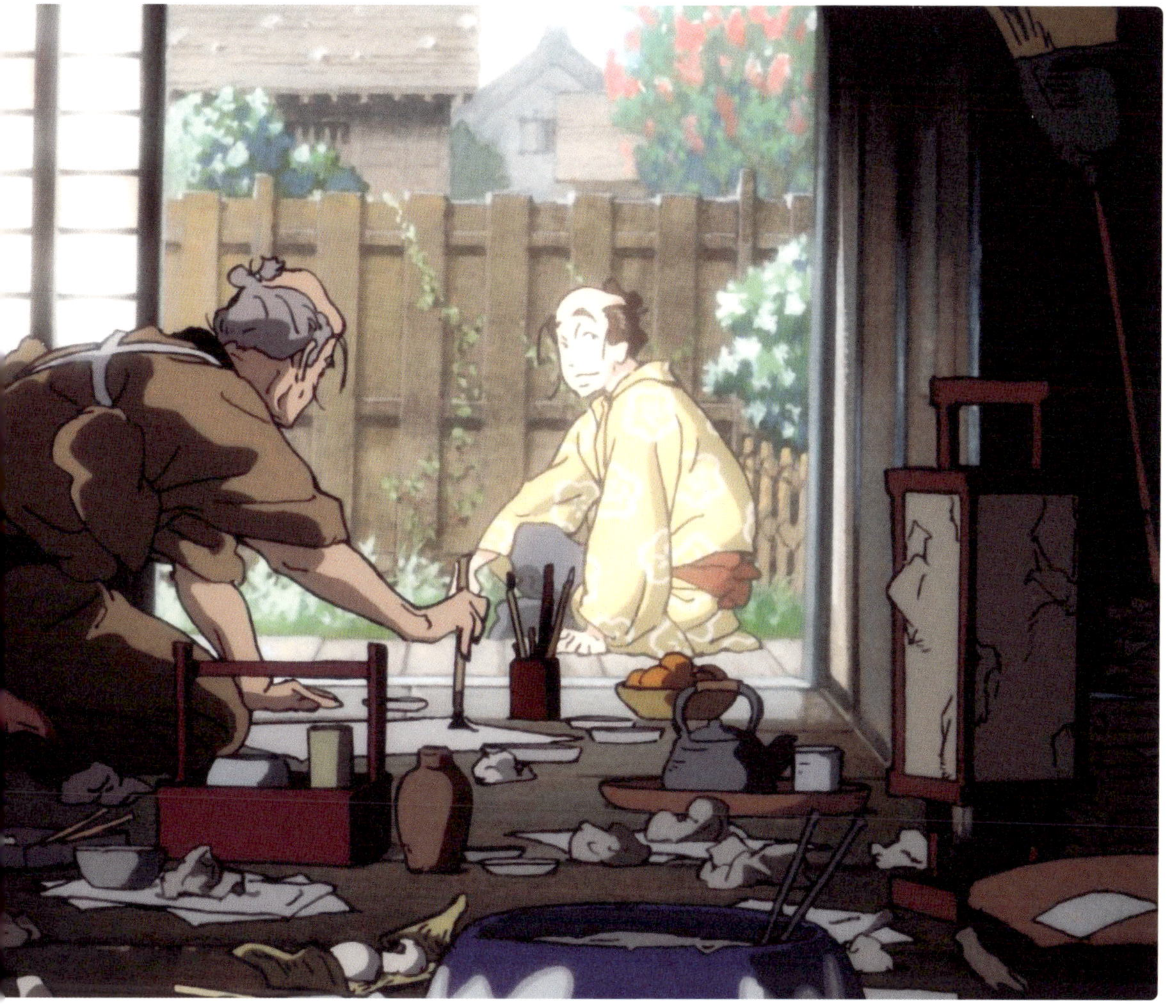

Sarusuberi von Hinako Sugiura, die in den 80er Jahren im *Weekly Manga Sunday*-Magazin lief. Hara war bereits seit Jahrzehnten Fan von Sugiuras Werken und sagte Anime News Network in einem Interview: „Ich habe Sugiuras Arbeit in meinen späten 20ern entdeckt und hielt ihre Manga schon immer für sehr filmtauglich. *Sarusuberi* ist eines meiner Lieblingswerke von Sugiura. Ich liebe ihre nahtlosen Übergänge zwischen Alltäglichem und Übernatürlichem, ihre meisterhafte Darstellung menschlicher Emotionen und die Interaktion zwischen den Charakteren." Hara war noch immer von der Idee angetan, den Manga für die große Leinwand zu adaptieren, als der Chef von Production I.G., Matsuhisa Ishikawa, ihm das Angebot machte, die Regie des Films zu übernehmen. „Natürlich habe ich nicht Nein gesagt." Man kann von Glück sagen, dass er zu dieser Zeit keine anderen Pläne hatte.

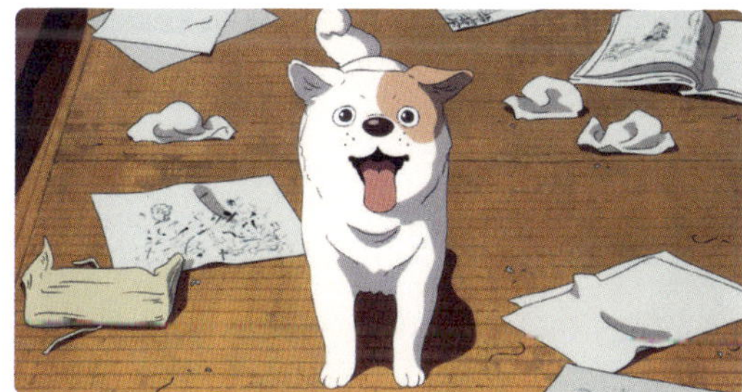

Ganz oben: Ein Portrait der Künstlerin als junge Frau. Miss Hokusai erforscht Handwerk und Lebensstil einer Künstlerin im 19. Jahrhundert.

Oben: Inspirierende Pfoten. *Miss Hokusais* detaillierte Animationen erwecken farbenfrohe Details eines Künstlerateliers (und seiner Bewohner) zum Leben.

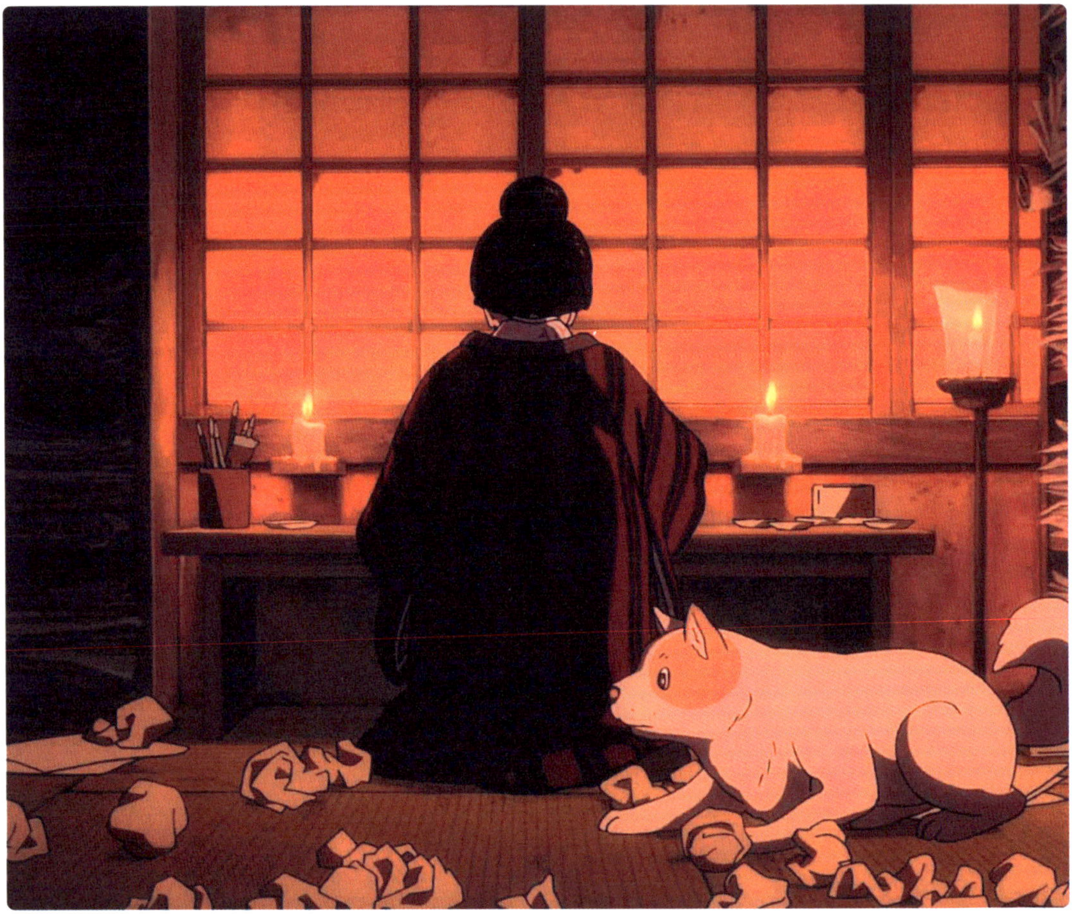

EBENFALLS EINEN BLICK WERT — 

Als weitere zeitgenössische Filme, die junge Frauen auf ihrem künstlerischen Weg zeigen, empfehlen wir Mamoru Hosodas *Belle* oder Yoshifumi Kondos wunderschönes und eindrückliches Studio Ghibli-Juwel *Stimme des Herzens – Whisper of the Heart.* Falls es eher Filme sein sollen, deren künstlerische Reisen einen geschichtlichen Hintergrund haben, sind *In this Corner of the World* und *Wie der Wind sich hebt* zu empfehlen. Zwei Filme mit Drama-Elementen, in denen die Charaktere ihr Handwerk verfeinern, während der Krieg im Schatten lauert. Ein eher unkonventioneller Vorschlag ist Satoshi Kons *Millennium Actress,* ein Film, der auf kreative Weise von einer zurückgezogen lebenden Schauspielerin, erzählt – und von den Filmen, in denen sie auftrat.

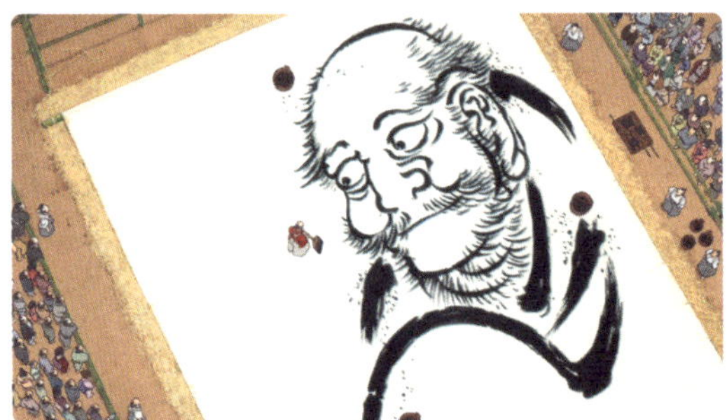

Ganz oben: Mit dem Fokus auf Geduld, Hingabe und permanente Neugestaltung ist dieser Film ein Muss für jeden aufstrebenden Künstler.

Oben: Gepinselt. *Miss Hokusai* zeigt Beispiele zeitgenössischer japanischer Kunst und würdigt ihre Beständigkeit und Schönheit.

Gegenüber: O-Ei hat nicht nur mit dem Vermächtnis ihres Vaters zu kämpfen, sondern auch mit der Rolle der Frau im Japan des 19. Jahrhunderts.

MISS HOKUSAI – REZENSION

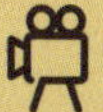

Eigentlich ist es eine Schande, dass der europäische Titel *Miss Hokusai* lautet. Denn O-Ei, Tochter eines der berühmtesten Künstler Japans, wächst künstlerisch über den Namen ihres Vaters hinaus, indem sie *Die große Welle* überwindet. Sie ist eine inspirierende, künstlerische und politische Figur, die gesellschaftliche Erwartungen an die Frau sowie an die Kunst ablehnt und das Patriarchat einfach übermalt, sodass sie weit mehr ist als nur „Miss Hokusai".

Doch die Namensgebung ist verzeihlich, denn der Film ist wirklich schön. In kleinen Episoden wird die Geschichte der brüsken und nachdenklichen O-Ei erzählt, die im Atelier ihres Vaters arbeitet. Umgeben von weiteren Künstlern koordiniert sie kreative und persönliche Aufgaben ihres Vaters, wobei ihr pragmatischer Ansatz hin und wieder auf die mysteriösen Astralwelten ihrer künstlerischen Inspiration trifft. Nachdem sie versehentlich das Gemälde eines Drachen zerstört hat, muss sie den Stil ihres Vaters kopieren und rasch ein neues Bild schaffen, und der Sturm, der draußen wütet, manifestiert sich hilfsbereit in Form eines majestätischen Drachens. Eine weitere kuriose Episode handelt von einer gefolterten Frau, deren Hals sich nachts verlängert und die sich den Künstlern als leuchtender Geist in Form einer Schlange zeigt. Hier zeigen sich die Visionen der Künstler, die das fantastische Drama der Natur beobachten und lebhaft den Schmerz der anderen darstellen.

Am emotionalsten ist der Film, wenn O-Eis Halbschwester O-Nao ins Spiel kommt, ein blindes, kränkliches Kind, mit dem Hokusai nichts zu tun haben will. Durch O-Nao öffnet der Film die Tore ins Edo des 19. Jahrhunderts (heute Tokio). Die Geräuschkulisse der Stadt – rufende Straßenhändler, Kutschen, die über die Straße rollen und das Gefühl, wenn sie ihre Fingerspitzen in den Fluss hält – zeigen ihre Reaktionen, die stärker sind als die Reaktionen jedes Künstlers auf sein eigenes Werk. Als O-Nao das erste Mal Schnee fühlt, der von einem Baum auf ihren Kopf fällt, erinnert ihre Freude darüber an einen Waldgeist aus Hayao Miyazakis *Mein Nachbar Totoro*, der zum ersten Mal Regen spürt. Es sind diese Momente mit ihrer Halbschwester, die O-Ei zeigen, dass es nicht dasselbe ist, die Welt zu beobachten und die Welt zu erleben – eine Lehre, die ihr Vater nie verstanden hat und die O-Eis künstlerischen Ansatz definiert. Stilistisch hält der Film einige der Referenzen an Hokusai zurück, die ein weniger ambitioniertes Projekt als Stilmittel benutzt hätte. O-Eis Edo wird klein und wenig erkennbar dargestellt, sodass bekannte Bilder – wie die berühmte Welle, in die die beiden Schwestern bei einer Bootsfahrt krachen – sofort und direkt als Werk Hokusais erkannt werden. Es sind die Details, die die gekonnte Animation am besten zeigen: die Fertigkeit und Genauigkeit der Pinselführung oder Kleinigkeiten wie das lustige Gähnen und das Herumgetrappel eines gelangweilten Atelierhundes. Eine überraschende Ausschmückung zeigt sich in den letzten Sekunden des Films, als die Skyline von Edo den Blickwinkel auf das moderne Japan widerspiegelt. Dieses Bild soll uns zeigen, dass bedeutende Künstler, die die kulturhistorische Identität einer Stadt mitgeprägt haben, nicht unbedingt die Art Mensch waren, die wir annehmen.

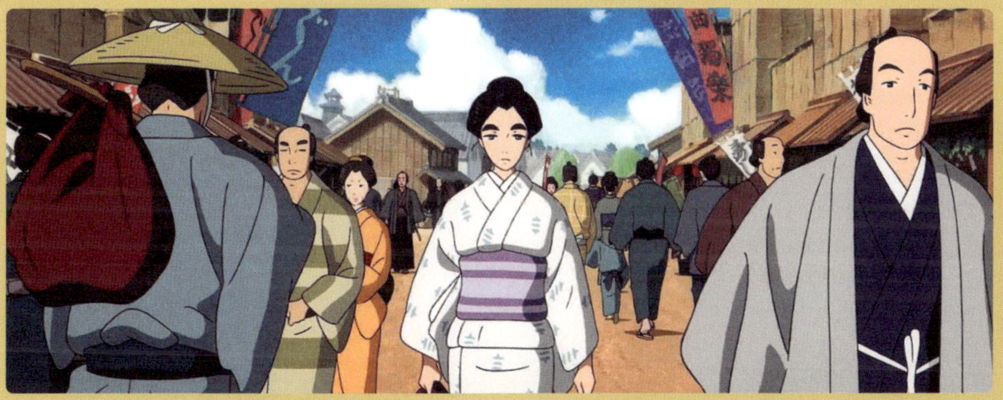

YOUR NAME
(KIMI NO NA WA)

君の名は

GESTERN, HEUTE UND FÜR IMMER

Zwei Oberschüler entwickeln eine magische und unerklärbare Verbindung zueinander, als sie zufällig anfangen, die Körper zu tauschen. Nachdem sie etwas Zeit in den Schuhen des jeweils anderen verbracht haben, beschließen sie, dass sie sich treffen wollen – was, wie sich herausstellt, schwerer ist als gedacht.

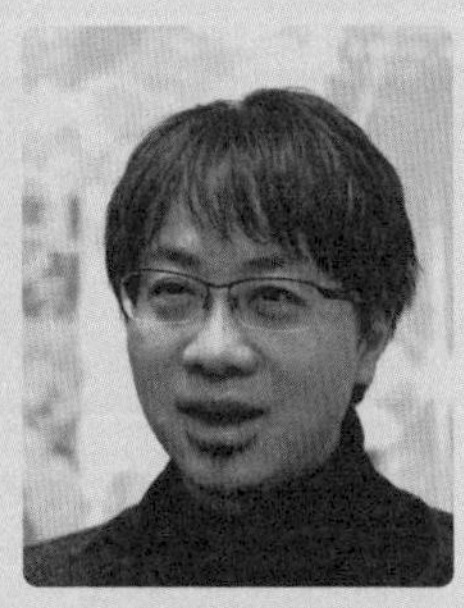

2016

REGIE: MAKOTO SHINKAI

107 MIN.

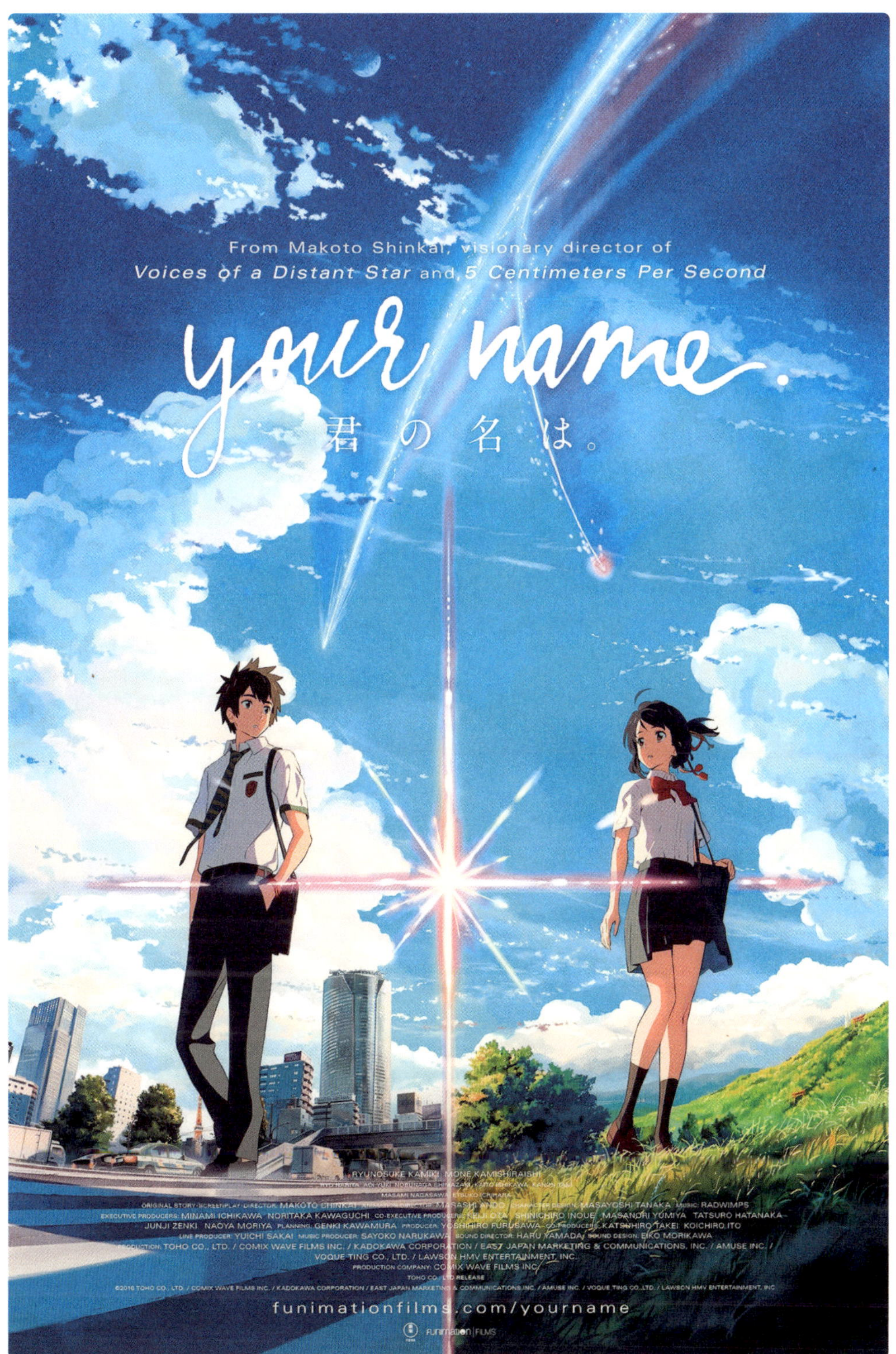
From Makoto Shinkai, visionary director of
Voices of a Distant Star and 5 Centimeters Per Second
your name.
君の名は。
RYUNOSUKE KAMIKI MONE KAMISHIRAISHI
EXECUTIVE PRODUCERS: MINAMI ICHIKAWA NORITAKA KAWAGUCHI CO-EXECUTIVE PRODUCERS: KENJI OTA SHINICHIRO INOUE MASANORI YUMIYA TATSURO HATANAKA
JUNJI ZENKI NAOYA MORIYA PLANNING: GENKI KAWAMURA PRODUCER: YOSHIHIRO FURUSAWA CO-PRODUCERS: KATSUHIRO TAKEI KOICHIRO ITO
LINE PRODUCER: YUICHI SAKAI MUSIC PRODUCER: SAYOKO NARUKAWA SOUND DIRECTOR: HARU YAMADA SOUND DESIGN: EIKO MORIKAWA
PRODUCTION: TOHO CO., LTD. / COMIX WAVE FILMS INC. / KADOKAWA CORPORATION / EAST JAPAN MARKETING & COMMUNICATIONS, INC. / AMUSE INC. /
VOQUE TING CO., LTD. / LAWSON HMV ENTERTAINMENT, INC.
PRODUCTION COMPANY: COMIX WAVE FILMS INC.
funimationfilms.com/yourname

Es schien undenkbar zu der Zeit. Über 15 Jahre lang hatte Hayao Miyazakis *Chihiros Reise ins Zauberland* den Thron als weltweit erfolgreichster japanischer Film aller Zeiten inne, an den nur Miyazakis weitere Filme *Das wandelnde Schloss* und *Ponyo: Das große Abenteuer am Meer* herankamen. Dann wurde eine Teenie-Romanze unter der Regie von Makoto Shinkai, einem aufgehenden Stern am Firmament der Animewelt, dessen Karriere mit eigens animierten Werken in seiner Freizeit begann, sowohl in Japan als auch im Ausland ein Riesenerfolg, der schließlich *Chihiros Reise ins Zauberland* von seinem ersten Platz fegte. *Your Names* Platz auf dem eisernen Thron mag zwar nur kurz gewesen sein aber sein Erfolg war historisch und signalisierte eine notwendige Veränderung der Anime-Industrie, einen Generationswechsel sowohl für die Macher als auch für die Zuschauer.

Der 1973 geborene Makoto Shinkai wuchs in der Präfektur Nagano auf, in einem Gebiet, das er selbst als „die hinterste Provinz" bezeichnet. Schon als Jugendlicher war er von Animation überwältigt. Als er in der Mittelschule war, wurde sein Horizont durch einen Kinobesuch von Miyazakis *Das Schloss im Himmel* erweitert. Rückblickend erinnert er sich 2017: „Das war der erste Film, den ich mir für mein Taschengeld angesehen habe – und er war großartig. Es gab nichts Vergleichbares." Später holte er sich Miyazakis frühere Filme, *Nausicaä aus dem Tal der Winde* und *Das Schloss des Cagliostro*, auf VHS und sah sie sich immer wieder an. Damit legte er eine Saat, die Jahrzehnte brauchen sollte, um zu wachsen.

Sein Weg zur Animation führte über Umwege. Als eifriger Leser studierte Shinkai japanische Literatur an der Universität und wurde ein passionierter Verehrer der zeitgenössischen Belletristik, insbesondere von Haruki Murakami und seiner unverwechselbaren Art über das alltägliche Leben und über alltägliche Themen zu schreiben. Nach seinem Abschluss arbeitete Shinkai für eine Videospiel-Firma namens Nihon Falcom, ein etablierter Entwickler und Herausgeber von vielen Rollenspiel-Franchises wie *Ys* und *The Legend of Heroes*. Dort erhielt Shinkai die Freiheit, seine Fähigkeiten zu verfeinern, indem er zu mehreren Spielen der Firma Artwork, Grafik und Animation beitrug.

Unten: Das Gekritzel auf dem Arm. *Your Names* junge Charaktere nutzen ungewöhnliche Arten, miteinander zu kommunizieren, während sie ihre Körper tauschen.

Gegenüber: In einem der bewegendsten Momente in *Your Name* treffen sich unsere Verliebten, wenn auch nur für einen Moment.

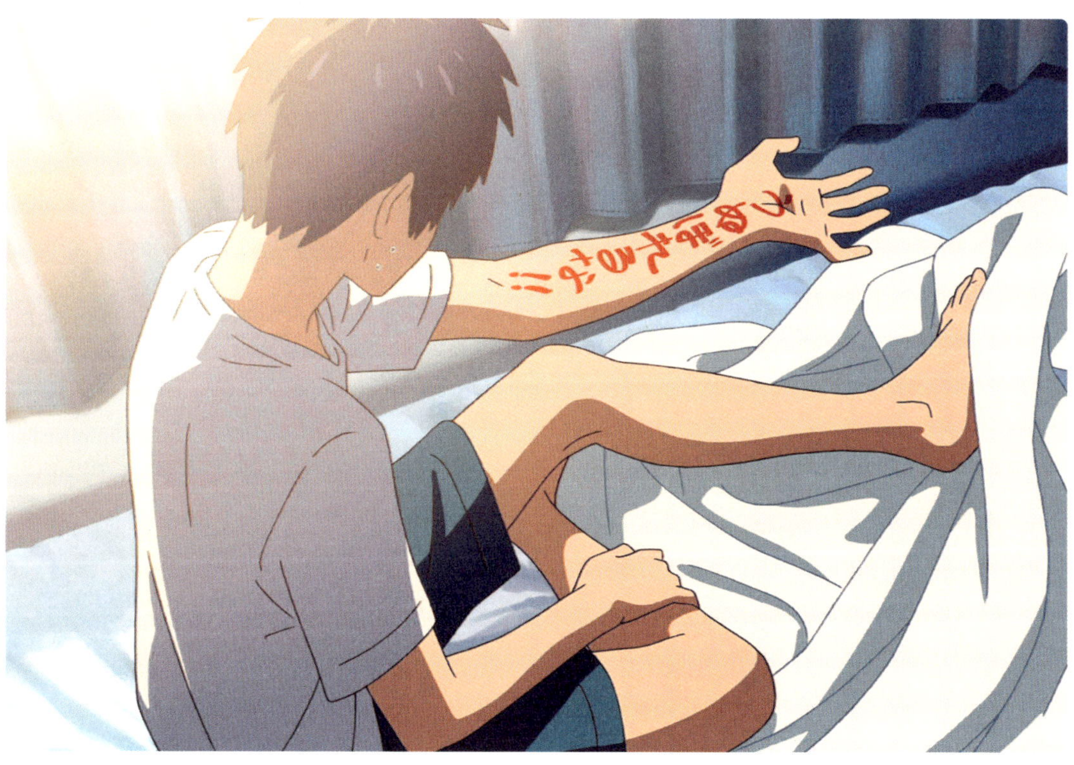

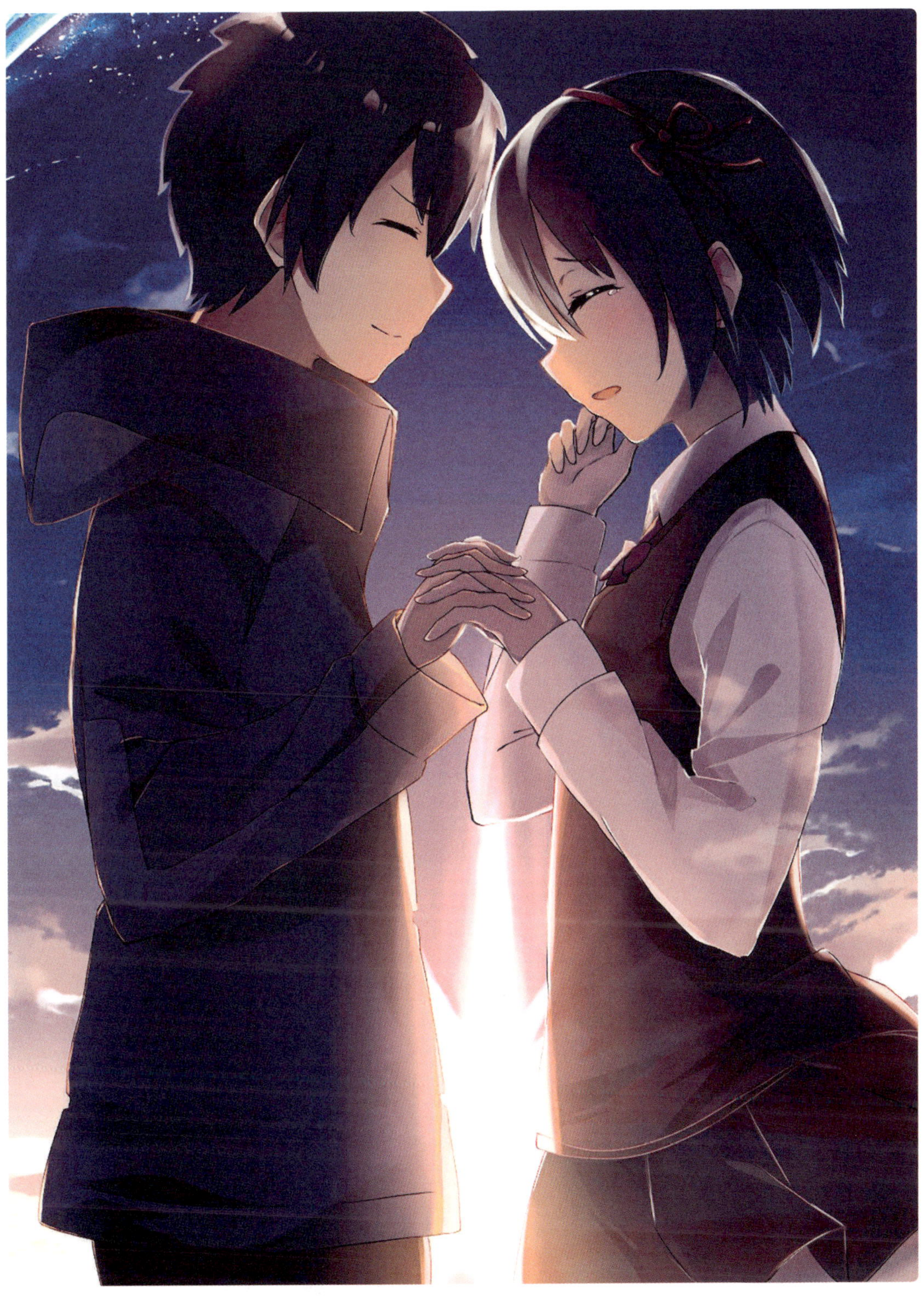

EBENFALLS EINEN BLICK WERT —

Weathering With You, Shinkais Nachfolgerfilm von *Your Name* ist eine ähnlich eingängige Geschichte über die Begegnung zwischen einem Jungen und einem Mädchen, allerdings mit einem ökologischen Twist, denn das Mädchen hat eine sonderbare Verbindung zum Klima in Tokio. Auch sonst bietet das Slice-of-Life-Romantikgenre viele spannende und herzzerreißende Perlen, sei es von Shinkais *5 Centimeters per Second* bis hin zu *Das Mädchen, das durch die Zeit sprang*, *Erinnerungen an Marnie* und *Fireworks: Alles eine Frage der Zeit*, die sich mit Zeitreisen beschäftigen.

Toshihiro Kondo, einer von Shinkais Zeitgenossen bei Falcom, der später der Präsident des Unternehmens werden würde, sagte gegenüber *Eurogamer*, dass diese Ära voller Möglichkeiten für junge und fleißige Arbeiter war, sich einen Namen zu machen: „Als ich und Makoto Shinkai in die Firma kamen, hatte keiner von uns großartige Fähigkeiten. Aber das Unternehmen hat das Potential erkannt, das in uns und in anderen Mitarbeitern steckte, und förderte unsere Fähigkeiten, um sie wachsen zu lassen."

Während dieser Zeit bei Falcom begann Shinkai, nebenbei an seinen eigenen Projekten zu arbeiten und schuf dabei den Kurzfilm *She and Her Cat* fast ganz allein. Das Ergebnis war ein fünfminütiger Kurzfilm, den er durch das Brennen von 5.000 CD-Rs und den Verkauf über Fankreise und Conventions vertrieb. Diesen DIY-Ansatz führte er mit dem 25-minütigen Film *The Voices of a Distant Star* fort, den er innerhalb von sieben Monaten vollständig auf seinem Heimcomputer, einem Power-Mac G4, animierte. Der Film,

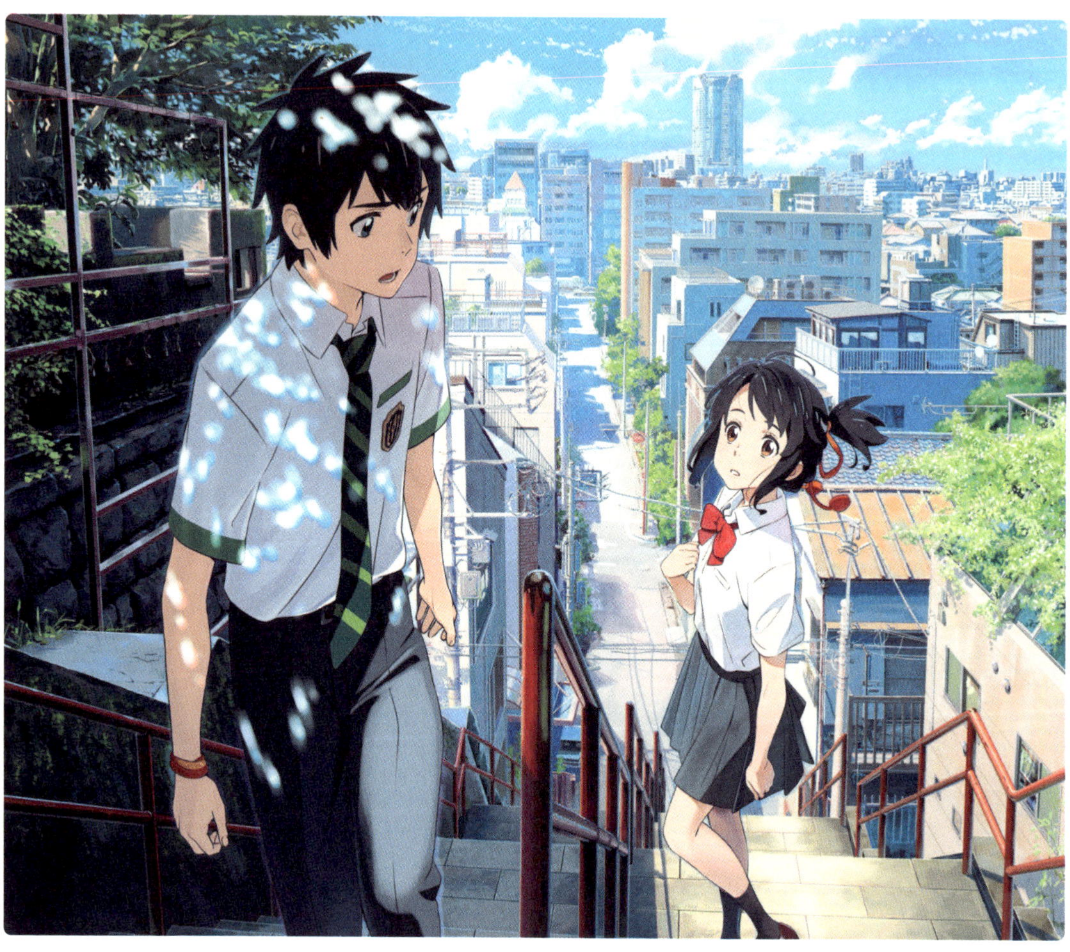

der ebenfalls ein großer Erfolg war, wurde als Wendepunkt für eine neue Generation von Animatoren gerühmt, als ein Punkt, an dem die Technologie denen, die nicht in der Branche tätig sind, die Möglichkeit gab, auf ihre eigene Weise selbst aktiv und innovativ zu werden. Nach diesem hochgepriesenen Durchbruch gab Shinkai 2004 sein Debüt in Spielfilmlänge mit dem parallelweltlichen SciFi-Liebesdrama *The Place Promised In Our Early Days*. Obwohl er an diesem Projekt mit einem größeren Team arbeitete, behielt er einige wichtige kreative Aufgaben für sich, darunter Schnitt, Storyboarding und Kameraführung – Aufgaben, die er auch bei vielen seiner späteren Filme übernehmen sollte.

Ähnlich wie sein Idol Haruki Murakami wechselte Shinkai zwischen längeren und kürzeren Projekten wie beispielsweise zwischen der bei den Fans beliebten Drama-Anthologie *5 Centimeters per Second*, dem abendfüllenden Fantasy-Abenteuer im Miyazaki-Stil *Die Reise nach Agartha* und *The Garden of Words*, ein High-Definition-Experiment, das ein regnerisches Tokio mit atemberaubender Detailgenauigkeit einfängt.

Im Gegensatz zu vielen seiner Zeitgenossen bleibt Shinkai stets unabhängig. Er arbeitet immer wieder mit der kleinen Animationsfirma CoMix Wave Films zusammen, beaufsichtigt Manga- und Romanadaptionen und schafft Werke, die den aktuellen Multimedia-Alltag widerspiegeln und oft zwischen traditionellen Fernsehserien und Spielfilmen angesiedelt sind. Auf die Frage nach der Kinoveröffentlichung von *The Garden of Words* sagte er gegenüber Anime News Network, dass er den Film gar nicht für die große Leinwand vorgesehen hatte: „Ich wollte, dass die Leute diesen Film auf ihren Computern, Tablets und Heimkinos genießen können. So wie Musik in ihrer Freizeit. Einfach nur zum Entspannen."

Doch dann kam *Your Name*, der Blockbuster, der Miyazaki vom Thron stieß. Als er 2016 veröffentlicht wurde, wurde ein großer Teil seines Erfolgs dem Umstand zugeschrieben, dass der Film fünf Jahre nach dem Tohoku-Erdbeben, das die Atomkatastrophe von Fukushima auslöste, einen dringend benötigten Moment der Katharsis bescherte. Die Slapstick-Körpertausch-Romanze des Films weicht einer entwaffnenden Ergriffenheit, wenn sich herausstellt, dass die Figuren nicht nur durch die räumliche Entfernung, sondern auch durch die Zeit getrennt sind und auf beiden Seiten einer schrecklichen, tragischen Katastrophe leben. „Ich habe mich verändert und die Gesellschaft hat sich verändert, daher ist meine Motivation für diesen Film auch eine andere", sagte Shinkai. „Ich wollte eine Geschichte der Heilung erschaffen. Man kann die Vergangenheit im realen Leben nicht verändern, aber in einem Film geht das."

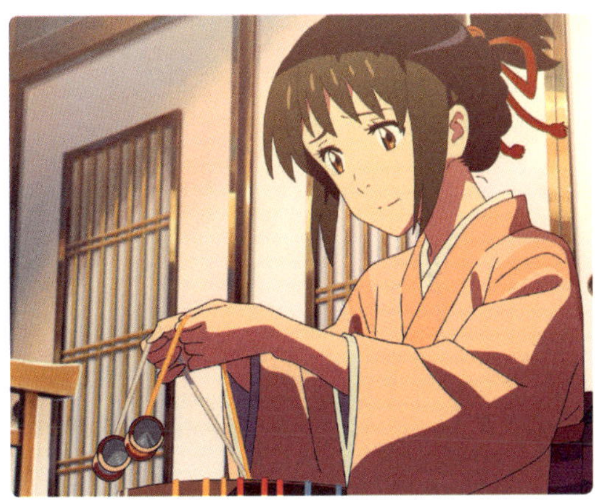

Gegenüber: „Wie ist dein Name?" – Die finalen Momente von *Your Name* und der Ort sind legendär für Anime-Fans geworden.

Oben: In *Your Name* führt das Aufeinanderprallen von Stadt und Land, von Zeitgenössischem und Traditionellem zu vielen kleinen Momenten präzise beobachteter Schönheit.

DER NÄCHSTE MIYAZAKI

Das ist eine Frage, die die Anime-Szene seit über einer Generation plagt: Wer ist der nächste Hayao Miyazaki?

Viele der Filmemacher in diesem Buch wurden als Thronfolger gehandelt, sobald die Studio Ghibli-Legende endlich und ausnahmslos in den Ruhestand geht, darunter Hideaki Anno, Mamoru Hosoda, Hiromasa Yonebayashi, Hiroyuki Okiura und Sunao Katabuchi. Seit dem Rekorderfolg von *Your Name* wird Makoto Shinkai als Favorit gehandelt, doch solche Gedankenexperimente sollten am besten leeres Geschwätz bleiben. Animationen werden besser mit jeder neuen Generation von Künstlern, die ihr einzigartiges Selbst ausdrücken. „Es ist unvermeidlich, weil Miyazaki so berühmt ist", sagte Shinkai. „Aber ... man kann nicht Miyazaki sein. Du kannst nur ein zweiter Miyazaki sein und das ist nichts, was man anstreben sollte."

YOUR NAME – REZENSION

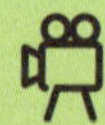

Als die Autoren dieses Buches das Glück hatten, nach Tokio zu reisen, wurden historische Sehenswürdigkeiten besichtigt, Sushi-Teller im zweistelligen Bereich gestapelt und viel zu viel Geld an Greifautomaten verloren. Aber an einem Tag verirrten wir uns in ein paar schmale, graue Gassen im Westen Tokios, weil wir trotz der unendlich vielen Entdeckungen, die man in dieser Megacity finden kann, unbedingt eine unscheinbare öffentliche Betontreppe besuchen wollten. Das ist es, was *Your Name* mit dir machen kann. Es überwältigt dich mit einer spektakulären, fantastischen Liebesgeschichte und brillanten Details, sodass man um die halbe Welt reisen will, um die Magie dieser Momente hautnah zu erleben. Und beim Anblick dieser Stufen feuchte Augen zu bekommen. Mit Körpertausch, wibbelig-wackeligen Zeitlinien und meteorischer Zerstörung ist Shinkais Megahit ein atemberaubendes Vergnügen und diese Treppenstufen sind ein wunderbar bescheidener finaler Ort. Hier bindet der Film auf einfache, sanfte Weise ein Band um seine Geschichte, bevor er – mit den Herzen der meisten Zuschauer – in die Anime-Historie aufsteigt. Die Geschichte von zwei Teenagern, einem Stadtjungen (Taki) und einem Mädchen vom Land (Mitsuha), die auf unerklärlicher Weise anfangen, ihre Körper zu tauschen, ist ein atemberaubendes Animationswerk und eine ambitionierte, gehaltvolle und lohnende Geschichte.

Takis Tokio ist eine schillernde urbane Vision – hell, gepflegt und so erstaunlich komplex, dass es kaum zu glauben ist, dass der Film kein Realfilm ist. Die Art von Bildern, die traditionell von der Kamera erzeugt werden – wie Zeitraffer, Schärfeverlagerung und Linsenreflexionen – verstärken den Eindruck dieser Hyperrealität noch weiter. Sonnenuntergänge werden an Stahltürmen und Fenstern reflektiert und tauchen die Stadt in ein traumhaftes Licht. Im Vergleich mit Mitsuhas ländlichem Zuhause verschwimmen die scharfen Kanten und Kontraste der Stadt. Die kalten Blau-und Grautöne der Hochhausfassaden werden durch Erdtöne und sanft gezeichnete Bäume und Felder ersetzt. Die kleinen Details in der Umgebung der beiden sind ebenso faszinierend wie die Landschaft. Als sie merken, dass sie die Körper tauschen, hinterlassen sie sich gegenseitig Nachrichten auf ihren Handys, um die Ereignisse zurückverfolgen zu können, wenn sie wieder zurücktauschen, und knüpfen so ungewollt eine tiefere Verbindung.

Smartphones sind ein integraler Bestandteil des modernen Lebens, aber Modelle und Software können eine Geschichte sofort auf eine bestimmte Zeit datieren und das stille Tippen auf dem Bildschirm ist selten spannend. Shinkai nutzt jedoch auf erfrischende Weise die moderne Abhängigkeit von diesen Geräten und gibt sich viel Mühe mit den Details und Bewegungen ihrer Nutzung. Das Swoosh beim Wechseln von Apps, das Framing des perfekten Essensfotos und das mit Emoji gefüllte Tippen von ernsthaften und emotionalen Teenagern erhalten eine angemessene und realistische Bildschirmzeit; und der Rhythmus jedes Swipes, Knipsers und Tippens trägt zur eskalierenden Dramatik bei. Die gleiche Feinfühligkeit zeigt sich auch in Mitsuhas Arbeit in dem Shinto-Schrein ihrer Familie. Mitsuha, die von Shinkais konzentrierter Animation mit Respekt und anthropologischer Neugier beobachtet wird, ist an historische Traditionen gebunden, indem sie eine traditionelle Form von Sake aus Speichel und Reis herstellt oder geduldig Stränge verschiedenfarbiger Kordeln flechtet, die „den Fluss der Zeit darstellen“. Ob nun modern oder ferne Vergangenheit, die städtischen und ländlichen Handlungen von Mitsuha

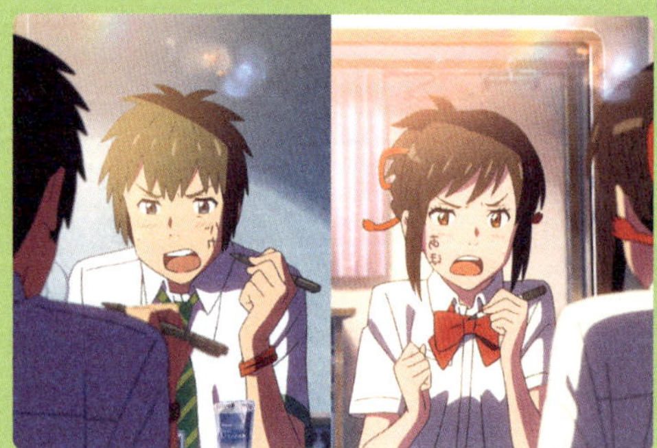

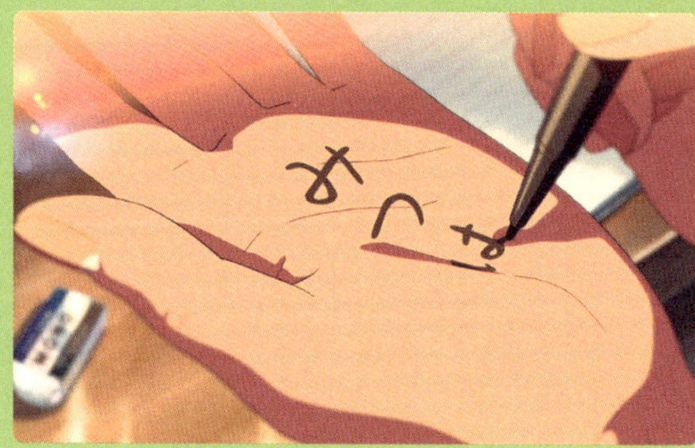

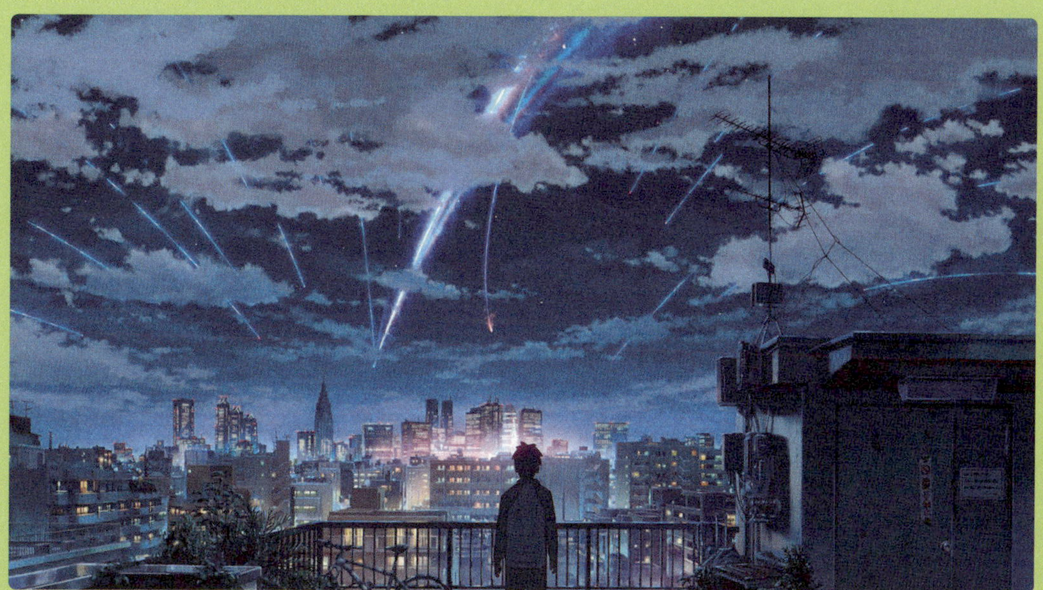

und Taki fließen ineinander, überwinden jedwede weltliche Bindung und heben die Zeitlosigkeit ihrer faszinierenden und kraftvollen Liebe hervor.

Your Name ist deshalb so fesselnd, weil er überraschen kann. Auf eine hochauflösende Szene, die das Können des Animators bei der Nachbildung der Realität zeigt, folgt ein Wendpunkt, wenn das Bild in unscharfes, brennendes Zelluloid zerfällt oder wenn der strahlend blaue Himmel sich plötzlich mit den verblüffend cartoonhaften Gedankenblasen einer Figur füllt. Die gleiche Überzeugung findet sich auch in der ruckelnden, in Schleifen verlaufenden Erzählung. Der Film beginnt damit, dass er fast 20 Minuten lang die Verhaltensmuster und Charaktere in Mitsuhas Leben beobachtet, bevor er schlagartig zu Takis Sichtweise und seiner Welt wechselt, um dann in die Körpertausch-Sperenzchen überzugehen. Dann, nach der Hälfte des Films, verschwindet dieser scheinbare erzählerische Kern und wird durch etwas viel Apokalyptischeres ersetzt. Es ist eine erfrischend antreibende Geschichte, die auf elegant angehobenen Pfählen aufgebaut ist, wobei die Saat der Geschichte in der Hektik des einen Dramas eingepflanzt wird, um dann in einem anderen zu erblühen. Wesentlich dabei ist, dass jede Entwicklung viel mehr an Emotionen als an Logistik gebunden ist. Als die bevorstehende Naturkatastrophe näherkommt, ist die Bedrohung nicht wegen der entsetzlichen Bilder absoluter Zerstörung so intensiv, sondern wegen der ruhigen, bereichernden Umgebung, der liebenswerten, einzigartigen Menschen, die darin leben, und deren Schicksal. Shinkai ist nicht an den Mechanismen von Fantasie-Ideen interessiert, sondern an ihrer Fähigkeit, eine alternative Sicht auf die Welt zu vermitteln und durch diese Erfahrung eine einfühlsame Verbindung herzustellen. Das „Wie" spielt dabei keine Rolle.

So wie Taki und Mitsuha jenseits der Regeln der Wissenschaft miteinander verbunden zu sein scheinen, so ist auch ihre Geschichte mit dem Soundtrack verbunden, der sie begleitet. Die von der japanischen Rockband RADWIMPS komponierten, dynamischen Soundtracks wechseln von fulminanten E-Gitarrensolos zu wehmütigen und zarten Klaviertönen und passen perfekt zur Balance zwischen Melodrama und Nachdenklichkeit des Films. *Your Name* streut auf wunderbare Weise Magie in das Alltägliche und erdet das Fantastische, indem er das Opernhafte und das Gewöhnliche auf eine wunderschöne Art miteinander verwebt und so einen Ausflug zu ein paar Betonstufen in einer kleinen Seitengasse zu einer lebendigen, heiligen Pilgerfahrt macht.

Gegenüber links: Umgekehrt. *Your Names* Körpertausch zeigt, wie zwei Teenager das Leben des jeweils anderen führen – mit unglaublich witzigen Konsequenzen.

Gegenüber rechts: Handgemalt. Mit riesigen Einnahmen an den Kinokassen hatte *Your Name* das Publikum fest in der Hand.

Oben: Der Blick zu den Sternen. Makoto Shinkais unverkennbarer Stil zeigt kosmische und begeisternde Wunder in einem modernen Umfeld.

A SILENT VOICE
(KOE NO KATACHI)

聲の形

GRAUTÖNE

Basierend auf dem Manga von Yoshitoki Ōima erzählt *A Silent Voice* die Geschichte von Shoya Ishida, einem Einzelgänger, der zum Mobber wurde und Gewissenbisse hat, weil er das gehörlose Mädchen Shoko Nishimiya in der Grundschule gequält hat. Eines Tages erhält Ishida die Gelegenheit, seine Fehler aus der Vergangenheit zu korrigieren, als er Nishimiya wiedertrifft.

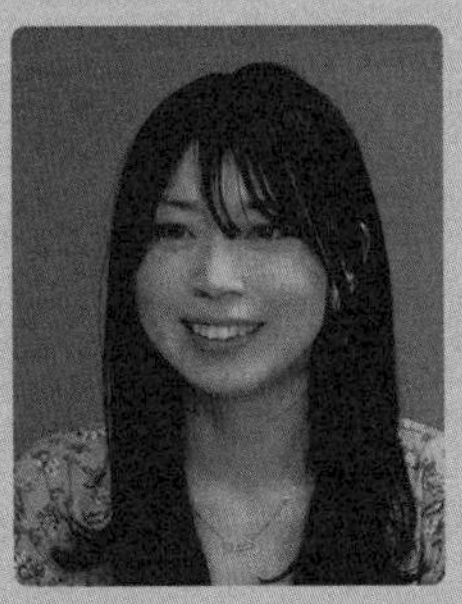

2016

REGIE: NAOKO YAMADA

130 MIN.

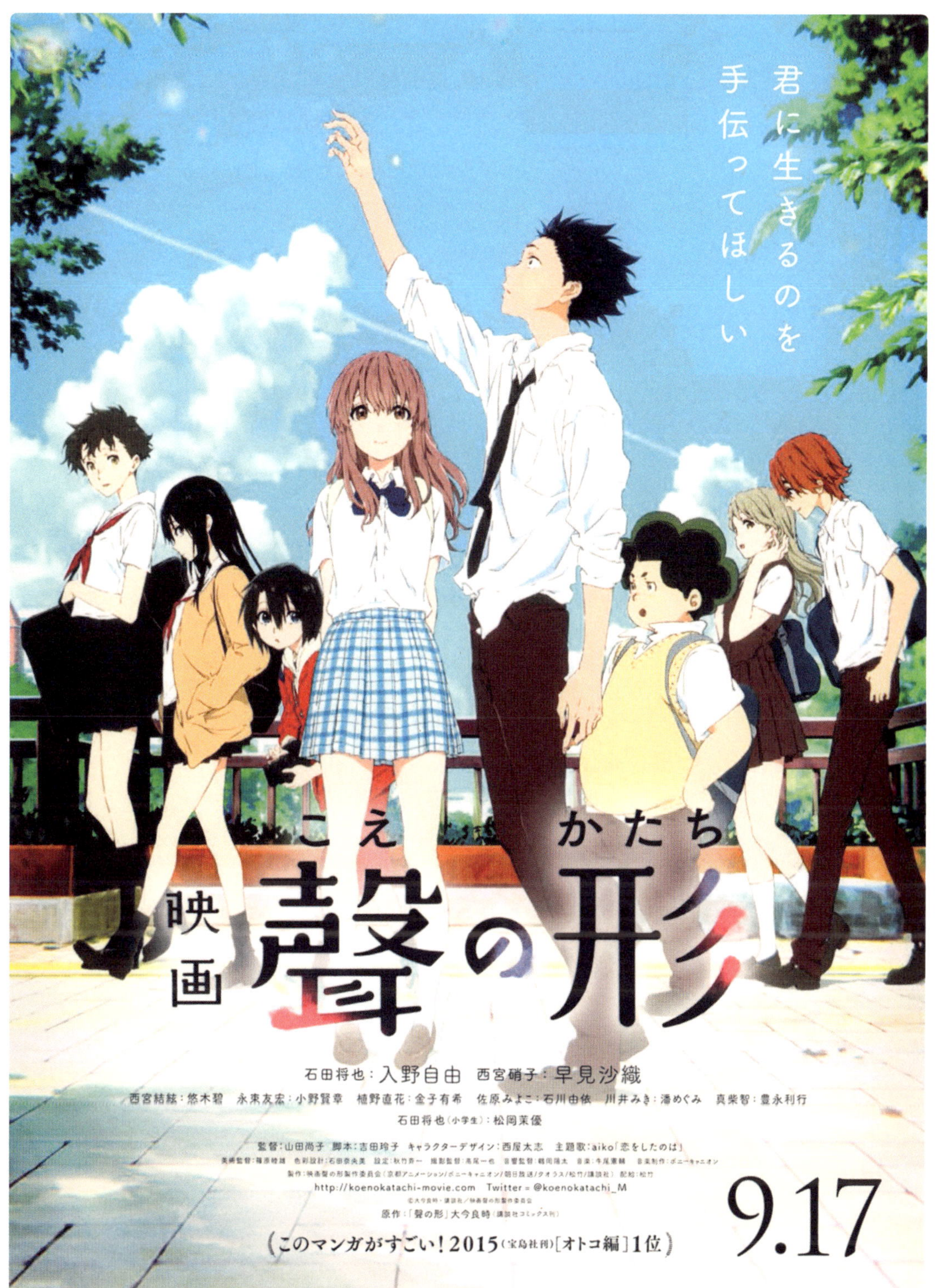
君に生きるのを
手伝ってほしい
こえ かたち
映画
聲の形
石田将也：入野自由　西宮硝子：早見沙織
西宮結絃：悠木碧　永束友宏：小野賢章　植野直花：金子有希　佐原みよこ：石川由依　川井みき：潘めぐみ　真柴智：豊永利行
石田将也（小学生）：松岡茉優
監督：山田尚子　脚本：吉田玲子　キャラクターデザイン：西屋太志　主題歌：aiko「恋をしたのは」
http://koenokatachi-movie.com　Twitter = @koenokatachi_M
原作：「聲の形」大今良時
（このマンガがすごい！2015（宝島社刊）［オトコ編］1位）
9.17

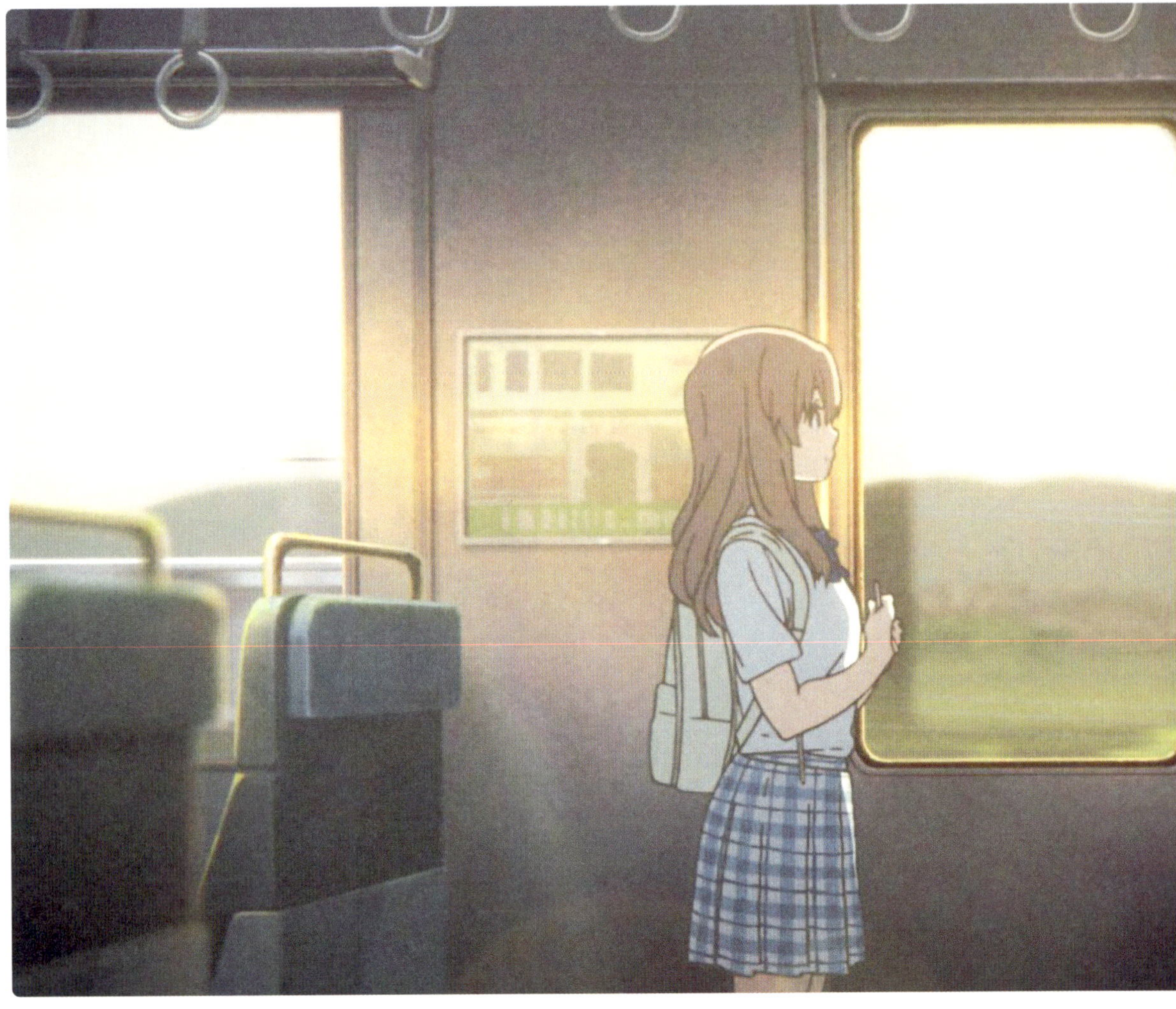

Es ist eine traurige, aber unausweichliche Tatsache, dass es in der Animebranche (und insbesondere bei japanischen Animationsfilmen in Spielfilmlänge) nur sehr wenige Regisseurinnen von Rang gibt. Dieses Feld wird von Männern dominiert, und die Filmemacher begründen dies oft mit gedankenlosen Plattitüden, die auf ein veraltetes Rollenverständnis schließen lassen. Es gibt jedoch einige Filmemacherinnen, die sich durchsetzen konnten, allen voran Naoko Yamada, Star-Animatorin und Regisseurin, die zu den besten Anime-Filmemachern ihrer Generation zählt. Die 1985 in Kyoto geborene Yamada war schon in jungen Jahren ein Anime-Fan, zeichnete die Bilder von *Dragonball* und *Patlabor* nach, wenn sie sie im Fernsehen sah, und verliebte sich in Anime wie *Doraemon*, *Crayon Shin-Chan* und die Filme von Studio Ghibli. Auch *Belladonna* hinterließ einen starken Eindruck. Sie studierte Ölmalerei und setzte sich zum Ziel, später in der Filmindustrie Fuß zu fassen. Filmemacher wie Yasujirō Ozu, Alejandro Jodorowsky, Sergei Parajanov, Sofia Coppola und Lucile Hadžihalilovic zählten stets zu ihren Favoriten. Irgendwann stieß sie im Karrierezentrum ihrer Universität auf eine Stellenanzeige für einen Einsteigerjob bei Kyoto Animation. Sie begann dort als Zwischenbildanimatorin bei der Rumiko Takahashi-Adaption *Inu Yasha* und etablierte sich schnell als eine der wichtigsten Animatorinnen des Studios. Sie arbeitete an beliebten Serien wie *Air* und *Die Melancholie der Haruhi Suzimiya* mit und übernahm schließlich die Rolle der Regisseurin bei Serien wie *Clannad*, *Nichijou* und der äußerst erfolgreichen Highschool-Band-Serie *K-On!* Letzteres war ihre erste Zusammenarbeit mit der Drehbuchautorin Reiko Yoshida (eine Anime-Veteranin, die unter anderem das Drehbuch

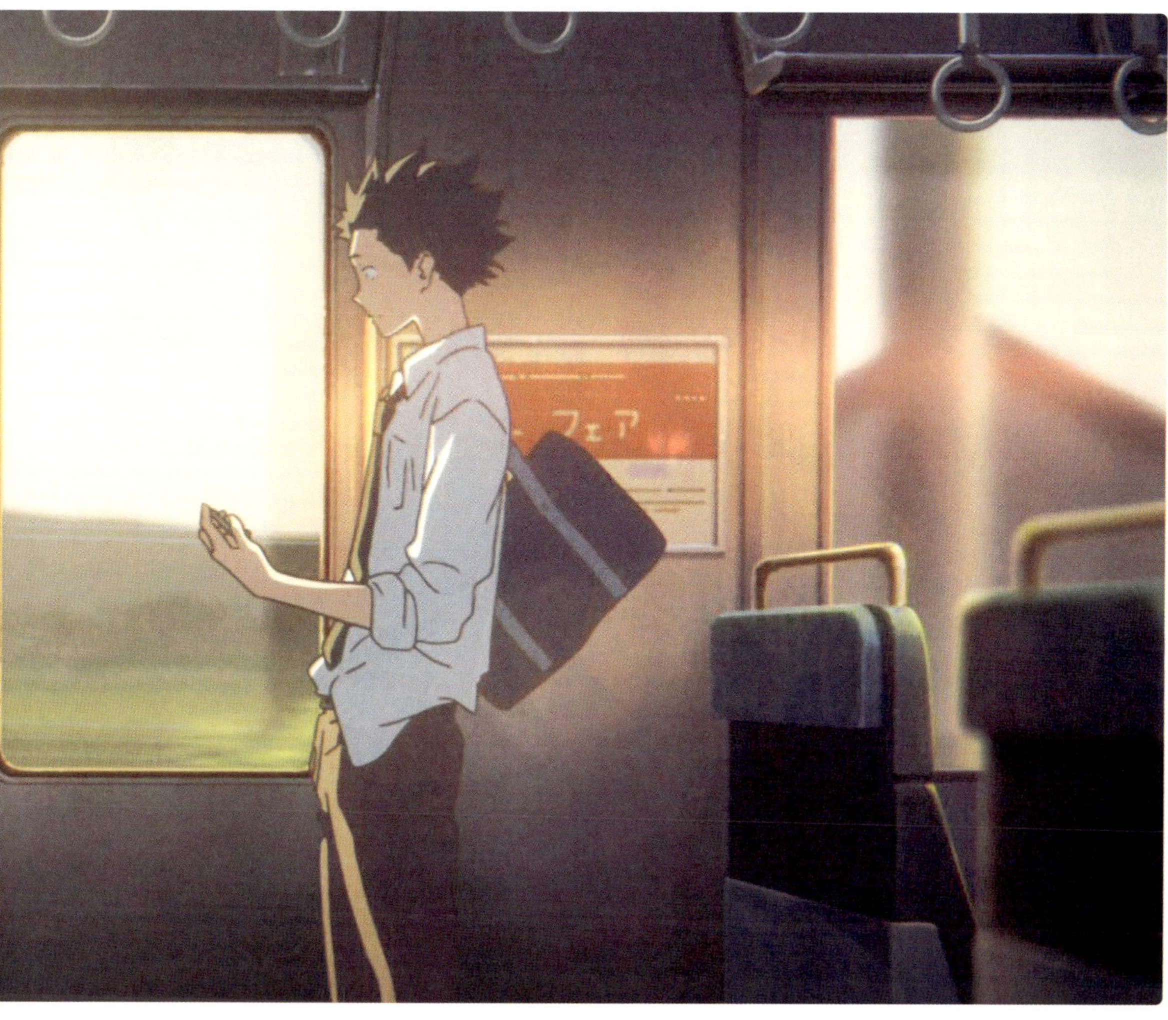

für Ghiblis *Das Königreich der Katzen* schrieb). Im Alter von nur 23 Jahren führte Yamada bereits bei ihrer ersten Fernsehepisode Regie und mit 25 Jahren dann bei ihrem ersten Film. A *Silent Voice*, ihr dritter Spielfilm (und ihr erster, der kein Spin-off einer etablierten Serie war), wurde 2016 veröffentlicht und fand im In- und Ausland großen Anklang. Er kam zeitgleich mit dem äußerst erfolgreichen *Your Name* in die Kinos und trat sowohl mit diesem als auch mit *In This Corner of the World* in Konkurrenz um die wichtigsten Animations-Awards des Jahres. Er erhielt Nominierungen von der Japanese Academy und den Mainichi Film Awards und gewann Preise bei den Tokio Anime Awards und den Japan Movie Critics Awards. Auch wenn Yamada heute zu den wichtigsten Akteurinnen des japanischen Animationsfilms gehört, ist ihr Regiestil bis heute von ihrer Liebe zum Live-Action-Kino geprägt. Auf die Frage von Andrew Osmond vom Neo Mag nach ihrer Vorliebe für Animationsfilme antwortete sie: „Eines der wichtigsten Dinge für mich bei diesem Animationsfilm war, dass ich alles beeinflussen konnte. Die Farben, welches Objektiv verwendet wurde ... Jede Bewegung, selbst jedes Blinzeln kann ich so steuern, wie ich es möchte. Ich kann die ganze Welt im Film kontrollieren."

Oben: Loko-emotion. Züge sind zentrale Orte im Anime, die von *A Silent Voice* bis zu *Night on the Galactic Railroad* reichen.

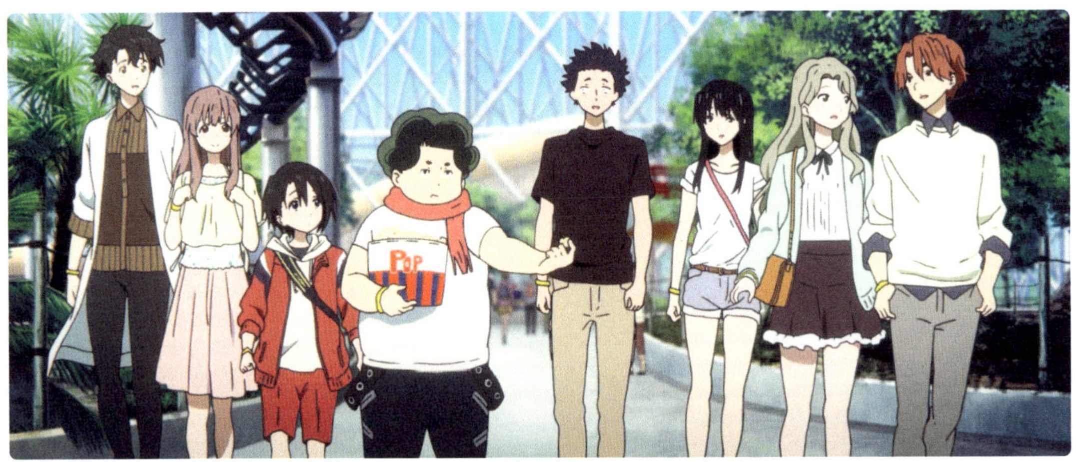

EBENFALLS EINEN BLICK WERT

Die gefühlvollen, alltäglichen Themen von *A Silent Voice* eröffnen eine ganze Welt von Slice of Life-Animes, einem Subgenre, in dem sich Yamada, Yoshida und ihre Kollegen von Kyoto Animation besonders hervorgetan haben. *Nichijou* und *K-On!* sind die perfekten Nachfolger von *A Silent Voice* und Yamadas jüngster Spielfilm *Liz und der blaue Vogel* erntete ähnlich viel Lob und internationale Anerkennung. Eine weitere Filmemacherin, die sich in der von Männern dominierten Anime-Branche durchgesetzt hat, ist Mari Okada, die umtriebige Drehbuchautorin, die 2018 mit dem Fantasy-Drama *Maquia: Eine unsterbliche Liebesgeschichte* ihr Regiedebüt gab: einer bittersüßen Betrachtung des Mutterseins. Im Bereich der Anime-Serien ist die Madhouse-Veteranin Sayo Yamamoto zu nennen, die an dem *World Record*-Beitrag von *Animatrix* mitarbeitete und an Storyboards für *Redline*. Sie führte auch bei Episoden von Serien wie *Samurai Champloo* Regie, bevor sie bei der Serie *Lupin III: The Woman Called Fujiko Mine* und dem LGBT-Eiskunstlauf-Anime *Yuri on Ice* Regie führte.

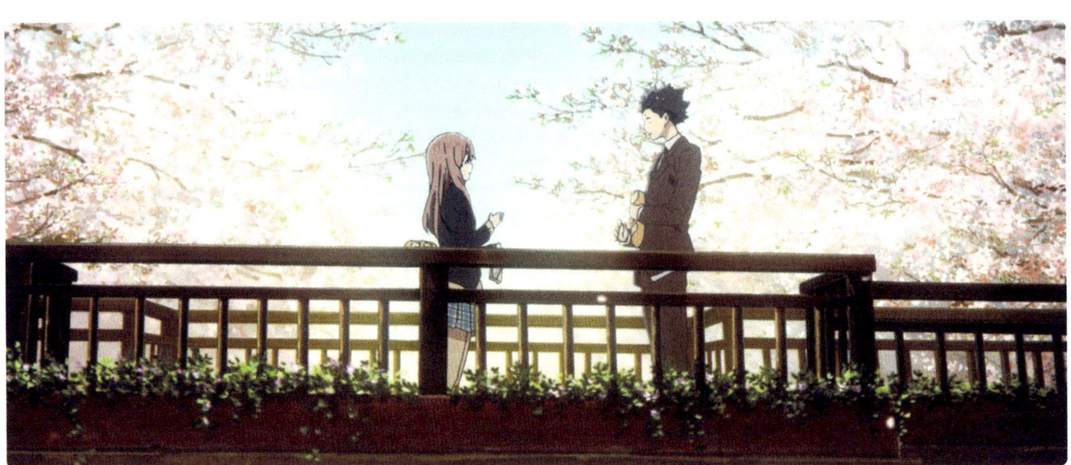

Ganz oben: Die Supertruppe. Obwohl es primär um eine einzige Beziehung geht, besteht *A Silent Voice* aus einer Vielzahl erinnerungswürdiger Charaktere.

Oben: Eine Beziehung erblüht. Shoko und Shoyas Leben verflechten sich und wachsen zusammen, trotz des Mobbings, das ihre Kindheit definierte.

A SILENT VOICE – REZENSION

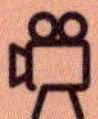

Yamada Naokos *A Silent Voice* strotzt vor Emotionen und ringt unerbittlich mit der Philosophie. Es ist ein einziges Konzentrat jugendlicher Ängste, ohne sich aber auf eine rein pubertäre Weltsicht zu beschränken. Dieses herausfordernde, bewegende und manchmal auch abstoßende Werk ist eine Geschichte der Erlösung, die in bunten Farben leuchtet, aber fast ausschließlich in Grauzonen existiert. Ein Selbstmordversuch zu Beginn, gefolgt von einer Rückblende in die Jugendjahre, lässt auf eine empathische Tragödie schließen, aber die Hauptfigur Shoya ist eine Figur, die es einem recht schwer macht, sie sympathisch zu finden. Die Rückblenden, die den ersten Akt des Films ausmachen, zeigen Shoyas zutiefst unangenehmes und schonungsloses Mobbing gegenüber seiner gehörlosen Mitschülerin Shoko. Vom Bespritzen mit Wasser bis hin zum Herausreißen von Hörgeräten – Shoya ist ein extrem unangenehmer Zeitgenosse und ihm seine Taten zu verzeihen, scheint unmöglich. Aber genau das tut der Film, indem er die Zuschauer in die Lage des Schulrüpels versetzt. Nachdem er für sein extremes Verhalten geächtet wurde, erkennt Shoya die Grausamkeit seiner Taten an, aber anstatt sich umzubringen, versucht er, sie wiedergutzumachen. Durch seinen Status als Ausgestoßener und seine seelischen Qualen gelingt es dem Film, sich stilistisch zu öffnen und von der üblichen Slice-of-Life-Kost auf eine abstraktere und expressionistischere Ebene zu wechseln. Große, dicke Xe erscheinen auf den Gesichtern und hindern Shoya buchstäblich daran, den Menschen in die Augen zu sehen. In Gesprächen, selbst wenn er direkt neben jemandem steht, wird er nur selten im selben Bildausschnitt gezeigt; stattdessen steht er am Rande des Bildes und schaut aus ihm heraus, dabei umgeben ihn Wolken unbehaglicher Leere. Schrägperspektiven (sog. „Falsche Sicht") und Live-Action-Techniken wie Doppelbelichtungen und Lichtlecks verstärken diese Verzerrung noch, während die Geschichte gleichzeitig in einer erkennbaren, wenn auch verzerrten Realität verankert bleibt. Obwohl auch stilistisch sehr beeindruckend, fasziniert *A Silent Voice* vor allem durch die thematische Tiefe, die er seinen jugendlichen Charakteren zugesteht. Shoyas Erlösung fällt ihm nicht leicht, und seine Weste wird letztendlich auch nie wieder ganz rein sein, aber gerade das ist letztendlich auch die Frage, die der Film stellt: Kann die Buße jemanden zu einem guten Menschen machen? Oder ist sie nichts weiter als Selbstsucht und Egoismus? Und kann Vergebung jemals wirklich erreicht werden? Auf dem Weg zur Erlösung reihen sich noch einige von Shoyas Klassenkameraden ein, die alle auf der Suche nach ihrer eigenen Version der Vergebung sind. Dadurch wirkt der Film bisweilen fragmentarisch und hektisch. Doch jede dieser Personen hält für Shoya eine weitere Lektion bereit, die ihm die verschiedenen Facetten vor Augen führen, die ihn ausmachen – im Guten wie im Schlechten. In all dem Melodrama sind die bewegendsten Momente des Films die eher ruhigen Augenblicke: ein gemeinsames Essen, ein dargebotener Regenschirm, das Hinschauen und das Zuhören. Die Erlösung kann durch große Taten erfolgen, aber ebenso in Form unterstützender, ganz alltäglicher Gesten. Emotional, ausdrucksstark und ausgesprochen düster – Naoko Yamadas Film hat eine kühne, einfühlsame und einzigartige filmische Stimme.

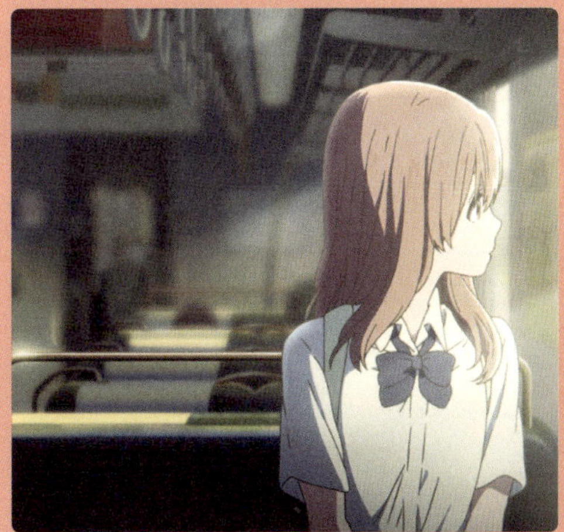

Oben: Shoko aus *A Silent Voice* ist ein seltenes, aber eindrucksvolles Beispiel für einen Anime, der sich auf eine gehörlose Figur konzentriert.

IN THIS CORNER OF THE WORLD

この世界の片隅に

DIE KUNST DES KRIEGES

Eine junge Frau, die gerne malt, wird zu Beginn des Zweiten Weltkriegs erwachsen. Sie lebt in einer Stadt in der Nähe von Hiroshima und wir Zuschauer wissen, dass sich ein verheerendes Bombardement am Horizont abzeichnet, das den Konflikt beenden wird.

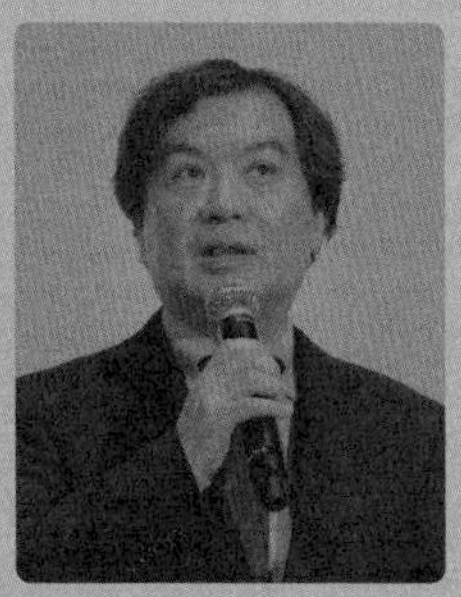

2016

REGIE: SUNAO KATABUCHI

129 MIN.

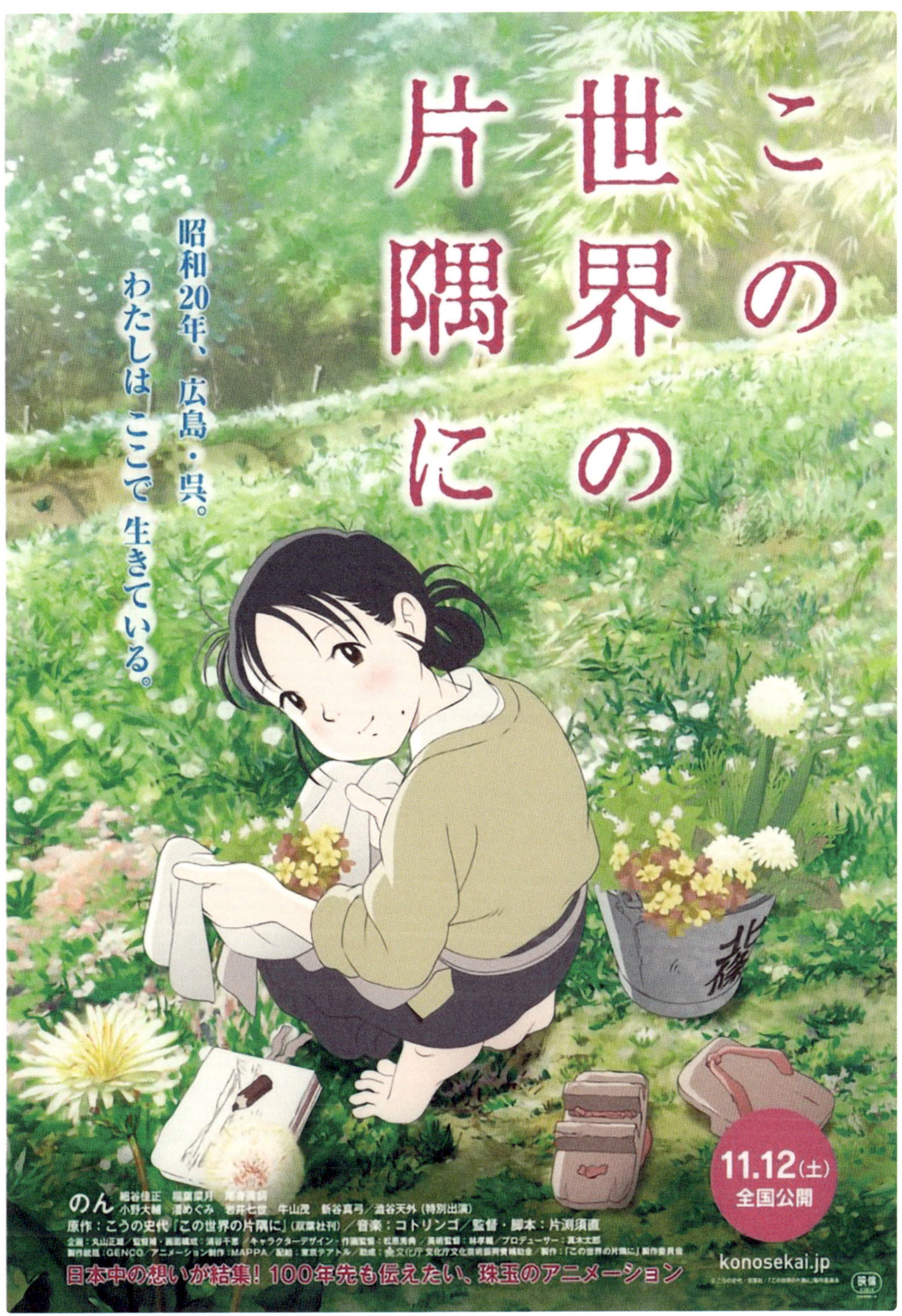
この世界の片隅に
昭和20年、広島・呉。
わたしは ここで 生きている。
のん
原作：こうの史代「この世界の片隅に」／音楽：コトリンゴ／監督・脚本：片渕須直
日本中の想いが結集！100年先も伝えたい、珠玉のアニメーション
11.12(土)
全国公開
konosekai.jp

Die Arbeit in der Animationsbranche kann sehr anstrengend sein. Die Bezahlung ist oft unterirdisch, die Arbeitszeiten erbarmungslos und es gibt keinen Garant für Erfolg und Stabilität. Als es das zum Teil durch Crowdfunding finanzierte Drama *In This Corner of the World* in die Top Ten der erfolgreichsten Kinofilme 2016 schaffte und später den Preis für den besten Animationsfilm bei den Japanese Academy Awards gewann, hatte Regisseur Sunao Katabuchi schon 30 Jahre Arbeitserfahrung auf dem Buckel. Obwohl Katabuchi oft mit großen Namen der Branche gearbeitet hatte, war ihm zuvor nie ein großer Durchbruch geglückt. In einer Fragerunde auf Reddit schrieb Katabuchi: „Meine Arbeit ist nicht mein Ruf; es ist meine Beziehung zu den Leuten, die zu meiner Karriere geführt hat."

Katabuchi wurde 1960 geboren und hatte bereits im Alter von zweieinhalb Jahren im Kino seines Großvaters seinen ersten Kontakt mit Animationsfilmen. Dort sah er sich Toeis *Wanpaku Oji no Orochi Taiji* an. Der Film war der Durchbruch für Yasuo Otsuka, der eines der Idole des jungen Katabuchi wurde.

Jahre später führte er sich voller Vorfreude die bahnbrechende Animeserie *Mirai Shonen Conan* von 1978 zu Gemüte, bei der Otsuka für die Animationsregie und Charakterdesigns zuständig war. Erst später wurde ihm klar, dass Hayao Miyazaki, der in Katabuchis Karriere später eine wichtige Rolle einnahm, Regie bei der Serie geführt hatte.

Katabuchi war noch Filmstudent, als er zum Drehbuchteam der Animeserie *Die Abenteuer des Sherlock Holmes* stieß. Dort arbeitete er eng mit Miyazaki zusammen, bevor das Projekt aufgrund eines Disputs mit Arthur Conan Doyles Nachlassverwaltung auf Eis gelegt wurde. Danach reiste er zwischen Japan und Hollywood hin und her, um an einer frühen Fassung der ehrgeizigen japanisch-amerikanischen Koproduktion *Little Nemo – Abenteuer im Schlummerland* zu arbeiten. *Little Nemo* sollte dann von *Star-Wars*-Veteran Gary Kurtz produziert werden. Als Regisseure wurden Hayao Miyazaki und Isao Takahata gehandelt, die mit einem Skript von SciFi-Legende Ray Bradbury arbeiten sollten. Doch dazu kam es nie und das Projekt dümpelte den größten Teil des Jahrzehnts vor sich hin, während Teammitglieder kamen und gingen. 1989 erfolgte schließlich die desaströse Veröffentlichung des fertigen Films.

Kikis kleiner Lieferservice war dem Film an den Kinokassen weit voraus – und zugleich der erste unbestrittene Hit des jungen Studio Ghibli. Ursprünglich sollte der Film Katabuchis Regiedebüt werden, der in Miyazakis Fußstapfen treten sollte, denn Miyazaki selbst legte nach *Mein Nachbar Totoro* eine Pause ein. Doch auch dazu kam es nie, denn Berichten zufolge hatten

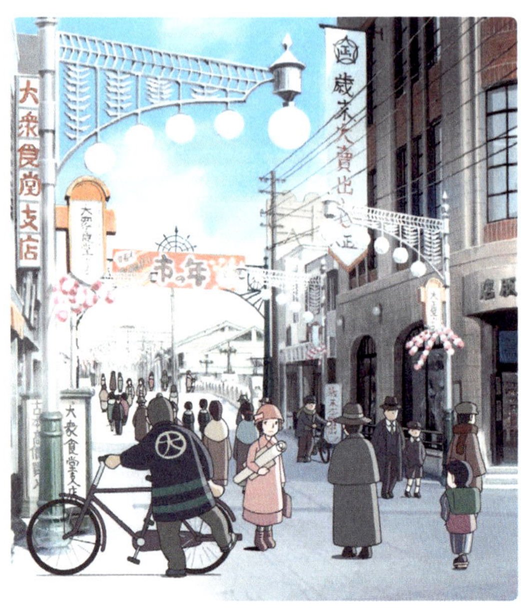

Oben: Eine Straßenecke. Die Schauplätze und Hintergründe von *In This Corner of the World* stellen das Hiroshima der 1940er-Jahre sehr detailliert nach.

Gegenüber: Eine andere Perspektive. *In This Corner of the World* zeigt das Kriegsdrama aus einem neuen Winkel

die Geldgeber auf Miyazaki an der Spitze des Projekts bestanden. Ob dies nun der wahre Grund war oder nicht: Jedenfalls wurde Katabuchi während der Produktion dann zum Regieassistenten degradiert.

In den 1990ern konnte Katabuchi einige für die Öffentlichkeit unsichtbare Erfolge verzeichnen. Zuerst coachte er eine neue Generation von Ghibli-Mitarbeitern, die nach dem Erfolg von *Kikis kleiner Lieferservice* angestellt worden waren. Später freundete er sich mit der Produzentin (und Ghibli-Veteranin) Eiko Tanaka von Studio 4ºC an. Dort ermutigte man ihn, an einem Film zu arbeiten, mit dem er 2001 sein Regiedebüt feierte: *Arete Hime*, eine Umsetzung des britischen Kinderbuchs *The Clever Princess* von Diana Coles.

Der Film war eine schwere Geburt und begann mit nur zwei Mitarbeitenden: Katabuchi und seiner Frau Chie Uratani, mit der er seitdem eng zusammenarbeitet. Uratani arbeitete an Titeln wie *Kikis kleiner Lieferservice, Mind Game, Animatrix* und *Tekkonkinkreet* mit. Bei den Werken ihres Mannes schlüpfte sie in die Rolle der Animationsregisseurin und Regieassistentin. In einem Interview verriet Katabuchi Anime World News: „Ich zeichne nicht mehr selbst. Meine Frau, Chie Uratani, kümmert sich darum. Ich werde dadurch inspiriert, herauszufinden, was die Vorstellungskraft meiner Frau anregt."

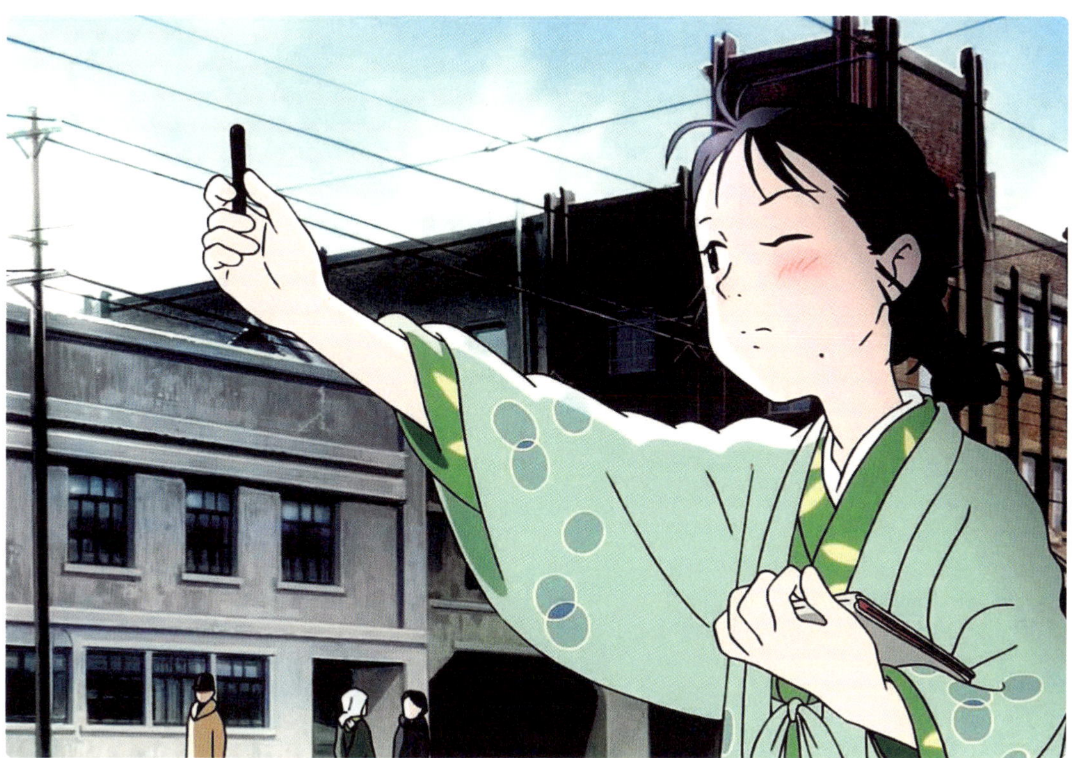

Nach *Arete Hime* arbeitete Katabuchi an verschiedenen Projekten von Namcos Videospielserie *Ace Combat* bis hin zur Umsetzung von Rei Hiroes Manga über moderne Piraterie, *Black Lagoon*, für Madhouse. Dort entstand auch über mehrere Jahre sein zweiter Film *Das Mädchen mit dem Zauberhaar*, der an Miyazakis Werke erinnert. Der Film wurde zwar später positiv aufgenommen und auf Festivals auf der ganzen Welt gezeigt, doch leider nicht in seiner Heimat Japan.

Katabuchi zufolge hatte dieser Misserfolg seinem Ansehen als Regisseur geschadet, weshalb er bei der Ausarbeitung und Recherche für sein nächstes Projekt, einer Umsetzung von Fumiyo Konos Manga *In This Corner of the World*, extrem sparsam vorging und auf Crowdfunding setzte. Nach sechs Jahren Produktionszeit und einem Wechsel von Madhouse zu MAPPA, dem neuen Studio des Produzenten Masao Maruyama, feierte der Film schließlich im Oktober 2016 beim Tokyo International Film Festival seine Premiere und kam einen Monat später in die japanischen Kinos. Der Film war sowohl bei Kritikern als auch kommerziell ein gigantischer Erfolg und konnte das Zehnfache seines Budgets einspielen. Die prestigeträchtige Filmzeitschrift Kinema Junpo wählte *In This Corner of the World* gar zum Film des Jahres – das hatte zuvor nur ein Animationsfilm geschafft, nämlich *Mein Nachbar Totoro*.

EBENFALLS EINEN BLICK WERT — 

In This Corner of the World fügt sich nahtlos in eine Untergruppe japanischer Animationsfilme ein, die den Zweiten Weltkrieg aus der Perspektive unschuldiger junger Menschen betrachten. *Barfuß durch Hiroshima* und sein Nachfolger gehören zu den bahnbrechenden Werken, auch wenn ihre Animation mittlerweile ein wenig angestaubt wirkt. Es folgte Isao Takahatas *Die letzten Glühwürmchen*, eine äußerst düstere Geschichte über zwei Kinder, die nach der Bombardierung Tokios mit Brandbomben langsam an Unterernährung sterben. Dieser Film gehört ohne Zweifel zu den besten Animationsfilmen aller Zeiten. Doch Vorsicht ist geboten: Die dem Film nachgesagte Schockwirkung geht auch auf die Doppelvorstellung mit einem anderen Ghibli-Film zurück, Miyazakis deutlich fröhlicherem späteren Klassiker *Mein Nachbar Totoro*. Viele junge Zuschauer trauten dem Namen Ghibli danach nie wieder über den Weg.

IN THIS CORNER OF THE WORLD – REZENSION

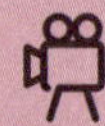

Als ihre Stadt bombardiert wird, stellt sich Suzu, die künstlerisch veranlagte, liebenswerte junge Frau im Zentrum von *In This Corner of the World*, die Explosionen als berstende Aquarellwolken vor, die den trüben Himmel erhellen. Sie – und der ganze Film – findet auch in einer grausamen und gefährlichen Welt Momente der Schönheit und zeigt, wie selbst kleine kreative Handlungen helfen können, solche Zeiten zu überstehen.

Suzus Geschichte wird größtenteils in der Nähe Hiroshimas gegen Ende des zweiten Weltkriegs erzählt, als unvorstellbare Gräuel nahen, weshalb eine stets präsente Melancholie die Geschichte umgibt. Umso beeindruckender ist es, dass wir im Schatten dieser dunklen Wolke so viel Freude, Fantasie und Güte vorfinden. Was um Suzu herum geschieht, mag den Krieg bestimmen – doch nicht Suzu selbst.

Der Anfang des Films zeigt Suzu als wunderliches und tollpatschiges Kind, dessen rege Fantasie die Grenzen von Traum und Realität verschwimmen lassen. Für sie sind Dämonen und Brüder ein und dasselbe und bieten eine wunderbare Vorlage, um sie zur Belustigung ihrer Schwester in einem eigenen Manga zu verarbeiten. Die Welt, die die junge Künstlerin umgibt, ist voller Leben und Farben, während sich der Zauber des Alltags in ihre Zeichnungen gesellt. Als sie einen Marinearbeiter heiratet und im Angesicht des sich anbahnenden Krieges die Rolle der Hausfrau einnehmen muss, verschwinden ihre Farben und ihr Papier aus ihrem Alltag. Doch auch in diesem neuen Leben findet sie Wege, um sich auszudrücken.

In den heimischen Gefilden kommt eben jene Fantasie statt beim Zeichnen und Malen nun beim Stricken und Kochen zum Einsatz. Als Suzu einen Kimono anpassen muss, zerlegt Suzu das Kleidungsstück in seine Einzelteile und setzt es auf befriedigende Weise wieder zusammen. Die strenge Rationierung des Essens im Krieg hält Suzu nicht davon ab, daraus ein fantasievolles Festmahl zu zaubern. Dabei wird jede Bewegung ihrer kulinarischen Sinfonie genauestens dargestellt, um das Talent und die Detailverliebtheit hervorzuheben, die in jeden Bissen geflossen sind.

Ihre Bewegungen stecken voller Neugier für alles, was die Welt zu bieten hat. Mit vorsichtigen und leichten Schritten inspiziert sie ihre Umgebung, stets darauf bedacht, diese nicht zu stören. Aus dieser Ruhe wird stiller, stoischer Schmerz, als der Krieg voranschreitet und Suzu mehrere Familienmitglieder, darunter ihre kleine Nichte, und ihren rechten Arm durch eine Bombe verliert.

Die warmen, natürlich Farben des Anfangs weichen nach der fröhlichen ersten Filmhälfte einer entsättigteren Farbpalette; die weichen Konturen der Figuren und die Pastelllandschaften mischen sich mit dem kratzigen Monochrom der Militärfahrzeuge. Als Suzu ihren Arm verliert, verlieren auch ihre Hintergründe ihre Form und werden zu groben, wirren Pinselstrichen. Doch selbst als ihr Gesicht fast seine ganze Farbe verliert, hält Suzu durch.

Mit dem Krieg enden auch die Verdunkelungsregeln. Die Glühbirne in Suzus Esszimmer kann wieder frei leuchten, wodurch alle das einfache Reisgericht sehen können, das Suzu liebevoll zubereitet hat. Es ist ein unscheinbarer, aber emotional gewichtiger Moment, als Suzu und ihre Familie zusammen im Licht sitzen. Er lässt uns ihren geteilten Schmerz, ihre Erleichterung und die Freude an den kleinen, aber unendlich wertvollen Gesten der Fürsorge spüren, mit denen die kleine Künstlerin die Gemüter aller erhellt.

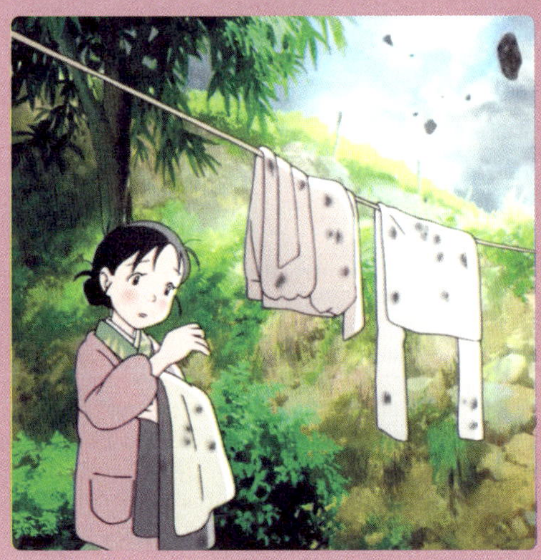

Rechts: Kein Auge bleibt trocken. Suzus gutherzige, stoische Art wird viele Zuschauer zu Tränen rühren.

Gegenüber: Die Kraft der Kreativität. *In This Corner of the World* basiert auf einem Manga der renommierten Künstlerin Fumiyo Kono.

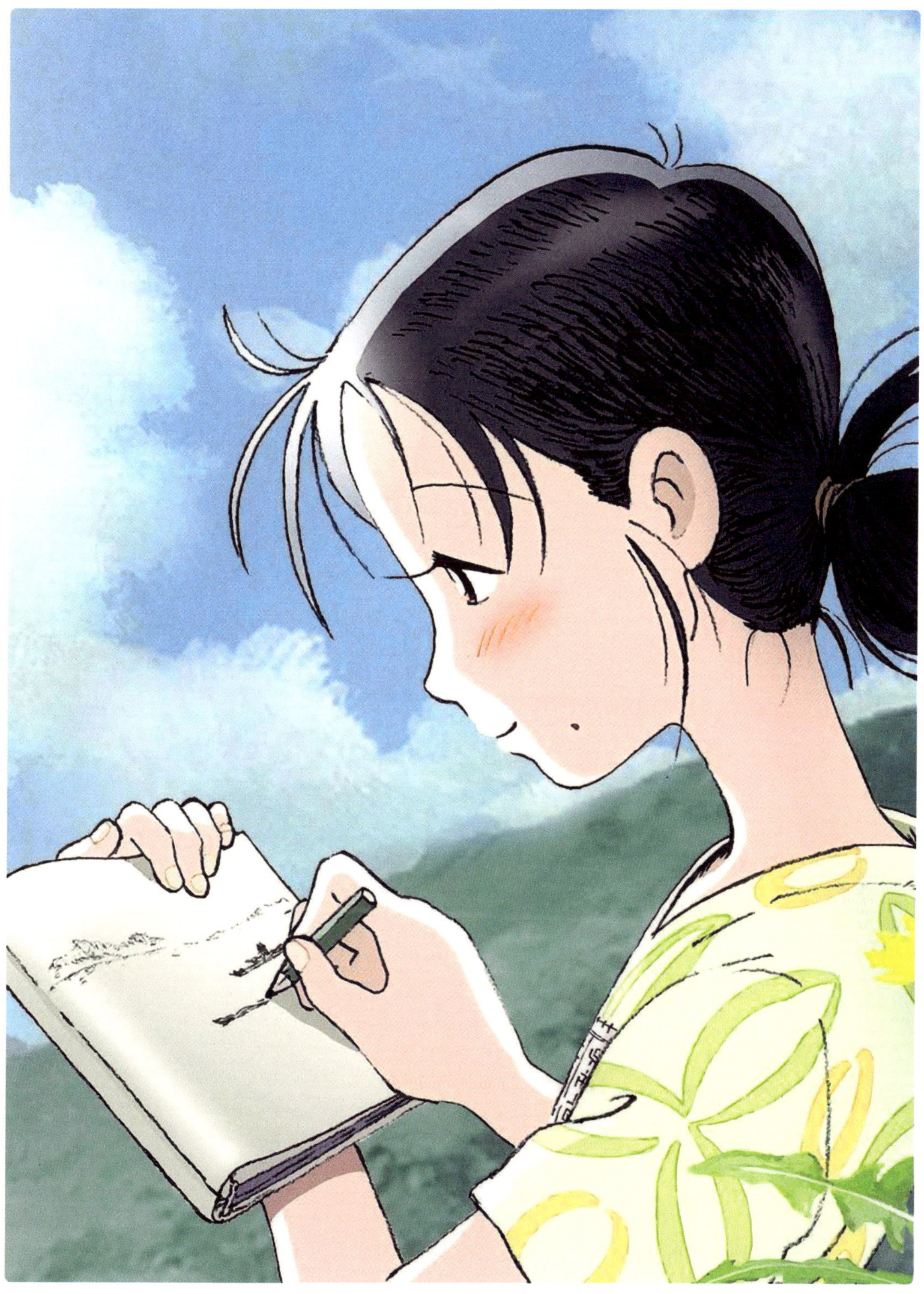

BESCHEIDENE HELDEN: PONOC SHORT FILMS

ちいさな英雄ーカニとタマゴと透明人間

KURZ & HERZLICH

Eine Zusammenstellung dreier Kurzfilme, produziert von Yoshiaki Nishimura und seinem Studio Ponoc, von denen jeder das Talent einer Reihe erfahrener Animatoren zur Schau stellt, die zuvor für Studio Ghibli arbeiteten.

2018

REGIE: HIROMASA YONEBAYASHI, YOSHIYUKI MOMOSE, AKIHIKO YAMASHITA

53 MIN.

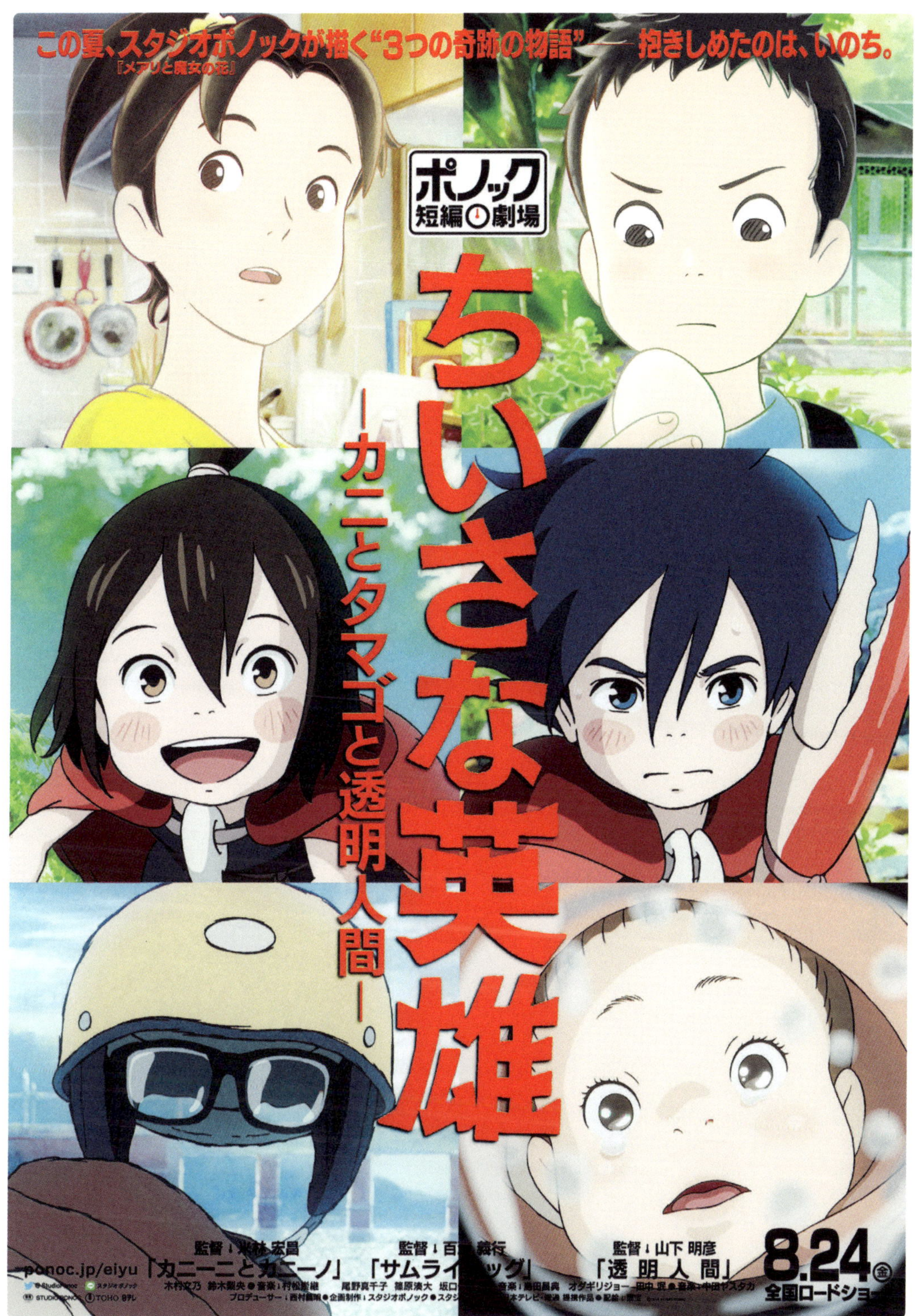
この夏、スタジオポノックが描く"3つの奇跡の物語"―― 抱きしめたのは、いのち。
『メアリと魔女の花』
ポノック短編劇場
ちいさな英雄
―カニとタマゴと透明人間―
監督：米林宏昌
「カニーニとカニーノ」
監督：山下明彦
「透明人間」
ponoc.jp/eiyu
8.24㊎
全国ロードショー

Was macht man, wenn das Animationstudio, für das man arbeitet, angeblich dauerhaft schließt? Natürlich gründet man sein eigenes Studio. In dieser Position befand sich Yoshiaki Nishimura 2014, als Studio Ghibli bekannt gab, die Filmproduktion einzustellen, nachdem Miyazaki mal wieder seinen Ruhestand verkündet hatte. Der junge Produzent hatte sich schnell im Studio etabliert und half Isao Takahatas letztem Meisterwerk *Die Legende der Prinzessin Kaguya* durch die lange Produktion. Darüber hinaus arbeitete er zusammen mit Regisseur Hiromasa Yonebayashi am gefühlvollen Jugenddrama *Erinnerungen an Marnie*. Doch nur einen Monat vor *Marnies* Kinopremiere wurde Ghiblis Schließung angekündigt.

Nishimura wartete nicht lange und gründete im April 2015 sein eigenes Unternehmen, Studio Ponoc. Das kroatische Wort für „Mitternacht" sollte für den Anbruch eines neuen Tages für die Animationsbranche stehen, wobei Ponoc Ghiblis Erbe weiterführt, indem es qualitativ hochwertige Filme produziert, die Kinder und Erwachsene gleichermaßen genießen können. „Wir wollten weiter bedeutungsvolle, sinnstiftende Werke ins Leben rufen", erklärte Nishimura. „Das war unsere Vision."

Ponoc gewann viele der erfahrenen Künstler für sich, die infolge von Ghiblis Auszeit auf dem Trockenen saßen. Das Studio konnte sogar eine Reihe von Arbeitstischen aus dem geschlossenen Studio Ghibli abzweigen, um ihren ersten Kinofilm zu produzieren: *Mary und die Blume der Hexen*, eine opulente Hommage an Miyazakis Werke, bei der Hiromasa Yonebayashi Regie führte. Der Film avancierte 2017 zum Blockbuster und war am Jahresende der sechsterfolgreichste japanische Film des Jahres. Doch er ging auch um die Welt und stellte Nishimuras und Ponocs Interesse an einer globalen Zuschauerschaft unter Beweis.

Mit *Mary* zeigte Ponoc, dass sie Filme im Stil Studio Ghiblis produzieren konnten. Mit ihrem nächsten Titel wollten sie sich neuen Herausforderungen stellen. Eine Serie von Kurzfilmen sollte neues Talent, neue Geschichten und neue Ausdrucksweisen zum Vorschein bringen. Dieser Ansatz ähnelt dem vergangener Kurzfilmsammlungen, die oft neue und aufregende Stimmen und Visionen zur Schau stellten, von *Robot Carnival* und *Memories* über *Genius Party* bis hin zu *Animatrix*.

Nishimura, als Produzent immer an vorderster Front dabei, wählte die Regisseure aus und schlug – statt Drehbuchautoren festzulegen – für jeden Film ein Thema oder eine Herausforderung vor, die als Inspiration dienen sollte.

Hiromasa Yonebayashi führte nach *Mary und die Blume der Hexen* beim Kurzfilm *Kanini & Kanino* Regie. Nishimura ermutigte ihn, sich von seinen geliebten weiblichen Hauptfiguren zu trennen und sich mit Themen zu beschäftigen, die ihm näher waren. Genauer gesagt mit der Dynamik innerhalb einer Familie, während Yonebayashi und seine Frau ein Kind erwarteten.

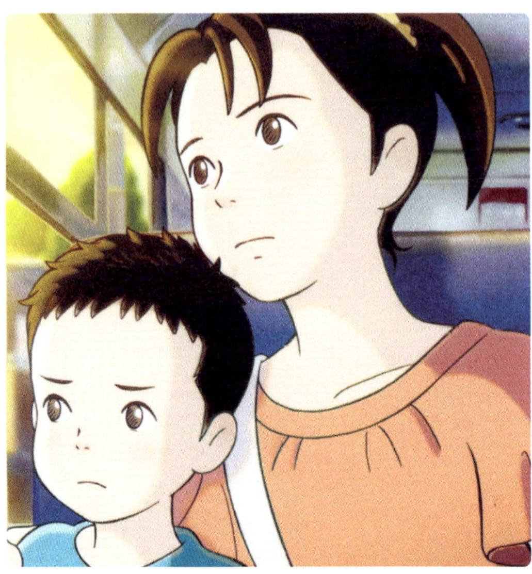

Oben: Aus der Schale. Produzent Yoshiaki Nishimura hatte für einen der Kurzfilme ein ungewöhnliches Thema: das Leben mit einer Eiallergie.

Gegenüber oben: Krabbengeschwister. Der ehrgeizige Kurzfilm *Kanini & Kanino* nutzt durchgehend eine eigens erfundene Sprache für seine Wasserbewohner.

Gegenüber unten: Yoshiaki Nishimura und Regisseur Hiromasa Yonebayashi arbeiteten erstmals am gefühlvollen Ghibli-Film *Erinnerungen an Marnie* zusammen.

Yoshiyuki Momose, ein Ghibli-Veteran und einer von Isao Takahatas geschätztesten Mitarbeitern, hatte an Filmen von *Die letzten Glühwürmchen* bis *Die Legende der Prinzessin Kaguya* mitgearbeitet. Mit *Life Ain't Gonna Lose* nahm er sich des alltäglichen, aber potenziell lebensbedrohlichen Themas einer Eiallergie an. Dafür ließ er sich von einem von Nishimuras alten Schulfreunden inspirieren.

Für Akihiko Yamashita, einen von Ghiblis führenden Künstlern, der oft an Miyazakis Seite arbeitete, hatte Nishimura die ambitionierteste Vorgabe. Als Animationsregisseur und Keyframe-Animator bei Filmen wie *Das wandelnde Schloss*, *Ponyo*, *Wie der Wind sich hebt* und *Chihiros Reise ins Zauberland* hatte Yamashita sich als Meister der animierten Bewegung bewiesen.

„Ich habe mich gefragt", so Nishimura später, „ob ein Animator mit Talent dafür, Bewegungen und Emotionen auszudrücken, in der Lage wäre, einen unsichtbaren Mann zu animieren." Yamashita soll zunächst behauptet haben, dass dies unmöglich wäre. Doch Nishimura gab nicht nach und wollte das Ergebnis in einem Kurzfilm mit dem einfachen Namen *Invisible* sehen.

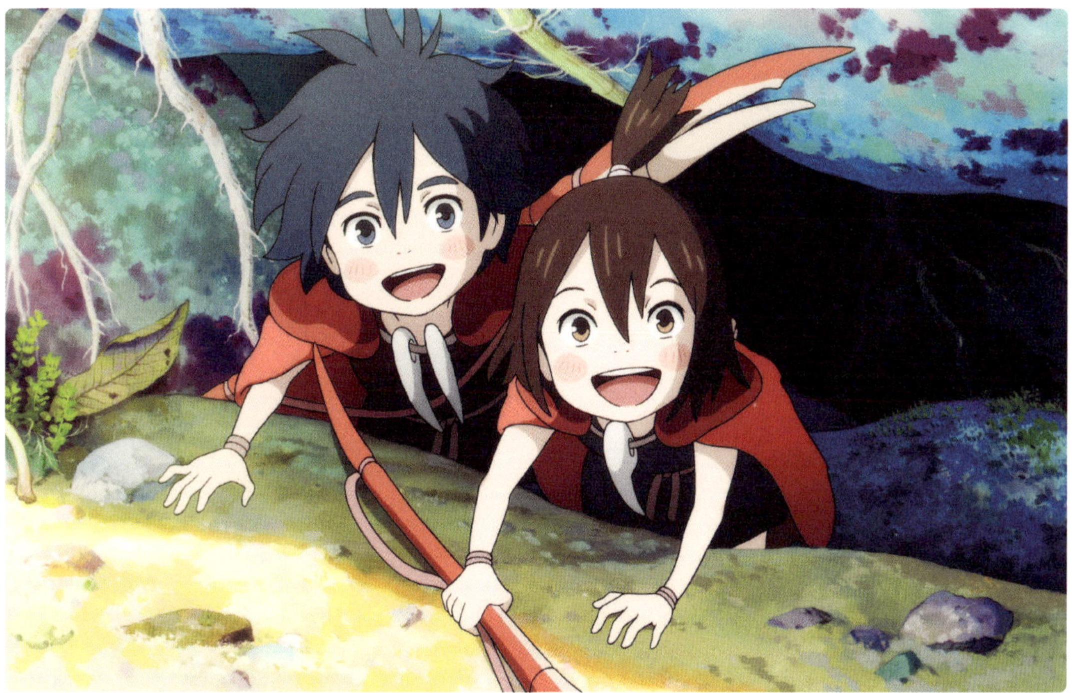

Diese drei Kurzfilme wurden zusammen als *Bescheidene Helden* gezeigt. Thematisch haben sie die alltäglichen Themen und die ausdrucksstarke, kraftvolle Animation gemeinsam. Ursprünglich sollten es vier Kurzfilme werden, von denen Nishimuras alter Kollege und Mentor Isao Takahata bei einem Regie führen sollte. Doch aus diesen Plänen wurde nichts, denn Takahata verstarb im April 2018.

Wenn *Mary und die Blume der Hexen* eine Hommage an Hayao Miyazakis Filme war, dann könnte man *Bescheidene Helden* als Verneigung vor Isao Takahatas revolutionärer, stilistisch vielseitiger Herangehensweise betrachten. Die Anthologie zeigt ferner Nishimuras Ambition, die Unabhängigkeit des Studios zu nutzen, um Innovationen voranzutreiben und mit Lang- und Kurzfilmen Flexibilität zu beweisen. Zu dieser Philosophie passt auch das nächste Projekt des Studios, der Kurzfilm *Tomorrow's Leaves* von Momose, der anlässlich der Olympischen Sommerspiele 2020 in Tokio produziert wurde.

Bescheidene Helden kam im Sommer 2018 in die japanischen Kinos und schaffte es durch GKIDS kurz darauf in die Vereinigten Staaten. Im Anschluss wurden die Kurzfilme 2019 weltweit durch Netflix veröffentlicht. Ponocs Mentoren im Studio Ghibli, die ihre Filme davor nicht für den digitalen Vertrieb freigeben wollten, taten es Ponoc im Jahr darauf gleich.

EBENFALLS EINEN BLICK WERT — 

Alle Wege führen zu Ghibli zurück, aber in diesem Fall sollte das niemanden überraschen, denn alle drei Regisseure von *Bescheidene Helden* sind Ghibli-Veteranen. Es ist also naheliegend, sich Klassiker wie *Chihiros Reise ins Zauberland*, *Porco Rosso*, *Das wandelnde Schloss* und *Wie der Wind sich hebt* noch einmal zu Gemüte zu führen oder einen erneuten Blick auf Yonebayashis Titel als Regisseur zu werfen, *Arrietty – Die wundersame Welt der Borger* und *Erinnerungen an Marnie*. Mehr von Momose gibt es in der Videospielserie *Ni no Kuni* mit viel Ghibli-DNA zu sehen, für die Momose als Designer arbeitete. 2019 folgte ein Film, bei dem er Regie führte. *Genius Party* und *Short Peace* sind weitere vielseitige, visuell beeindruckende Kurzfilmsammlungen.

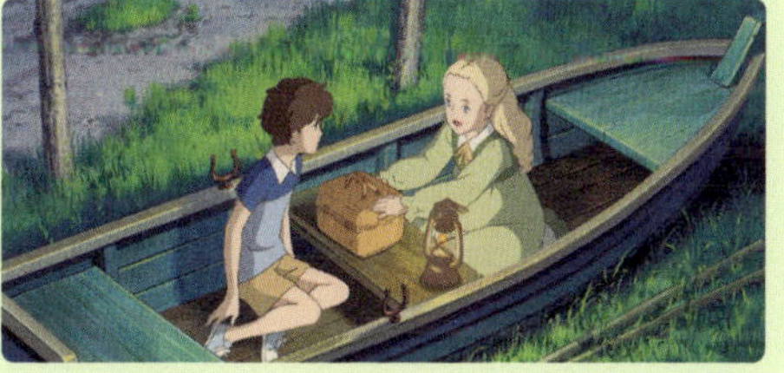

BESCHEIDENE HELDEN – REZENSION

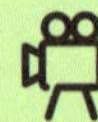

Filmanthologien sind nicht leicht umzusetzen. Wenn so verschiedene Dinge zusammen als Gesamtpaket verkauft werden, wählen die Zuschauer stets ihre Lieblinge aus und stellen den Rest ans Ende der Liste. Bei *Bescheidene Helden* besteht dieses Risiko jedoch nicht, denn alle drei Filme stellen eine beeindruckende Kreativität und starke Gefühle zur Schau.

Der erste Film, *Kanini & Kanino*, dreht sich um zwei humanoide Krabbenwesen, die in einem Fluss hausen und sich durch die wilden Gewässer begeben. Ihre Mutter ist aufgrund der Geburt des nächsten Kindes nicht zuhause und ihr Vater wurde flussabwärts gespült, weshalb die Geschwister ganz auf sich gestellt sind und ihn finden müssen. Regisseur Hiromasa Yonebayashi, der bei Studio Ghibli für *Arrietty – Die wundersame Welt der Borger* und *Erinnerungen an Marnie* zuständig war (und bei Ponoc für *Mary und die Blume der Hexen*) kombinierte einige der bekannten Stilelemente seines alten Arbeitsplatzes mit der aufregenden und experimentellen Machart eines Stummfilms.

Kanino und Kaninos Sprache ist primitiv, aber was sie sagen, ist nicht von Belang, denn Yonebayashi stellt ihre Welt und ihre Handlungen in den Mittelpunkt. Eine Schärfeverlagerung, bei der wie in Realfilmen der Brennpunkt innerhalb einer Einstellung wechselt, hebt die natürliche Schönheit der Orte hervor. Liebevoll verharrt die Kamera auf dem beeindruckend animierten, schillernden Wasser und den detaillierten Waldumgebungen. Es fehlt nur noch die Erzählstimme von David Attenborough. Das bodenständige Fundament dieses Fantasyfilms lässt die Macht der Natur umso gewaltiger erscheinen.

Selbst die kleinen Lichtungen und anschwellenden Strömungen, die die Familie trennen, wirken biblisch. In Kombination mit der grandiosen, wehmütigen, orchestralen Musikuntermalung von Takatsugu Muramatsu, die an *Prinzessin Mononoke* erinnert, werden Ghibli-Fans hier eine vertraute Ode an die Wunder der Natur vorfinden. Da Kanini und Kanino so klein sind, erleben sie die feinen Details der Natur voller Ehrfurcht und Respekt. Wer selbst nicht allzu groß ist, wird das sicher gut nachempfinden können.

Wenn *Kanini & Kanino* mit seinen farbenfrohen Waldpanoramen und Fantasielandschaften der Versuch von *Bescheidene Helden* an einem Miyazaki-Film ist, dann ist der zweite Kurzfilm, *Life Ain't Gonna Lose*, eine Hommage an Isao Takahata. Die aufmerksame Darstellung von menschlichem Verhalten und die expressionistische

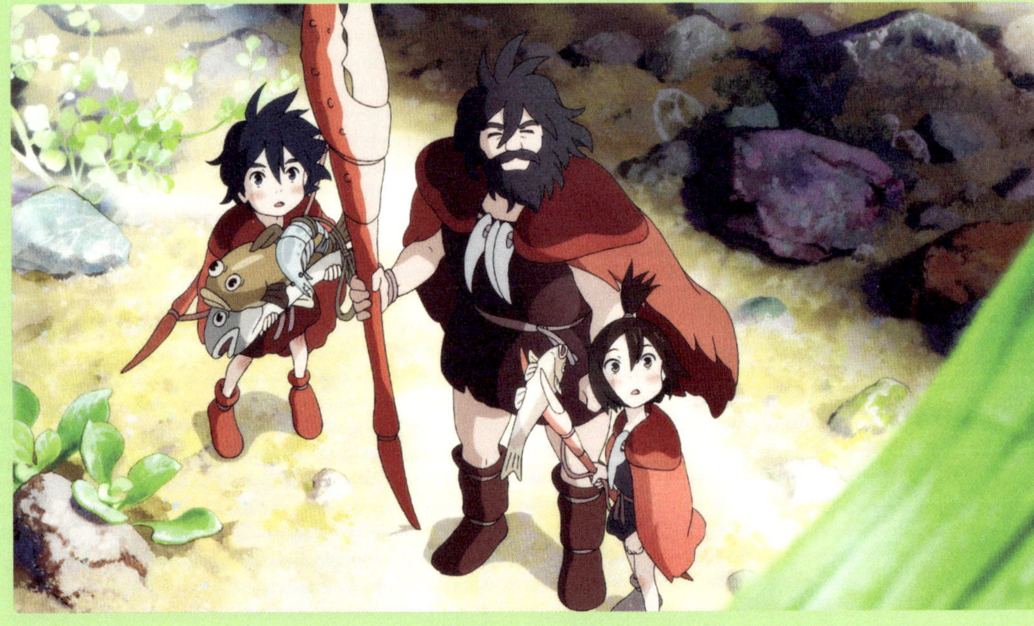

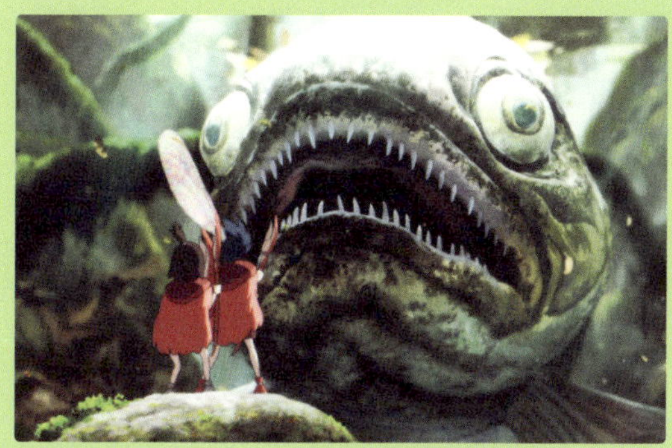

Gegenüber: Nishimura ermutigte Yonebayashi, dessen Frau zum Zeitpunkt der Produktion schwanger war, eine Familie zum Thema seines Kurzfilms zu machen.

Links: Bescheidene Helden, große Abenteuer. Kanino und Kanino stehen einem großzügig bezahnten Kontrahenten gegenüber.

Darstellung lassen das Erbe des verstorbenen Ghibli-Mitgründers bei diesem Kampf eines Jungen gegen seine Eiallergie permanent durchscheinen.

Yoshiyuki Momoses Film ist zugleich der realistischste und interessanterweise auch der experimentellste der drei. Es ist kein Drama im Stil des Kitchen Sink Realism (obwohl ein Kühlschrank eine wichtige Rolle einnimmt), sondern eine schöne und inspirierende Darstellung von Furcht und Hingabe aus der Sicht der Eltern und des Kindes. Die Charaktere haben weiche, detailreiche und rundliche Gesichter mit grauen statt schwarzen Konturen, die den Figuren Wärme verleihen. Wie Takahatas Meisterwerk *Tränen der Erinnerung – Only Yesterday* ist der Film eine Studie alltäglicher menschlicher Emotionen.

Die Ränder des Bildes werden oft gar nicht ausgefüllt, sodass die Figuren und die Handlung in der Bildmitte im Zentrum der Aufmerksamkeit stehen. Shun mit seiner tödlichen Eiallergie und seine Mutter müssen sich Tag für Tag durch die Gefahren einer Welt navigieren, in der an jeder Ecke Eier lauern. Allergietests, das Schulessen und Restaurants werden mit viel Aufmerksamkeit erforscht. Dabei wird Shun nie zum Außenseiter; seine persönlichen Erfahrungen bleiben das Hauptaugenmerk.

Als es dann zum Unausweichlichen kommt, ist die Darstellung überwältigend. Als Shun das falsche Eis isst, bilden sich tropfende Fleischbällchen um Shun, die turbulent in die Höhe schießen. Seine hastig skizzierten Bewegungen werden sichtbar; sein Skelett klammert sich an eine Welt, die unter ihm wegschmilzt. Die abstrakte Darstellung dieses furchterregenden Moments demonstriert die schreckliche Gefahr dieser versteckten, aber sehr realen Bedrohung. Und wie im gesamten Film werden hier die Heldentaten des alltäglichen Lebens hervorgehoben, wenn das, was für die meisten Menschen nur banaler Alltag ist, für andere zum Überlebenskampf wird.

Der dritte und letzte Kurzfilm der Sammlung lässt sich nicht ganz so eindeutig auf die DNA des Studios zurückführen. Obwohl Akihiko Yamashita offensichtlich der Ghibli-Schule entspringt, klettert sein *Invisible* aus dem Schatten des legendären Studios. Das Ergebnis ist ein erfrischend anderes Werk voller düsterer Melancholie.

Im Mittelpunkt stehen die Probleme im Alltag eines unsichtbaren Mannes. Yamashitas Film ist faszinierend und spannend genug, um junge Zuschauer in seinen Bann zu ziehen, doch als Analogie zugleich auch für alle Erwachsene interessant, die sich in ihrer Existenz schon einmal unsichtbar gefühlt haben. Der unsichtbare Mann – nur an seiner Kleidung zu erkennen – hinkt durchs Leben und seine Arbeitskollegen ignorieren ihn. Er muss stets darauf achten, nicht einfach davonzutreiben und gänzlich zu verschwinden.

Auf diese Weise reiht der Film die tragisch-komischen Interaktionen eines Sozialphobikers aneinander. Es folgt eine mitreißende Sequenz, in der er in die Luft geschleudert und wie ein verlorener Ballon von einem Sturm mitgerissen wird. Sein schwereloser Körper dreht und windet sich auf beängstigend elastische Art, während der Himmel ihn in dieser beeindruckt animierten Szene wie eine nasse Socke im Schleudergang durch die Lüfte peitscht. *Invisible* ist ein Meilenstein der Körperanimation, doch der einzigartige Stil harmoniert auch mit dem Thema der Geschichte: einer einfühlsamen Studie über psychische Gesundheit und Einsamkeit – und darüber, wie wichtig es ist, gesehen und beachtet zu werden.

Da *Invisible* sich stärker von den Wurzeln Studio Ponocs entfernt, wurde er sicher bewusst ans Ende der Kollektion gestellt. Die ersten zwei Kurzfilme betonen das Ghibli-Erbe und seine Weiterentwicklung. Doch obwohl die Mitarbeiter noch an ihren alten Tischen sitzen, beweist *Invisible*, dass sie bereit für neue Herausforderungen sind. Alle drei Geschichten haben ihre ganz eigenen Stärken. Sie fügen sich hervorragend in die Kollektion ein und müssen sich nicht voreinander verstecken. In dieser Wundertüte gibt es keine Nieten.

CHILDREN OF THE SEA

海獣の子供

DAS MEER DES LEBENS

Eine Schülerin verbringt ihre Sommerferien im Aquarium, wo ihr Vater arbeitet. Dort freundet sie sich mit zwei eigenartigen Jungen an, die angeblich von Dugongs aufgezogen worden sein sollen. Die neuen Freunde werden in ein Ereignis von weltweitem Ausmaß hineingezogen, das große Auswirkungen auf das Meeresleben des Planeten hat.

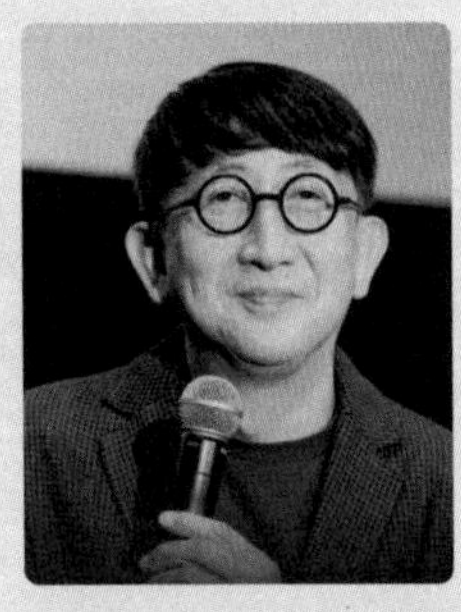

2019

REGIE: AYUMU WATANABE

111 MIN.

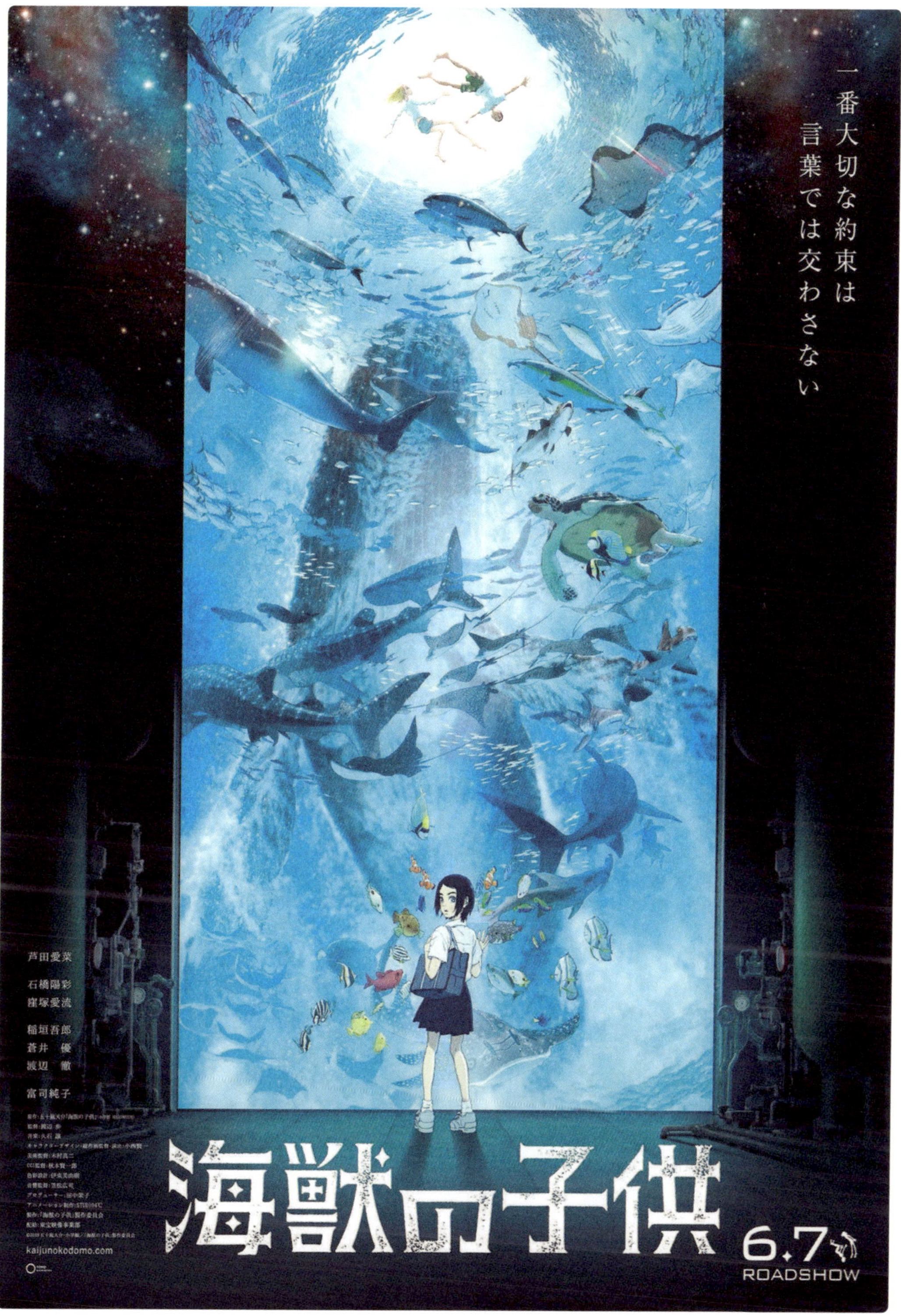
一番大切な約束は
言葉では交わさない
芦田愛菜
石橋陽彩
窪塚愛流
稲垣吾郎
蒼井　優
渡辺　徹
富司純子
監督：渡辺 歩
音楽：久石 譲
キャラクターデザイン・総作画監督・演出：小西賢一
美術監督：木村真二
CGI監督：秋本賢一郎
色彩設計：伊東美由樹
音響監督：笠松広司
プロデューサー：田中栄子
アニメーション制作：STUDIO4℃
製作：「海獣の子供」製作委員会
配給：東宝映像事業部
kaijunokodomo.com
海獣の子供
6.7
ROADSHOW

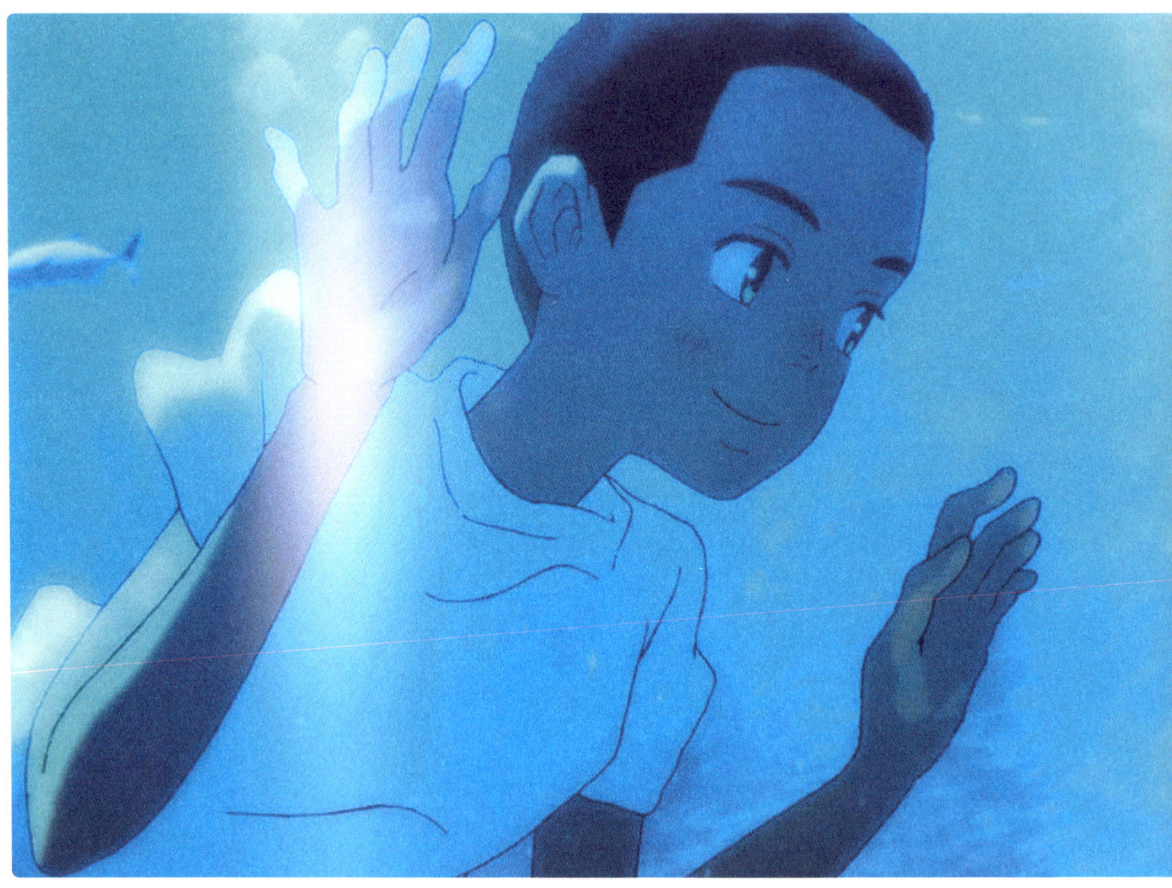

Manchmal kann eine einzige Kritik Wellen der Vorfreude schlagen. Als *Children of the Sea* beim Tokyo International Film Festival 2019 gezeigt wurde, gab Animeliebhaber Robbie Collin vom Daily Telegraph dem naturverbundenen Fantasy-Film volle fünf Sterne und nannte ihn eine „Tsunamiwelle der Kreativität und Schönheit, die einen nach Luft schnappen lässt. [...] Man bekommt das Gefühl, dass sich die Grenzen der Kunstform beim Zuschauen ein wenig verschoben haben." Solche Schwärmereien hinterlassen Spuren.

Die positive Kritik mag überrascht haben, doch an *Children of the Sea* saßen durchaus namhafte Leute. Der Film wurde von Eiko Tanaka im Studio 4°C produziert, das für international renommierte Titel wie *Tekkonkonkreet* und *Mind Game* verantwortlich zeichnet.

Regie führte Ayumu Watanabe, ein Mann mit viel Branchenerfahrung. Er führte ein Team an, an dessen Spitze Animationsregisseur und Charakterdesigner Ken'ichi Konishi stand, der wiederum oft mit Studio Ghibli zusammenarbeitete und Satoshi Kon bei *Millennium Actress*, *Tokyo Godfathers* und *Paprika* zur Seite stand.

Watanabe wurde 1966 geboren und begann seine Karriere im Jahr 1986. Dort konnte er sich als Mitarbeiter und später als Selbstständiger im Studio Shin-Ei einen Namen machen, wo er Regie bei einigen Titeln des allseits bekannten Comedy-Hits *Doraemon* führte. Dazu berichtete Watanabe: „Ich habe alles, was ich übers Animieren von Filmen wissen musste, von *Doraemon* gelernt. Filme haben eine Zuschauerschaft, die auf sie wartet, und ich durfte die Freude erleben, Gefühle mit diesen Menschen zu teilen. Ich habe ebenfalls gelernt, wie brenzlig es werden kann, wenn die Dinge nicht wie geplant laufen."

Später erarbeitete sich Watanabe mit Serien wie *Uchu Kyodai*, *Mysterious Girlfriend X* und *After The Rain* einen guten Ruf. *Children of the Sea*, das auf dem Manga des renommierten Künstlers Daisuke Igarashi beruht, war sein vierter Kinofilm.

Die Beteiligung von Ghibli-Komponist Joe Hisaishi erregte das Interesse von Animefans auf der ganzen Welt. „Es war schon immer mein Traum, mit Hisaishi zusammenzuarbeiten", erzählte Watanabe Crunchyroll. „Ich bin ein Riesenfan von ihm. Erstmals begegnete ich seiner Musik in meiner Jugend und war hin und weg." Für Watanabe macht die einzigartige Beschaffenheit Hisaishis Musik fast zu einer Art Nebenfigur in seinen Filmen: „[Sie ist] ein Wesen, das über der Handlung schwebt, mit den gelegentlich stillen Momenten fließt und sich beiläufig an die Zuschauer anschmiegt. Das ist die Musik, die Hisaishi-sensei schreibt."

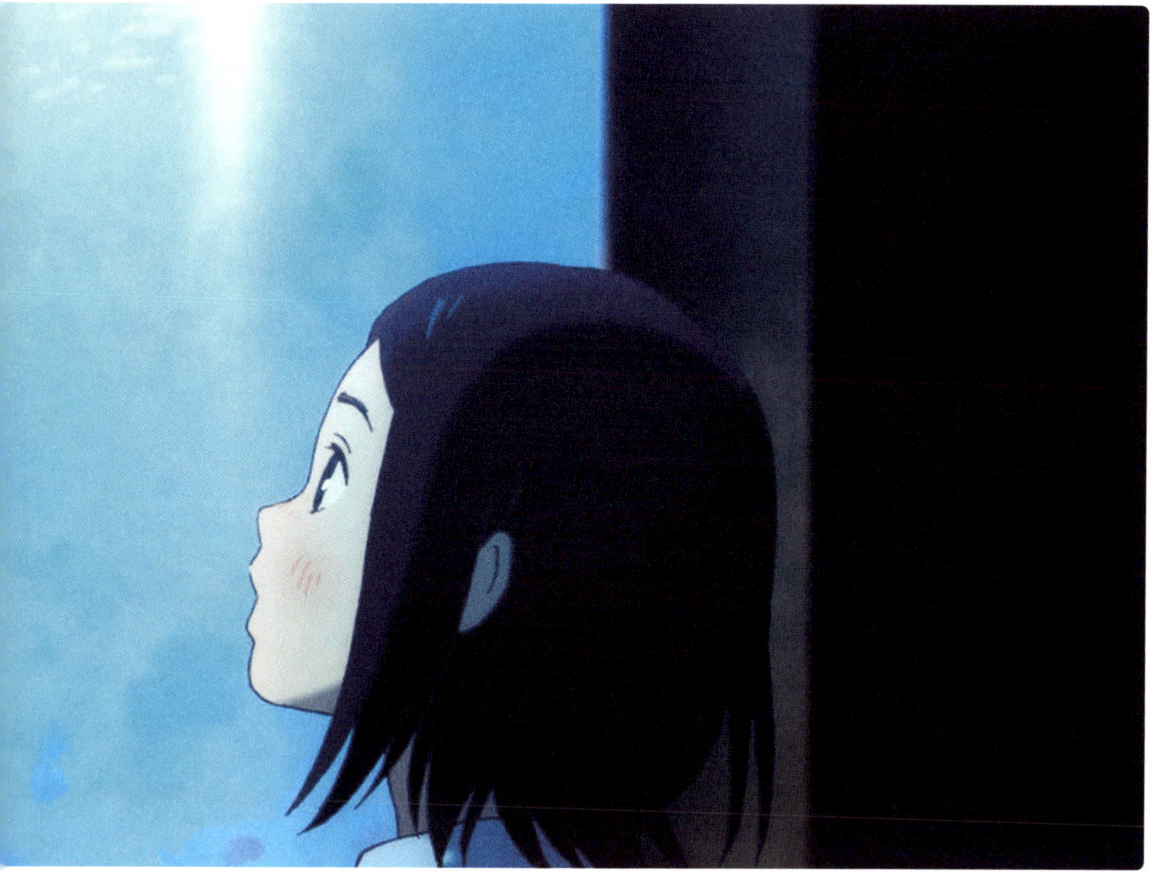

Oben: Boy-meets-Girl. *Children of the Sea* beginnt unkonventionell mit einer nassen Begegnung.

EBENFALLS EINEN BLICK WERT

Ein weiteres Meeresabenteuer finden Zuschauer mit Hayao Miyazakis *Ponyo,* einer entzückenden Interpretation von *Die kleine Meerjungfrau,* in der ein kleiner Fisch sich auf magische Weise in ein junges Mädchen verwandelt und die natürliche Ordnung der Welt aus den Fugen bringt. Masaaki Yuasas *Lu over the Wall* geht ähnliche Wege, ist dabei jedoch deutlich verrückter. Sein späterer Film *Ride Your Wave* ist eine bodenständige Romanze am Meer, in der zwei junge Menschen über das Surfen zueinander finden. Wer an *Children of the Sea* vor allem die kosmischen Ausschweifungen mochte, wird von Gisaburo Sugiis *Night on the Galactic Railroad* wortwörtlich auf eine bewusstseinserweiternde Reise durchs Weltall mitgenommen.

CHILDREN OF THE SEA – REZENSION

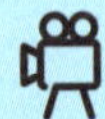

Es ist eine erfrischende, verwirrende und atemberaubende Erfahrung, sich in *Children of the Sea* zu stürzen. Wir folgen der Außenseiterin Ruka und zwei geheimnisvollen Jungen, die im Wasser leben, auf ihrer kosmischen Reise. Dabei beeindruckt der Film durch seine bildgewaltige Darstellung und eine ambitionierte Handlung. *Children of the Sea* stellt die Wunder des Universums, der Meere und auch des einfachen Stadtlebens dar. Der Film ist zugleich eine bewegende Geschichte über Freundschaft als auch eine glorreiche, hautnah spürbare kosmische Collage.

Die einsame Ruka trifft im Aquarium, wo ihr Vater arbeitet, den Waisen Umi, einen amphibischen Jungen, der von Dugongs großgezogen wurde. Kurz darauf lernt sie auch seinen trübsinnigeren Bruder Sora kennen. Diese Figuren sind – abgeschottet durch emotionale und physische Barrieren – auf der Suche nach Beziehungen zu anderen Menschen und der Natur. Es folgen seltsam anmutende, aber herzliche Treffen auf dem Trockenen sowie atemberaubende Begegnungen mit Kreaturen aus den Weltmeeren.

Ein wiederkehrendes Symbol im Film ist die große Glaswand des Aquariums, durch die Schaulustige die Unterwasserwelt begutachten. Hier wird Ruka von Umis Bewegungen in den Bann gezogen. Die Wand ist wie ein Bildschirm im Bildschirm und verdeutlicht uns, dass wir Zuschauer sind, die das Schauspiel der Natur und ihr mögliches Synchronschwimmen mit der Menschheit beobachten.

Die Neugier, mit der der Film die Welt betrachtet, spiegelt sich auch in den Gesichtern der Figuren wider. Rikas Pupillen sind riesige Murmeln, die ihr halbes Gesicht einnehmen, damit sie möglichst viel von ihrer opulenten Umwelt aufnehmen kann. Grazile Linien betonen ihre Wimpern, Augenbrauen und Lippen. Wenn Rika mit Umi und Sora in die Tiefen des Meeres abtaucht, werden die Wale, Delfine und Krabben in ebenso liebevollem Detailreichtum dargestellt.

Ihr Kontakt mit den Wesen wird von dicken, hektischen blauen Buntstiftlinien begleitet, die über die Wellen streichen und das Bild mit Leben füllen. Doch als erbarmungslose Gezeitenwellen tote Kreaturen ans Ufer spülen, erinnert die Masse ihrer grauen Kadaver an die verstörende Bilderwelt von HR Giger.

Das Zusammenspiel von alltäglichen und metaphysischen Elementen verleiht dem Film eine gewisse Lyrik und treibt die Handlung voran. In der Schule umgeben Ruka leere Tische, während Umi im nächsten Bild eine fröhliche

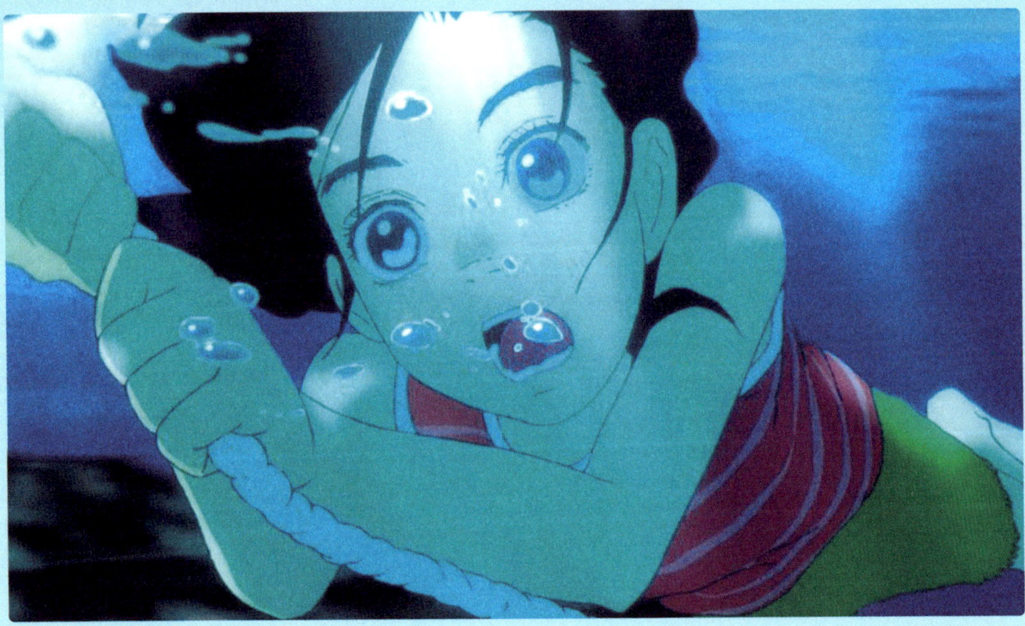

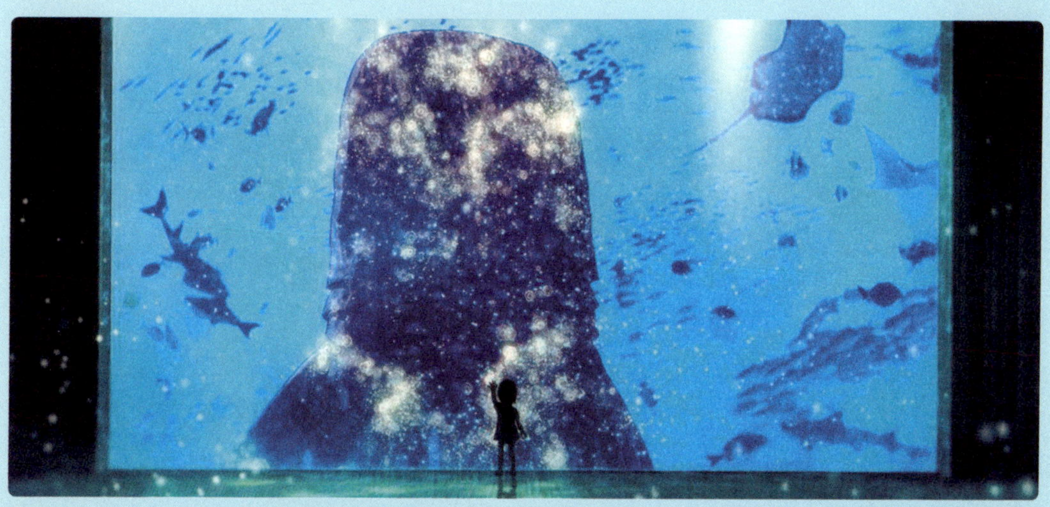

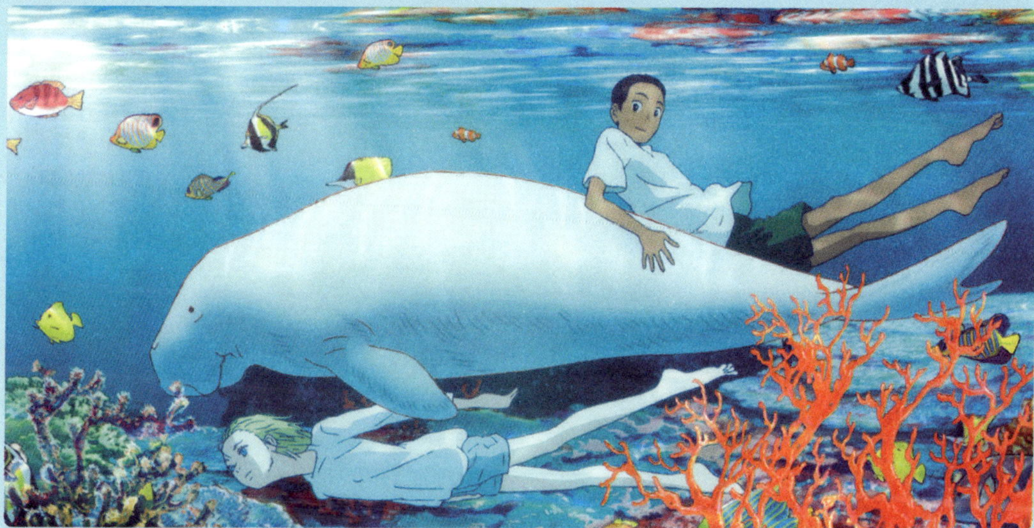

Fischschule umgibt. Elegant wechselt eine Szene von einer Waschmaschine zu einem LKW-Rad.

Das Rot einer Blume, eine Straßenlampe und ein Regenschirm sind miteinander verbunden, tauchen immer wieder auf und führen den Zuschauer durch den Film. Der hypnotische Rhythmus hilft, die träge Exposition zu überbrücken und erleichtert den Übergang zum abstrakten und bildgewaltigen Finale. Wenn Terrence Malick einen Animationsfilm machen würde, sähe er so aus.

Der Höhepunkt des Films ist ein glitzerndes Mosaik, das eine Verbindung zwischen Meer und All herstellt, ohne dass gesprochen wird. Die Szene lässt Galaxien, irdische Mikroorganismen und Wasser in einem wilden Strudel ineinanderfließender Farben kollidieren. Wer über eine Handlung ohne klare Antworten hinwegsehen kann, wird einen der beeindruckendsten Animationsfilme überhaupt erleben.

Gegenüber: Es empfiehlt sich, tief durchzuatmen, bevor man sich der kosmischen Bildgewalt und dem hypnotischen Rhythmus von *Children of the Sea* aussetzt.

Ganz oben: Zeitalter des Wasserbeckens. In Watanabes Film können Zuschauer die Natur hautnah miterleben.

Oben: Mit der Dugong-Seekuh durch die Gezeiten. *Children of the Sea* zeigt die untrennbare Verbundenheit zwischen menschlichem Leben und Natur.

PROMARE

プロメア

DAS SPIEL MIT DEM FEUER

Eine globale Katastrophe namens Great Earth Blaze entfesselt die Burnish und lässt sie auf die Welt los. Dabei handet es sich um eine Gruppe von Menschen mit pyrokinetischen Kräften. Die futuristischen Feuerwehrleute Burning Rescue schützen den Planeten an vorderster Front vor einem neuen Desaster – doch die wahre Gefahr verbirgt sich an einem anderen Ort.

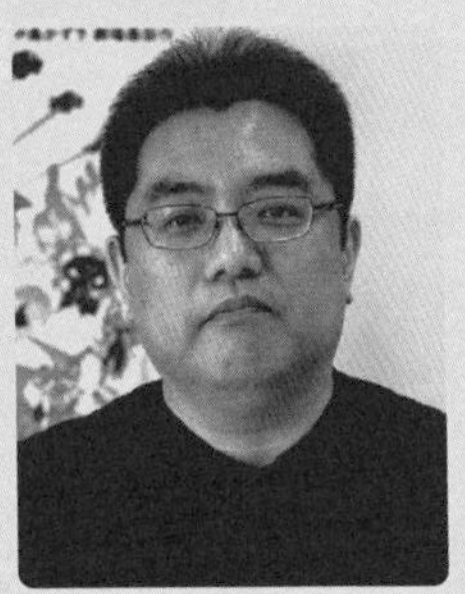

2019

REGIE: HIROYUKI IMAISHI

111 MIN.

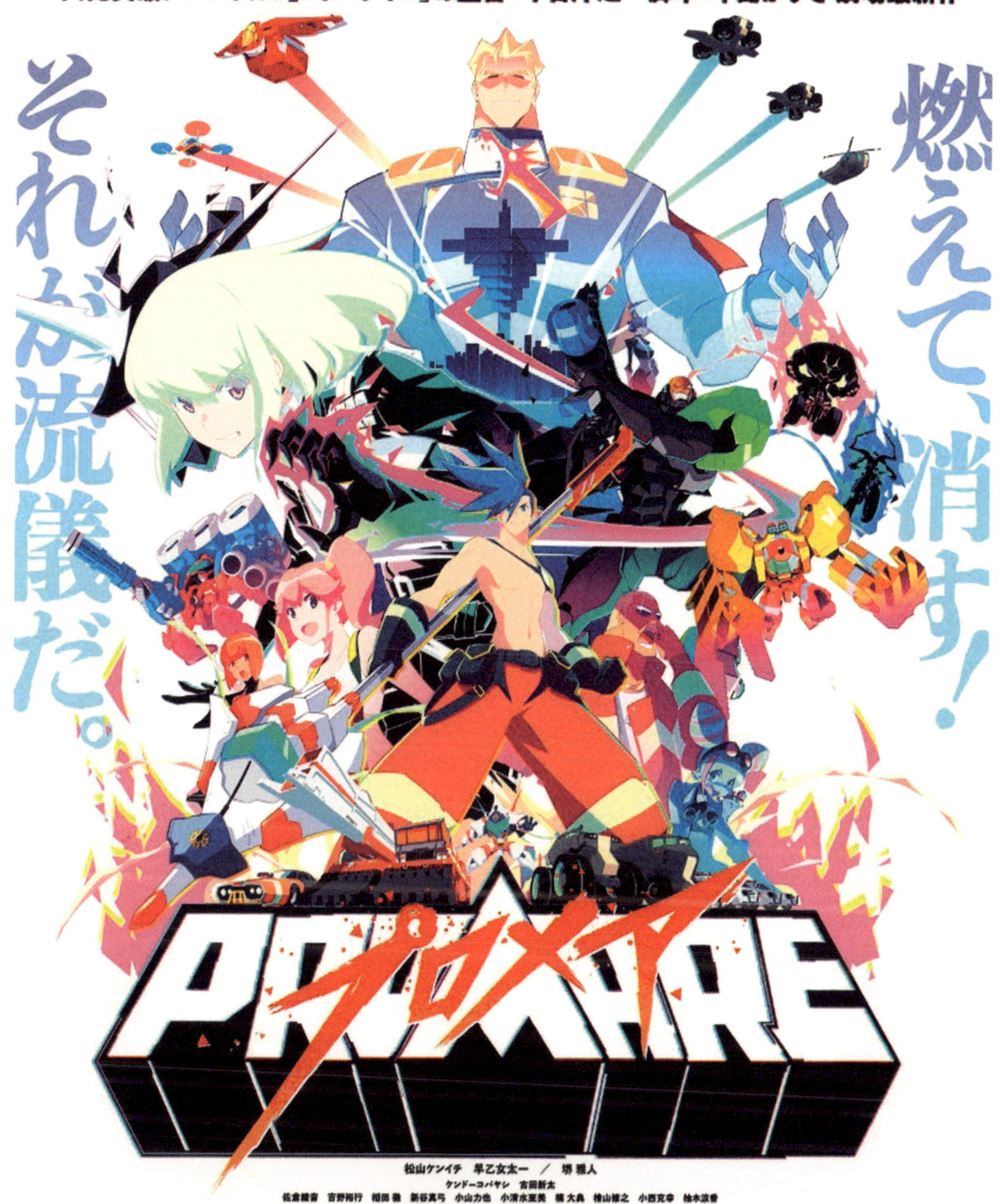
松山ケンイチ × 早乙女太一 × 堺 雅人
「天元突破グレンラガン」「キルラキル」の監督：今石洋之×脚本：中島かずき 劇場最新作
燃えて、消す！
それが流儀だ。
PROMARE
プロメア
松山ケンイチ 早乙女太一 ／ 堺 雅人
ケンドーコバヤシ 古田新太
佐倉綾音 吉野裕行 稲田 徹 新谷真弓 小山力也 小清水亜美 楠 大典 檜山修之 小西克幸 柚木涼香
原作：TRIGGER・中島かずき 監督：今石洋之 脚本：中島かずき
キャラクターデザイン：コヤマシゲト 美術：でほぎゃらりー 美術監督：久保友孝 色彩設計：垣田由紀子 3DCG制作：サンジゲン 3Dディレクター：石川真平 撮影監督：池田新助 編集：植松淳一
音楽：澤野弘之 音響監督：えびなやすのり タイトルロゴデザイン：市古斉史
主題歌：「覚醒」「氷に閉じこめて」Superfly(ワーナーミュージック・ジャパン)
アニメーション制作：TRIGGER 製作：XFLAG 配給：東宝映像事業部
5.24 FRI ROADSHOW
promare-movie.com
@promare_movie

Studio Trigger wurde 2011 gegründet und gehört somit zu den neueren Stimmen im Kosmos der Anime-Branche, doch einige der Mitarbeiter hatten sich schon zuvor über Jahrzehnte einen Namen gemacht. Viele Trigger-Leute, darunter die Gründer Hiroyuki Imaishi und Masahiko Otsuka, kommen vom Animestudio Gainax und hatten an Projekten wie *Neon Genesis Evangelion*, *FLCL* und *Panty & Stocking with Garterbelt* mitgearbeitet. An der Serie *Gurren Lagann* aus dem Jahr 2007, Imaishis Regiedebüt, arbeiteten viele von Triggers wichtigsten Leuten zusammen, darunter der Produzent Hiromi Wakabayashi, der Drehbuchautor Kazuki Nakashima und der Charakterdesigner Shigeto Koyama (der auch an den *Rebuild-of-Evangelion*-Filmen mitarbeitete und Baymax für Disneys gleichnamigen Film entwarf).

Trigger wurde gegründet, um eigene Anime zu produzieren, die sich von der Masse abheben. Das geschah auch schon von Anfang an mit Serien wie *Little Witch Academia* und *Kill la Kill* – an letzterem arbeitete ein großer Teil des Kernteams von *Gurren Lagann*. Um Teile der Entwicklung und Produktion zu finanzieren, setzte das junge Studio auf Crowdfunding via Kickstarter und später Patreon, wodurch eine enge Verbindung zu den Fans entstand. Schließlich kam die Gelegenheit, an einem brandneuen Kinofilm zu arbeiten, bei dem Imaishi Regie führte und Nakashima das Drehbuch schrieb. Dem Film lag ein Funken Inspiration zugrunde: das Stichwort „Feuer".

In einem Interview mit der Zeitschrift Famitsu, das vom Newsteam von Crunchyroll übersetzt wurde, beschreibt Nakashima die frühe Phase der Produktion als angespannt. Imaishi schrieb ein Skript, das vom Umfang eher einem Film wie *Drachenzähmen leicht gemacht* ähnelte. Erst als das Kernteam danach essen ging, kam ihnen beim Genuss eines vertrauten, aber überaus leckeren Gerichts der Geistesblitz: Hamburger.

In Nakashimas Worten: „Wir kamen nicht weiter und hatten uns das Ziel gesetzt, unsere Gewohnheiten ganz hinter uns zu lassen und uns an etwas zu versuchen, das wir noch nie gemacht hatten. Aber mit der Zeit kehrte sich dieser Gedanke um und wir fragten uns: Warum sollten wir die Sache nicht wie immer angehen? Dann wurde uns klar, dass wir nur Hamburger zubereiten konnten und uns unnötig den Kopf zerbrachen – als ob wir Hamburger aus Reis machen wollten."

Die kreative Blockade war überwunden und Imaishi begann im Restaurant, Figuren auf die Servietten zu kritzeln. „Als wir uns entschieden hatten, unserem typischen Stil treu zu bleiben, stand das Konzept für den gesamten Film größtenteils", so Imaishi. „Und wir wussten von Anfang an, dass wir Vollgas geben und mitreißende Action zeigen wollten."

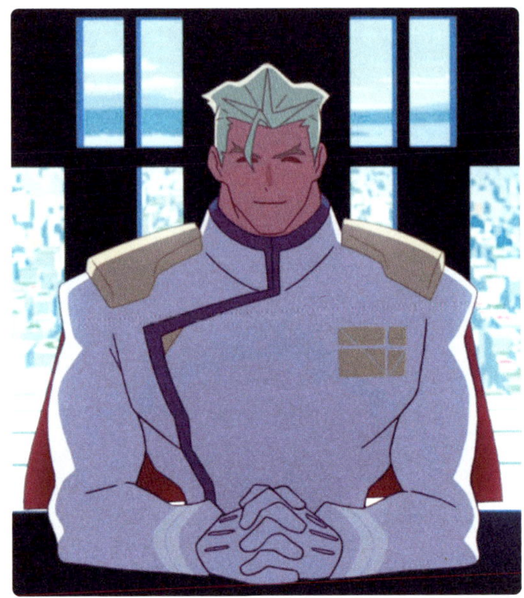

Oben: Kray Foresight, der Gouverneur von Promepolis, hat durch seinen Kampf gegen die Burnish Heldenstatus erlangt.

Gegenüber: Die Mad Burnish mit ihren geschmeidigen mechanischen Anzügen und hitzigen Kräften sind zumindest zu Anfang die Hauptantagonisten in *Promare*.

Gegenüber unten: Feuer und Flamme. Lio Fotia, der Anführer von Mad Burnish, ist das starke und mysteriöse Gegenstück zu *Promares* Helden Galo Thymos.

EBENFALLS EINEN BLICK WERT — 

Der schwindelerregende, mitreißende und extrem überzeichnete Stil von *Promare* ist in zwei weiteren Titeln zu finden, bei denen Imaishi im Regiestuhl saß: der Mecha-Serie *Gurren Lagann* aus Gainax-Zeiten und Triggers erster großer Eigenproduktion, der actionreichen Schulserie *Kill la Kill*. Für Ruhepausen ist keine Zeit und an Reizüberflutung ist dieses Trio kaum zu überbieten. Triggers Beitrag zur Kurzfilmsammlung *Star Wars: Visionen* wäre ein weiterer Anwärter. Ferner ist Takeshi Koikes Film *Redline* über ein Autorennen zu nennen, bei dem Imaishi als Key Animator mitwirkte. Der farbenfrohe, stark stilisierte Film ist voller spektakulärer Szenen und einzigartiger, überzeichneter Figuren, die sich selbst nicht allzu ernst nehmen.

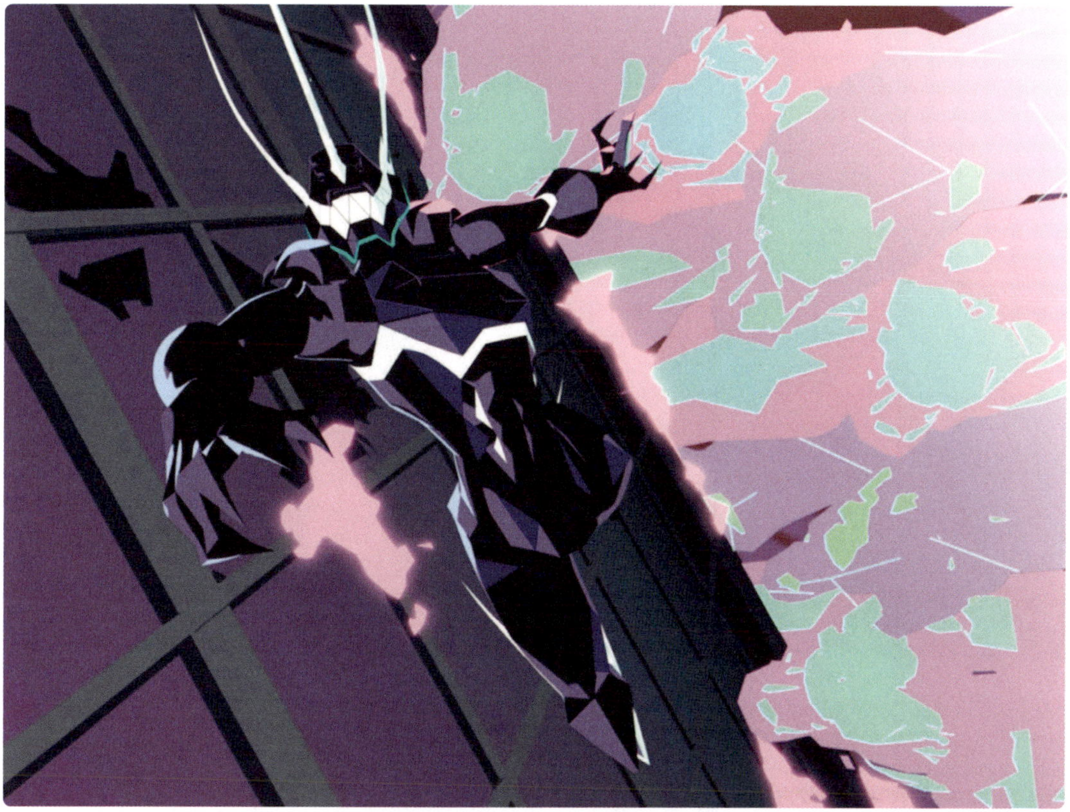

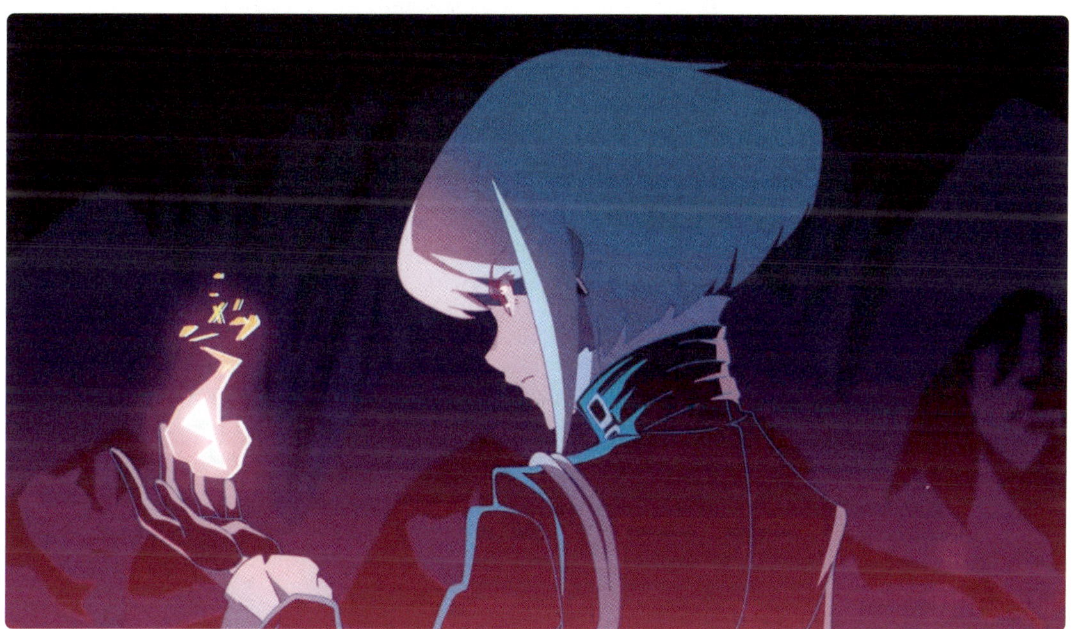

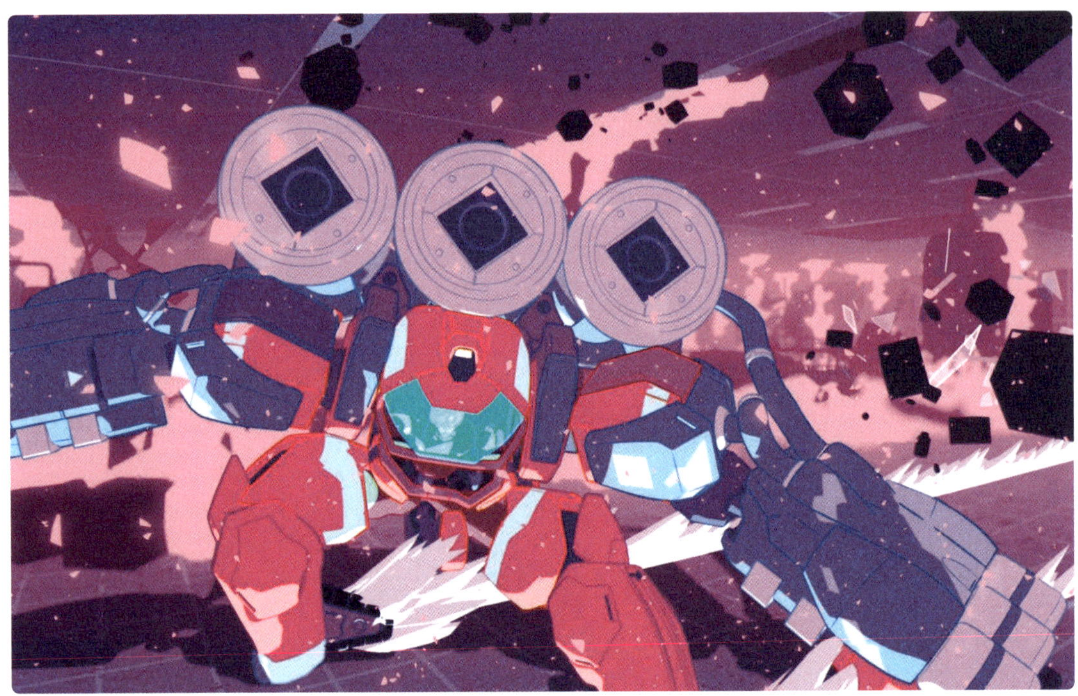

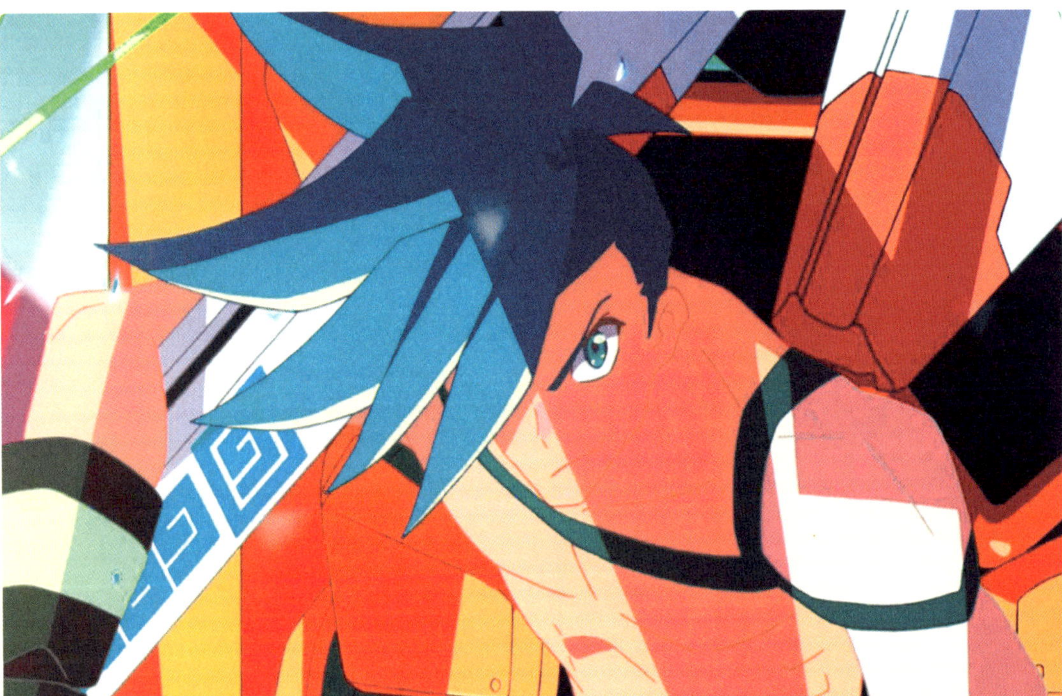

Ganz Oben: *Promare* glänzt durch farbenfrohe und kreative Designs, von den kantigen Stadtpanoramen bis hin zu den strahlenden und einfallsreichen Kampfanzügen.

Oben: Der Protagonist Galo Thymos, der neueste und leidenschaftlichste Rekrut von Burning Rescue, ist überzeugt, durch seine brennenden Seele Feuer löschen zu können.

PROMARE – REZENSION

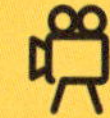

In der Welt von *Promare* kann die kleinste Aufregung dafür sorgen, dass die Bürger durch einen emotionalen Energieüberschuss sofort Feuer fangen. Wenn das auch auf die Zuschauer zutreffen würde, würde im Kino schon nach den ersten Sekunden ein Feuersturm toben. Hiroyuki Imaishis Film ist ein Blitz greller Farben, donnernder Musik und glühender Dynamik, der die Zuschauer fast aus den Kinosesseln fallen lässt.

Doch der Film besteht nicht nur aus Actionszenen. Die Handlung dreht sich um Burning Rescue, einer Gruppe von Feuerwehrleuten, deren Job es ist, pyromanische Terroristen aufzuhalten. Ihr neuester Rekrut ist der hitzköpfige und eingebildete Galo Thymos. Die Tendenz des Films, den relativ einfachen Plot ausschweifend zu erklären, kann etwas ermüden. Doch die Vorfreude auf die nächsten, glorreich inszenierten, explosiven Szenen, die nie lange auf sich warten lassen, machen die Exposition erträglicher.

Burning Rescue hat die Aufgabe, ihre kantige Stadt voller strahlend sauberer Formen im Kampf gegen die Anarchie des Feuers zu beschützen. Die Ordnung der streng geometrischen Stadt lässt die Explosionen zugleich schockierend und befriedigend wirken, wenn Flammen und Schutt die Stadt in Wellen purpurner Pyropyramiden tauchen und jeder brennende Herzschlag auf das fetzige Aufheulen einer Gitarre abgestimmt ist.

Zwischen den Kämpfen, coolen Posen und Actionsequenzen werden Fragmente eines erstaunlich tiefgründigen, politischen Dramas gesät, das sich mit Themen wie Propaganda, Faschismus und elitären Machtstrukturen beschäftigt. Die Burnish, Menschen, die zu pyrokinetischen Ausbrüchen neigen, werden geächtet. Die faschistische Gesellschaft hasst alles, was diese Leute berühren. Sie werden verfolgt und in Straflager gesperrt. Diese Themen sind umso spannender, weil unser Protagonist einen großen Teil des Films dabei hilft.

Mit der Zeit enthüllt *Promare*, dass die Maßnahmen der Regierung mehr Schaden anrichten, als sie verhindern – und wie Chauvinismus Unterdrückung bewirkt. Die Perspektive wechselt zu den Terroristen und stellt sie als Fundamentalisten und Freiheitskämpfer dar, etwas, das Galo zu schätzen lernt. Als die kapitalistische Gier zur Zerstörung der Natur des Planeten führt, schafft ausgerechnet ein Kuss des Lebens zwischen Galo und seinem ehemaligen Gegner Abhilfe. Die Männer finden ein Gleichgewicht zwischen Feuer und Wasser, das den Planeten heilt, und demonstrieren, wie innige Beziehungen die Welt verändern können.

Obwohl *Promare* ein großes Ganzes bildet, verbindet es die sozialpolitische und emotionale Komplexität auf erstaunliche Weise mit seinen anderen Vorzügen, darunter die energische und wunderschöne Animation. Selbst als der Nachspann über den Bildschirm läuft, kann das Feuer des Nervenkitzels kaum gelöscht werden.

Unten: Die Kombination von digitalen und analogen Zeichentechniken macht *Promares* Actionszenen zu einem großen, einzigartigen Spektakel.

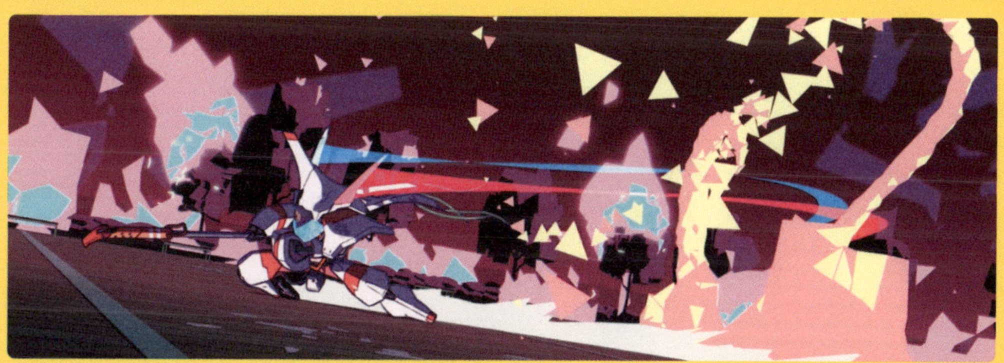

ON-GAKU: OUR SOUND

音楽

DO-IT-YOURSELF ANIME

Drei Schüler geben ihr Rowdydasein auf, um eine Band zu gründen – mit nur zwei Drums, zwei Bassgitarren und null musikalischem Talent.

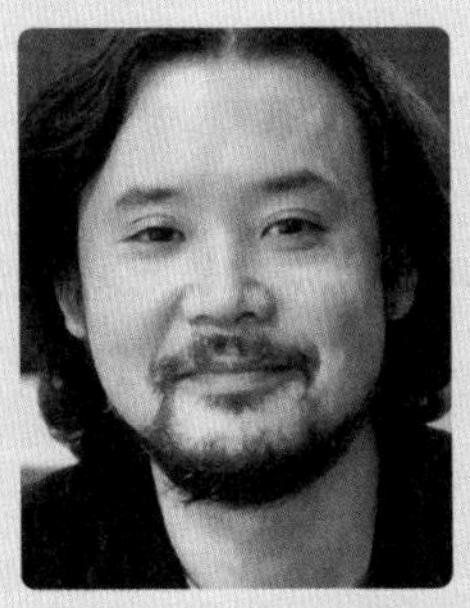

2019

REGIE: KENJI IWAISAWA

71 MIN.

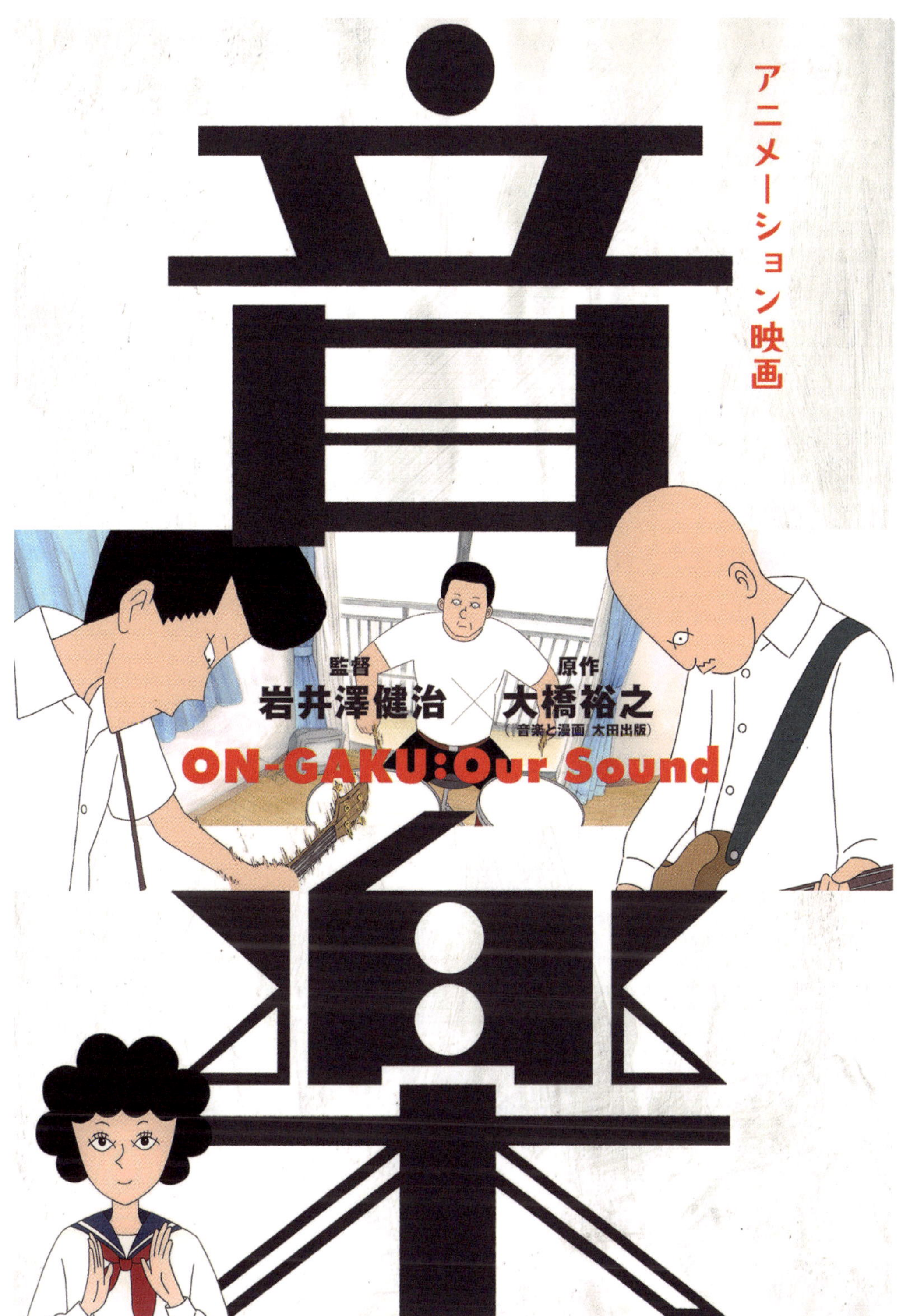
アニメーション映画
音楽
監督
岩井澤健治
原作
大橋裕之
（『音楽と漫画』太田出版）
ON-GAKU: Our Sound

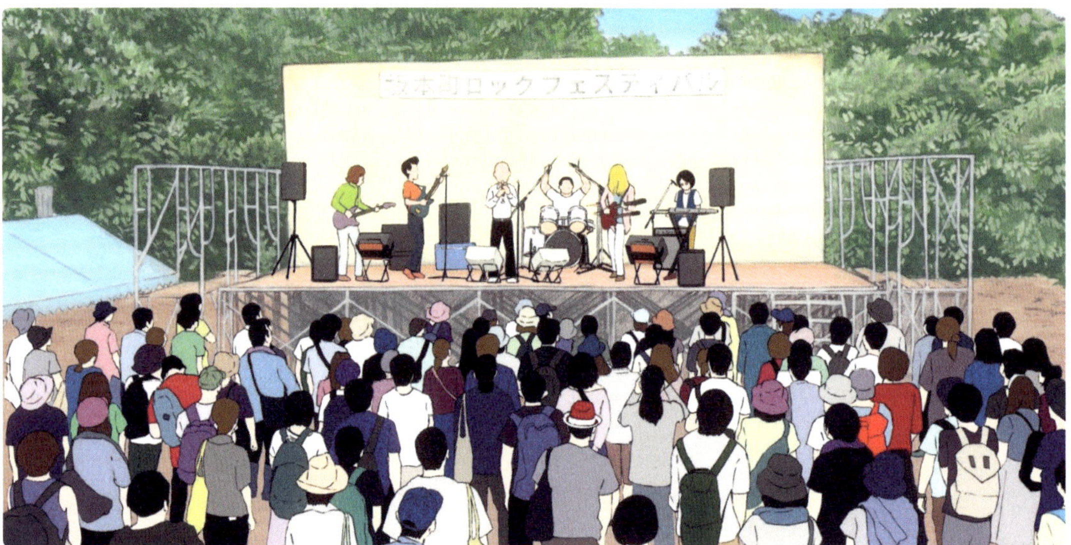

Hinter fast allen der anderen Filme, die in diesem Buch behandelt werden, stecken Teams einiger der talentiertesten Künstler und Animatoren überhaupt. Doch nicht bei diesem Film. *On-Gaku: Our Sound* war eine Produktion, bei der sich das Team mit allen Mitteln durchgebissen hat.

Die Arbeiten am Film dauerten siebeneinhalb Jahre und das minimale Budget wurde durch Kredite, Ersparnisse, Crowdfunding und Nebenjobs zusammengeklaubt – angeblich kostete der Film nur ein Zehntel dessen, was ein typischer Anime kostet. Das Ergebnis ist ein reiner Indiefilm mit 40.000 handgezeichneten Einzelbildern, größtenteils von Iwaisawa selbst. Dabei half ihm ein kleines Team von Enthusiasten und Amateuren, die in sozialen Netzwerken rekrutiert wurden. „Die meisten hatten keinerlei Erfahrung, was die Produktion von Anime anging", erklärt Iwaisawa in einer Pressemitteilung des Films. „Es waren kaum professionelle Animatoren beteiligt."

Iwaisawa wurde 1981 geboren und ist ein Indie-Filmemacher, wie er im Buche steht. Nach der Schule ging er beim legendären Kultfilm-Regisseur Teruo Ishii in die Lehre. In seiner Freizeit produzierte er eigene Kurzfilme, darunter auch animierte.

Die Herausforderung, einen unabhängig finanzierten Anime in Kinolänge zu produzieren – laut Iwaisawa etwas, das noch nie geschehen war – führte zu *On-Gaku*, einer Umsetzung eines Indiemangas von Hiroyuki Ohashi. Da Iwaisawa nicht viel Erfahrung im Animieren hatte, filmte er die Szenen vorher, um sie dann nachzuzeichnen und zu animieren – eine Technik, die als Rotoskopie bekannt ist. Das führte zu stilisierten, extrem realistischen Bildern. Dieser Ansatz, der in Anime eher selten zum Einsatz kommt, kann zeitaufwändig sein, was Iwaisawa wiederum in die Karten spielte. „Ich hatte kein Budget, deshalb war ich bereit, so viel Zeit zu investieren, wie zur Fertigstellung benötigt wurde", so Iwaisawa.

Die Indie-Natur der Produktion passte hervorragend zum Material selbst: Animatoren, die sich die Arbeit selbst beigebracht hatten, animierten eine Geschichte über Musiker, die sich das Musizieren selbst beibringen und dabei ihren eigenen Sound finden. Dabei entsteht etwas Unverbrauchtes, Ausgefallenes und Einzigartiges. *On-Gaku* wurde vielerorts weltweit gezeigt, darunter in Filmfestivals in Ottawa, London und Rotterdam, und in den Pandemiejahren 2020 und 2021 mit viel Beifall aufgenommen.

In Japan wurde der Film bei den Mainichi Eiga Concours als Bester Animationsfilm nominiert. Dabei stand er Blockbustern wie dem rekordverdächtigen Megahit *Demon Slayer: Kimetsu no Yaiba – The Movie: Mugen Train* gegenüber. Ferner wurde er mit dem Noburo-Ofuji-Preis ausgezeichnet, der in der Regel an experimentelle, unabhängige und künstlerische Animationsfilme vergeben wird. Damit gesellte sich *On-Gaku* in die Reihen vergangener Sieger wie *Tekkonkinkreet*, Masaaki Yuasas Filme *Mind Game* und *Lu over the Wall* und Naoko Yamadas *Liz und der Blaue Vogel*.

Oben: School of Rock. *On Gaku – Our Sound* gesellt sich in die Reihen der Musikgeschichten über Außenseiter.

Gegenüber oben: Anime Calling. *On-Gaku* enthält Referenzen auf zahlreiche klassische Albencover, darunter (wie hier dargestellt) *London Calling* von The Clash.

Gegenüber unten: Kenji steht einer Schlägertruppe gegenüber, doch die Auseinandersetzung nimmt eine unerwartete Wendung.

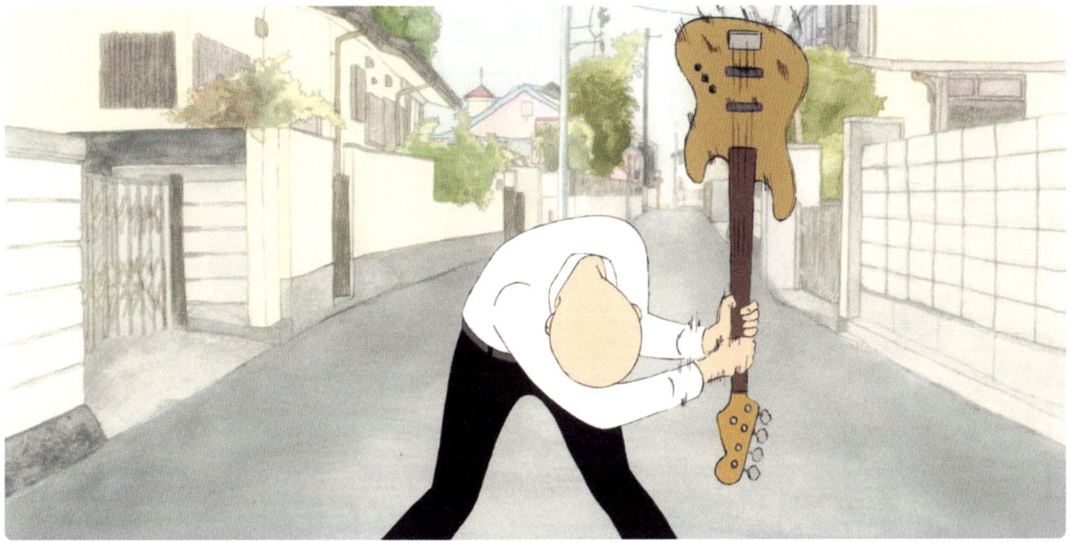

EBENFALLS EIN ANHÖREN WERT

Wer nach ähnlich ansteckender musikalischer Energie sucht, dem sei die Serie *K-On!* von Kyoto Animation ans Herz gelegt, in der vier Schülerinnen eine Band gründen. Wobei es mehr im Sinne von *On-Gakus* sein mag, sich mit den klassischen Rockmusik-Alben zu beschäftigen, die der Film verspielt referenziert. Aufmerksame Zuschauer erkennen *London Calling* von The Clash, *Abbey Road* von den Beatles, Mike Oldfields *Tubular Bells* und King Crimsons *In the Court of the Crimson King*. Auch Anspielungen auf Pink Floyd, The Who, Led Zeppelin, Emerson, Lake und Palmer finden sich. Die perfekte Playlist für jeden Möchtegern-Musiker.

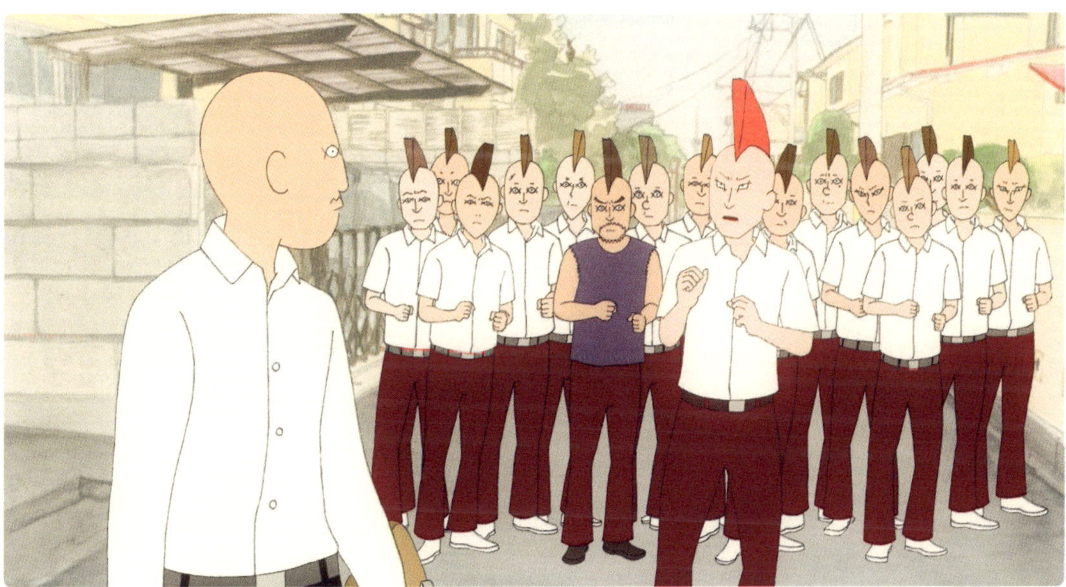

ON-GAKU: OUR SOUND – REZENSION

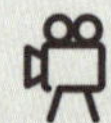

On-Gaku, ein Film mit endlos vielen Referenzen auf Progressive Rock-Musik, hätte leicht ein Werk werden können, mit dem nur eine kleine Zielgruppe von Kennern etwas anzufangen weiß. Doch zum Glück können selbst die, die nie Mike Oldfield oder Pink Floyd gehört haben, mit diesem wunderbaren Film mitschreien. Die Handlung ist genauso euphorisch, berührend und chaotisch wie die Musik, die der Film so verehrt. Doch in seinem ganz eigenen Rhythmus wirkt *On-Gaku* perfekt koordiniert.

Die Rowdy-Schüler Kenji, Ota und Asakura machen die gesamte Lebensspanne vieler legendärer Bands durch, von der Gründung über die ersten, unschuldigen Gehversuche und psychedelischen Inspirationen bis hin zur Trennung und glorreichen Wiedervereinigung – und das alles in nur 71 Minuten.

Der gewalttätige Kenji (seine „Spaghettifaust" soll eine der stärksten Techniken überhaupt sein) gelangt unverhofft an eine Bassgitarre. Obwohl er keinerlei musikalische Vorerfahrung hat, überredet er seine ebenso unerfahrenen Freunde, eine Band zu gründen: Kobujitsu. Die drei haben keine Ahnung von dem, was sie tun oder wie sie die Sache angehen sollen, aber – und das ist das Wichtigste – sie haben eine Menge Spaß dabei.

Das Trio hackt wahllos auf seinen Instrumenten herum – zwei Bassgitarren und Drums. Dieser repetitive Minimalismus mag amateurhaft klingen, doch Morita, ein Musikliebhaber und Mitschüler der drei, und seine Band sind hellauf begeistert. Obwohl sie selbst wehmütige Folksongs mit Gitarrenbegleitung spielen – ein krasser Gegensatz zu Kobujitsus Post-Rock-Flair –, respektieren und feiern die beiden Gruppen den Stil der anderen.

Die Gesichter in *On-Gaku* setzen sich aus einfachen Formen zusammen – Ovalen, Dreiecken und Quadraten –, die die Figuren liebenswert und unschuldig wirken lassen. Sie leben in einem einfachen, warmen Land aus Aquarellpanoramen und einfarbigen Outfits. Wenn das richtige Musikstück gespielt wird, so verändert es wortwörtlich die Welt.

Als sie einander zuhören, verwandelt sich der Hintergrund in eine Collage legendärer Albencover und der Himmel in einen Tintenregenbogen. Die Charaktere schweben auf strahlenden Schallwellen; aus opulent kolorierten Formen werden wilde Bleistiftskizzen. Ein Sinnbild der Kraft ihrer Musik in all ihrer Großartigkeit.

Erfrischenderweise ist Leidenschaft in *On-Gaku* wichtiger als Talent. Nicht die kleinen Details der Songs, die die

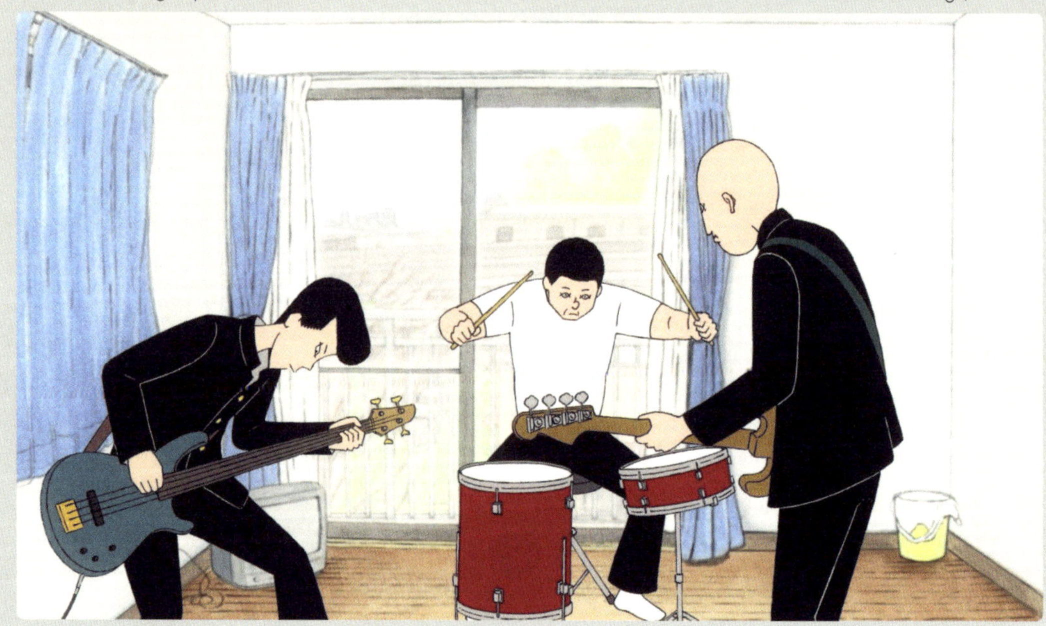

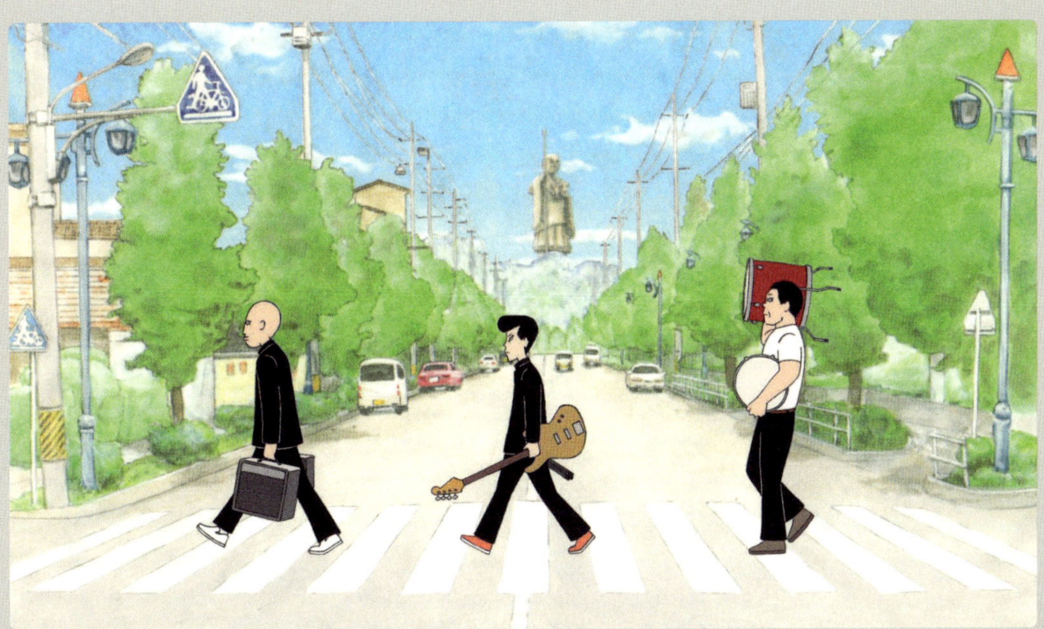

Figuren sich anhören, öffnen ihnen die Augen. Vielmehr ist es die Liebe und Eindringlichkeit, mit der sie gespielt werden. Dies lädt uns ein, nicht nur die Musik selbst, sondern auch die Liebe zur Musik zu lieben.

Neben all diesen belebenden Hochgefühlen auf musikalischer Ebene glänzt *On-Gaku* ebenfalls durch sein Comedy-Timing, das sich wunderbar in den restlichen Rhythmus einfügt. Kenji wird auf herrlich nüchterne Weise vom Frontsänger einer Psychedelic-Rock-Band, Shintaro Sakamoto, vertont und fällt durch seine emotionslose Sprechweise voller merkwürdiger, langgezogener Pausen und seine abrupten, übertriebenen Bewegungen auf.

Seine verstörend großen Alex-DeLarge-Augen – zugleich nach einem tieferen Sinn suchend und völlig leer – sind eine unvorhersehbare Leinwand der Gefühle und erfüllen die Szenen mit einer komischen Unbeholfenheit. Diese langgezogenen Momente schmerzhafter Stille passen hervorragend zu den Slapstick-Momenten, den Benny-Hill-Verfolgungsjagden mit Jazz-Flöten-Einlagen. Das Ergebnis ist eine fabelhaft temperierte Sinfonie der Komik.

Trotz all seiner Eigenheiten hat *On-Gaku* einen zarten und liebevollen emotionalen Kern, der Musik als großherzigen Akt der Kommunikation darstellt. Die meisten Figuren können sich verbal nur schlecht ausdrücken. Doch durch ihre Musik können sie einander mehr vermitteln, als Worte es vermögen.

Die Musik wird zum Verbindungspunkt für diese Außenseiter und einfache Neugier reicht aus, um dazuzustoßen. Kobujitsus Do-it-Yourself-Ansatz ist ein Spiegel des Drehbuchautors, Regisseurs und Animators Kenji Iwaisawa, der den Film gegen alle Widrigkeiten vollendet hat und dessen Talent fürs Geschichtenerzählen und unnachgiebige Hingabe zu seiner Arbeit unheimlich inspirierend sind. Wer sich also von der ansteckenden Stimmung des Films mitreißen lässt und danach endlich seine eigene Band gründen will, weiß, wem er die Schuld geben darf.

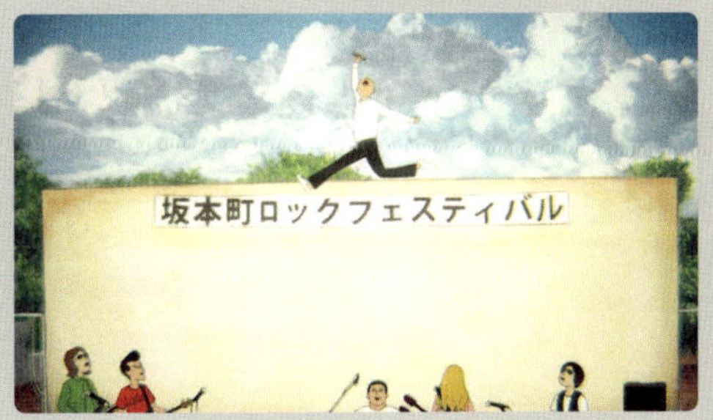

Gegenüber: Übung macht den Meister. *On-Gaku* fängt die Planlosigkeit einer Gruppe von Jugendlichen, die sich zum ersten Mal am Musizieren versuchen, perfekt ein.

Oben: Versammelt euch. Die Band in *On-Gaku* stellt das ikonische Cover des Albums Abbey Road von den Beatles nach.

Rechts: Wiedervereint. Kenji kommt wie ein echter Rockmusiker gerade rechtzeitig, um die Bühne wie im Sturm zu erobern

BELLE

竜とそばかすの姫

EINE NEUE REALITÄT FÜR EINEN MÄRCHEN-KLASSIKER

Als eine schüchterne Schülerin sich in die Weiten der virtuellen Welt „U" begibt, wird sie zur glamourösen Pop-Diva Belle, deren Songs Milliarden von Nutzern verzaubern. Doch ihr Internetruhm hat seinen Preis und konfrontiert sie mit einem geheimnisvollen Mitglied der Online-Welt: dem Biest.

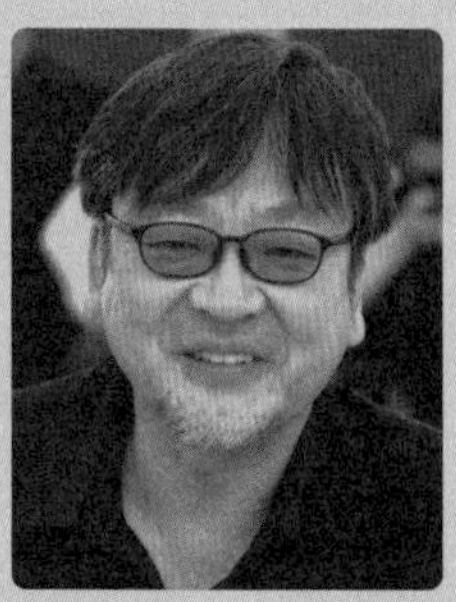

2021

REGIE: MAMORU HOSODA

124 MIN.

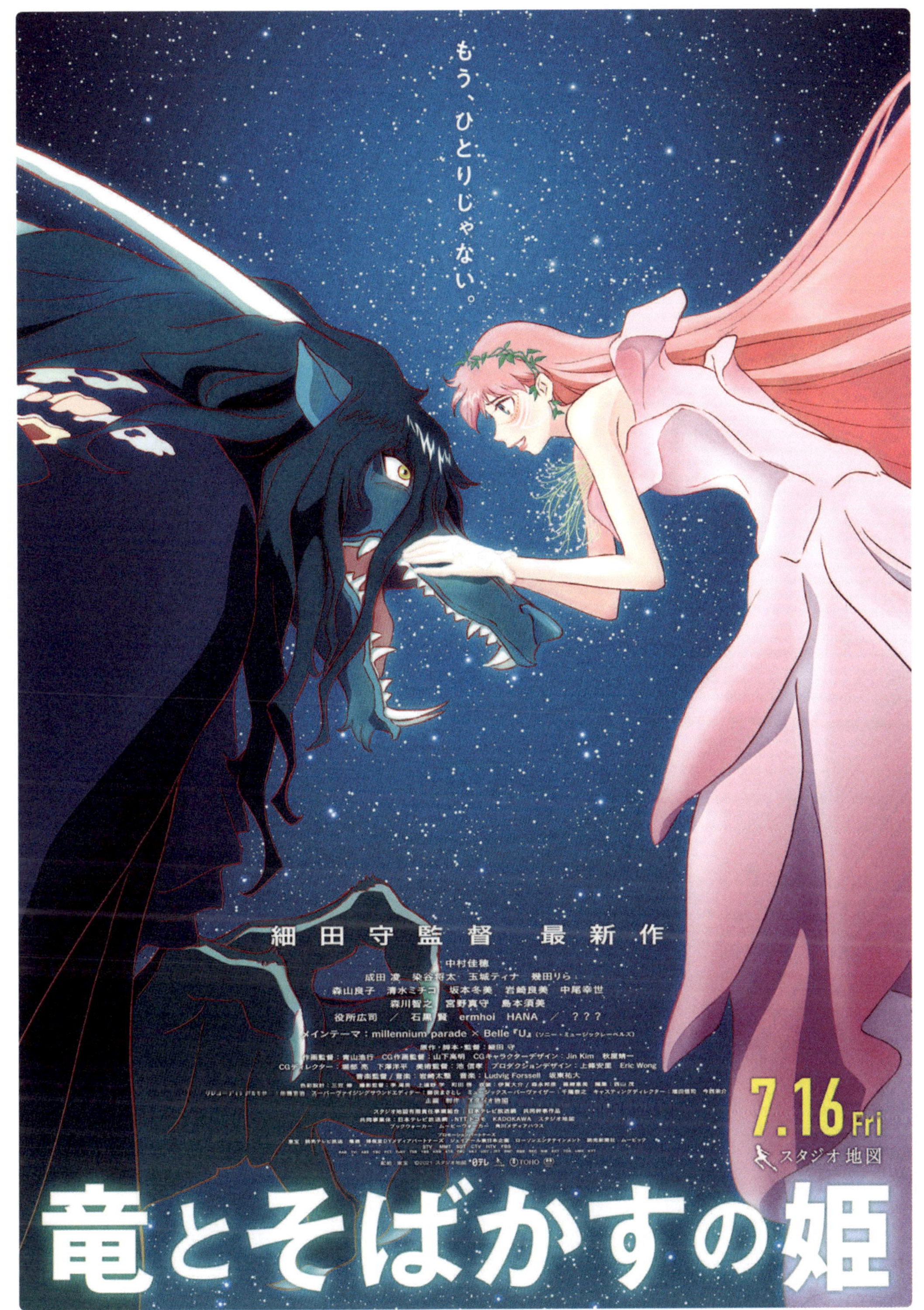
もう、ひとりじゃない。
細田守監督 最新作
中村佳穂
成田 凌 染谷将太 玉城ティナ 幾田りら
森山良子 清水ミチコ 坂本冬美 岩崎良美 中尾幸世
森川智之 宮野真守 島本須美
役所広司 ／ 石黒 賢 ermhoi HANA ／ ？？？
メインテーマ：millennium parade × Belle『U』（ソニー・ミュージックレーベルズ）
原作・脚本・監督：細田 守
7.16 Fri
スタジオ地図
竜とそばかすの姫

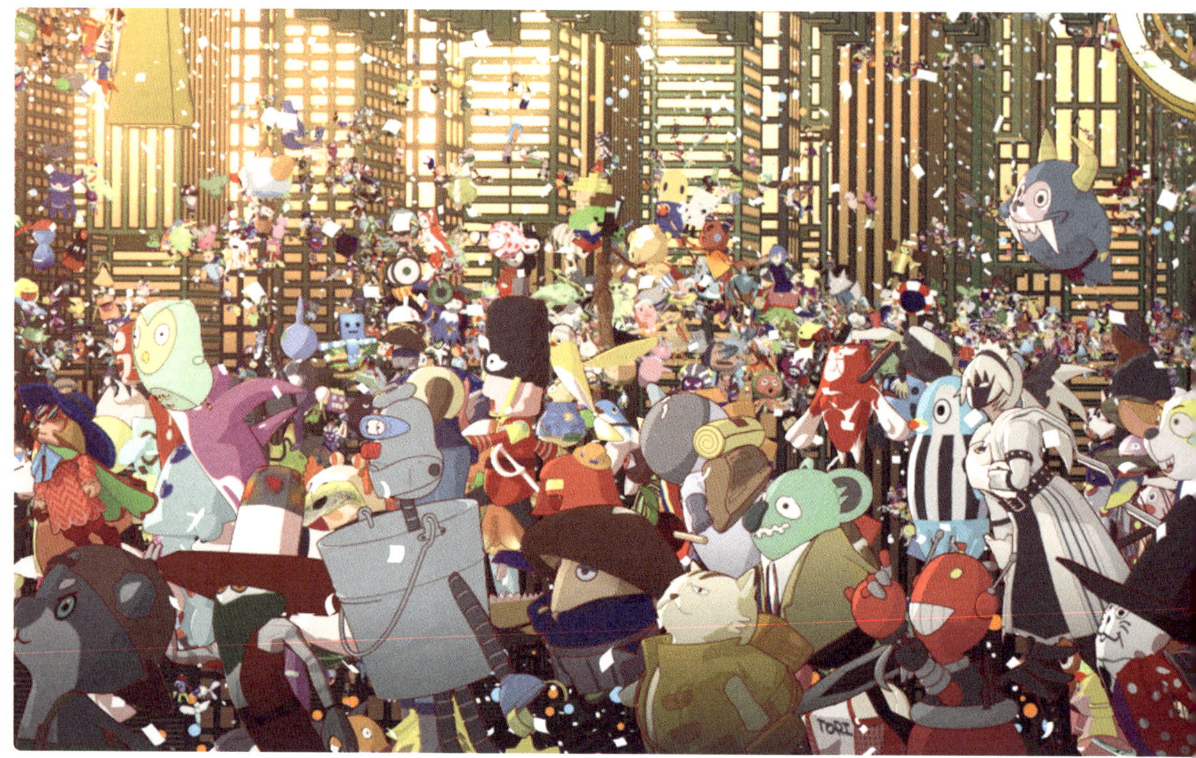

Eines, das seit jeher bei Animefans für Gesprächsstoff sorgt, ist die Frage, wer der nächste Hayao Miyazaki ist. Da natürlich niemand zur gleichen Zeit mit dem gleichen Talent begann und dieselben Gelegenheiten wie Miyazaki hatte, ist die Frage selbstverständlich schwierig zu beantworten. Aber ein paar Namen werden immer in den Raum geworfen, sehr zum Verdruss der Genannten.

Einer der „nächsten Miyazakis" ist Mamoru Hosoda, auf den dieser Titel besser passt als auf die meisten. Immerhin sollte er in den frühen 2000ern tatsächlich der nächste Miyazaki werden, als man ihm den Ghibli-Film *Das wandelnde Schloss* anvertraute. Letztlich kehrte Miyazaki aus dem Ruhestand zurück und ersetzte Hosoda bei dem Projekt, doch rückblickend war das für die Welt der Animationsfilme auch besser so. Wir können nur spekulieren, wie Hosodas *Das wandelnde Schloss* geworden wäre – oder aber wir erfreuen uns einfach an den Früchten der weit unabhängigeren Karriere, die Hosoda seitdem genießen kann.

Hosoda wurde 1967 geboren, im selben Jahr wie der tatsächliche „nächste Miyazaki", Hayaos Sohn Goro. Seine Generation wurde gemeinsam mit der japanischen Animationsbranche erwachsen. Hosoda benennt zwei Filme, die er als kleiner Junge sah, als Motivation, um selbst Regisseur werden zu wollen: Miyazakis *Lupin III. – Das Schloss des Cagliostro* von 1979 und Rintaros Umsetzung von Leiji Matsumotos *Galaxy Express 999*. Die Spielfilmlänge dieser Titel war wichtig für Hosoda, denn er wollte Filmemacher, nicht Animator werden. Im Gespräch mit uns erzählte er:

„Wenn man in der Anime-Branche arbeitet, wird man oft gefragt, ob man Mangaka werden oder fürs Fernsehen arbeiten wollte. Für mich war das nie eine Option. Mir ging es immer um Filme und die einzigartigen Welten, die Regisseure in jedem Werk schufen. Ich wollte immer an etwas arbeiten, das sich Leute im Kino ansehen."

Auch Regisseure von Realfilmen inspirierten Hosoda. Akira Kurosawa und der spanische Arthouse-Meister Victor Erice sind zwei, die einen großen Einfluss auf Hosoda hatten, seit er Schüler war. Die unterschiedlichen Karrieren der beiden (Kurosawas sehr produktiv, Erices nicht so sehr) führten ihm die Qualität des Gesamtwerkes einer Person vor Augen.

Doch es dauerte viele Jahre, bis Hosoda selbst bei einem Kinofilm Regie führen durfte. Zu Beginn seiner Karriere bewarb er sich für eine Einsteigerposition bei Studio Ghibli, erhielt jedoch ein persönliches Ablehnungsschreiben von Miyazaki, in dem dieser Hosoda ermutigte, woanders an seinen Fähigkeiten zu arbeiten. So kam es, dass Hosoda mehrere Jahre bei Toei Animation verbrachte, wo er sich

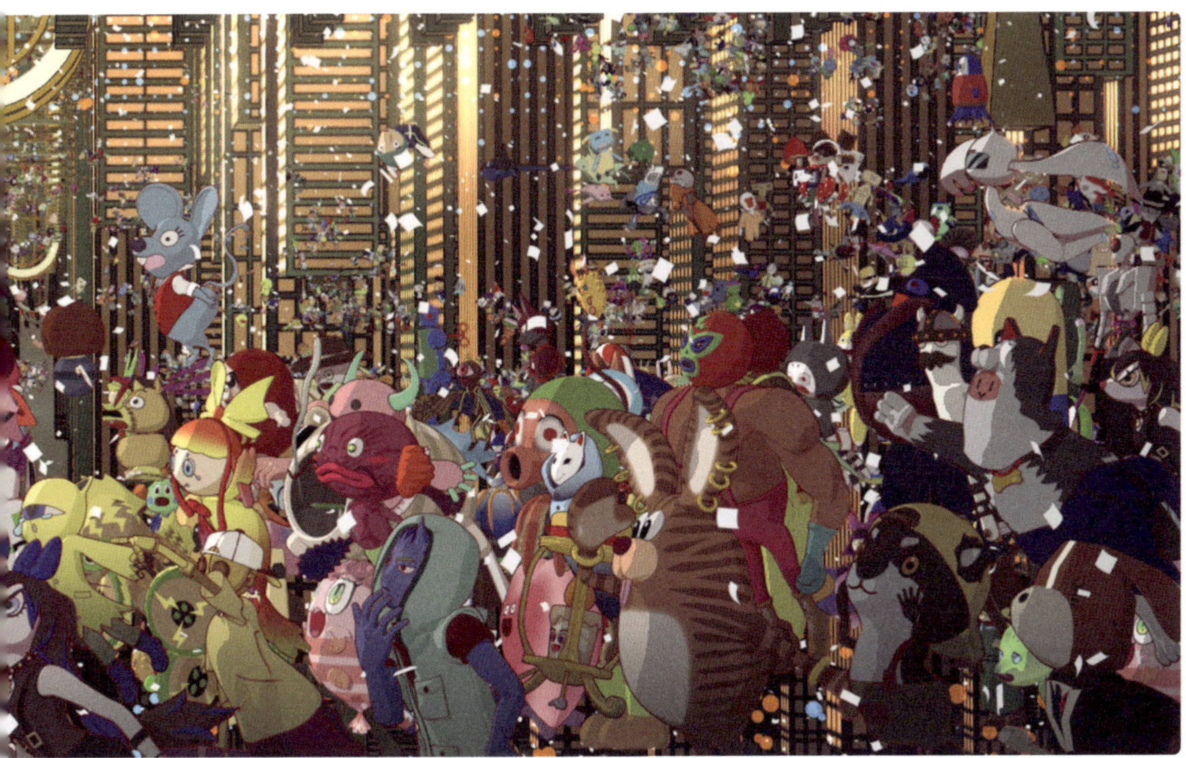

Oben: Die Welt von U mit seinen Milliarden von Nutzern ist Hosodas dritter Versuch, eine virtuelle Realität auf die Leinwand zu zaubern.

an Projekten von *Dragon Ball Z* bis *Sailor Moon* vom In-Between Animator zum Key Animator hocharbeitete.

Relativ am Anfang seiner Karriere, im Jahr 1992, dachte Hosoda darüber nach, seinen Job wegen der langen Arbeitszeiten, der extremen Belastung und der miserablen Bezahlung an den Nagel zu hängen. Doch ein Kinobesuch ließ seine Motivation wieder aufleben: Als *Die Schöne und das Biest* 1993 in die japanischen Kinos kam, war Hosoda hin und weg. Besonders Glen Keanes Animation der Figuren hatte es ihm angetan. Dieses Erlebnis weckte darüber hinaus etwas in Hosoda, das er fast drei Jahrzehnte später endlich umsetzen konnte, als er mit *Belle* sein eigenes Märchen im Stil von *Die Schöne und das Biest* schuf.

Doch zuerst musste Hosoda es in den Regiestuhl schaffen, was ihm schließlich mit Filmen von zwei von Toeis Dauerbrenner-Serien gelang: *Digimon Adventure* und *One Piece*. Er wechselte schließlich zu Madhouse, wo er die Publikumslieblinge *Das Mädchen, das durch die Zeit sprang* und *Summer Wars* schuf, zwei Filme, mit denen seine ungebrochene Siegessträhne für den Animationsfilm des Jahres bei den Japanese Academy Awards begann.

Im April 2011 machte er sich unabhängig und gründete mit dem Produzenten Yuichiro Saito Studio Chizu. Der Name bedeutet „Karte" und steht für die Ambition, unbekannte Gewässer in der Welt der Animation zu

CARTOON SALOON

Wo wir beim „nächsten Miyazaki" sind: Vielleicht haben wir die ganze Zeit am falschen Ort gesucht. Cartoon Saloon aus Kilkenny in Irland hat sich einen Namen als eines der talentiertesten modernsten Animationsstudios gemacht und bezaubert seit jeher durch eine Mischung folkloristischer Elemente und einem ganz eigenen, umwerfenden Animationsstil. Das Studio wird dabei von den Landschaften, traditionellen Geschichten und der Kunstgeschichte seiner Heimat inspiriert, wie Filme wie *Das Geheimnis von Kells* und *Die Melodie des Meeres* zeigen. Kein Wunder, dass sie mit Hosoda an *Belle* zusammenarbeiteten – schon ihr Film *Wolfwalkers* aus dem Jahr 2020 hatte zahlreiche thematische Parallelen zu Hosodas *Ame & Yuki – Die Wolfskinder*.

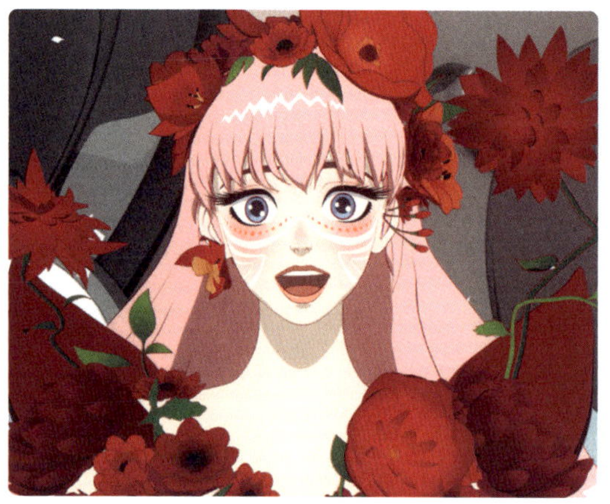

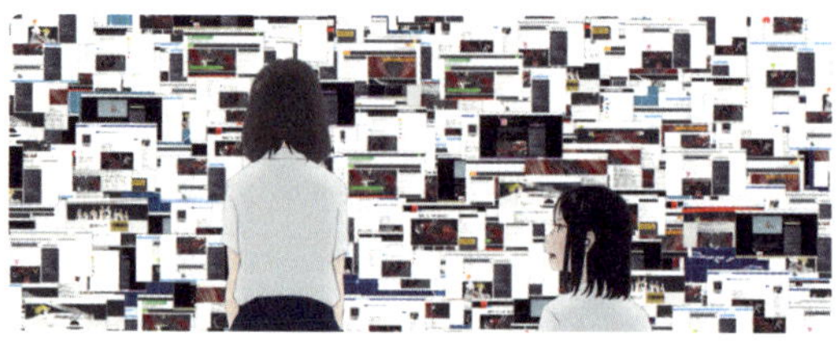

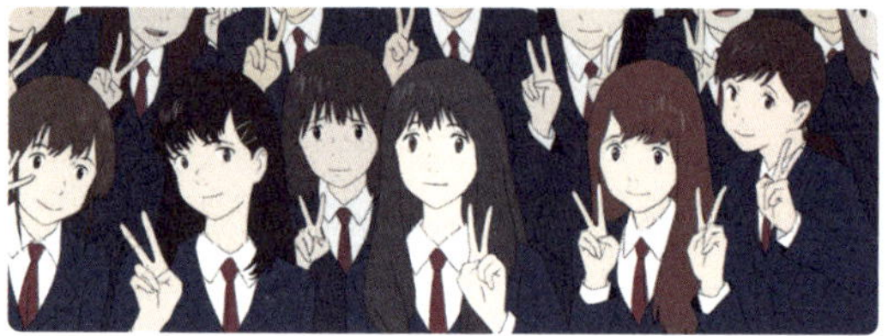

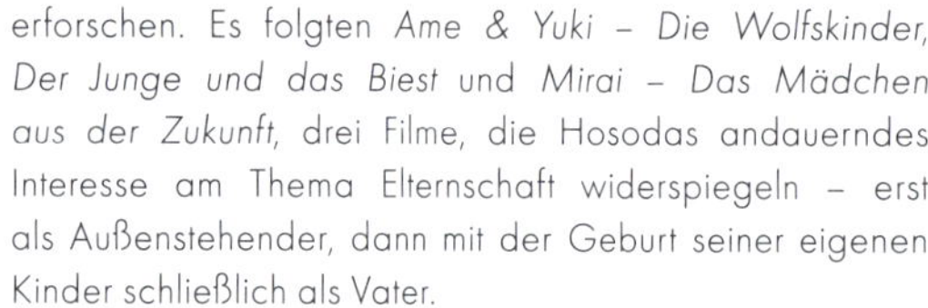

erforschen. Es folgten *Ame & Yuki – Die Wolfskinder*, *Der Junge und das Biest* und *Mirai – Das Mädchen aus der Zukunft*, drei Filme, die Hosodas andauerndes Interesse am Thema Elternschaft widerspiegeln – erst als Außenstehender, dann mit der Geburt seiner eigenen Kinder schließlich als Vater.

Hosoda, der in Fankreisen und der Branche bereits ziemlich bekannt war, erfuhr 2018 neue Anerkennung, als *Mirai* bei der Directors' Fortnight der Filmfestspiele von Cannes gezeigt und im Folgejahr für einen Oscar nominiert wurde – als erster Anime, der nicht aus dem Studio Ghibli stammte.

In seinem nächsten Film, *Belle*, beschäftigte Hosoda sich sowohl mit bekannten als auch mit neuen Themen. Er kehrte zum Film zurück, der ihn 1993 so begeistert hatte, *Die Schöne und das Biest*. Dieser Film wurde zum Grundgerüst der Handlung, die sich mit der Auswirkung der sozialen Medien auf unsere Leben in den 2020ern auseinandergesetzt. Dazu wurde Hosoda zum Teil durch die Kontaktängste seiner Tochter mit der Außenwelt inspiriert: „In der Kita ist sie sehr schüchtern und sehr ängstlich", verriet er uns. „Ich begann, mir Sorgen zu machen. Wie soll sie überleben, wenn sie älter wird und ein Handy bekommt und sich sorgt, was die Leute in den sozialen Medien von ihr halten? Wie soll sie das schaffen?"

Für das Projekt hat Hosoda sich ein Team von Mitstreitern aus aller Welt zusammengesucht, etwas, was in Animeproduktionen selten ist, aber zu den Zeiten von großflächiger Vernetzung und Homeoffice passt. Mit dabei waren Eric Wong aus London und der legendäre Disney-Charakterdesigner Jin Kim (*Rapunzel – Neu verföhnt*, *Die Eiskönigin – Völlig unverfroren*, *Encanto*) aus Los Angeles. Außerdem aus Kilkenny in Irland Tomm Moore sowie Ross Steward mit ihrem Team im Studio Cartoon Saloon.

Letztere waren für die Hintergründe einiger Fantasieszenen in der digitalen Welt „U" verantwortlich.

Oben links: Die Figur Belle wurde von Disney-Legende Jin Kim entworfen und stellt „die Schöne" im Zeitalter der sozialen Medien dar.

Oben rechts: Immer diese nervigen Pop-ups. Die Sorgen des virtuellen Lebens explodieren in *Belle* symbolisch auf dem Bildschirm.

Oben rechts (darunter): Aber Hosoda vergisst nie, dass die digitale und physische Welt untrennbar miteinander verbunden sind und unsere Ängste und Hoffnungen in beiden stecken.

„Ich will mich nicht nur auf Japaner beschränken müssen", so Hosoda. „Ich will auf der ganzen Welt nach den Leuten suchen, die ich für meine Filme brauche, [...] um ihnen die Möglichkeiten der Animation aufzuzeigen."

Belle war Teil der Official Selection bei den Filmfestspielen von Cannes 2021 und erhielt bei der ersten Vorführung Standing Ovations. Auch in Japan war der Film Hosodas bisher größter Kassenschlager und der insgesamt dritterfolgreichste Film des Jahres.

EBENFALLS EINEN BLICK WERT — 

Belle, *Digimon Adventure: Bokura no War Game* und *Summer Wars* bilden eine schöne Trilogie, in der sich Hosoda über zwei Jahrzehnte mit persönlichen Geschichten über die Beziehung seiner Charaktere (und der gesamten modernen Gesellschaft) zum Internet beschäftigt, das sich in dieser Zeit weit entwickelt hat. Doch als Animeregisseur, der sich seit *Das Mädchen, das durch die Zeit sprang* hauptsächlich Kinofilmen verschrieben hat, kann Hosoda auf ein beachtliches Repertoire zurückblicken. All seine Werke fügen sich schön zusammen und tragen eindeutig seinen Stempel. Wer aufmerksam hinsieht, kann so Hosodas Wachstumsprozess als Filmemacher, Erzähler und Vater verfolgen.

BELLE – REZENSION

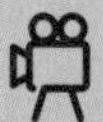

Diese Geschichte ist so alt wie die Zeit selbst und wurde schon in französischen Schwarzweiß-Filmen, Disney-Animationen und 3D-Realfilmen umgesetzt. Doch die beste Adaption von *Die Schöne und das Biest* ist Mamoru Hosodas *Belle*. Die Handlung spielt in den strahlenden Wäldern, atemberaubenden virtuellen Welten, vor Computern und an Esstischen. Hosodas Filme sind alle auf ihre Art und Weise märchenhaft – die Magie in ihnen wirkt stets zum Greifen nahe. Doch noch nie hat sie sich so verführerisch, so mitreißend und so rührend wie in *Belle* angefühlt.

Der Film handelt von der Schülerin Suzu und einer virtuellen Welt namens „U", in der Avatare die unterbewussten Persönlichkeiten seiner Benutzer repräsentieren.

In „U" kann sich die zurückhaltende und musikalisch begabte Suzu, die um ihre Mutter trauert, ausdrücken und wird zur Pop-Diva Belle. Doch ein brutaler, tierischer Avatar kommt ihr in die Quere und ruiniert eines ihrer Konzerte. Aber statt Gewalt mit Gewalt zu erwidern, erkennt Suzu sich selbst in der nachdenklichen Gestalt namens „der Drache" wieder und versucht ihm zu helfen. Hosoda gestaltet die bekannte Doppelidentität des Prinzen und Biests in Form einer Reflexion physischer und virtueller Fassaden neu und bringt das 300 Jahre alte Märchen so ins Metaversum.

Diese Zwillingswelten als wiederkehrendes Thema in Hosodas Filmen sind zugleich anregend als auch frustrierend, denn die abstrakten Ideen über Technologie und Gesellschaft verlaufen häufig parallel zur Gefühlswelt und den Erlebnissen der Figuren, statt mit ihnen zusammenzuarbeiten. In *Das Mädchen, das durch die Zeit sprang* lenkt die Ausgestaltung des Konzepts der Zeitreisen eher von den Figuren ab. In *Ame & Yuki – Die Wolfskinder* wird eine detaillierte und bedächtige Allegorie der wilden Persönlichkeiten der Kinder durch eine unvorhergesehene Katastrophe gestört, die die Intimität der Handlung davonschwemmt.

Am meisten leidet der Anime *Der Junge und das Biest*, wo zwischen unserer und einer Welt gewechselt wird, die von Tieren beherrscht wird, darunter. Ein dritter Akt, der den emotionalen Kern des Films untergräbt, gibt eine feinfühligere Geschichte über das Vatersein zugunsten einer Städte zerstörenden Existenzangst auf.

Summer Wars (auch hier gibt es eine virtuelle Welt) widersetzt sich diesem Trend und findet ein Gleichgewicht zwischen der Doppelapokalypse, die Schwiegerfamilie zu treffen und die Welt zu retten. Eine Symmetrie in der Animation zwischen Makro und Mikro in Kombination mit einer ausbalancierten Darstellung getrennter Handlungsstränge verbindet die Spannung eines Katastrophenfilms mit intensiven heimischen Gefühlen.

Auch *Belle* hat diese Mischung aus echter und digitaler Welt, aber mit viel größeren Ausmaßen. „U" ist ein Raum voller Leben, eine schwebende Stadt, die sich unendlich in die Ferne erstreckt wie Zugwaggons aus Motherboards. Im Gegensatz dazu ist Suzus physische Welt ein greifbares, glattes und bedrückendes Labyrinth, dessen überdetaillierte Whiteboards und Smartphones ihre fragmentierte Identität widerspiegeln.

Trotz all der Möglichkeiten, die „U" bietet, ist *Belle* eine einfache Geschichte über Nächstenliebe und darüber, wie das Internet ein Werkzeug sein kann, um diese zu kultivieren. Zwar kennen wir das Alter Ego von Belle, doch das Kernmysterium des Films ist die physische Identität des Drachen. In seiner Aggression erkennt Suzu ihren eigenen Schmerz und ihre Angst, doch auch Tapferkeit.

Als sie ihn konfrontiert, findet sie kein Biest vor, sondern ein stoisches Missbrauchsopfer, das andere vor häuslicher Gewalt schützt. Die selbsternannten „Justice" wollen Suzu aufhalten: eine arrogante, von Unternehmen gesponserte virtuelle Polizei, die mehr einschüchtert als beschützt. Ihre engstirnige Vision des Internets erfährt zum Glück viel Gegenwind. Im Gegensatz dazu ist Suzus Tapferkeit eine erfrischende Kraft der Liebe, die all den technophoben Geschichten über die Onlinekultur entgegenwirkt.

In *Belle* ist das Internet ein Ort der Selbstbestätigung und eine grenzenlose Community, in der die Menschen Halt finden. Trotz all der Kreativität in der visuellen Ausgestaltung von „U" – von Spukschlössern voller Glitches bis hin zu fliegenden Walen – ist die größte Offenbarung der Onlinewelt unsere Fähigkeit, Beziehungen zu knüpfen. Hier gelingt Hosoda die Balance zwischen dem Abstrakten und Persönlichen. Das Ergebnis ist eine hoffnungsvolle Vision der Zukunft, in denen Universen (ob Meta oder nicht) und Emotionen (ob virtuell oder nicht) alle eine Daseinsberechtigung haben und alle gleichsam „real" sind.

INDEX

Fettgedruckte Seitenzahlen beziehen sich auf Einträge zu den Hauptfilmen (engl. Titel), inkl. Bilder und Bildunterschriften, ***fett kursiv*** auf die Porträtfotos der Regisseure, kursiv auf alle anderen Bildunterschriften.

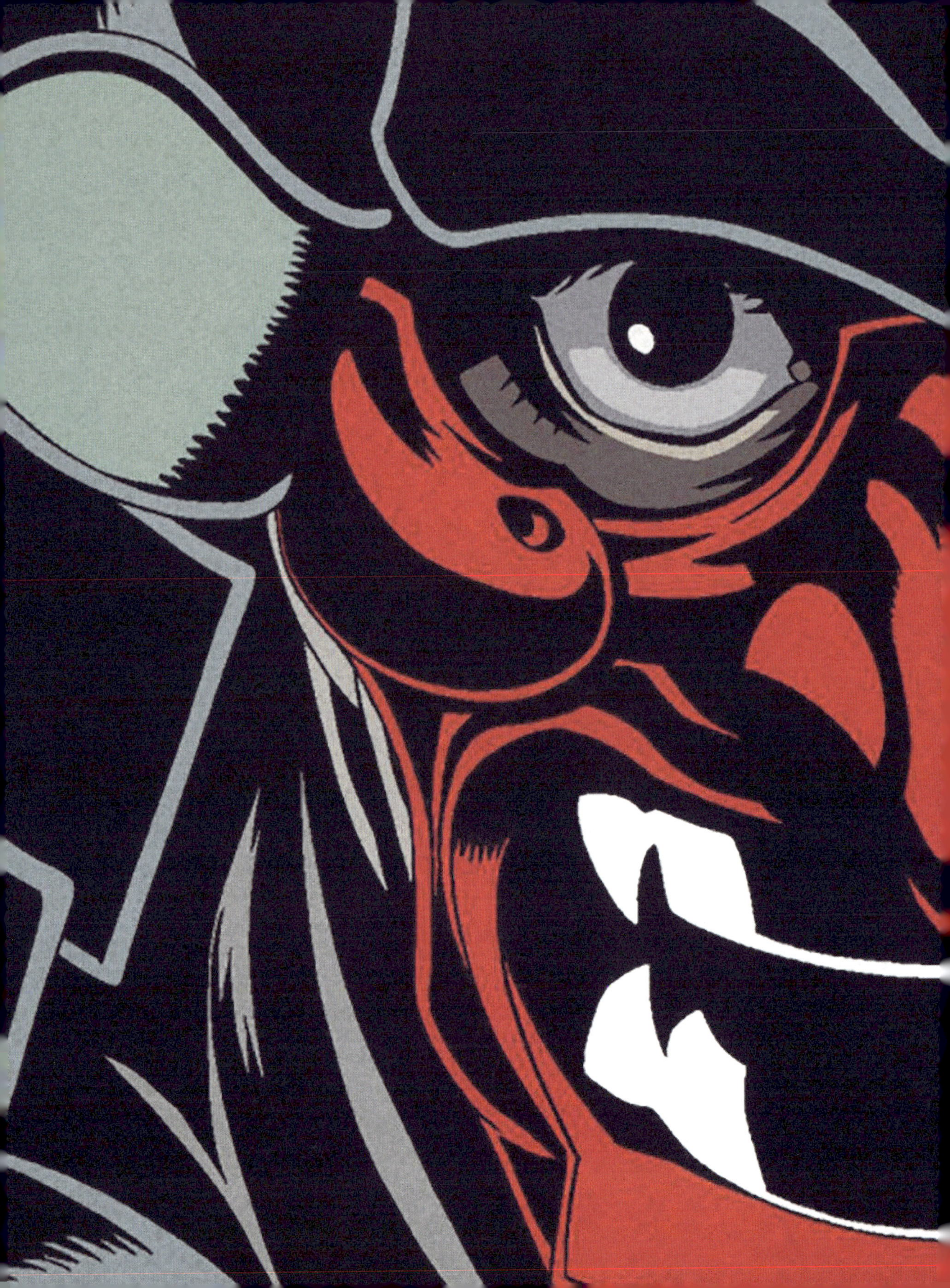

LITERATUREMPFEHLUNGEN

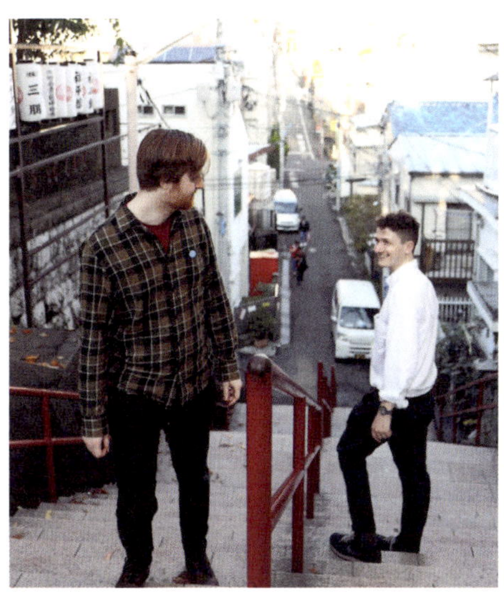

Clements, Jonathan. *Anime: A History* (Bloomsbury Publishing)

Clements, Jonathan and McCarthy, Helen. *The Anime Encyclopedia: A Guide To Japanese Animation Since 1917* (Stone Bridge Press)

Denison, Rayna. *Anime: A Critical Introduction* (Bloomsbury Publishing)

Greenberg, Raz. *Hayao Miyazaki: Exploring the Early Works of Japan's Greatest Animator* (Bloomsbury Academic)

Le Blanc, Michelle and Odell, Colin. *BFI Film Classics: Akira* (Palgrave Macmillan)

McCarthy, Helen. *500 Essential Anime Movies* (Collins Design)

Napier, Susan. *Anime from Akira to Howl's Moving Castle: Experiencing Contemporary Japanese Animation* (Palgrave Macmillan)

Napier, Susan. *Miyazakiworld: A Life in Art* (Yale University Press)

Osmond, Andrew. *Satoshi Kon: The Illusionist* (Stone Bridge Press)

Osmond, Andrew. *100 Animated Feature Films* (Bloomsbury Publishing)

Ruh, Brian. *Stray Dog of Anime: The Films of Mamoru Oshii*, 2nd edition. (Palgrave Macmillan)

DANKSAGUNGEN

Unser Dank gilt in erster Linie unseren Podcast-Partnern Steph Watts und Harold McShiel, die uns bei jedem Kapitel des multimedialen Abenteuers Ghibliothek begleitet haben. Dieses Buch gäbe es nicht ohne die Unterstützung unserer Kollegen von Little Dot Studios, nämlich Dan Jones, Tom Hemsley, Hal Arnold, Jay Tallon, Alice Hyde und Kirsty Joyce. Ebenso sind wir dem Team von Welbeck unter der Leitung von Ross Hamilton und Conor Kilgallon dankbar, dass sie diese Worte zu Papier gebracht haben. Als Filmfans und -Kritiker sind wir den Verleihern, die sich auf Anime spezialisiert haben, zu Dank verpflichtet, denn wie könnten wir diese Filme sonst überhaupt genießen? Unser Dank gilt Andrew Partridge und Kerry Kasim von Anime Limited, Dave Jestaet und Lucy Rubin von GKids und der großartigen Carys Gaskin, der treuen Hüterin aller Studio Ghibli-Filme in Großbritannien bei StudioCanal. Wir bewundern ihre Energie, ihr Fachwissen und ihre Leidenschaft für die Animation! Vielen Dank an Hiromasa Yonebayashi, Yoshiaki Nishimura, Mamoru Hosoda, Makoto Shinkai und alle, die wir im Laufe der Jahre interviewen durften und deren Geist und Arbeit in viele Kapitel dieses Buches eingeflossen sind. Und für ihre Hilfe, Ermutigung und Inspiration danken wir Helen McCarthy, Alex Dudok de Wit, Kambole Campbell, Andrew Osmond, Jonathan Clements, Rayna Denison, Sam Clements, Edward Szekely, James Hunt, Rowan Woods, David Jenkins und Pamela Hutchinson. Vor allem danken wir Mim, Ivo und Louisa dafür, dass wir weiterhin den großen Fernseher und das Sofa für uns beanspruchen dürfen, um noch mehr Zeichentrickfilme zu sehen. Es ist nur für die Arbeit, ehrlich!

BILDNACHWEISE

Alamy Stock Photo: 48, 50, 67, 69, 70, 81, 93b, 94, 121, 136, 137; /Aflo Co. Ltd: 64, 132, 152; /Album: 4, 66, 68, 142, 148-149, 150t, 150b, 154; /BFA: 30, 45, 49, 47, 65, 71, 139; /Collection Christophel: 110-111, 113, 116, 151; /Entertainment Pictures 80, 83r; / Everett Collection: 8, 24t, 24b, 25, 74, 92t, 92b, 147, 159, 160, 161t, 162, 163, 173b, 174t, 178, 179t, 180, 181t, 181b; /Famouspeople :26; /Moviestore Collection Ltd: 7, 157. 161b; /Photo12: 12-13, 15, 16, 17, 18, 19, 21, 22, 23t, 23b, 46, 51, 69c, 79, 82, 83l, 93t, 95, 97, 98t, 98b, 99, 101, 102l, 102bl, 102r, 117, 118, 128, 129t, 129b, 131, 133, 134-135, 135, 136b, 140, 141, 144l, 144r, 145, 156, 190; / Reuters: 78, 138, 182; /Sipa US: 14; /TCD/Prod.DB: 165, 166-167, 168, 169t, 169b, 171, 172, 173t, 174b, 175, 177, 179b, 183, 184-185, 186l, 186tr; /Zuma Press, Inc: 164

Elvis/Commons Wikipedia licenced under the Creative Commons Attribution-Share Alike: 38

Getty Images: Alberto Pizzoli/AFP: 84; /Vittorio Zunino Celotto: 120

Private Collection: 10, 11, 20, 27, 30t, 32, 33, 34-35, 36, 37, 39, 40, 41, 42, 43, 44, 52, 53, 54, 55, 56, 57 ,61, 62, 63, 72, 73, 75t, 75b, 76, 77, 85, 87, 88, 89, 90, 91, 96, 104, 105, 106, 107, 109, 112, 114, 115, 120, 122, 123, 124, 125, 126, 127, 146, 152, 153, 170, 176

Tekkonkinkreet/Commons Wikipedia licenced under the Creative Commons Attribution-Share Alike: 108

Special thanks to BAC Films, CoMix Wave Films, Daft Life, Entertainment Japan, Gainax, Kyoto Animation, Madhouse, MAPPA, Monkey Punch, Mushi Production, NPV Entertainment, Paramount Pictures, Production I.G./ING, Rock'n Roll Mountain, Sunrise, Toei Doga, Toho, Tokyo Movie Shinsha, Studio 4°C Co., Ltd, Studio Chizu, Studio Ponoc, Studio Khara, TMS, Tokyo Theaters Co., Village Roadshow Pictures, Wild Bunch

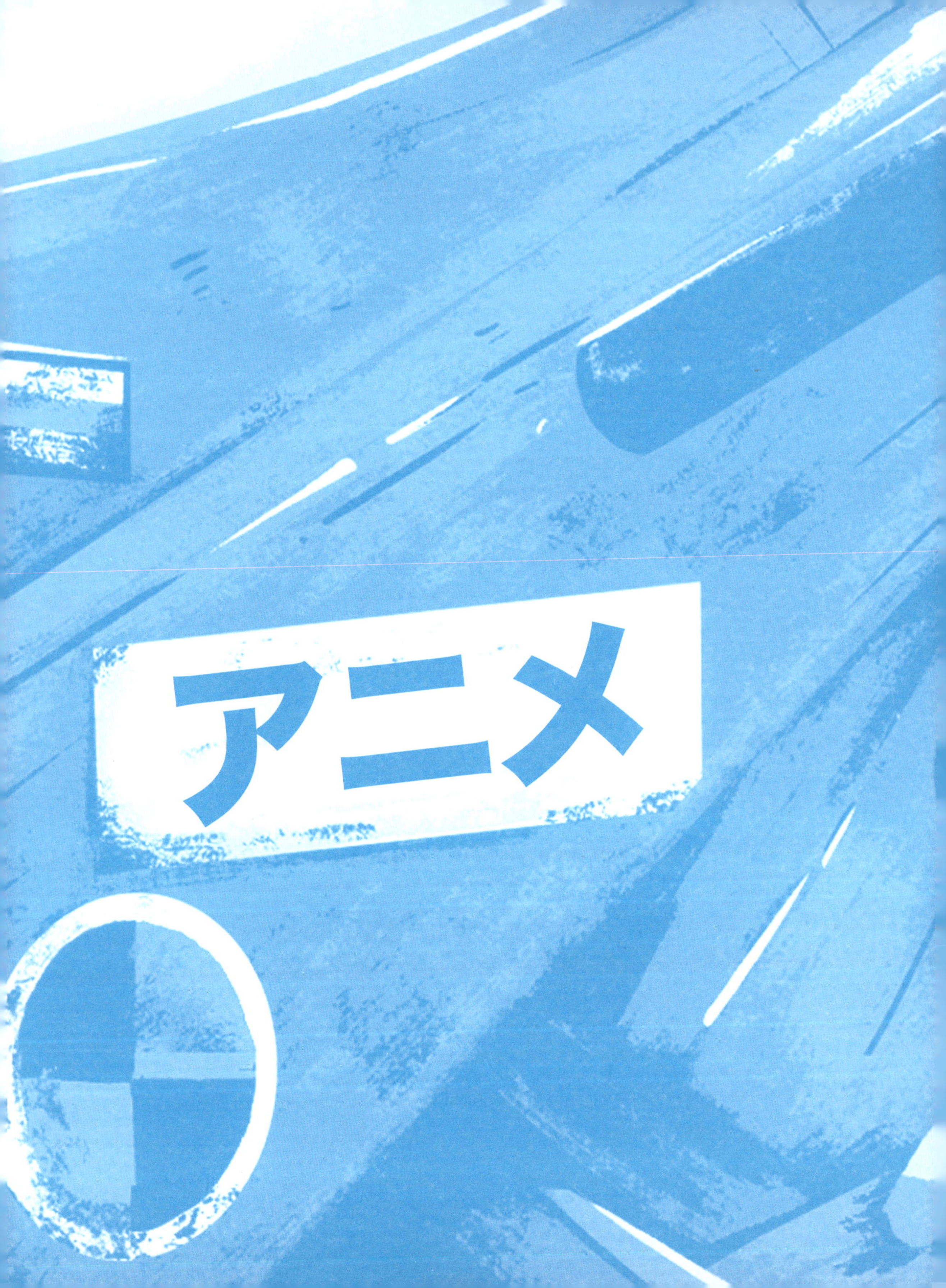
アニメ